LEI E PROCESSO

CÓDIGO DO TRABALHO

CÓDIGO DE PROCESSO DO TRABALHO

2023 · 9ª Edição

ALMEDINA

CÓDIGO DO TRABALHO
1ª Edição: setembro, 2018
EDITOR
EDIÇÕES ALMEDINA, S.A.
Avenida Emídio Navarro, 81, 3D
3000-151 Coimbra
Tel.: 239 851 904 · Fax: 239 851 901
www.almedina.net · editora@almedina.net
DESIGN DE CAPA
FBA.
PRÉ-IMPRESSÃO
EDIÇÕES ALMEDINA, S.A.
IMPRESSÃO E ACABAMENTO

abril, 2023

ISBN
978-989-40-1223-8

DEPÓSITO LEGAL
????????/23

Apesar do cuidado e rigor colocados na elaboração da presente obra, devem os diplomas legais dela constantes ser sempre objeto de confirmação com as publicações oficiais.
Toda a legislação contida na presente obra encontra-se atualizada de acordo com os diplomas publicados em Diário da República, independentemente de terem já iniciado a sua vigência ou não.
Os textos legislativos apresentam a grafia com que foram publicados em Diário da República. Por determinação da RCM 8/2011, de 25-01, a partir de 1 de Janeiro de 2012, tornou-se obrigatória a aplicação do Acordo Ortográfico à publicação do Diário da República, razão pela qual coexistem ambas as grafias.

ALMEDINA | GRUPOALMEDINA

NOTA PRÉVIA À 9ª EDIÇÃO

No seguimento do objetivo prosseguido com o lançamento da Coleção Lei e Processo, que se prende com a disponibilização apenas do essencial para as deslocações a tribunal dos profissionais forenses, optou-se por não incluir nesta coleção os preâmbulos e respetivas partes preambulares dos diplomas que procederam, quer a aprovação de cada um dos Códigos que a integram, quer a aprovação das posteriores reformas de fundo, de que alguns deles foram já alvo.

Por outro lado, cabe também sublinhar que o ritmo alucinante com que se legisla nos dias de hoje, aliado aos diversos prazos de vacatio legis com que nos deparamos, dificulta imensamente o trabalho editorial de compilação de legislação atualizada em vigor. Assim, na evidente impossibilidade de disponibilizar todas as redações com aplicação aos processos pendentes, os textos legais encontram-se atualizados de acordo com os diplomas publicados em Diário da República, independentemente de terem já iniciado a sua vigência ou não.

A presente edição contempla as alterações da Lei nº 13/2023, de 3 de abril, no âmbito da agenda do trabalho digno.

Coimbra, abril de 2023
SOFIA BARRACA

LEI E PROCESSO

CÓDIGO DO TRABALHO

CÓDIGO DO TRABALHO

Lei nº 7/2009, de 12 de fevereiro

LIVRO I
PARTE GERAL

TÍTULO I – Fontes e aplicação do direito do trabalho

CAPÍTULO I – Fontes do direito do trabalho

ARTIGO 1º – Fontes específicas

O contrato de trabalho está sujeito, em especial, aos instrumentos de regulamentação colectiva de trabalho, assim como aos usos laborais que não contrariem o princípio da boa fé.

ARTIGO 2º – Instrumentos de regulamentação colectiva de trabalho

1 – Os instrumentos de regulamentação colectiva de trabalho podem ser negociais ou não negociais.

2 – Os instrumentos de regulamentação colectiva de trabalho negociais são a convenção colectiva, o acordo de adesão e a decisão arbitral em processo de arbitragem voluntária.

3 – As convenções colectivas podem ser:

a) Contrato colectivo, a convenção celebrada entre associação sindical e associação de empregadores;

b) Acordo colectivo, a convenção celebrada entre associação sindical e uma pluralidade de empregadores para diferentes empresas;

c) Acordo de empresa, a convenção celebrada entre associação sindical e um empregador para uma empresa ou estabelecimento.

4 – Os instrumentos de regulamentação colectiva de trabalho não negociais são a portaria de extensão, a portaria de condições de trabalho e a decisão arbitral em processo de arbitragem obrigatória ou necessária.

ARTIGO 3º – Relações entre fontes de regulação

1 – As normas legais reguladoras de contrato de trabalho podem ser afastadas por instrumento de regulamentação colectiva de trabalho, salvo quando delas resultar o contrário.

2 – As normas legais reguladoras de contrato de trabalho não podem ser afastadas por portaria de condições de trabalho.

3 – As normas legais reguladoras de contrato de trabalho só podem ser afastadas por instrumento de regulamentação colectiva de trabalho que, sem oposição daquelas normas, disponha em sentido mais favorável aos trabalhadores quando respeitem às seguintes matérias:

a) Direitos de personalidade, igualdade e não discriminação;

b) Protecção na parentalidade;

c) Trabalho de menores;

d) Trabalhador com capacidade de trabalho reduzida, com deficiência ou doença crónica;

e) Trabalhador-estudante;

f) Dever de informação do empregador;

g) Limites à duração dos períodos normais de trabalho diário e semanal;

h) Duração mínima dos períodos de repouso, incluindo a duração mínima do período anual de férias;

i) Duração máxima do trabalho dos trabalhadores nocturnos;

j) Forma de cumprimento e garantias da retribuição, bem como pagamento de trabalho suplementar;

k) Teletrabalho;

l) Capítulo sobre prevenção e reparação de acidentes de trabalho e doenças profissionais e legislação que o regulamenta;

m) Transmissão de empresa ou estabelecimento;

n) Direitos dos representantes eleitos dos trabalhadores;

o) Uso de algoritmos, inteligência artificial e matérias conexas, nomeadamente no âmbito do trabalho nas plataformas digitais.

4 – As normas legais reguladoras de contrato de trabalho só podem ser afastadas por contrato individual que estabeleça condições mais favoráveis para o trabalhador, se delas não resultar o contrário.

5 – Sempre que uma norma legal reguladora de contrato de trabalho determine que a mesma pode ser afastada por instrumento de regulamentação colectiva de trabalho entende-se que o não pode ser por contrato de trabalho.

(Redação dada pela Lei nº 13/2023, de 03-04)

CAPÍTULO II – **Aplicação do direito do trabalho**

ARTIGO 4º – Igualdade de tratamento de trabalhador estrangeiro ou apátrida

Sem prejuízo do estabelecido quanto à lei aplicável ao destacamento de trabalhadores e do disposto no artigo seguinte, o trabalhador estrangeiro ou apátrida que esteja autorizado a exercer uma actividade profissional subordinada em território português goza dos mesmos direitos e está sujeito aos mesmos deveres do trabalhador com nacionalidade portuguesa.

ARTIGO 5º - Forma e conteúdo de contrato com trabalhador estrangeiro ou apátrida

1 - O contrato de trabalho celebrado com trabalhador estrangeiro ou apátrida está sujeito a forma escrita e deve conter, sem prejuízo de outras exigíveis no caso de ser a termo, as seguintes indicações:

a) Identificação, assinaturas e domicílio ou sede das partes;

b) Referência ao visto de trabalho ou ao título de autorização de residência ou permanência do trabalhador em território português;

c) Actividade do empregador;

d) Actividade contratada e retribuição do trabalhador;

e) Local e período normal de trabalho;

f) Valor, periodicidade e forma de pagamento da retribuição;

g) Datas da celebração do contrato e do início da prestação de actividade.

2 - O trabalhador deve ainda anexar ao contrato a identificação e domicílio da pessoa ou pessoas beneficiárias de pensão em caso de morte resultante de acidente de trabalho ou doença profissional.

3 - O contrato de trabalho deve ser elaborado em duplicado, entregando o empregador um exemplar ao trabalhador.

4 - O exemplar do contrato que ficar com o empregador deve ter apensos documentos comprovativos do cumprimento das obrigações legais relativas à entrada e à permanência ou residência do cidadão estrangeiro ou apátrida em Portugal, sendo apensas cópias dos mesmos documentos aos restantes exemplares.

5 - (*Revogado.*)

6 - O disposto neste artigo não é aplicável a contrato de trabalho de cidadão nacional de país membro do Espaço Económico Europeu ou de outro Estado que consagre a igualdade de tratamento com cidadão nacional em matéria de livre exercício de actividade profissional.

7 - Constitui contra-ordenação grave a violação do disposto nos nºs 1, 3, 4 ou 5.

(Redação dada pela Lei nº 13/2023, de 03-04)

ARTIGO 6º - Destacamento em território português

1 - Consideram-se submetidas ao regime de destacamento as seguintes situações, nas quais o trabalhador, contratado por empregador estabelecido noutro Estado, presta a sua actividade em território português:

a) Em execução de contrato entre o empregador e o beneficiário que exerce a actividade, desde que o trabalhador permaneça sob a autoridade e direcção daquele;

b) Em estabelecimento do mesmo empregador, ou empresa de outro empregador com o qual exista uma relação societária de participações recíprocas, de domínio ou de grupo;

c) Ao serviço de um utilizador, à disposição do qual foi colocado por empresa de trabalho temporário ou outra empresa.

2 - O regime é também aplicável ao destacamento efectuado nas situações referidas nas alíneas *a*) e *b*) do número anterior por um utilizador estabelecido noutro Estado, ao abrigo da respectiva legislação nacional, desde que o contrato de trabalho subsista durante o destacamento.

3 – O regime de destacamento em território português não é aplicável ao pessoal navegante da marinha mercante.

ARTIGO 7º – Condições de trabalho de trabalhador destacado

1 – Sem prejuízo de regime mais favorável constante de lei ou contrato de trabalho, o trabalhador destacado tem direito às condições de trabalho previstas na lei e em regulamentação colectiva de trabalho de eficácia geral aplicável que respeitem a:

a) Segurança no emprego;

b) Duração máxima do tempo de trabalho;

c) Períodos mínimos de descanso;

d) Férias;

e) Retribuição mínima e pagamento de trabalho suplementar;

f) Cedência de trabalhadores por parte de empresa de trabalho temporário;

g) Cedência ocasional de trabalhadores;

h) Segurança e saúde no trabalho;

i) Protecção na parentalidade;

j) Protecção do trabalho de menores;

l) Igualdade de tratamento e não discriminação.

2 – Para efeito do disposto no número anterior:

a) A retribuição mínima integra os subsídios ou abonos atribuídos ao trabalhador por causa do destacamento que não constituam reembolso de despesas efectuadas, nomeadamente com viagens, alojamento e alimentação;

b) As férias, a retribuição mínima e o pagamento de trabalho suplementar não são aplicáveis ao destacamento de trabalhador qualificado por parte de empresa fornecedora de um bem, para efectuar a montagem ou a instalação inicial indispensável ao seu funcionamento, desde que a mesma esteja integrada no contrato de fornecimento e a sua duração não seja superior a oito dias no período de um ano.

3 – O disposto na alínea *b*) do número anterior não abrange o destacamento em actividades de construção que visem a realização, reparação, manutenção, alteração ou eliminação de construções, nomeadamente escavações, aterros, construção, montagem e desmontagem de elementos prefabricados, arranjo ou instalação de equipamentos, transformação, renovação, reparação, conservação ou manutenção, designadamente pintura e limpeza, desmantelamento, demolição e saneamento.

ARTIGO 8º – Destacamento para outro Estado

1 – O trabalhador contratado por uma empresa estabelecida em Portugal, que preste actividade no território de outro Estado em situação a que se refere o artigo 6º, tem direito às condições de trabalho previstas no artigo anterior, sem prejuízo de regime mais favorável constante da lei aplicável ou do contrato.

2 – O empregador deve comunicar, com cinco dias de antecedência, ao serviço com competência inspectiva do ministério responsável pela área laboral a identidade dos trabalhadores a destacar para o estrangeiro, o utilizador, o local de trabalho, o início e o termo previsíveis da deslocação.

3 – Constitui contra-ordenação grave a violação do disposto no número anterior.

ARTIGO 9º – Contrato de trabalho com regime especial

Ao contrato de trabalho com regime especial aplicam-se as regras gerais deste Código que sejam compatíveis com a sua especificidade.

ARTIGO 10º – Situações equiparadas

1 – As normas legais respeitantes a direitos de personalidade, igualdade e não discriminação e segurança e saúde no trabalho, bem como os instrumentos de regulamentação coletiva de trabalho negociais em vigor no âmbito do mesmo setor de atividade, profissional e geográfico, são aplicáveis a situações em que ocorra prestação de trabalho por uma pessoa a outra, sem subordinação jurídica, sempre que o prestador de trabalho deva considerar-se na dependência económica do beneficiário da atividade.

2 – Para efeitos do presente Código e sem prejuízo do disposto na Lei nº 101/2009, de 8 de setembro, que estabelece o regime jurídico do trabalho no domicílio, considera-se haver dependência económica sempre que o prestador de trabalho seja uma pessoa singular que preste, diretamente e sem intervenção de terceiros, uma atividade para o mesmo beneficiário, e dele obtenha o produto da sua atividade de acordo com o disposto no artigo 140º do Código dos Regimes Contributivos do Sistema Previdencial de Segurança Social.

3 – Sem prejuízo do disposto no número anterior, o prestador de trabalho pode assegurar temporariamente a atividade através de terceiros em caso de nascimento, adoção ou assistência a filho ou neto, amamentação e aleitação, interrupção voluntária ou risco clínico durante a gravidez, pelo período de tempo das correspondentes licenças ou dispensas previstas no presente Código.

4 – Para efeitos do presente Código, sempre que o prestador de trabalho desempenhe atividade para várias empresas beneficiárias entre as quais exista uma relação societária de participações recíprocas, de domínio ou de grupo, ou que tenham estruturas organizativas comuns, entende-se que a atividade é prestada a um único beneficiário.

(Redação dada pela Lei nº 13/2023, de 03-04)

ARTIGO 10º-A – Representação e negociação coletiva

1 – As pessoas em situação de dependência económica, nos termos do artigo anterior, têm direito:

a) À representação dos seus interesses socioprofissionais por associação sindical e por comissão de trabalhadores;

b) À negociação de instrumentos de regulamentação coletiva de trabalho negociais, específicos para trabalhadores independentes, através de associações sindicais;

c) À aplicação dos instrumentos de regulamentação coletiva do trabalho negociais já existentes e aplicáveis a trabalhadores, nos termos neles previstos;

d) À extensão administrativa do regime de uma convenção coletiva ou de uma decisão arbitral, e à fixação administrativa de condições mínimas de trabalho, aplicando-se à emissão destes instrumentos, com as necessárias adaptações, o regime previsto nos artigos 514º e seguintes.

2 – O direito à representação coletiva dos trabalhadores independentes em situação de dependência económica, nos termos do artigo anterior, é definido em legislação específica que assegure:

a) O acompanhamento por comissão de trabalhadores e por associação sindical nos termos do disposto nos artigos 423º e 443º;

b) Que as convenções coletivas especificamente negociadas para trabalhadores independentes economicamente dependentes devem respeitar o disposto nos artigos 476º e seguintes e requerem consulta prévia das associações de trabalhadores independentes representativas do setor;

c) Que a aplicação de instrumentos de regulamentação coletiva de trabalho já existentes, aos trabalhadores independentes economicamente dependentes que desempenhem funções correspondentes ao objeto social da empresa por um período superior a 60 dias, depende de escolha, aplicando-se com as necessárias adaptações o disposto no artigo 497º.

(*Aditado pela Lei nº 13/2023, de 03-04*)

ARTIGO 10º-B – Aplicação do regime de trabalhador independente

Para efeitos do disposto nos artigos anteriores, a aplicação do regime de trabalhador independente em situação de dependência económica depende de declaração dirigida pelo prestador de trabalho ao beneficiário da atividade, acompanhada de comprovativo que ateste o preenchimento do requisito previsto no nº 2 do artigo 10º.

(*Aditado pela Lei nº 13/2023, de 03-04*)

TÍTULO II – Contrato de trabalho

CAPÍTULO I – Disposições gerais

SECÇÃO I – Contrato de trabalho

ARTIGO 11º – Noção de contrato de trabalho

Contrato de trabalho é aquele pelo qual uma pessoa singular se obriga, mediante retribuição, a prestar a sua actividade a outra ou outras pessoas, no âmbito de organização e sob a autoridade destas.

ARTIGO 12º – Presunção de contrato de trabalho

1 – Presume-se a existência de contrato de trabalho quando, na relação entre a pessoa que presta uma actividade e outra ou outras que dela beneficiam, se verifiquem algumas das seguintes características:

a) A actividade seja realizada em local pertencente ao seu beneficiário ou por ele determinado;

b) Os equipamentos e instrumentos de trabalho utilizados pertençam ao beneficiário da actividade;

c) O prestador de actividade observe horas de início e de termo da prestação, determinadas pelo beneficiário da mesma;

d) Seja paga, com determinada periodicidade, uma quantia certa ao prestador de actividade, como contrapartida da mesma;

e) O prestador de actividade desempenhe funções de direcção ou chefia na estrutura orgânica da empresa.

2 – Constitui contra-ordenação muito grave imputável ao empregador a prestação de actividade, por forma aparentemente autónoma, em condições características de contrato de trabalho, que possa causar prejuízo ao trabalhador ou ao Estado.

3 – Em caso de reincidência são aplicadas ao empregador as seguintes sanções acessórias:

a) Privação do direito a apoio, subsídio ou benefício outorgado por entidade ou serviço público, designadamente de natureza fiscal ou contributiva ou proveniente de fundos europeus, por período até dois anos;

b) Privação do direito de participar em arrematações ou concursos públicos, por um período até dois anos.

4 – Pelo pagamento da coima, são solidariamente responsáveis o empregador, as sociedades que com este se encontrem em relações de participações recíprocas, de domínio ou de grupo, bem como o gerente, administrador ou director, nas condições a que se referem o artigo 334º e o nº 2 do artigo 335º

(*Redação dada pela Lei nº 13/2023, de 03-04*)

ARTIGO 12º-A – Presunção de contrato de trabalho no âmbito de plataforma digital

1 – Sem prejuízo do disposto no artigo anterior, presume-se a existência de contrato de trabalho quando, na relação entre o prestador de atividade e a plataforma digital se verifiquem algumas das seguintes características:

a) A plataforma digital fixa a retribuição para o trabalho efetuado na plataforma ou estabelece limites máximos e mínimos para aquela;

b) A plataforma digital exerce o poder de direção e determina regras específicas, nomeadamente quanto à forma de apresentação do prestador de atividade, à sua conduta perante o utilizador do serviço ou à prestação da atividade;

c) A plataforma digital controla e supervisiona a prestação da atividade, incluindo em tempo real, ou verifica a qualidade da atividade prestada, nomeadamente através de meios eletrónicos ou de gestão algorítmica;

d) A plataforma digital restringe a autonomia do prestador de atividade quanto à organização do trabalho, especialmente quanto à escolha do horário de trabalho ou dos períodos de ausência, à possibilidade de aceitar ou recusar tarefas, à utilização de subcontratados ou substitutos, através da aplicação de sanções, à escolha dos clientes ou de prestar atividade a terceiros via plataforma;

e) A plataforma digital exerce poderes laborais sobre o prestador de atividade, nomeadamente o poder disciplinar, incluindo a exclusão de futuras atividades na plataforma através de desativação da conta;

f) Os equipamentos e instrumentos de trabalho utilizados pertencem à plataforma digital ou são por estes explorados através de contrato de locação.

2 – Para efeitos do número anterior, entende-se por plataforma digital a pessoa coletiva que presta ou disponibiliza serviços à distância, através de meios eletrónicos, nomeadamente sítio da Internet ou aplicação informática, a pedido de utilizadores e

que envolvam, como componente necessária e essencial, a organização de trabalho prestado por indivíduos a troco de pagamento, independentemente de esse trabalho ser prestado em linha ou numa localização determinada, sob termos e condições de um modelo de negócio e uma marca próprios.

3 – O disposto no nº 1 aplica-se independentemente da denominação que as partes tenham atribuído ao respetivo vínculo jurídico.

4 – A presunção prevista no nº 1 pode ser ilidida nos termos gerais, nomeadamente se a plataforma digital fizer prova de que o prestador de atividade trabalha com efetiva autonomia, sem estar sujeito ao controlo, poder de direção e poder disciplinar de quem o contrata.

5 – A plataforma digital pode, igualmente, invocar que a atividade é prestada perante pessoa singular ou coletiva que atue como intermediário da plataforma digital para disponibilizar os serviços através dos respetivos trabalhadores.

6 – No caso previsto no número anterior, ou caso o prestador de atividade alegue que é trabalhador subordinado do intermediário da plataforma digital, aplica-se igualmente, com as necessárias adaptações, a presunção a que se refere o nº 1, bem como o disposto no nº 3, cabendo ao tribunal determinar quem é a entidade empregadora.

7 – A plataforma digital não pode estabelecer termos e condições de acesso à prestação de atividade, incluindo na gestão algorítmica, mais desfavoráveis ou de natureza discriminatória para os prestadores de atividade que estabeleçam uma relação direta com a plataforma, comparativamente com as regras e condições definidas para as pessoas singulares ou coletivas que atuem como intermediários da plataforma digital para disponibilizar os serviços através dos respetivos trabalhadores.

8 – A plataforma digital e a pessoa singular ou coletiva que atue como intermediário da plataforma digital para disponibilizar os serviços através dos respetivos trabalhadores, bem como os respetivos gerentes, administradores ou diretores, assim como as sociedades que com estas se encontrem em relação de participações recíprocas, de domínio ou de grupo, são solidariamente responsáveis pelos créditos do trabalhador emergentes de contrato de trabalho, ou da sua violação ou cessação, celebrado entre o trabalhador e a pessoa singular ou coletiva que atue como intermediário da plataforma digital, pelos encargos sociais correspondentes e pelo pagamento de coima aplicada pela prática de contraordenação laboral relativos aos últimos três anos.

9 – Nos casos em que se considere a existência de contrato de trabalho, aplicam-se as normas previstas no presente Código que sejam compatíveis com a natureza da atividade desempenhada, nomeadamente o disposto em matéria de acidentes de trabalho, cessação do contrato, proibição do despedimento sem justa causa, remuneração mínima, férias, limites do período normal de trabalho, igualdade e não discriminação.

10 – Constitui contraordenação muito grave imputável ao empregador, seja ele a plataforma digital ou pessoa singular ou coletiva que atue como intermediário da plataforma digital para disponibilizar os serviços através dos respetivos trabalhadores que nela opere, a contratação da prestação de atividade, de forma aparentemente autónoma, em condições características de contrato de trabalho, que possa causar prejuízo ao trabalhador ou ao Estado.

11 – Em caso de reincidência, são ainda aplicadas ao empregador as seguintes sanções acessórias:

a) Privação do direito a apoio, subsídio ou benefício outorgado por entidade ou serviço público, designadamente de natureza fiscal ou contributiva ou proveniente de fundos europeus, por período até dois anos;

b) Privação do direito de participar em arrematações ou concursos públicos, por um período até dois anos.

12 – A presunção prevista no nº 1 aplica-se às atividades de plataformas digitais, designadamente as que estão reguladas por legislação específica relativa a transporte individual e remunerado de passageiros em veículos descaracterizados a partir de plataforma eletrónica.

(*Aditado pela Lei nº 13/2023, de 03-04*)

SECÇÃO II – **Sujeitos**

SUBSECÇÃO I – **Capacidade**

ARTIGO 13º – Princípio geral sobre capacidade

A capacidade para celebrar contrato de trabalho regula-se nos termos gerais do direito e pelo disposto neste Código.

SUBSECÇÃO II – **Direitos de personalidade**

ARTIGO 14º – Liberdade de expressão e de opinião

É reconhecida, no âmbito da empresa, a liberdade de expressão e de divulgação do pensamento e opinião, com respeito dos direitos de personalidade do trabalhador e do empregador, incluindo as pessoas singulares que o representam, e do normal funcionamento da empresa.

ARTIGO 15º – Integridade física e moral

O empregador, incluindo as pessoas singulares que o representam, e o trabalhador gozam do direito à respectiva integridade física e moral.

ARTIGO 16º – Reserva da intimidade da vida privada

1 – O empregador e o trabalhador devem respeitar os direitos de personalidade da contraparte, cabendo-lhes, designadamente, guardar reserva quanto à intimidade da vida privada.

2 – O direito à reserva da intimidade da vida privada abrange quer o acesso, quer a divulgação de aspectos atinentes à esfera íntima e pessoal das partes, nomeadamente relacionados com a vida familiar, afectiva e sexual, com o estado de saúde e com as convicções políticas e religiosas.

ARTIGO 17º – Protecção de dados pessoais

1 – O empregador não pode exigir a candidato a emprego ou a trabalhador que preste informações relativas:

a) À sua vida privada, salvo quando estas sejam estritamente necessárias e relevantes para avaliar da respectiva aptidão no que respeita à execução do contrato de trabalho e seja fornecida por escrito a respectiva fundamentação;

b) À sua saúde ou estado de gravidez, salvo quando particulares exigências inerentes à natureza da actividade profissional o justifiquem e seja fornecida por escrito a respectiva fundamentação.

2 - As informações previstas na alínea *b*) do número anterior são prestadas a médico, que só pode comunicar ao empregador se o trabalhador está ou não apto a desempenhar a actividade.

3 - O candidato a emprego ou o trabalhador que haja fornecido informações de índole pessoal goza do direito ao controlo dos respectivos dados pessoais, podendo tomar conhecimento do seu teor e dos fins a que se destinam, bem como exigir a sua rectificação e actualização.

4 - Os ficheiros e acessos informáticos utilizados pelo empregador para tratamento de dados pessoais do candidato a emprego ou trabalhador ficam sujeitos à legislação em vigor relativa à protecção de dados pessoais.

5 - Constitui contra-ordenação muito grave a violação do disposto nos nºs 1 ou 2.

ARTIGO 18º - Dados biométricos

1 - O empregador só pode tratar dados biométricos do trabalhador após notificação à Comissão Nacional de Protecção de Dados.

2 - O tratamento de dados biométricos só é permitido se os dados a utilizar forem necessários, adequados e proporcionais aos objectivos a atingir.

3 - Os dados biométricos são conservados durante o período necessário para a prossecução das finalidades do tratamento a que se destinam, devendo ser destruídos no momento da transferência do trabalhador para outro local de trabalho ou da cessação do contrato de trabalho.

4 - A notificação a que se refere o nº 1 deve ser acompanhada de parecer da comissão de trabalhadores ou, não estando este disponível 10 dias após a consulta, de comprovativo do pedido de parecer.

5 - Constitui contra-ordenação grave a violação do disposto no nº 3.

ARTIGO 19º - Testes e exames médicos

1 - Para além das situações previstas em legislação relativa a segurança e saúde no trabalho, o empregador não pode, para efeitos de admissão ou permanência no emprego, exigir a candidato a emprego ou a trabalhador a realização ou apresentação de testes ou exames médicos, de qualquer natureza, para comprovação das condições físicas ou psíquicas, salvo quando estes tenham por finalidade a protecção e segurança do trabalhador ou de terceiros, ou quando particulares exigências inerentes à actividade o justifiquem, devendo em qualquer caso ser fornecida por escrito ao candidato a emprego ou trabalhador a respectiva fundamentação.

2 - O empregador não pode, em circunstância alguma, exigir a candidata a emprego ou a trabalhadora a realização ou apresentação de testes ou exames de gravidez.

3 – O médico responsável pelos testes e exames médicos só pode comunicar ao empregador se o trabalhador está ou não apto para desempenhar a actividade.

4 – Constitui contra-ordenação muito grave a violação do disposto nos nºs 1 ou 2.

ARTIGO 20º – Meios de vigilância a distância

1 – O empregador não pode utilizar meios de vigilância a distância no local de trabalho, mediante o emprego de equipamento tecnológico, com a finalidade de controlar o desempenho profissional do trabalhador.

2 – A utilização de equipamento referido no número anterior é lícita sempre que tenha por finalidade a protecção e segurança de pessoas e bens ou quando particulares exigências inerentes à natureza da actividade o justifiquem.

3 – Nos casos previstos no número anterior, o empregador informa o trabalhador sobre a existência e finalidade dos meios de vigilância utilizados, devendo nomeadamente afixar nos locais sujeitos os seguintes dizeres, consoante os casos: «Este local encontra-se sob vigilância de um circuito fechado de televisão» ou «Este local encontra-se sob vigilância de um circuito fechado de televisão, procedendo-se à gravação de imagem e som», seguido de símbolo identificativo.

4 – Constitui contra-ordenação muito grave a violação do disposto no nº 1 e constitui contra-ordenação leve a violação do disposto no nº 3.

ARTIGO 21º – Utilização de meios de vigilância a distância

1 – A utilização de meios de vigilância a distância no local de trabalho está sujeita a autorização da Comissão Nacional de Protecção de Dados.

2 – A autorização só pode ser concedida se a utilização dos meios for necessária, adequada e proporcional aos objectivos a atingir.

3 – Os dados pessoais recolhidos através dos meios de vigilância a distância são conservados durante o período necessário para a prossecução das finalidades da utilização a que se destinam, devendo ser destruídos no momento da transferência do trabalhador para outro local de trabalho ou da cessação do contrato de trabalho.

4 – O pedido de autorização a que se refere o nº 1 deve ser acompanhado de parecer da comissão de trabalhadores ou, não estando este disponível 10 dias após a consulta, de comprovativo do pedido de parecer.

5 – Constitui contra-ordenação grave a violação do disposto no nº 3.

ARTIGO 22º – Confidencialidade de mensagens e de acesso a informação

1 – O trabalhador goza do direito de reserva e confidencialidade relativamente ao conteúdo das mensagens de natureza pessoal e acesso a informação de carácter não profissional que envie, receba ou consulte, nomeadamente através do correio electrónico.

2 – O disposto no número anterior não prejudica o poder de o empregador estabelecer regras de utilização dos meios de comunicação na empresa, nomeadamente do correio electrónico.

SUBSECÇÃO III - Igualdade e não discriminação

DIVISÃO I - Disposições gerais sobre igualdade e não discriminação

ARTIGO 23º - Conceitos em matéria de igualdade e não discriminação

1 - Para efeitos do presente Código, considera-se:

a) Discriminação directa, sempre que, em razão de um factor de discriminação, uma pessoa seja sujeita a tratamento menos favorável do que aquele que é, tenha sido ou venha a ser dado a outra pessoa em situação comparável;

b) Discriminação indirecta, sempre que uma disposição, critério ou prática aparentemente neutro seja susceptível de colocar uma pessoa, por motivo de um factor de discriminação, numa posição de desvantagem comparativamente com outras, a não ser que essa disposição, critério ou prática seja objectivamente justificado por um fim legítimo e que os meios para o alcançar sejam adequados e necessários;

c) Trabalho igual, aquele em que as funções desempenhadas ao serviço do mesmo empregador são iguais ou objectivamente semelhantes em natureza, qualidade e quantidade;

d) Trabalho de valor igual, aquele em que as funções desempenhadas ao serviço do mesmo empregador são equivalentes, atendendo nomeadamente à qualificação ou experiência exigida, às responsabilidades atribuídas, ao esforço físico e psíquico e às condições em que o trabalho é efectuado.

2 - Constitui discriminação a mera ordem ou instrução que tenha por finalidade prejudicar alguém em razão de um factor de discriminação.

ARTIGO 24º - Direito à igualdade no acesso a emprego e no trabalho

1 - O trabalhador ou candidato a emprego tem direito a igualdade de oportunidades e de tratamento no que se refere ao acesso ao emprego, à formação e promoção ou carreira profissionais e às condições de trabalho, não podendo ser privilegiado, beneficiado, prejudicado, privado de qualquer direito ou isento de qualquer dever em razão, nomeadamente, de ascendência, idade, sexo, orientação sexual, identidade de género, estado civil, situação familiar, situação económica, instrução, origem ou condição social, património genético, capacidade de trabalho reduzida, deficiência, doença crónica, nacionalidade, origem étnica ou raça, território de origem, língua, religião, convicções políticas ou ideológicas e filiação sindical, devendo o Estado promover a igualdade de acesso a tais direitos.

2 - O direito referido no número anterior respeita, designadamente:

a) A critérios de selecção e a condições de contratação, em qualquer sector de actividade e a todos os níveis hierárquicos;

b) A acesso a todos os tipos de orientação, formação e reconversão profissionais de qualquer nível, incluindo a aquisição de experiência prática;

c) A retribuição e outras prestações patrimoniais, promoção a todos os níveis hierárquicos e critérios para selecção de trabalhadores a despedir;

d) A filiação ou participação em estruturas de representação colectiva, ou em qualquer outra organização cujos membros exercem uma determinada profissão, incluindo os benefícios por elas atribuídos.

3 – O disposto nos números anteriores também se aplica no caso de tomada de decisões baseadas em algoritmos ou outros sistemas de inteligência artificial e não prejudica a aplicação:

a) De disposições legais relativas ao exercício de uma actividade profissional por estrangeiro ou apátrida;

b) De disposições relativas à especial protecção de património genético, gravidez, parentalidade, adopção e outras situações respeitantes à conciliação da actividade profissional com a vida familiar.

4 – O empregador deve afixar na empresa, em local apropriado, a informação relativa aos direitos e deveres do trabalhador em matéria de igualdade e não discriminação.

5 – Constitui contra-ordenação muito grave a violação do disposto no nº 1 e constitui contra-ordenação leve a violação do disposto no nº 4.

(Redação dada pela Lei nº 13/2023, de 03-04)

ARTIGO 25º – Proibição de discriminação

1 – O empregador não pode praticar qualquer discriminação, directa ou indirecta, em razão nomeadamente dos factores referidos no nº 1 do artigo anterior.

2 – Não constitui discriminação o comportamento baseado em factor de discriminação que constitua um requisito justificável e determinante para o exercício da actividade profissional, em virtude da natureza da actividade em causa ou do contexto da sua execução, devendo o objectivo ser legítimo e o requisito proporcional.

3 – São nomeadamente permitidas diferenças de tratamento baseadas na idade que sejam necessárias e apropriadas à realização de um objectivo legítimo, designadamente de política de emprego, mercado de trabalho ou formação profissional.

4 – As disposições legais ou de instrumentos de regulamentação colectiva de trabalho que justifiquem os comportamentos referidos no número anterior devem ser avaliadas periodicamente e revistas se deixarem de se justificar.

5 – Cabe a quem alega discriminação indicar o trabalhador ou trabalhadores em relação a quem se considera discriminado, incumbindo ao empregador provar que a diferença de tratamento não assenta em qualquer factor de discriminação.

6 – O disposto no número anterior é aplicável em caso de invocação de qualquer prática discriminatória no acesso ao trabalho, à formação profissional ou nas condições de trabalho, nomeadamente por motivo de gozo de direitos na parentalidade, de outros direitos previstos no âmbito da conciliação da atividade profissional com a vida familiar e pessoal e dos direitos previstos para o trabalhador cuidador.

7 – São ainda consideradas práticas discriminatórias, nos termos do número anterior, nomeadamente, discriminações remuneratórias relacionadas com a atribuição de prémios de assiduidade e produtividade, bem como afetações desfavoráveis em termos de avaliação e progressão na carreira.

8 – É inválido o acto de retaliação que prejudique o trabalhador em consequência de rejeição ou submissão a acto discriminatório.

9 – Constitui contraordenação muito grave a violação do disposto nos nºs 1 ou 8.

(Redação dada pela Lei nº 13/2023, de 03-04)

ARTIGO 26º - Regras contrárias ao princípio da igualdade e não discriminação

1 – A disposição de instrumento de regulamentação colectiva de trabalho ou de regulamento interno de empresa que estabeleça profissão ou categoria profissional que respeite especificamente a trabalhadores de um dos sexos considera-se aplicável a trabalhadores de ambos sexos.

2 – A disposição de instrumento de regulamentação colectiva de trabalho ou de regulamento interno de empresa que estabeleça condições de trabalho, designadamente retribuição, aplicáveis exclusivamente a trabalhadores de um dos sexos para categoria profissional correspondente a trabalho igual ou a trabalho de valor igual considera-se substituída pela disposição mais favorável aplicável a trabalhadores de ambos sexos.

3 – O disposto nos números anteriores é aplicável a disposição contrária ao princípio da igualdade em função de outro factor de discriminação.

4 – A disposição de estatuto de organização representativa de empregadores ou de trabalhadores que restrinja o acesso a emprego, actividade profissional, formação profissional, condições de trabalho ou carreira profissional exclusivamente a trabalhadores de um dos sexos, fora dos casos previstos no nº 2 do artigo 25º e dos previstos em lei específica decorrentes da protecção do património genético do trabalhador ou dos seus descendentes, considera-se aplicável a trabalhadores de ambos os sexos.

ARTIGO 27º - Medida de acção positiva

Para os efeitos deste Código, não se considera discriminação a medida legislativa de duração limitada que beneficia certo grupo, desfavorecido em função de factor de discriminação, com o objectivo de garantir o exercício, em condições de igualdade, dos direitos previstos na lei ou corrigir situação de desigualdade que persista na vida social.

ARTIGO 28º - Indemnização por acto discriminatório

A prática de acto discriminatório lesivo de trabalhador ou candidato a emprego confere-lhe o direito a indemnização por danos patrimoniais e não patrimoniais, nos termos gerais de direito.

DIVISÃO II - Proibição de assédio

ARTIGO 29º - Assédio

1 – É proibida a prática de assédio.

2 – Entende-se por assédio o comportamento indesejado, nomeadamente o baseado em factor de discriminação, praticado aquando do acesso ao emprego ou no próprio emprego, trabalho ou formação profissional, com o objectivo ou o efeito de perturbar ou constranger a pessoa, afectar a sua dignidade, ou de lhe criar um ambiente intimidativo, hostil, degradante, humilhante ou desestabilizador.

3 – Constitui assédio sexual o comportamento indesejado de carácter sexual, sob forma verbal, não verbal ou física, com o objectivo ou o efeito referido no número anterior.

4 – A prática de assédio confere à vítima o direito de indemnização, aplicando-se o disposto no artigo anterior.

5 – A prática de assédio constitui contraordenação muito grave, sem prejuízo da eventual responsabilidade penal prevista nos termos da lei.

6 – O denunciante e as testemunhas por si indicadas não podem ser sancionados disciplinarmente, a menos que atuem com dolo, com base em declarações ou factos constantes dos autos de processo, judicial ou contraordenacional, desencadeado por assédio até decisão final, transitada em julgado, sem prejuízo do exercício do direito ao contraditório.

(Redação dada pela Lei nº 73/2017, de 16-08)

DIVISÃO III – Igualdade e não discriminação em função do sexo

ARTIGO 30º – Acesso ao emprego, actividade profissional ou formação

1 – A exclusão ou restrição de acesso de candidato a emprego ou trabalhador em razão do sexo a determinada actividade ou à formação profissional exigida para ter acesso a essa actividade constitui discriminação em função do sexo.

2 – O anúncio de oferta de emprego e outra forma de publicidade ligada à pré-selecção ou ao recrutamento não pode conter, directa ou indirectamente, qualquer restrição, especificação ou preferência baseada no sexo.

3 – Em acção de formação profissional dirigida a profissão exercida predominantemente por trabalhadores de um dos sexos deve ser dada, sempre que se justifique, preferência a trabalhadores do sexo com menor representação, bem como, sendo apropriado, a trabalhador com escolaridade reduzida, sem qualificação ou responsável por família monoparental ou no caso de licença parental ou adopção.

4 – Constitui contra-ordenação muito grave a violação do disposto nos nºs 1 ou 2.

ARTIGO 31º – Igualdade de condições de trabalho

1 – Os trabalhadores têm direito à igualdade de condições de trabalho, em particular quanto à retribuição, devendo os elementos que a determinam não conter qualquer discriminação fundada no sexo.

2 – A igualdade de retribuição implica que, para trabalho igual ou de valor igual:

a) Qualquer modalidade de retribuição variável, nomeadamente a paga à tarefa, seja estabelecida na base da mesma unidade de medida;

b) A retribuição calculada em função do tempo de trabalho seja a mesma.

3 – As diferenças de retribuição não constituem discriminação quando assentes em critérios objectivos, comuns a homens e mulheres, nomeadamente, baseados em mérito, produtividade, assiduidade ou antiguidade.

4 – Sem prejuízo do disposto no número anterior, as licenças, faltas ou dispensas relativas à protecção na parentalidade não podem fundamentar diferenças na retribuição dos trabalhadores.

5 – Os sistemas de descrição de tarefas e de avaliação de funções devem assentar em critérios objectivos comuns a homens e mulheres, de forma a excluir qualquer discriminação baseada no sexo.

6 – Constitui contra-ordenação muito grave a violação do disposto no nº 1, e constitui contra-ordenação grave a violação do disposto no nº 5.

ARTIGO 32º - Registo de processos de recrutamento

1 – Todas as entidades devem manter durante cinco anos o registo dos processos de recrutamento efectuados, devendo constar do mesmo, com desagregação por sexo, os seguintes elementos:

a) Convites para o preenchimento de lugares;

b) Anúncios de oferta de emprego;

c) Número de candidaturas para apreciação curricular;

d) Número de candidatos presentes em entrevistas de pré-selecção;

e) Número de candidatos aguardando ingresso;

f) Resultados de testes ou provas de admissão ou selecção;

g) Balanços sociais relativos a dados, que permitam analisar a existência de eventual discriminação de pessoas de um dos sexos no acesso ao emprego, formação e promoção profissionais e condições de trabalho.

2 – Constitui contra-ordenação leve a violação do disposto neste artigo.

SUBSECÇÃO IV - Parentalidade

ARTIGO 33º - Parentalidade

1 – A maternidade e a paternidade constituem valores sociais eminentes.

2 – Os trabalhadores têm direito à protecção da sociedade e do Estado na realização da sua insubstituível acção em relação ao exercício da parentalidade.

ARTIGO 33º-A - Referências

1 – Todas as referências feitas na presente subsecção à mãe e ao pai consideram-se efetuadas aos titulares do direito de parentalidade, salvo as que resultem da condição biológica daqueles.

2 – O titular do direito de parentalidade que se enquadre no disposto nas alíneas *a*) ou *b*) do nº 1 do artigo 36º goza da licença parental exclusiva da mãe, gozando o outro titular do direito de parentalidade da licença exclusiva do pai.

3 – Às situações de adoção por casais do mesmo sexo aplica-se o disposto nos artigos 44º e 64º

(Aditado pela Lei nº 90/2019, de 04-09)

ARTIGO 34º - Articulação com regime de protecção social

1 – A protecção social nas situações previstas na presente subsecção, designadamente os regimes de concessão de prestações sociais para os diferentes períodos de licença por parentalidade, consta de legislação específica.

2 – Para efeitos do disposto na presente subsecção, consideram-se equivalentes a períodos de licença parental os períodos de concessão das prestações sociais correspondentes, atribuídas a um dos progenitores no âmbito do subsistema de solidariedade e do sistema previdencial da segurança social ou outro regime de protecção social de enquadramento obrigatório.

ARTIGO 35º - Protecção na parentalidade

1 - A protecção na parentalidade concretiza-se através da atribuição dos seguintes direitos:

a) Licença em situação de risco clínico durante a gravidez;

b) Licença para deslocação a unidade hospitalar localizada fora da ilha de residência para realização de parto;

c) Licença por interrupção de gravidez;

d) Licença parental, em qualquer das modalidades;

e) Licença por adopção;

f) Dispensa da prestação de trabalho por parte de trabalhadora grávida, puérpera ou lactante, por motivo de proteção da sua segurança e saúde, e respetivo acompanhante, nas deslocações interilhas das regiões autónomas;

g) Licença parental complementar em qualquer das modalidades;

h) Dispensa da prestação de trabalho por parte de trabalhadora grávida, puérpera ou lactante, por motivo de protecção da sua segurança e saúde;

i) Dispensa para consulta pré-natal;

j) Dispensa no âmbito dos processos de adoção e de acolhimento familiar;

k) Dispensa para amamentação ou aleitação;

l) Faltas para assistência a filho;

m) Faltas para assistência a neto;

n) Licença para assistência a filho;

o) Licença para assistência a filho com deficiência, doença crónica ou doença oncológica;

p) Trabalho a tempo parcial de trabalhador com responsabilidades familiares;

q) Horário flexível de trabalhador com responsabilidades familiares;

r) Dispensa de prestação de trabalho em regime de adaptabilidade;

s) Dispensa de prestação de trabalho suplementar;

t) Dispensa de prestação de trabalho no período nocturno.

2 - Os direitos previstos no número anterior apenas se aplicam, após o nascimento do filho, a trabalhadores progenitores que não estejam impedidos ou inibidos totalmente do exercício do poder paternal, com exceção do direito ao gozo de 42 dias consecutivos de licença parental exclusiva da mãe e dos referentes a proteção durante a amamentação.

(Redação dada pela Lei nº 13/2023, de 03-04)

ARTIGO 35º-A - Proibição de discriminação pelo exercício dos direitos de maternidade e paternidade

1 - É proibida qualquer forma de discriminação em função do exercício pelos trabalhadores dos seus direitos de maternidade e paternidade.

2 - Incluem-se na proibição do nº 1, nomeadamente, discriminações remuneratórias relacionadas com a atribuição de prémios de assiduidade e produtividade, bem como afetações desfavoráveis em termos da progressão na carreira.

(Aditado pela Lei nº 90/2019, de 04-09)

ARTIGO 36º - Conceitos em matéria de protecção da parentalidade

1 - No âmbito do regime de protecção da parentalidade, entende-se por:

a) Trabalhadora grávida, a trabalhadora em estado de gestação que informe o empregador do seu estado, por escrito, com apresentação de atestado médico;

b) Trabalhadora puérpera, a trabalhadora parturiente e durante um período de 120 dias subsequentes ao parto que informe o empregador do seu estado, por escrito, com apresentação de atestado médico ou certidão de nascimento do filho;

c) Trabalhadora lactante, a trabalhadora que amamenta o filho e informe o empregador do seu estado, por escrito, com apresentação de atestado médico.

2 - O regime de protecção da parentalidade é ainda aplicável desde que o empregador tenha conhecimento da situação ou do facto relevante.

ARTIGO 37º - Licença em situação de risco clínico durante a gravidez

1 - Em situação de risco clínico para a trabalhadora grávida ou para o nascituro, impeditivo do exercício de funções, independentemente do motivo que determine esse impedimento e esteja este ou não relacionado com as condições de prestação do trabalho, caso o empregador não lhe proporcione o exercício de actividade compatível com o seu estado e categoria profissional, a trabalhadora tem direito a licença, pelo período de tempo que por prescrição médica for considerado necessário para prevenir o risco, sem prejuízo da licença parental inicial.

2 - Para o efeito previsto no número anterior, a trabalhadora informa o empregador e apresenta atestado médico que indique a duração previsível da licença, prestando essa informação com a antecedência de 10 dias ou, em caso de urgência comprovada pelo médico, logo que possível.

3 - Constitui contra-ordenação muito grave a violação do disposto no nº 1.

ARTIGO 37º-A - Licença para deslocação a unidade hospitalar localizada fora da ilha de residência para realização de parto

1 - A trabalhadora grávida que se desloque a unidade hospitalar localizada fora da sua ilha de residência para realização de parto, por indisponibilidade de recursos técnicos e humanos na ilha de residência, tem direito a licença pelo período de tempo que, por prescrição médica, for considerado necessário e adequado à deslocação para aquele fim, sem prejuízo da licença parental inicial.

2 - Para o efeito previsto no nº 1, a trabalhadora informa o empregador e apresenta atestado médico que indique a duração previsível da licença, prestando essa informação com a antecedência de 10 dias ou, em caso de urgência comprovada pelo médico, logo que possível.

3 - Constitui contraordenação muito grave a violação do disposto no nº 1.

(Aditado pela Lei nº 90/2019, de 04-09)

ARTIGO 38º - Licença por interrupção da gravidez

1 - Em caso de interrupção da gravidez, a trabalhadora tem direito a licença com duração entre 14 e 30 dias.

2 – Para o efeito previsto no número anterior, a trabalhadora informa o empregador e apresenta, logo que possível, atestado médico com indicação do período da licença.

3 – Constitui contra-ordenação muito grave a violação do disposto no nº 1.

ARTIGO 38º-A – Falta por luto gestacional

1 – Nos casos em que não haja lugar à licença prevista no artigo anterior, a trabalhadora pode faltar ao trabalho por motivo de luto gestacional até três dias consecutivos.

2 – O pai tem direito a faltar ao trabalho até três dias consecutivos, quando se verifique o gozo da licença prevista no artigo anterior ou a falta prevista no número anterior.

3 – Para efeitos do disposto nos números anteriores, a trabalhadora e o trabalhador informam os respetivos empregadores, apresentando, logo que possível, prova do facto invocado, através de declaração de estabelecimento hospitalar, ou centro de saúde, ou ainda atestado médico.

4 – Constitui contraordenação grave a violação do disposto nos nºs 1 e 2.

(Aditado pela Lei nº 13/2023, de 03-04)

ARTIGO 39º – Modalidades de licença parental

A licença parental compreende as seguintes modalidades:

a) Licença parental inicial;

b) Licença parental inicial exclusiva da mãe;

c) Licença parental inicial a gozar pelo pai por impossibilidade da mãe;

d) Licença parental exclusiva do pai.

ARTIGO 40º – Licença parental inicial

1 – A mãe e o pai trabalhadores têm direito, por nascimento de filho, a licença parental inicial de 120 ou 150 dias consecutivos, cujo gozo podem partilhar após o parto, sem prejuízo dos direitos da mãe a que se refere o artigo seguinte.

2 – O gozo da licença referida no número anterior pode ser usufruído em simultâneo pelos progenitores entre os 120 e os 150 dias.

3 – A licença referida no nº 1 é acrescida em 30 dias, no caso de cada um dos progenitores gozar, em exclusivo, um período de 30 dias consecutivos, ou dois períodos de 15 dias consecutivos, após o período de gozo obrigatório pela mãe a que se refere o nº 2 do artigo seguinte.

4 – Em caso de opção pela licença parental inicial com a duração prevista no nº 1 ou no nº 3, os progenitores podem, após o gozo de 120 dias consecutivos, cumular, em cada dia, os restantes dias da licença com trabalho a tempo parcial.

5 – Na situação de cumulação prevista no número anterior:

a) Os períodos diários de licença são computados como meios-dias e são adicionados para determinação da duração máxima da licença;

b) O período da licença pode ser gozado por ambos os progenitores, em simultâneo ou de forma sequencial;

c) O trabalho a tempo parcial corresponde a um período normal de trabalho diário igual a metade do praticado a tempo completo em situação comparável.

6 – No caso de nascimentos múltiplos, o período de licença previsto nos números anteriores é acrescido de 30 dias por cada gémeo além do primeiro.

7 – Em situação de internamento hospitalar da criança imediatamente após o período recomendado de internamento pós-parto, devido a necessidade de cuidados médicos especiais para a criança, a licença referida no nº 1 é acrescida do período de internamento, até ao limite máximo de 30 dias, sem prejuízo do disposto nos nºs 3 e 6.

8 – Nas situações previstas no número anterior, em que o parto ocorra até às 33 semanas, inclusive, a licença referida no nº 1 é acrescida de todo o período de internamento.

9 – Sem prejuízo do disposto no número anterior, nas situações em que o parto ocorra até às 33 semanas, inclusive, a licença referida no nº 1 é acrescida em 30 dias.

10 – Em caso de partilha do gozo da licença, a mãe e o pai informam os respetivos empregadores, até sete dias após o parto, após o termo do período do internamento referido nos nºs 7 e 8 ou do período de 30 dias estabelecido no número anterior, do início e termo dos períodos a gozar por cada um, entregando, para o efeito, declaração conjunta ou, quando aplicável, declaração do outro progenitor da qual conste que o mesmo exerce atividade profissional.

11 – O gozo da licença parental inicial em simultâneo, de mãe e pai que trabalhem na mesma empresa, sendo esta uma microempresa, depende de acordo com o empregador.

12 – Caso a licença parental não seja partilhada pela mãe e pelo pai, e sem prejuízo dos direitos da mãe a que se refere o artigo seguinte, o progenitor que gozar a licença informa o respetivo empregador, até sete dias após o parto, da duração da licença e do início do respetivo período, juntando declaração do outro progenitor da qual conste que o mesmo exerce atividade profissional e que não goza a licença parental inicial.

13 – Na falta da declaração referida no nº 10, a licença é gozada pela mãe.

14 – Em caso de internamento hospitalar da criança ou do progenitor que estiver a gozar a licença prevista nos nºs 1, 2 ou 3 durante o período após o parto, o período de licença suspende-se, a pedido do progenitor, pelo tempo de duração do internamento.

15 – O acréscimo da licença previsto nos nºs 7, 8 e 9 e a suspensão da licença prevista no número anterior são feitos mediante comunicação ao empregador, acompanhada de declaração emitida pelo estabelecimento hospitalar.

16 – A situação de suspensão da licença em caso de internamento hospitalar da criança, prevista no nº 14, não se aplica às situações nem durante os períodos previstos nos nºs 7 e 8.

17 – Constitui contraordenação muito grave a violação do disposto nos nºs 1 a 4, 6 a 10, 12 ou 13.

(Redação dada pela Lei nº 13/2023, de 03-04)

ARTIGO 41º – Períodos de licença parental exclusiva da mãe

1 – A mãe pode gozar até 30 dias da licença parental inicial antes do parto.

2 – É obrigatório o gozo, por parte da mãe, de 42 dias consecutivos de licença a seguir ao parto.

3 – A trabalhadora que pretenda gozar parte da licença antes do parto deve informar desse propósito o empregador e apresentar atestado médico que indique a data

previsível do parto, prestando essa informação com a antecedência de 10 dias ou, em caso de urgência comprovada pelo médico, logo que possível.

4 – Constitui contra-ordenação muito grave a violação do disposto nos nºs 1 ou 2.

(Redação dada pela Lei nº 13/2023, de 03-04)

ARTIGO 42º – Licença parental inicial a gozar por um progenitor em caso de impossibilidade do outro

1 – O pai ou a mãe tem direito a licença com a duração referida nos nºs 1, 3, 6, 7, 8 ou 9 do artigo 40º, ou do período remanescente da licença, nos casos seguintes:

a) Incapacidade física ou psíquica do progenitor que estiver a gozar a licença, enquanto esta se mantiver;

b) Morte do progenitor que estiver a gozar a licença.

2 – Apenas há lugar à duração total da licença referida no nº 3 do artigo 40º caso se verifiquem as condições aí previstas, à data dos factos referidos no nº 1.

3 – Em caso de morte ou incapacidade física ou psíquica da mãe, a licença parental inicial a gozar pelo pai tem a duração mínima de 30 dias.

4 – Em caso de morte ou incapacidade física ou psíquica de mãe não trabalhadora nos 120 dias a seguir ao parto, o pai tem direito a licença nos termos do nº 1, com a necessária adaptação, ou do número anterior.

5 – Para efeito do disposto nos números anteriores, o pai informa o empregador, logo que possível e, consoante a situação, apresenta atestado médico comprovativo ou certidão de óbito e, sendo caso disso, declara o período de licença já gozado pela mãe.

6 – Constitui contra-ordenação muito grave a violação do disposto nos nºs 1 a 4.

(Redação dada pela Lei nº 13/2023, de 03-04)

ARTIGO 43º – Licença parental exclusiva do pai

1 – É obrigatório o gozo pelo pai de uma licença parental de 28 dias, seguidos ou em períodos interpolados de no mínimo 7 dias, nos 42 dias seguintes ao nascimento da criança, 7 dos quais gozados de modo consecutivo imediatamente a seguir a este.

2 – Após o gozo da licença prevista no número anterior, o pai tem ainda direito a sete dias de licença, seguidos ou interpolados, desde que gozados em simultâneo com o gozo da licença parental inicial por parte da mãe.

3 – Em caso de internamento hospitalar da criança durante o período após o parto, a licença referida no nº 1 suspende-se, a pedido do pai, pelo tempo de duração do internamento.

4 – No caso de nascimentos múltiplos, à licença prevista nos números anteriores acrescem dois dias por cada gémeo além do primeiro.

5 – Para efeitos do disposto nos números anteriores, o trabalhador deve avisar o empregador com a antecedência possível que, no caso previsto no nº 2, não deve ser inferior a cinco dias.

6 – Constitui contraordenação muito grave a violação do disposto nos nºs 1, 2 ou 4.

(Redação dada pela Lei nº 13/2023, de 03-04)

ARTIGO 44º - Licença por adopção

1 - Em caso de adoção de menor de 15 anos, o candidato a adotante tem direito à licença referida nos nºs 1 a 3 do artigo 40º

2 - Em caso de adoção de menor de 15 anos, o candidato a adotante tem direito à licença parental exclusiva do pai, nos termos do artigo anterior.

3 - No caso de adoções múltiplas, o período de licença referido no nº 1 é acrescido de 30 dias e o período de licença referido no nº 2 é acrescido de 2 dias, por cada adoção além da primeira.

4 - Havendo dois candidatos a adotantes, a licença deve ser gozada nos termos dos nºs 1 a 3 do artigo 40º

5 - O candidato a adoptante não tem direito a licença em caso de adopção de filho do cônjuge ou de pessoa com quem viva em união de facto.

6 - O candidato a adotante pode gozar até 30 dias da licença parental inicial no período de transição e acompanhamento.

7 - Para efeitos do disposto no número anterior, o candidato a adotante que pretenda gozar parte da licença parental inicial deve informar desse propósito o empregador e apresentar documento que comprove o período de transição e acompanhamento, prestando essa informação com a antecedência de 10 dias ou, em caso de urgência comprovada, logo que possível.

8 - Em caso de incapacidade ou falecimento do candidato a adoptante durante a licença, o cônjuge sobrevivo, que não seja candidato a adoptante e com quem o adoptando viva em comunhão de mesa e habitação, tem direito a licença correspondente ao período não gozado ou a um mínimo de 14 dias.

9 - A licença tem início a partir da confiança judicial ou administrativa, nos termos do regime jurídico da adopção.

10 - Quando a confiança administrativa consistir na confirmação da permanência do menor a cargo do adoptante, este tem direito a licença, pelo período remanescente, desde que a data em que o menor ficou de facto a seu cargo tenha ocorrido antes do termo da licença parental inicial.

11 - Em caso de internamento hospitalar do candidato a adoptante ou do adoptando, o período de licença é suspenso pelo tempo de duração do internamento, devendo aquele comunicar esse facto ao empregador, apresentando declaração comprovativa passada pelo estabelecimento hospitalar.

12 - Em caso de partilha do gozo da licença, os candidatos a adoptantes informam os respectivos empregadores, com a antecedência de 10 dias ou, em caso de urgência comprovada, logo que possível, fazendo prova da confiança judicial ou administrativa do adoptando e da idade deste, do início e termo dos períodos a gozar por cada um, entregando para o efeito declaração conjunta.

13 - Caso a licença por adopção não seja partilhada, o candidato a adoptante que gozar a licença informa o respectivo empregador, nos prazos referidos no número anterior, da duração da licença e do início do respectivo período.

14 - O disposto no presente artigo aplica-se, com as necessárias adaptações, às famílias de acolhimento.

15 – Constitui contraordenação muito grave a violação do disposto nos nºs 1 a 4, 6, 8, 10, 11 ou 14.

(Redação dada pela Lei nº 13/2023, de 03-04)

ARTIGO 45º – Dispensa no âmbito dos processos de adoção e acolhimento familiar

1 – Os trabalhadores que sejam candidatos a adoção ou a família de acolhimento têm direito a dispensas de trabalho para realização de avaliação ou para cumprimento das obrigações e procedimentos previstos na lei para os respetivos processos, devendo apresentar a devida justificação ao empregador.

2 – Constitui contraordenação grave a violação do disposto no presente artigo.

(Redação dada pela Lei nº 13/2023, de 03-04)

ARTIGO 46º – Dispensa para consulta pré-natal

1 – A trabalhadora grávida tem direito a dispensa do trabalho para consultas pré-natais, pelo tempo e número de vezes necessários.

2 – A trabalhadora deve, sempre que possível, comparecer a consulta pré-natal fora do horário de trabalho.

3 – Sempre que a consulta pré-natal só seja possível durante o horário de trabalho, o empregador pode exigir à trabalhadora a apresentação de prova desta circunstância e da realização da consulta ou declaração dos mesmos factos.

4 – Para efeito dos números anteriores, a preparação para o parto é equiparada a consulta pré-natal.

5 – O pai tem direito a três dispensas do trabalho para acompanhar a grávida às consultas pré-natais.

6 – Constitui contra-ordenação grave a violação do disposto neste artigo.

(Redação dada pela Lei nº 90/2019, de 04-09)

ARTIGO 46º-A – Dispensa para consulta de procriação medicamente assistida

1 – O trabalhador tem direito a três dispensas do trabalho para consultas no âmbito de cada ciclo de tratamentos de procriação medicamente assistida (PMA).

2 – O empregador pode exigir ao trabalhador a apresentação de prova desta circunstância e da realização da consulta ou declaração dos mesmos factos.

3 – Constitui contraordenação grave a violação do disposto neste artigo.

(Aditado pela Lei nº 90/2019, de 04-09)

ARTIGO 47º – Dispensa para amamentação ou aleitação

1 – A mãe que amamenta o filho tem direito a dispensa de trabalho para o efeito, durante o tempo que durar a amamentação.

2 – No caso de não haver amamentação, desde que ambos os progenitores exerçam actividade profissional, qualquer deles ou ambos, consoante decisão conjunta, têm direito a dispensa para aleitação, até o filho perfazer um ano.

3 – A dispensa diária para amamentação ou aleitação é gozada em dois períodos distintos, com a duração máxima de uma hora cada, salvo se outro regime for acordado com o empregador.

4 – No caso de nascimentos múltiplos, a dispensa referida no número anterior é acrescida de mais 30 minutos por cada gémeo além do primeiro.

5 – Se qualquer dos progenitores trabalhar a tempo parcial, a dispensa diária para amamentação ou aleitação é reduzida na proporção do respectivo período normal de trabalho, não podendo ser inferior a 30 minutos.

6 – Na situação referida no número anterior, a dispensa diária é gozada em período não superior a uma hora e, sendo caso disso, num segundo período com a duração remanescente, salvo se outro regime for acordado com o empregador.

7 – Constitui contra-ordenação grave a violação do disposto neste artigo.

ARTIGO 48º - Procedimento de dispensa para amamentação ou aleitação

1 – Para efeito de dispensa para amamentação, a trabalhadora comunica ao empregador, com a antecedência de 10 dias relativamente ao início da dispensa, que amamenta o filho, devendo apresentar atestado médico se a dispensa se prolongar para além do primeiro ano de vida do filho.

2 – Para efeito de dispensa para aleitação, o progenitor:

a) Comunica ao empregador que aleita o filho, com a antecedência de 10 dias relativamente ao início da dispensa;

b) Apresenta documento de que conste a decisão conjunta;

c) Declara qual o período de dispensa gozado pelo outro progenitor, sendo caso disso;

d) Prova que o outro progenitor exerce actividade profissional e, caso seja trabalhador por conta de outrem, que informou o respectivo empregador da decisão conjunta.

ARTIGO 49º - Falta para assistência a filho

1 – O trabalhador pode faltar ao trabalho para prestar assistência inadiável e imprescindível, em caso de doença ou acidente, a filho menor de 12 anos ou, independentemente da idade, a filho com deficiência ou doença crónica, até 30 dias por ano ou durante todo o período de eventual hospitalização.

2 – O trabalhador pode faltar ao trabalho até 15 dias por ano para prestar assistência inadiável e imprescindível em caso de doença ou acidente a filho com 12 ou mais anos de idade que, no caso de ser maior, faça parte do seu agregado familiar.

3 – Aos períodos de ausência previstos nos números anteriores acresce um dia por cada filho além do primeiro.

4 – A possibilidade de faltar prevista nos números anteriores não pode ser exercida simultaneamente pelo pai e pela mãe.

5 – Para efeitos de justificação da falta, o empregador pode exigir ao trabalhador:

a) Prova do carácter inadiável e imprescindível da assistência;

b) Declaração de que o outro progenitor tem actividade profissional e não falta pelo mesmo motivo ou está impossibilitado de prestar a assistência;

c) Em caso de hospitalização, declaração comprovativa passada pelo estabelecimento hospitalar.

6 – No caso referido no nº 3 do artigo seguinte, o pai ou a mãe informa o respectivo empregador da prestação de assistência em causa, sendo o seu direito referido nos nº 1 ou 2 reduzido em conformidade.

7 – Constitui contra-ordenação grave a violação do disposto nos nºs 1, 2 ou 3.

ARTIGO 50º – Falta para assistência a neto

1 – O trabalhador pode faltar até 30 dias consecutivos, a seguir ao nascimento de neto que consigo viva em comunhão de mesa e habitação e que seja filho de adolescente com idade inferior a 16 anos.

2 – Se houver dois titulares do direito, há apenas lugar a um período de faltas, a gozar por um deles, ou por ambos em tempo parcial ou em períodos sucessivos, conforme decisão conjunta.

3 – O trabalhador pode também faltar, em substituição dos progenitores, para prestar assistência inadiável e imprescindível, em caso de doença ou acidente, a neto menor ou, independentemente da idade, com deficiência ou doença crónica.

4 – Para efeitos dos nºs 1 e 2, o trabalhador informa o empregador com a antecedência de cinco dias, declarando que:

a) O neto vive consigo em comunhão de mesa e habitação;

b) O neto é filho de adolescente com idade inferior a 16 anos;

c) O cônjuge do trabalhador exerce actividade profissional ou se encontra física ou psiquicamente impossibilitado de cuidar do neto ou não vive em comunhão de mesa e habitação com este.

5 – O disposto neste artigo é aplicável a tutor do adolescente, a trabalhador a quem tenha sido deferida a confiança judicial ou administrativa do mesmo, bem como ao seu cônjuge ou pessoa em união de facto.

6 – No caso referido no nº 3, o trabalhador informa o empregador, no prazo previsto nos nºs 1 ou 2 do artigo 253º, declarando:

a) O carácter inadiável e imprescindível da assistência;

b) Que os progenitores são trabalhadores e não faltam pelo mesmo motivo ou estão impossibilitados de prestar a assistência, bem como que nenhum outro familiar do mesmo grau falta pelo mesmo motivo.

7 – Constitui contra-ordenação grave a violação do disposto nos nºs 1, 2 ou 3.

ARTIGO 51º – Licença parental complementar

1 – O pai e a mãe têm direito, para assistência a filho ou adoptado com idade não superior a seis anos, a licença parental complementar, em qualquer das seguintes modalidades:

a) Licença parental alargada, por três meses;

b) Trabalho a tempo parcial durante 12 meses, com um período normal de trabalho igual a metade do tempo completo;

c) Trabalho a tempo parcial durante três meses, com um período normal de trabalho igual a metade do tempo completo, desde que a licença seja exercida na totalidade por cada um dos progenitores;

d) Períodos intercalados de licença parental alargada e de trabalho a tempo parcial em que a duração total da ausência e da redução do tempo de trabalho seja igual aos períodos normais de trabalho de três meses;

e) Ausências interpoladas ao trabalho com duração igual aos períodos normais de trabalho de três meses, desde que previstas em instrumento de regulamentação colectiva de trabalho.

2 – O pai e a mãe podem gozar qualquer das modalidades referidas no número anterior de modo consecutivo ou até três períodos interpolados, não sendo permitida a cumulação por um dos progenitores do direito do outro.

3 – Se ambos os progenitores pretenderem gozar simultaneamente a licença e estiverem ao serviço do mesmo empregador, este pode adiar o gozo da licença de um deles até ao término do período de gozo da licença do outro progenitor com fundamento em exigências imperiosas ligadas ao funcionamento da empresa ou serviço, desde que seja fornecida por escrito a respetiva fundamentação.

4 – Durante o período de licença parental complementar em qualquer das modalidades, o trabalhador não pode exercer outra actividade incompatível com a respectiva finalidade, nomeadamente trabalho subordinado ou prestação continuada de serviços fora da sua residência habitual.

5 – O exercício dos direitos referidos nos números anteriores depende de informação sobre a modalidade pretendida e o início e o termo de cada período, dirigida por escrito ao empregador com antecedência de 30 dias relativamente ao seu início.

6 – Constitui contra-ordenação grave a violação do disposto nos nºs 1, 2 ou 3.

(Redação dada pela Lei nº 13/2023, de 03-04)

ARTIGO 52º – Licença para assistência a filho

1 – Depois de esgotado o direito referido no artigo anterior, os progenitores têm direito a licença para assistência a filho, de modo consecutivo ou interpolado, até ao limite de dois anos.

2 – No caso de terceiro filho ou mais, a licença prevista no número anterior tem o limite de três anos.

3 – O trabalhador tem direito a licença se o outro progenitor exercer actividade profissional ou estiver impedido ou inibido totalmente de exercer o poder paternal.

4 – Se houver dois titulares, a licença pode ser gozada por qualquer deles ou por ambos em períodos sucessivos.

5 – Durante o período de licença para assistência a filho, o trabalhador não pode exercer outra actividade incompatível com a respectiva finalidade, nomeadamente trabalho subordinado ou prestação continuada de serviços fora da sua residência habitual.

6 – Para exercício do direito, o trabalhador informa o empregador, por escrito e com a antecedência de 30 dias:

a) Do início e do termo do período em que pretende gozar a licença;

b) Que o outro progenitor tem actividade profissional e não se encontra ao mesmo tempo em situação de licença, ou que está impedido ou inibido totalmente de exercer o poder paternal;

c) Que o menor vive com ele em comunhão de mesa e habitação;

d) Que não está esgotado o período máximo de duração da licença.

7 – Na falta de indicação em contrário por parte do trabalhador, a licença tem a duração de seis meses.

8 – À prorrogação do período de licença pelo trabalhador, dentro dos limites previstos nos nºs 1 e 2, é aplicável o disposto no nº 6.

9 – Constitui contra-ordenação grave a violação do disposto nos nºs 1 ou 2.

ARTIGO 53º – Licença para assistência a filho com deficiência, doença crónica ou doença oncológica

1 – Os progenitores têm direito a licença por período até seis meses, prorrogável até quatro anos, para assistência de filho com deficiência, doença crónica ou doença oncológica.

2 – Caso o filho com deficiência, doença crónica ou doença oncológica tenha 12 ou mais anos de idade a necessidade de assistência é confirmada por atestado médico.

3 – A licença prevista no nº 1 pode ser prorrogável até ao limite máximo de seis anos, nas situações de necessidade de prolongamento da assistência, confirmada por atestado médico.

4 – O limite máximo definido no nº 3 não é aplicável no caso de filhos com doença prolongada em estado terminal, confirmada por atestado médico.

5 – É aplicável à licença prevista nos nºs 1, 3 e 4 o regime constante dos nºs 3 a 8 do artigo anterior.

6 – Constitui contraordenação grave a violação do disposto nos nºs 1, 3 ou 4.

(Redação dada pela Lei nº 90/2019, de 04-09)

ARTIGO 54º – Redução do tempo de trabalho para assistência a filho menor com deficiência ou doença crónica

1 – Os progenitores de menor com deficiência ou doença crónica, com idade não superior a um ano, têm direito a redução de cinco horas do período normal de trabalho semanal, ou outras condições de trabalho especiais, para assistência ao filho.

2 – Não há lugar ao exercício do direito referido no número anterior quando um dos progenitores não exerça actividade profissional e não esteja impedido ou inibido totalmente de exercer o poder paternal.

3 – Se ambos os progenitores forem titulares do direito, a redução do período normal de trabalho pode ser utilizada por qualquer deles ou por ambos em períodos sucessivos.

4 – O empregador deve adequar o horário de trabalho resultante da redução do período normal de trabalho tendo em conta a preferência do trabalhador, sem prejuízo de exigências imperiosas do funcionamento da empresa.

5 – A redução do período normal de trabalho semanal não implica diminuição de direitos consagrados na lei, salvo quanto à retribuição, que só é devida na medida em que a redução, em cada ano, exceda o número de faltas substituíveis por perda de gozo de dias de férias.

6 – Para redução do período normal de trabalho semanal, o trabalhador deve comunicar ao empregador a sua intenção com a antecedência de 10 dias, bem como:

a) Apresentar atestado médico comprovativo da deficiência ou da doença crónica;

b) Declarar que o outro progenitor tem actividade profissional ou que está impedido ou inibido totalmente de exercer o poder paternal e, sendo caso disso, que não exerce ao mesmo tempo este direito.

7 – Constitui contra-ordenação grave a violação do disposto nos nºs 1, 3, 4 ou 5.

ARTIGO 55º – Trabalho a tempo parcial de trabalhador com responsabilidades familiares

1 – O trabalhador com filho menor de 12 anos ou, independentemente da idade, filho com deficiência ou doença crónica que com ele viva em comunhão de mesa e habitação tem direito a trabalhar a tempo parcial.

2 – O direito pode ser exercido por qualquer dos progenitores ou por ambos em períodos sucessivos, depois da licença parental complementar, em qualquer das suas modalidades.

3 – Salvo acordo em contrário, o período normal de trabalho a tempo parcial corresponde a metade do praticado a tempo completo numa situação comparável e, conforme o pedido do trabalhador, é prestado diariamente, de manhã ou de tarde, ou em três dias por semana.

4 – A prestação de trabalho a tempo parcial pode ser prorrogada até dois anos ou, no caso de terceiro filho ou mais, três anos, ou ainda, no caso de filho com deficiência ou doença crónica, quatro anos.

5 – Durante o período de trabalho em regime de tempo parcial, o trabalhador não pode exercer outra actividade incompatível com a respectiva finalidade, nomeadamente trabalho subordinado ou prestação continuada de serviços fora da sua residência habitual.

6 – A prestação de trabalho a tempo parcial cessa no termo do período para que foi concedida ou no da sua prorrogação, retomando o trabalhador a prestação de trabalho a tempo completo.

7 – O trabalhador que opte pelo trabalho em regime de tempo parcial nos termos do presente artigo não pode ser penalizado em matéria de avaliação e de progressão na carreira.

8 – Constitui contraordenação grave a violação do disposto neste artigo.

(Redação dada pela Lei nº 120/2015, de 01-09)

ARTIGO 56º – Horário flexível de trabalhador com responsabilidades familiares

1 – O trabalhador com filho menor de 12 anos ou, independentemente da idade, filho com deficiência ou doença crónica que com ele viva em comunhão de mesa e habitação, tem direito a trabalhar em regime de horário de trabalho flexível, podendo o direito ser exercido por qualquer dos progenitores ou por ambos.

2 – Entende-se por horário flexível aquele em que o trabalhador pode escolher, dentro de certos limites, as horas de início e termo do período normal de trabalho diário.

3 – O horário flexível, a elaborar pelo empregador, deve:

a) Conter um ou dois períodos de presença obrigatória, com duração igual a metade do período normal de trabalho diário;

b) Indicar os períodos para início e termo do trabalho normal diário, cada um com duração não inferior a um terço do período normal de trabalho diário, podendo esta duração ser reduzida na medida do necessário para que o horário se contenha dentro do período de funcionamento do estabelecimento;

c) Estabelecer um período para intervalo de descanso não superior a duas horas.

4 – O trabalhador que trabalhe em regime de horário flexível pode efectuar até seis horas consecutivas de trabalho e até 10 horas de trabalho em cada dia e deve cumprir o correspondente período normal de trabalho semanal, em média de cada período de quatro semanas.

5 – O trabalhador que opte pelo trabalho em regime de horário flexível, nos termos do presente artigo, não pode ser penalizado em matéria de avaliação e de progressão na carreira.

6 – Constitui contraordenação grave a violação do disposto no nº 1.

(Redação dada pela Lei nº 120/2015, de 01-09)

ARTIGO 57º – Autorização de trabalho a tempo parcial ou em regime de horário flexível

1 – O trabalhador que pretenda trabalhar a tempo parcial ou em regime de horário de trabalho flexível deve solicitá-lo ao empregador, por escrito, com a antecedência de 30 dias, com os seguintes elementos:

a) Indicação do prazo previsto, dentro do limite aplicável;

b) Declaração da qual conste:

i) Que o menor vive com ele em comunhão de mesa e habitação;

ii) No regime de trabalho a tempo parcial, que não está esgotado o período máximo de duração;

iii) No regime de trabalho a tempo parcial, que o outro progenitor tem actividade profissional e não se encontra ao mesmo tempo em situação de trabalho a tempo parcial ou que está impedido ou inibido totalmente de exercer o poder paternal;

c) A modalidade pretendida de organização do trabalho a tempo parcial.

2 – O empregador apenas pode recusar o pedido com fundamento em exigências imperiosas do funcionamento da empresa, ou na impossibilidade de substituir o trabalhador se este for indispensável.

3 – No prazo de 20 dias contados a partir da recepção do pedido, o empregador comunica ao trabalhador, por escrito, a sua decisão.

4 – No caso de pretender recusar o pedido, na comunicação o empregador indica o fundamento da intenção de recusa, podendo o trabalhador apresentar, por escrito, uma apreciação no prazo de cinco dias a partir da recepção.

5 – Nos cinco dias subsequentes ao fim do prazo para apreciação pelo trabalhador, o empregador envia o processo para apreciação pela entidade competente na área da igualdade de oportunidades entre homens e mulheres, com cópia do pedido, do fundamento da intenção de o recusar e da apreciação do trabalhador.

6 – A entidade referida no número anterior, no prazo de 30 dias, notifica o empregador e o trabalhador do seu parecer, o qual se considera favorável à intenção do empregador se não for emitido naquele prazo.

7 – Se o parecer referido no número anterior for desfavorável, o empregador só pode recusar o pedido após decisão judicial que reconheça a existência de motivo justificativo.

8 – Considera-se que o empregador aceita o pedido do trabalhador nos seus precisos termos:

a) Se não comunicar a intenção de recusa no prazo de 20 dias após a recepção do pedido;

b) Se, tendo comunicado a intenção de recusar o pedido, não informar o trabalhador da decisão sobre o mesmo nos cinco dias subsequentes à notificação referida no nº 6 ou, consoante o caso, ao fim do prazo estabelecido nesse número;

c) Se não submeter o processo à apreciação da entidade competente na área da igualdade de oportunidades entre homens e mulheres dentro do prazo previsto no nº 5.

9 – Ao pedido de prorrogação é aplicável o disposto para o pedido inicial.

10 – Constitui contra ordenação-grave a violação do disposto nos nºs 2, 3, 5 ou 7.

ARTIGO 58º - Dispensa de algumas formas de organização do tempo de trabalho

1 – A trabalhadora grávida, puérpera ou lactante tem direito a ser dispensada de prestar trabalho em horário de trabalho organizado de acordo com regime de adaptabilidade, de banco de horas ou de horário concentrado.

2 – O direito referido no número anterior aplica-se a qualquer dos progenitores em caso de aleitação, quando a prestação de trabalho nos regimes nele referidos afecte a sua regularidade.

3 – Constitui contra-ordenação grave a violação do disposto neste artigo.

ARTIGO 59º - Dispensa de prestação de trabalho suplementar

1 – A trabalhadora grávida, bem como o trabalhador ou trabalhadora com filho de idade inferior a 12 meses, não está obrigada a prestar trabalho suplementar.

2 – A trabalhadora não está obrigada a prestar trabalho suplementar durante todo o tempo que durar a amamentação se for necessário para a sua saúde ou para a da criança.

3 – Constitui contra-ordenação grave a violação do disposto neste artigo.

ARTIGO 60º - Dispensa de prestação de trabalho no período nocturno

1 – A trabalhadora tem direito a ser dispensada de prestar trabalho entre as 20 horas de um dia e as sete horas do dia seguinte:

a) Durante um período de 112 dias antes e depois do parto, dos quais pelo menos metade antes da data previsível do mesmo;

b) Durante o restante período de gravidez, se for necessário para a sua saúde ou para a do nascituro;

c) Durante todo o tempo que durar a amamentação, se for necessário para a sua saúde ou para a da criança.

2 – À trabalhadora dispensada da prestação de trabalho nocturno deve ser atribuído, sempre que possível, um horário de trabalho diurno compatível.

3 – A trabalhadora é dispensada do trabalho sempre que não seja possível aplicar o disposto no número anterior.

4 – A trabalhadora que pretenda ser dispensada de prestar trabalho nocturno deve informar o empregador e apresentar atestado médico, no caso da alínea *b*) ou *c*) do nº 1, com a antecedência de 10 dias.

5 – Em situação de urgência comprovada pelo médico, a informação referida no número anterior pode ser feita independentemente do prazo.

6 – Sem prejuízo do disposto nos números anteriores, a dispensa da prestação de trabalho nocturno deve ser determinada por médico do trabalho sempre que este, no âmbito da vigilância da saúde dos trabalhadores, identificar qualquer risco para a trabalhadora grávida, puérpera ou lactante.

7 – Constitui contra-ordenação grave a violação do disposto nos nºs 1, 2 ou 3.

ARTIGO 61º – Formação para reinserção profissional

O empregador deve facultar ao trabalhador, após a licença para assistência a filho ou para assistência a pessoa com deficiência ou doença crónica, a participação em acções de formação e actualização profissional, de modo a promover a sua plena reinserção profissional.

ARTIGO 62º – Protecção da segurança e saúde de trabalhadora grávida, puérpera ou lactante

1 – A trabalhadora grávida, puérpera ou lactante tem direito a especiais condições de segurança e saúde nos locais de trabalho, de modo a evitar a exposição a riscos para a sua segurança e saúde, nos termos dos números seguintes.

2 – Sem prejuízo de outras obrigações previstas em legislação especial, em actividade susceptível de apresentar um risco específico de exposição a agentes, processos ou condições de trabalho, o empregador deve proceder à avaliação da natureza, grau e duração da exposição de trabalhadora grávida, puérpera ou lactante, de modo a determinar qualquer risco para a sua segurança e saúde e as repercussões sobre a gravidez ou a amamentação, bem como as medidas a tomar.

3 – Nos casos referidos no número anterior, o empregador deve tomar a medida necessária para evitar a exposição da trabalhadora a esses riscos, nomeadamente:

a) Proceder à adaptação das condições de trabalho;

b) Se a adaptação referida na alínea anterior for impossível, excessivamente demorada ou demasiado onerosa, atribuir à trabalhadora outras tarefas compatíveis com o seu estado e categoria profissional;

c) Se as medidas referidas nas alíneas anteriores não forem viáveis, dispensar a trabalhadora de prestar trabalho durante o período necessário.

4 – Sem prejuízo dos direitos de informação e consulta previstos em legislação especial, a trabalhadora grávida, puérpera ou lactante tem direito a ser informada, por escrito, dos resultados da avaliação referida no nº 2 e das medidas de protecção adoptadas.

5 – É vedado o exercício por trabalhadora grávida, puérpera ou lactante de actividades cuja avaliação tenha revelado riscos de exposição a agentes ou condições de trabalho que ponham em perigo a sua segurança ou saúde ou o desenvolvimento do nascituro.

6 – As actividades susceptíveis de apresentarem um risco específico de exposição a agentes, processos ou condições de trabalho referidos no nº 2, bem como os

agentes e condições de trabalho referidos no número anterior, são determinados em legislação específica.

7 – A trabalhadora grávida, puérpera ou lactante, ou os seus representantes, têm direito de requerer ao serviço com competência inspectiva do ministério responsável pela área laboral uma acção de fiscalização, a realizar com prioridade e urgência, se o empregador não cumprir as obrigações decorrentes deste artigo.

8 – Constitui contra-ordenação muito grave a violação do disposto nos nºs 1, 2, 3 ou 5 e constitui contra-ordenação grave a violação do disposto no nº 4.

ARTIGO 63º – Protecção em caso de despedimento

1 – O despedimento de trabalhadora grávida, puérpera ou lactante ou de trabalhador no gozo de licença parental carece de parecer prévio da entidade competente na área da igualdade de oportunidades entre homens e mulheres.

2 – O despedimento por facto imputável a trabalhador que se encontre em qualquer das situações referidas no número anterior presume-se feito sem justa causa.

3 – Para efeitos do nº 1, o empregador deve remeter cópia do processo à entidade competente na área da igualdade de oportunidades entre homens e mulheres:

a) Depois das diligências probatórias referidas no nº 1 do artigo 356º, no despedimento por facto imputável ao trabalhador;

b) Depois da fase de informações e negociação prevista no artigo 361º, no despedimento colectivo;

c) Depois das consultas referidas no nº 1 do artigo 370º, no despedimento por extinção de posto de trabalho;

d) Depois das consultas referidas no artigo 377º, no despedimento por inadaptação.

4 – A entidade competente deve comunicar o parecer referido no nº 1 ao empregador e ao trabalhador, nos 30 dias subsequentes à recepção do processo, considerando-se em sentido favorável ao despedimento quando não for emitido dentro do referido prazo.

5 – Cabe ao empregador provar que solicitou o parecer a que se refere o nº 1.

6 – Se o parecer for desfavorável ao despedimento, o empregador só o pode efectuar após decisão judicial que reconheça a existência de motivo justificativo, devendo a acção ser intentada nos 30 dias subsequentes à notificação do parecer.

7 – A suspensão judicial do despedimento só não é decretada se o parecer for favorável ao despedimento e o tribunal considerar que existe probabilidade séria de verificação da justa causa.

8 – Se o despedimento for declarado ilícito, o empregador não se pode opor à reintegração do trabalhador nos termos do nº 1 do artigo 392º e o trabalhador tem direito, em alternativa à reintegração, a indemnização calculada nos termos do nº 3 do referido artigo.

9 – Constitui contraordenação grave a violação do disposto nos nºs 1, 6 ou 8.

(Redação dada pela Lei nº 13/2023, de 03-04)

ARTIGO 64º – Extensão de direitos atribuídos a progenitores

1 – O adoptante, o tutor, a pessoa a quem for deferida a confiança judicial ou administrativa do menor, bem como o cônjuge ou a pessoa em união de facto com

qualquer daqueles ou com o progenitor, desde que viva em comunhão de mesa e habitação com o menor, beneficia dos seguintes direitos:

a) Dispensa para aleitação;

b) Licença parental inicial, licença parental complementar em qualquer das modalidades, licença para assistência a filho e licença para assistência a filho com deficiência ou doença crónica;

c) Falta para assistência a filho ou a neto;

d) Redução do tempo de trabalho para assistência a filho menor com deficiência ou doença crónica;

e) Trabalho a tempo parcial de trabalhador com responsabilidades familiares;

f) Horário flexível de trabalhador com responsabilidades familiares.

2 – Sempre que o exercício dos direitos referidos nos números anteriores dependa de uma relação de tutela ou confiança judicial ou administrativa do menor, o respectivo titular deve, para que o possa exercer, mencionar essa qualidade ao empregador.

(Redação dada pela Lei nº 13/2023, de 03-04)

ARTIGO 65º – Regime de licenças, faltas e dispensas

1 – Não determinam perda de quaisquer direitos, salvo quanto à retribuição, e são consideradas como prestação efectiva de trabalho as ausências ao trabalho resultantes de:

a) Licença em situação de risco clínico durante a gravidez;

b) Licença para deslocação a unidade hospitalar localizada fora da ilha de residência para realização de parto;

c) Licença por interrupção de gravidez;

d) Licença parental, em qualquer das modalidades;

e) Licença por adopção;

f) Licença parental complementar em qualquer das modalidades;

g) Falta para assistência a filho;

h) Falta para assistência a neto;

i) Dispensa de prestação de trabalho no período nocturno;

j) Dispensa da prestação de trabalho por parte de trabalhadora grávida, puérpera ou lactante, por motivo de protecção da sua segurança e saúde;

k) Dispensa no âmbito dos processos de adoção e de acolhimento familiar;

l) Dispensa do acompanhante da mulher grávida, que se encontre numa das ilhas das regiões autónomas sem unidade hospitalar, nas deslocações desta à unidade hospitalar onde decorrerá o parto.

2 – A falta por luto gestacional, bem como a dispensa para consulta de PMA ou pré-natal, amamentação ou aleitação não determinam a perda de quaisquer direitos e são consideradas como prestação efetiva de trabalho.

3 – As licenças por situação de risco clínico durante a gravidez, para deslocação a unidade hospitalar localizada fora da ilha de residência para realização de parto, por interrupção de gravidez, por adoção e licença parental em qualquer modalidade:

a) Suspendem o gozo das férias, devendo os dias remanescentes ser gozados após o seu termo, mesmo que tal se verifique no ano seguinte;

b) Não prejudicam o tempo já decorrido de estágio ou acção ou curso de formação, devendo o trabalhador cumprir apenas o período em falta para o completar;

c) Adiam a prestação de prova para progressão na carreira profissional, a qual deve ter lugar após o termo da licença.

4 – A licença parental e a licença parental complementar, em quaisquer das suas modalidades, por adoção, para assistência a filho e para assistência a filho com deficiência, doença crónica ou doença oncológica:

a) Suspendem-se por doença do trabalhador, se este informar o empregador e apresentar atestado médico comprovativo, e prosseguem logo após a cessação desse impedimento;

b) Não podem ser suspensas por conveniência do empregador;

c) Não prejudicam o direito do trabalhador a aceder à informação periódica emitida pelo empregador para o conjunto dos trabalhadores;

d) Terminam com a cessação da situação que originou a respectiva licença que deve ser comunicada ao empregador no prazo de cinco dias.

5 – No termo de qualquer situação de licença, faltas, dispensa ou regime de trabalho especial, o trabalhador, tem direito a retomar a actividade contratada, devendo, no caso previsto na alínea *d*) do número anterior, retomá-la na primeira vaga que ocorrer na empresa ou, se esta entretanto se não verificar, no termo do período previsto para a licença.

6 – A licença para assistência a filho ou para assistência a filho com deficiência, doença crónica ou doença oncológica suspende os direitos, deveres e garantias das partes na medida em que pressuponham a efetiva prestação de trabalho, designadamente a retribuição, mas não prejudica os benefícios complementares de assistência médica e medicamentosa a que o trabalhador tenha direito.

7 – Constitui contraordenação grave a violação do disposto no presente artigo.

(Redação dada pela Lei nº 13/2023, de 03-04)

SUBSECÇÃO V – **Trabalho de menores**

ARTIGO 66º – Princípios gerais relativos ao trabalho de menor

1 – O empregador deve proporcionar ao menor condições de trabalho adequadas à idade e ao desenvolvimento do mesmo e que protejam a segurança, a saúde, o desenvolvimento físico, psíquico e moral, a educação e a formação, prevenindo em especial qualquer risco resultante da sua falta de experiência ou da inconsciência dos riscos existentes ou potenciais.

2 – O empregador deve, em especial, avaliar os riscos relacionados com o trabalho, antes de o menor o iniciar ou antes de qualquer alteração importante das condições de trabalho, incidindo nomeadamente sobre:

a) Equipamento e organização do local e do posto de trabalho;

b) Natureza, grau e duração da exposição a agentes físicos, biológicos e químicos;

c) Escolha, adaptação e utilização de equipamento de trabalho, incluindo agentes, máquinas e aparelhos e a respectiva utilização;

d) Adaptação da organização do trabalho, dos processos de trabalho ou da sua execução;

e) Grau de conhecimento do menor no que se refere à execução do trabalho, aos riscos para a segurança e a saúde e às medidas de prevenção.

3 – O empregador deve informar o menor e os seus representantes legais dos riscos identificados e das medidas tomadas para a sua prevenção.

4 – A emancipação não prejudica a aplicação das normas relativas à protecção da saúde, educação e formação do trabalhador menor.

5 – Constitui contra-ordenação muito grave a violação do disposto nos nºs 1, 2 ou 3.

ARTIGO 67º – Formação profissional de menor

1 – O Estado deve proporcionar a menor que tenha concluído a escolaridade obrigatória a formação profissional adequada à sua preparação para a vida activa.

2 – O empregador deve assegurar a formação profissional de menor ao seu serviço, solicitando a colaboração dos organismos competentes sempre que não disponha de meios para o efeito.

3 – É, em especial, assegurado ao menor o direito a licença sem retribuição para a frequência de curso profissional que confira habilitação escolar ou curso de educação e formação para jovens, salvo quando a mesma for susceptível de causar prejuízo grave à empresa, e sem prejuízo dos direitos do trabalhador-estudante.

4 – O menor que se encontre na situação do nº 1 do artigo 69º tem direito a passar ao regime de trabalho a tempo parcial, fixando-se, na falta de acordo, a duração semanal do trabalho num número de horas que, somado à duração escolar ou de formação, perfaça quarenta horas semanais.

ARTIGO 68º – Admissão de menor ao trabalho

1 – Só pode ser admitido a prestar trabalho o menor que tenha completado a idade mínima de admissão, tenha concluído a escolaridade obrigatória ou esteja matriculado e a frequentar o nível secundário de educação e disponha de capacidades físicas e psíquicas adequadas ao posto de trabalho.

2 – A idade mínima de admissão para prestar trabalho é de 16 anos.

3 – O menor com idade inferior a 16 anos que tenha concluído a escolaridade obrigatória ou esteja matriculado e a frequentar o nível secundário de educação pode prestar trabalhos leves que consistam em tarefas simples e definidas que, pela sua natureza, pelos esforços físicos ou mentais exigidos ou pelas condições específicas em que são realizadas, não sejam suscetíveis de o prejudicar no que respeita à integridade física, segurança e saúde, assiduidade escolar, participação em programas de orientação ou de formação, capacidade para beneficiar da instrução ministrada, ou ainda ao seu desenvolvimento físico, psíquico, moral, intelectual e cultural.

4 – Em empresa familiar, o menor com idade inferior a 16 anos deve trabalhar sob a vigilância e direcção de um membro do seu agregado familiar, maior de idade.

5 – O empregador comunica ao serviço com competência inspectiva do ministério responsável pela área laboral a admissão de menor efectuada ao abrigo do nº 3, nos oito dias subsequentes.

6 – Constitui contra-ordenação grave a violação do disposto nos nºs 3 ou 4 e constitui contra-ordenação leve a violação do disposto no número anterior.
(Redação dada pela Lei nº 47/2012, de 29-08)

ARTIGO 69º – Admissão de menor sem escolaridade obrigatória, frequência do nível secundário de educação ou sem qualificação profissional

1 – O menor com idade inferior a 16 anos que tenha concluído a escolaridade obrigatória ou esteja matriculado e a frequentar o nível secundário de educação mas não possua qualificação profissional, ou o menor com pelo menos 16 anos de idade mas que não tenha concluído a escolaridade obrigatória, não esteja matriculado e a frequentar o nível secundário de educação ou não possua qualificação profissional só pode ser admitido a prestar trabalho desde que frequente modalidade de educação ou formação que confira, consoante o caso, a escolaridade obrigatória, qualificação profissional, ou ambas.

2 – O disposto no número anterior não é aplicável a menor que apenas preste trabalho durante as férias escolares.

3 – Na situação a que se refere o nº 1, o menor beneficia do estatuto de trabalhador-estudante, tendo a dispensa de trabalho para frequência de aulas com duração em dobro da prevista no nº 3 do artigo 90º

4 – O empregador comunica ao serviço com competência inspectiva do ministério responsável pela área laboral a admissão de menor efectuada nos termos dos nºs 1 e 2, nos oito dias subsequentes.

5 – Constitui contra-ordenação muito grave a violação do disposto no nº 1, contra-ordenação grave a violação do disposto no nº 3 e contra-ordenação leve a falta de comunicação prevista no número anterior.

6 – Em caso de admissão de menor com idade inferior a 16 anos e sem que tenha concluído a escolaridade obrigatória ou esteja matriculado e a frequentar o nível secundário de educação, é aplicada a sanção acessória de privação do direito a subsídio ou benefício outorgado por entidade ou serviço público, por período até dois anos.
(Redação dada pela Lei nº 47/2012, de 29-08)

ARTIGO 70º – Capacidade do menor para celebrar contrato de trabalho e receber a retribuição

1 – É válido o contrato de trabalho celebrado por menor que tenha completado 16 anos de idade e tenha concluído a escolaridade obrigatória ou esteja matriculado e a frequentar o nível secundário de educação, salvo oposição escrita dos seus representantes legais.

2 – O contrato celebrado por menor que não tenha completado 16 anos de idade, não tenha concluído a escolaridade obrigatória ou não esteja matriculado e a frequentar o nível secundário de educação só é válido mediante autorização escrita dos seus representantes legais.

3 – O menor tem capacidade para receber a retribuição, salvo oposição escrita dos seus representantes legais.

4 – Os representantes legais podem a todo o tempo declarar a oposição ou revogar a autorização referida no nº 2, sendo o acto eficaz decorridos 30 dias sobre a sua comunicação ao empregador.

5 - No caso previsto nos nºs 1 ou 2, os representantes legais podem reduzir até metade o prazo previsto no número anterior, com fundamento em que tal é necessário para a frequência de estabelecimento de ensino ou de acção de formação profissional.

6 - Constitui contra-ordenação grave o pagamento de retribuição ao menor caso haja oposição escrita dos seus representantes legais.

(Redação dada pela Lei nº 47/2012, de 29-08)

ARTIGO 71º - Denúncia de contrato por menor

1 - O menor na situação referida no artigo 69º que denuncie o contrato de trabalho sem termo durante a formação, ou num período imediatamente subsequente de duração igual àquela, deve compensar o empregador do custo directo com a formação que este tenha suportado.

2 - O disposto no número anterior é igualmente aplicável caso o menor denuncie o contrato de trabalho a termo depois de o empregador lhe haver proposto por escrito a conversão do mesmo em contrato sem termo.

ARTIGO 72º - Protecção da segurança e saúde de menor

1 - Sem prejuízo das obrigações estabelecidas em disposições especiais, o empregador deve submeter o menor a exames de saúde, nomeadamente:

a) Exame de saúde que certifique a adequação da sua capacidade física e psíquica ao exercício das funções, a realizar antes do início da prestação do trabalho, ou nos 15 dias subsequentes à admissão se esta for urgente e com o consentimento dos representantes legais do menor;

b) Exame de saúde anual, para que do exercício da actividade profissional não resulte prejuízo para a sua saúde e para o seu desenvolvimento físico e psíquico.

2 - Os trabalhos que, pela sua natureza ou pelas condições em que são prestados, sejam prejudiciais ao desenvolvimento físico, psíquico e moral dos menores são proibidos ou condicionados por legislação específica.

3 - Constitui contra-ordenação grave a violação do disposto no nº 1.

ARTIGO 73º - Limites máximos do período normal de trabalho de menor

1 - O período normal de trabalho de menor não pode ser superior a oito horas em cada dia e a quarenta horas em cada semana.

2 - Os instrumentos de regulamentação colectiva de trabalho devem reduzir, sempre que possível, os limites máximos do período normal de trabalho de menor.

3 - No caso de trabalhos leves efectuados por menor com idade inferior a 16 anos, o período normal de trabalho não pode ser superior a sete horas em cada dia e trinta e cinco horas em cada semana.

4 - Constitui contra-ordenação grave a violação do disposto nos nºs 1 ou 3.

ARTIGO 74º - Dispensa de algumas formas de organização do tempo de trabalho

1 - O menor é dispensado de prestar trabalho em horário organizado de acordo com o regime de adaptabilidade, banco de horas ou horário concentrado quando o mesmo puder prejudicar a sua saúde ou segurança no trabalho.

2 – Para efeito do número anterior, o menor deve ser submetido a exame de saúde previamente ao início da aplicação do horário em causa.

3 – Constitui contra-ordenação grave a violação do disposto neste artigo.

ARTIGO 75º – Trabalho suplementar de menor

1 – O trabalhador menor não pode prestar trabalho suplementar.

2 – O disposto no número anterior não é aplicável se a prestação de trabalho suplementar por parte de menor com idade igual ou superior a 16 anos for indispensável para prevenir ou reparar prejuízo grave para a empresa, devido a facto anormal e imprevisível ou a circunstância excepcional ainda que previsível, cujas consequências não podiam ser evitadas, desde que não haja outro trabalhador disponível e por um período não superior a cinco dias úteis.

3 – Na situação referida no número anterior, o menor tem direito a período equivalente de descanso compensatório, a gozar nas três semanas seguintes.

4 – Constitui contra-ordenação grave a violação do disposto neste artigo.

ARTIGO 76º – Trabalho de menor no período nocturno

1 – É proibido o trabalho de menor com idade inferior a 16 anos entre as 20 horas de um dia e as 7 horas do dia seguinte.

2 – O menor com idade igual ou superior a 16 anos não pode prestar trabalho entre as 22 horas de um dia e as 7 horas do dia seguinte, sem prejuízo do disposto nos números seguintes.

3 – O menor com idade igual ou superior a 16 anos pode prestar trabalho nocturno:

a) Em actividade prevista em instrumento de regulamentação colectiva de trabalho, excepto no período compreendido entre as 0 e as 5 horas;

b) Que se justifique por motivos objectivos, em actividade de natureza cultural, artística, desportiva ou publicitária, desde tenha um período equivalente de descanso compensatório no dia seguinte ou no mais próximo possível.

4 – No caso do número anterior, a prestação de trabalho nocturno por menor deve ser vigiada por um adulto, se for necessário para protecção da sua segurança ou saúde.

5 – O disposto nos nºs 2 e 3 não é aplicável se a prestação de trabalho nocturno ocorrer em circunstância referida no nº 2 do artigo anterior, sendo devido o descanso previsto no nº 3 do mesmo artigo.

6 – Constitui contra-ordenação grave a violação do disposto nos nºs 1, 2 ou 4.

ARTIGO 77º – Intervalo de descanso de menor

1 – O período de trabalho diário de menor deve ser interrompido por intervalo de duração entre uma e duas horas, por forma a não prestar mais de quatro horas de trabalho consecutivo se tiver idade inferior a 16 anos, ou quatro horas e 30 minutos se tiver idade igual ou superior a 16 anos.

2 – O instrumento de regulamentação colectiva de trabalho pode estabelecer duração do intervalo de descanso superior a duas horas, bem como a frequência

e a duração de outros intervalos de descanso no período de trabalho diário ou, no caso de menor com idade igual ou superior a 16 anos, redução do intervalo até trinta minutos.

3 – Constitui contra-ordenação grave a violação do disposto no nº 1.

ARTIGO 78º - Descanso diário de menor

1 – O menor tem direito a descanso diário, entre os períodos de trabalho de dois dias sucessivos, com a duração mínima de catorze horas consecutivas se tiver idade inferior a 16 anos, ou doze horas consecutivas se tiver idade igual ou superior a 16 anos.

2 – Em relação a menor com idade igual ou superior a 16 anos, o descanso diário previsto no número anterior pode ser reduzido por instrumento de regulamentação colectiva de trabalho se for justificado por motivo objectivo, desde que não afecte a sua segurança ou saúde e a redução seja compensada nos três dias seguintes, no sector da agricultura, turismo, hotelaria ou restauração, em embarcação da marinha do comércio, hospital ou outro estabelecimento de saúde ou em actividade caracterizada por períodos de trabalho fraccionados ao longo do dia.

3 – O disposto no nº 1 não se aplica a menor com idade igual ou superior a 16 anos que preste trabalho cuja duração normal não seja superior a vinte horas por semana, ou trabalho ocasional por período não superior a um mês:

a) Em serviço doméstico realizado em agregado familiar;

b) Em empresa familiar, desde que não seja nocivo, prejudicial ou perigoso para o menor.

4 – Constitui contra-ordenação grave a violação do disposto nos nºs 1 ou 2 deste artigo.

ARTIGO 79º - Descanso semanal de menor

1 – O descanso semanal de menor tem a duração de dois dias, se possível, consecutivos, em cada período de sete dias, salvo havendo razões técnicas ou de organização do trabalho, a definir por instrumento de regulamentação colectiva de trabalho, que justifiquem que o descanso semanal de menor com idade igual ou superior a 16 anos tenha a duração de trinta e seis horas consecutivas.

2 – O descanso semanal de menor com idade igual ou superior a 16 anos pode ser de um dia em situação a que se referem os nºs 2 ou 3 do artigo anterior, desde que a redução se justifique por motivo objectivo e, no primeiro caso, seja estabelecida em instrumento de regulamentação colectiva de trabalho, devendo em qualquer caso ser assegurado descanso adequado.

3 – Constitui contra-ordenação grave a violação do disposto neste artigo.

ARTIGO 80º - Descanso semanal e períodos de trabalho de menor em caso de pluriemprego

1 – Se o menor trabalhar para vários empregadores, os descansos semanais devem ser coincidentes e a soma dos períodos de trabalho não deve exceder os limites máximos do período normal de trabalho.

2 – Para efeitos do disposto no número anterior, o menor ou, se este tiver idade inferior a 16 anos, os seus representantes legais, devem informar por escrito:

a) Antes da admissão, o novo empregador, sobre a existência de outro emprego e a duração do trabalho e os descansos semanais correspondentes;

b) Aquando de uma admissão ou sempre que haja alteração das condições de trabalho em causa, os outros empregadores, sobre a duração do trabalho e os descansos semanais correspondentes.

3 – O empregador que, sendo informado nos termos do número anterior, celebre contrato de trabalho com o menor ou altere a duração do trabalho ou dos descansos semanais é responsável pelo cumprimento do disposto no nº 1.

4 – Constitui contra-ordenação grave a violação do disposto no nº 1, pela qual é responsável o empregador que se encontre na situação referida no número anterior.

ARTIGO 81º - Participação de menor em espectáculo ou outra actividade

A participação de menor em espectáculo ou outra actividade de natureza cultural, artística ou publicitária é regulada em legislação específica.

ARTIGO 82º - Crime por utilização indevida de trabalho de menor

1 – A utilização de trabalho de menor em violação do disposto no nº 1 do artigo 68º ou do nº 2 do artigo 72º é punida com pena de prisão até 2 anos ou com pena de multa até 240 dias, se pena mais grave não couber por força de outra disposição legal.

2 – No caso de o menor não ter completado a idade mínima de admissão, não ter concluído a escolaridade obrigatória ou não estar matriculado e a frequentar o nível secundário de educação, os limites das penas são elevados para o dobro.

3 – Em caso de reincidência, os limites mínimos das penas previstas nos números anteriores são elevados para o triplo.

(Redação dada pela Lei nº 47/2012, de 29-08)

ARTIGO 83º - Crime de desobediência por não cessação da actividade de menor

Quando o serviço com competência inspectiva do ministério responsável pela área laboral verificar a violação do disposto no nº 1 do artigo 68º ou das normas relativas a trabalhos proibidos a que se refere o nº 2 do artigo 72º, notifica por escrito o infractor para que faça cessar de imediato a actividade do menor, com a cominação de que, se o não fizer, incorre em crime de desobediência qualificada.

SUBSECÇÃO VI – Trabalhador com capacidade de trabalho reduzida

ARTIGO 84º - Princípios gerais quanto ao emprego de trabalhador com capacidade de trabalho reduzida

1 – O empregador deve facilitar o emprego a trabalhador com capacidade de trabalho reduzida, proporcionando-lhe adequadas condições de trabalho, nomeadamente a adaptação do posto de trabalho, retribuição e promovendo ou auxiliando acções de formação e aperfeiçoamento profissional apropriadas.

2 – O Estado deve estimular e apoiar, pelos meios convenientes, a acção das empresas na realização dos objectivos definidos no número anterior.

3 – Independentemente do disposto nos números anteriores, podem ser estabelecidas, por lei ou instrumento de regulamentação colectiva de trabalho, especiais medidas de protecção de trabalhador com capacidade de trabalho reduzida, particularmente no que respeita à sua admissão e condições de prestação da actividade, tendo sempre em conta os interesses do trabalhador e do empregador.

4 – O regime do presente artigo consta de legislação específica.

5 – Constitui contra-ordenação muito grave a violação do disposto no nº 1.

SUBSECÇÃO VII – Trabalhador com deficiência ou doença crónica

ARTIGO 85º – Princípios gerais quanto ao emprego de trabalhador com deficiência, doença crónica ou doença oncológica

1 – O trabalhador com deficiência, doença crónica ou doença oncológica é titular dos mesmos direitos e está adstrito aos mesmos deveres dos demais trabalhadores no acesso ao emprego, à formação, promoção ou carreira profissionais e às condições de trabalho, sem prejuízo das especificidades inerentes à sua situação.

2 – O Estado deve estimular e apoiar a ação do empregador na contratação de trabalhador com deficiência, doença crónica ou doença oncológica e na sua readaptação profissional.

3 – Constitui contra-ordenação muito grave a violação do disposto no nº 1.

(Redação dada pela Lei nº 93/2019, de 04-09)

ARTIGO 86º – Medidas de ação positiva em favor de trabalhador com deficiência ou doença crónica

1 – O empregador deve adotar medidas adequadas para que a pessoa com deficiência ou doença crónica, nomeadamente doença oncológica ativa em fase de tratamento, tenha acesso a um emprego, o possa exercer e nele progredir, ou para que tenha formação profissional, exceto se tais medidas implicarem encargos desproporcionados.

2 – O Estado deve estimular e apoiar, pelos meios convenientes, a acção do empregador na realização dos objectivos referidos no número anterior.

3 – Os encargos referidos no nº 1 não são considerados desproporcionados quando forem compensados por apoios do Estado, nos termos previstos em legislação específica.

4 – Podem ser estabelecidas por lei ou instrumento de regulamentação coletiva de trabalho medidas de proteção específicas de trabalhador com deficiência ou doença crónica, nomeadamente doença oncológica ativa em fase de tratamento, e incentivos a este ou ao empregador, particularmente no que respeita à admissão, condições de prestação da atividade e adaptação de posto de trabalho, tendo em conta os respetivos interesses.

(Redação dada pela Lei nº 93/2019, de 04-09)

ARTIGO 87º – Dispensa de algumas formas de organização do tempo de trabalho de trabalhador com deficiência ou doença crónica

1 – O trabalhador com deficiência ou doença crónica, nomeadamente doença

oncológica ativa em fase de tratamento, é dispensado da prestação de trabalho se esta puder prejudicar a sua saúde ou segurança no trabalho:

a) Em horário organizado de acordo com o regime de adaptabilidade, de banco de horas ou horário concentrado;

b) Entre as 20 horas de um dia e as 7 horas do dia seguinte.

2 – Para efeito do disposto no número anterior, o trabalhador deve ser submetido a exame de saúde previamente ao início da aplicação do horário em causa.

3 – Constitui contra-ordenação grave a violação do disposto neste artigo.

(Redação dada pela Lei nº 93/2019, de 04-09)

ARTIGO 88º – Trabalho suplementar de trabalhador com deficiência ou doença crónica

1 – O trabalhador com deficiência ou doença crónica não é obrigado a prestar trabalho suplementar.

2 – Constitui contra-ordenação grave a violação do disposto neste artigo.

SUBSECÇÃO VIII – Trabalhador-estudante

ARTIGO 89º – Noção de trabalhador-estudante

1 – Considera-se trabalhador-estudante o trabalhador que frequenta qualquer nível de educação escolar, bem como curso de pós-graduação, mestrado ou doutoramento em instituição de ensino, ou ainda curso de formação profissional ou programa de ocupação temporária de jovens com duração igual ou superior a seis meses.

2 – A manutenção do estatuto de trabalhador-estudante depende de aproveitamento escolar no ano lectivo anterior.

ARTIGO 89º-A – Contrato de trabalho com estudante em período de férias ou interrupção letiva

1 – O contrato de trabalho celebrado com estudante, vigente em período de férias escolares ou interrupção letiva, não está sujeito a forma escrita.

2 – O disposto no número anterior não depende da condição de trabalhador-estudante prevista nos termos do artigo 94º.

3 – Sem prejuízo do disposto no nº 1, o empregador deve comunicar a celebração do contrato ao serviço competente da segurança social, mediante formulário eletrónico que deve satisfazer todas as exigências de comunicação previstas noutras disposições legais, assegurando aquele serviço a interconexão de dados com outros serviços que se mostre necessária.

4 – A celebração de contrato de trabalho a termo resolutivo e de contrato de trabalho temporário está sujeita aos requisitos de admissibilidade previstos, respetivamente, nos artigos 140º e 180º, devendo o termo estipulado e o respetivo motivo justificativo ser comunicados nos termos do número anterior, com menção concreta dos factos que o integram.

5 – O disposto no presente artigo não afasta a aplicação de disposições especiais em matéria de participação de menor em espetáculo ou outra atividade de natureza cultural, artística ou publicitária.

(Aditado pela Lei nº 13/2023, de 03-04)

ARTIGO 90º - Organização do tempo de trabalho de trabalhador-estudante

1 - O horário de trabalho de trabalhador-estudante deve, sempre que possível, ser ajustado de modo a permitir a frequência das aulas e a deslocação para o estabelecimento de ensino.

2 - Quando não seja possível a aplicação do disposto no número anterior, o trabalhador-estudante tem direito a dispensa de trabalho para frequência de aulas, se assim o exigir o horário escolar, sem perda de direitos e que conta como prestação efectiva de trabalho.

3 - A dispensa de trabalho para frequência de aulas pode ser utilizada de uma só vez ou fraccionadamente, à escolha do trabalhador-estudante, e tem a seguinte duração máxima, dependendo do período normal de trabalho semanal:

a) Três horas semanais para período igual ou superior a vinte horas e inferior a trinta horas;

b) Quatro horas semanais para período igual ou superior a trinta horas e inferior a trinta e quatro horas;

c) Cinco horas semanais para período igual ou superior a trinta e quatro horas e inferior a trinta e oito horas;

d) Seis horas semanais para período igual ou superior a trinta e oito horas.

4 - O trabalhador-estudante cujo período de trabalho seja impossível ajustar, de acordo com os números anteriores, ao regime de turnos a que está afecto tem preferência na ocupação de posto de trabalho compatível com a sua qualificação profissional e com a frequência de aulas.

5 - Caso o horário de trabalho ajustado ou a dispensa de trabalho para frequência de aulas comprometa manifestamente o funcionamento da empresa, nomeadamente por causa do número de trabalhadores estudantes existente, o empregador promove um acordo com o trabalhador interessado e a comissão de trabalhadores ou, na sua falta, a comissão intersindical, comissões sindicais ou delegados sindicais, sobre a medida em que o interesse daquele pode ser satisfeito ou, na falta de acordo, decide fundamentadamente, informando o trabalhador por escrito.

6 - O trabalhador-estudante não é obrigado a prestar trabalho suplementar, excepto por motivo de força maior, nem trabalho em regime de adaptabilidade, banco de horas ou horário concentrado quando o mesmo coincida com o horário escolar ou com prova de avaliação.

7 - Ao trabalhador-estudante que preste trabalho em regime de adaptabilidade, banco de horas ou horário concentrado é assegurado um dia por mês de dispensa, sem perda de direitos, contando como prestação efectiva de trabalho.

8 - O trabalhador estudante que preste trabalho suplementar tem direito a descanso compensatório com duração de metade do número de horas prestadas.

9 - Constitui contra-ordenação grave a violação do disposto nos nºs 1 a 4 e 6 a 8.

(Redação dada pela Lei nº 23/2012, de 25-06)

ARTIGO 91º - Faltas para prestação de provas de avaliação

1 - O trabalhador-estudante pode faltar justificadamente por motivo de prestação de prova de avaliação, nos seguintes termos:

a) No dia da prova e no imediatamente anterior;

b) No caso de provas em dias consecutivos ou de mais de uma prova no mesmo dia, os dias imediatamente anteriores são tantos quantas as provas a prestar;

c) Os dias imediatamente anteriores referidos nas alíneas anteriores incluem dias de descanso semanal e feriados;

d) As faltas dadas ao abrigo das alíneas anteriores não podem exceder quatro dias por disciplina em cada ano lectivo.

2 – O direito previsto no número anterior só pode ser exercido em dois anos lectivos relativamente a cada disciplina.

3 – Nos casos em que o curso esteja organizado no regime de sistema europeu de transferência e acumulação de créditos (ECTS), o trabalhador-estudante pode, em alternativa ao disposto no nº 1, optar por cumular os dias anteriores ao da prestação das provas de avaliação, num máximo de três dias, seguidos ou interpolados ou do correspondente em termos de meios-dias, interpolados.

4 – A opção pelo regime cumulativo a que refere o número anterior obriga, com as necessárias adaptações, ao cumprimento do prazo de antecedência previsto no disposto nas alíneas *a*) e *b*) do nº 4 do artigo 96º

5 – Só é permitida a cumulação nos casos em que os dias anteriores às provas de avaliação que o trabalhador-estudante tenha deixado de usufruir não tenham sido dias de descanso semanal ou feriados.

6 – Consideram-se ainda justificadas as faltas dadas por trabalhador-estudante na estrita medida das deslocações necessárias para prestar provas de avaliação, sendo retribuídas até 10 faltas em cada ano lectivo, independentemente do número de disciplinas.

7 – Considera-se prova de avaliação o exame ou outra prova, escrita ou oral, ou a apresentação de trabalho, quando este o substitua ou complemente e desde que determine directa ou indirectamente o aproveitamento escolar.

8 – Constitui contraordenação grave a violação do disposto nos nºs 1, 3 e 6. *(Redação dada pela Lei nº 23/2012, de 25-06)*

ARTIGO 92º – Férias e licenças de trabalhador-estudante

1 – O trabalhador-estudante tem direito a marcar o período de férias de acordo com as suas necessidades escolares, podendo gozar até 15 dias de férias interpoladas, na medida em que tal seja compatível com as exigências imperiosas do funcionamento da empresa.

2 – O trabalhador-estudante tem direito, em cada ano civil, a licença sem retribuição, com a duração de 10 dias úteis seguidos ou interpolados.

3 – Constitui contra-ordenação grave a violação do disposto no nº 1 e constitui contra-ordenação leve a violação do disposto no número anterior.

ARTIGO 93º – Promoção profissional de trabalhador-estudante

O empregador deve possibilitar a trabalhador-estudante promoção profissional adequada à qualificação obtida, não sendo todavia obrigatória a reclassificação profissional por mero efeito da qualificação.

ARTIGO 94º - Concessão do estatuto de trabalhador-estudante

1 - O trabalhador-estudante deve comprovar perante o empregador a sua condição de estudante, apresentando igualmente o horário das actividades educativas a frequentar.

2 - Para concessão do estatuto junto do estabelecimento de ensino, o trabalhador-estudante deve fazer prova, por qualquer meio legalmente admissível, da sua condição de trabalhador.

3 - O trabalhador-estudante deve escolher, entre as possibilidades existentes, o horário mais compatível com o horário de trabalho, sob pena de não beneficiar dos inerentes direitos.

4 - Considera-se aproveitamento escolar a transição de ano ou a aprovação ou progressão em, pelo menos, metade das disciplinas em que o trabalhador-estudante esteja matriculado, a aprovação ou validação de metade dos módulos ou unidades equivalentes de cada disciplina, definidos pela instituição de ensino ou entidade formadora para o ano lectivo ou para o período anual de frequência, no caso de percursos educativos organizados em regime modular ou equivalente que não definam condições de transição de ano ou progressão em disciplinas.

5 - Considera-se ainda que tem aproveitamento escolar o trabalhador que não satisfaça o disposto no nº 4 devido a acidente de trabalho ou doença profissional, doença prolongada, licença em situação de risco clínico durante a gravidez, ou por ter gozado licença para deslocação a unidade hospitalar localizada fora da ilha de residência para realização de parto, licença parental inicial, licença por adoção ou licença parental complementar por período não inferior a um mês.

6 - O trabalhador-estudante não pode cumular os direitos previstos neste Código com quaisquer regimes que visem os mesmos fins, nomeadamente no que respeita a dispensa de trabalho para frequência de aulas, licenças por motivos escolares ou faltas para prestação de provas de avaliação.

(Redação dada pela Lei nº 90/2019, de 04-09)

ARTIGO 95º - Cessação e renovação de direitos

1 - O direito a horário de trabalho ajustado ou a dispensa de trabalho para frequência de aulas, a marcação do período de férias de acordo com as necessidades escolares ou a licença sem retribuição cessa quando o trabalhador-estudante não tenha aproveitamento no ano em que beneficie desse direito.

2 - Os restantes direitos cessam quando o trabalhador-estudante não tenha aproveitamento em dois anos consecutivos ou três interpolados.

3 - Os direitos do trabalhador-estudante cessam imediatamente em caso de falsas declarações relativamente aos factos de que depende a concessão do estatuto ou a factos constitutivos de direitos, bem como quando estes sejam utilizados para outros fins.

4 - O trabalhador-estudante pode exercer de novo os direitos no ano lectivo subsequente àquele em que os mesmos cessaram, não podendo esta situação ocorrer mais de duas vezes.

ARTIGO 96º - Procedimento para exercício de direitos de trabalhador-estudante

1 - O trabalhador-estudante deve comprovar perante o empregador o respectivo aproveitamento, no final de cada ano lectivo.

2 - O controlo de assiduidade do trabalhador-estudante pode ser feito, por acordo com o trabalhador, directamente pelo empregador, através dos serviços administrativos do estabelecimento de ensino, por correio electrónico ou fax, no qual é aposta uma data e hora a partir da qual o trabalhador-estudante termina a sua responsabilidade escolar.

3 - Na falta de acordo o empregador pode, nos 15 dias seguintes à utilização da dispensa de trabalho para esse fim, exigir a prova da frequência de aulas, sempre que o estabelecimento de ensino proceder ao controlo da frequência.

4 - O trabalhador-estudante deve solicitar a licença sem retribuição com a seguinte antecedência:

a) Quarenta e oito horas ou, sendo inviável, logo que possível, no caso de um dia de licença;

b) Oito dias, no caso de dois a cinco dias de licença;

c) 15 dias, no caso de mais de cinco dias de licença.

ARTIGO 96º-A - Legislação complementar

O disposto na presente subsecção é objeto de regulamentação em lei especial. *(Aditado pela Lei nº 23/2012, de 25-06)*

SUBSECÇÃO IX - **O empregador e a empresa**

ARTIGO 97º - Poder de direcção

Compete ao empregador estabelecer os termos em que o trabalho deve ser prestado, dentro dos limites decorrentes do contrato e das normas que o regem.

ARTIGO 98º - Poder disciplinar

O empregador tem poder disciplinar sobre o trabalhador ao seu serviço, enquanto vigorar o contrato de trabalho.

ARTIGO 99º - Regulamento interno de empresa

1 - O empregador pode elaborar regulamento interno de empresa sobre organização e disciplina do trabalho.

2 - Na elaboração do regulamento interno de empresa é ouvida a comissão de trabalhadores ou, na sua falta, as comissões intersindicais, as comissões sindicais ou os delegados sindicais.

3 - O regulamento interno produz efeitos após a publicitação do respetivo conteúdo, designadamente através de afixação na sede da empresa e nos locais de trabalho, de modo a possibilitar o seu pleno conhecimento, a todo o tempo, pelos trabalhadores.

4 - A elaboração de regulamento interno de empresa sobre determinadas matérias pode ser tornada obrigatória por instrumento de regulamentação colectiva de trabalho negocial.

5 – Constitui contraordenação grave a violação do disposto nos nºs 2 e 3.
(Redação dada pela Lei nº 23/2012, de 25-06)

ARTIGO 100º – Tipos de empresas

1 – Considera-se:
a) Microempresa a que emprega menos de 10 trabalhadores;
b) Pequena empresa a que emprega de 10 a menos de 50 trabalhadores;
c) Média empresa a que emprega de 50 a menos de 250 trabalhadores;
d) Grande empresa a que emprega 250 ou mais trabalhadores.

2 – Para efeitos do número anterior, o número de trabalhadores corresponde à média do ano civil antecedente.

3 – No ano de início da actividade, o número de trabalhadores a ter em conta para aplicação do regime é o existente no dia da ocorrência do facto.

ARTIGO 101º – Pluralidade de empregadores

1 – O trabalhador pode obrigar-se a prestar trabalho a vários empregadores entre os quais exista uma relação societária de participações recíprocas, de domínio ou de grupo, ou que tenham estruturas organizativas comuns.

2 – O contrato de trabalho com pluralidade de empregadores está sujeito a forma escrita e deve conter:
a) Identificação, assinaturas e domicílio ou sede das partes;
b) Indicação da actividade do trabalhador, do local e do período normal de trabalho;
c) Indicação do empregador que representa os demais no cumprimento dos deveres e no exercício dos direitos emergentes do contrato de trabalho.

3 – Os empregadores são solidariamente responsáveis pelo cumprimento das obrigações decorrentes do contrato de trabalho, cujo credor seja o trabalhador ou terceiro.

4 – Cessando a situação referida no nº 1, considera-se que o trabalhador fica apenas vinculado ao empregador a que se refere a alínea *c*) do nº 2, salvo acordo em contrário.

5 – A violação de requisitos indicados nos nºs 1 ou 2 confere ao trabalhador o direito de optar pelo empregador ao qual fica vinculado.

6 – Constitui contra-ordenação grave a violação do disposto nos nºs 1 ou 2, sendo responsáveis pela mesma todos os empregadores, os quais são representados para este efeito por aquele a que se refere a alínea *c*) do nº 2.

SUBSEÇÃO X – Trabalhador Cuidador

ARTIGO 101º-A – Trabalhador cuidador

Para efeitos do disposto no presente Código, considera-se trabalhador cuidador aquele a quem tenha sido reconhecido o estatuto de cuidador informal não principal, nos termos da legislação aplicável, mediante apresentação do respetivo comprovativo.
(Aditado pela Lei nº 13/2023, de 03-04)

ARTIGO 101º-B – Licença do cuidador

1 – O trabalhador cuidador tem direito, para assistência à pessoa cuidada, a uma licença anual de cinco dias úteis, que devem ser gozados de modo consecutivo.

2 – Para efeitos do disposto no número anterior, o trabalhador cuidador deve informar o empregador, por escrito, com 10 dias úteis de antecedência relativamente ao seu início, indicando os dias em que pretende gozar a licença.

3 – A informação escrita ao empregador é acompanhada de declaração do trabalhador cuidador de que outros membros do agregado familiar do trabalhador ou da pessoa cuidada, caso exerçam atividade profissional, não gozam da mesma licença no mesmo período, ou estão impossibilitados de prestar assistência.

4 – Durante o gozo da licença, o trabalhador cuidador não pode exercer atividade incompatível com a respetiva finalidade, nomeadamente trabalho subordinado ou prestação continuada de serviços, fora da sua residência habitual.

5 – No termo da licença, o trabalhador cuidador tem direito a retomar a atividade contratada.

6 – A licença prevista no nº 1 não determina a perda de quaisquer direitos, salvo quanto à retribuição, e é considerada como prestação efetiva de trabalho.

7 – A licença do cuidador:

a) Suspende-se por doença do trabalhador, se este informar o empregador e apresentar atestado médico comprovativo, e prossegue logo após a cessação desse impedimento;

b) Não pode ser suspensa por conveniência do empregador.

8 – A violação do disposto no nº 1 e nos nºs 5 a 7 constitui contraordenação grave.
(*Aditado pela Lei nº 13/2023, de 03-04*)

ARTIGO 101º-C – Trabalho a tempo parcial de trabalhador cuidador

1 – O trabalhador cuidador tem direito a trabalhar a tempo parcial, de modo consecutivo ou interpolado, pelo período máximo de quatro anos.

2 – Salvo acordo em contrário, o período normal de trabalho a tempo parcial corresponde a metade do praticado a tempo completo numa situação comparável e, conforme o pedido do trabalhador cuidador, é prestado diariamente, de manhã ou de tarde, ou em três dias por semana.

3 – Durante o período de trabalho em regime de tempo parcial, o trabalhador cuidador não pode exercer outra atividade incompatível com a respetiva finalidade, nomeadamente, trabalho subordinado ou prestação continuada de serviços, fora da sua residência habitual.

4 – A prestação de trabalho a tempo parcial cessa no termo do período máximo para que foi concedida, retomando o trabalhador cuidador a prestação de trabalho a tempo completo.

5 – O trabalhador cuidador que opte pelo trabalho em regime de tempo parcial nos termos do presente artigo não pode ser penalizado em matéria de avaliação e de progressão na carreira.

6 – Constitui contraordenação grave a violação do disposto no presente artigo.
(*Aditado pela Lei nº 13/2023, de 03-04*)

ARTIGO 101º-D - Horário flexível de trabalhador cuidador

1 - O trabalhador cuidador tem direito a trabalhar em regime de horário de trabalho flexível, de forma seguida ou interpolada, enquanto se verificar a necessidade de assistência.

2 - Entende-se por horário flexível o previsto nos nºs 2 a 4 do artigo 56º.

3 - O trabalhador cuidador que opte pelo trabalho em regime de horário flexível, nos termos do presente artigo, não pode ser penalizado em matéria de avaliação e de progressão na carreira.

4 - Constitui contraordenação grave a violação do disposto no nº 1.

(Aditado pela Lei nº 13/2023, de 03-04)

ARTIGO 101º-E - Autorização de trabalho a tempo parcial ou em regime de horário flexível de trabalhador cuidador

1 - O trabalhador cuidador que pretenda trabalhar a tempo parcial ou em regime de horário de trabalho flexível deve solicitá-lo ao empregador, por escrito, com a antecedência de 30 dias relativamente ao seu início, com os seguintes elementos:

a) O comprovativo do reconhecimento do estatuto de cuidador informal não principal;

b) Indicação do prazo previsto, dentro do limite aplicável;

c) No regime de trabalho a tempo parcial:

i) Declaração da qual conste que não está esgotado o período máximo de duração;

ii) Declaração da qual conste que outros membros do agregado familiar do trabalhador cuidador ou da pessoa cuidada, caso exerçam atividade profissional, não se encontram ao mesmo tempo em situação de trabalho a tempo parcial ou estão impossibilitados de prestar assistência;

iii) Indicação da modalidade pretendida de organização do trabalho a tempo parcial.

2 - Para efeitos do disposto no presente artigo, aplica-se o procedimento previsto nos nºs 2 a 10 do artigo 57º.

3 - No termo do período autorizado ou considerado aceite para a prática de regime de trabalho a tempo parcial ou horário flexível, o trabalhador cuidador regressa ao regime de trabalho que anteriormente praticava.

4 - Ocorrendo alteração superveniente das circunstâncias que deram origem ao pedido antes do termo do período autorizado ou considerado aceite, o trabalhador informa o empregador no prazo de cinco dias úteis e, havendo acordo do empregador, regressa ao regime de trabalho que anteriormente praticava.

5 - Constitui contraordenação grave a violação do disposto no nº 3.

(Aditado pela Lei nº 13/2023, de 03-04)

ARTIGO 101º-F - Proteção em caso de despedimento de trabalhador cuidador

1 - O despedimento de trabalhador cuidador carece de parecer prévio da entidade competente na área da igualdade de oportunidades entre homens e mulheres.

2 – O despedimento por facto imputável a trabalhador que se encontre na situação referida no número anterior presume-se feito sem justa causa.

3 – Para efeitos do disposto no presente artigo, aplica-se o procedimento definido nos nºs 3 a 9 do artigo 63º.

(Aditado pela Lei nº 13/2023, de 03-04)

ARTIGO 101º-G – Dispensa de prestação de trabalho suplementar

1 – O trabalhador cuidador não é obrigado a prestar trabalho suplementar enquanto se verificar a necessidade de assistência.

2 – Constitui contraordenação grave a violação do disposto neste artigo.

(Aditado pela Lei nº 13/2023, de 03-04)

ARTIGO 101º-H – Acumulação de regimes

O trabalhador cuidador que seja titular de direitos de parentalidade relativamente à pessoa cuidada não pode acumular o previsto na subsecção IV com o disposto na presente subsecção.

(Aditado pela Lei nº 13/2023, de 03-04)

SECÇÃO III – Formação do contrato

SUBSECÇÃO I – Negociação

ARTIGO 102º – Culpa na formação do contrato

Quem negoceia com outrem para a conclusão de um contrato de trabalho deve, tanto nos preliminares como na formação dele, proceder segundo as regras da boa fé, sob pena de responder pelos danos culposamente causados.

SUBSECÇÃO II – Promessa de contrato de trabalho

ARTIGO 103º – Regime da promessa de contrato de trabalho

1 – A promessa de contrato de trabalho está sujeita a forma escrita e deve conter:

a) Identificação, assinaturas e domicílio ou sede das partes;

b) Declaração, em termos inequívocos, da vontade de o promitente ou promitentes se obrigarem a celebrar o referido contrato;

c) Actividade a prestar e correspondente retribuição.

2 – O não cumprimento da promessa de contrato de trabalho dá lugar a responsabilidade nos termos gerais.

3 – À promessa de contrato de trabalho não é aplicável o disposto no artigo 830º do Código Civil.

SUBSECÇÃO III – **Contrato de adesão**

ARTIGO 104º – Contrato de trabalho de adesão

1 – A vontade contratual do empregador pode manifestar-se através de regulamento interno de empresa, e a do trabalhador pela adesão expressa ou tácita ao mesmo regulamento.

2 – Presume-se a adesão do trabalhador quando este não se opuser por escrito no prazo de 21 dias, a contar do início da execução do contrato ou da divulgação do regulamento, se esta for posterior.

ARTIGO 105º – Cláusulas contratuais gerais

O regime das cláusulas contratuais gerais aplica-se aos aspectos essenciais do contrato de trabalho que não resultem de prévia negociação específica, mesmo na parte em que o seu conteúdo se determine por remissão para instrumento de regulamentação colectiva de trabalho.

SUBSECÇÃO IV – **Informação sobre aspectos relevantes na prestação de trabalho**

ARTIGO 106º – Dever de informação

1 – O empregador deve informar o trabalhador sobre aspectos relevantes do contrato de trabalho.

2 – O trabalhador deve informar o empregador sobre aspectos relevantes para a prestação da actividade laboral.

3 – O empregador deve prestar ao trabalhador, pelo menos, as seguintes informações:

a) A respectiva identificação, nomeadamente, sendo sociedade, a existência de uma relação de coligação societária, de participações recíprocas, de domínio ou de grupo, bem como a sede ou domicílio;

b) O local de trabalho ou, não havendo um fixo ou predominante, a indicação de que o trabalho é prestado em várias localizações;

c) A categoria do trabalhador ou a descrição sumária das funções correspondentes;

d) A data de celebração do contrato e a do início dos seus efeitos;

e) Termo estipulado ou a duração previsível do contrato, quando se trate, respetivamente, de contrato a termo certo ou incerto;

f) A duração das férias ou o critério para a sua determinação;

g) Os prazos de aviso prévio e os requisitos formais a observar pelo empregador e pelo trabalhador para a cessação do contrato, ou o critério para a sua determinação;

h) O valor, a periodicidade e o método de pagamento da retribuição, incluindo a discriminação dos seus elementos constitutivos;

i) O período normal de trabalho diário e semanal, especificando os casos em que é definido em termos médios, bem como o regime aplicável em caso de trabalho suplementar e de organização por turnos;

j) O número da apólice de seguro de acidentes de trabalho e a identificação da entidade seguradora;

l) O instrumento de regulamentação coletiva de trabalho aplicável, se houver, e a designação das respetivas entidades celebrantes;

m) A identificação do Fundo de Garantia de Compensação do Trabalho (FGCT), previsto em legislação específica;

n) No caso de trabalhador temporário, a identificação do utilizador;

o) A duração e as condições do período experimental, se aplicável;

p) O direito individual a formação contínua;

q) No caso de trabalho intermitente, a informação prevista na alínea *b*) do nº 1 do artigo 158º, nos nºs 1, 2 e 4 do artigo 159º e no nº 2 do artigo 160º;

r) Os regimes de proteção social, incluindo os benefícios complementares ou substitutivos dos assegurados pelo regime geral de segurança social;

s) Os parâmetros, os critérios, as regras e as instruções em que se baseiam os algoritmos ou outros sistemas de inteligência artificial que afetam a tomada de decisões sobre o acesso e a manutenção do emprego, assim como as condições de trabalho, incluindo a elaboração de perfis e o controlo da atividade profissional.

4 – A informação sobre os elementos referidos nas alíneas *f*) a *i*), *o*), *p*) e *r*) do número anterior pode ser substituída pela referência às disposições pertinentes da lei, do instrumento de regulamentação coletiva de trabalho aplicável ou do regulamento interno de empresa.

5 – Constitui contra-ordenação grave a violação do disposto em qualquer alínea do nº 3.

(Redação dada pela Lei nº 13/2023, de 03-04)

ARTIGO 107º – Meios de informação

1 – A informação prevista no artigo anterior deve ser prestada por escrito, podendo constar de um ou de vários documentos, assinados pelo empregador.

2 – Quando a informação seja prestada através de mais de um documento, um deles deve conter os elementos referidos nas alíneas *a*) a *e*), *h*), *i*), *o*) e *q*) do nº 3 do artigo anterior.

3 – O dever previsto no nº 1 do artigo anterior considera-se cumprido quando a informação em causa conste de contrato de trabalho reduzido a escrito ou de contrato-promessa de contrato de trabalho, nos termos do número seguinte.

4 – A informação constante dos documentos referidos nos nºs 1 e 2 deve ser comunicada ao trabalhador em suporte papel ou em formato eletrónico nos seguintes prazos:

a) Até ao sétimo dia subsequente ao início da execução do contrato, no caso das informações a que alude o nº 2;

b) No prazo de um mês contado a partir do início da execução do contrato, quanto às demais informações.

5 – O empregador deve conservar prova da transmissão ou receção das informações constantes dos documentos referidos nos números anteriores.

6 – As informações constantes dos documentos referidos nos números anteriores devem ser prestadas sempre que solicitadas pelas entidades públicas, nomeadamente o serviço com competência inspetiva da área laboral.

7 – Constitui contra-ordenação grave a violação do disposto nos nºs 1, 2 ou 4.

(Redação dada pela Lei nº 13/2023, de 03-04)

ARTIGO 108º – Informação relativa a prestação de trabalho no estrangeiro

1 – Se o trabalhador cujo contrato de trabalho seja regulado pela lei portuguesa exercer a sua actividade no território de outro Estado por período superior a um mês, o empregador deve prestar-lhe, por escrito e até à sua partida, as seguintes informações complementares:

a) Identificação do Estado ou Estados onde o trabalho deve ser prestado e a duração previsível do período de trabalho a prestar;

b) Moeda e lugar do pagamento das prestações pecuniárias e, se aplicável, das prestações em espécie;

c) Possibilidade de repatriamento e respetivas condições;

d) Acesso a cuidados de saúde;

e) Retribuição a que tem direito nos termos da lei aplicável no Estado de acolhimento, em situações de destacamento;

f) Subsídios inerentes ao destacamento e reembolso de despesas de viagem, de alojamento e de alimentação, quando aplicável;

g) Sítio oficial na Internet do Estado de acolhimento, criado nos termos da legislação específica aplicável ao destacamento.

2 – A informação referida nas alíneas *b*), *c*) ou *e*) do número anterior pode ser substituída por referência a disposições de lei, instrumento de regulamentação coletiva de trabalho ou regulamento interno de empresa que regulem a matéria nela referida.

3 – Constitui contra-ordenação grave a violação do disposto neste artigo.

(Redação dada pela Lei nº 13/2023, de 03-04)

ARTIGO 109º – Actualização da informação

1 – O empregador deve informar o trabalhador sobre a alteração relativa a qualquer elemento referido no nº 3 do artigo 106º ou no nº 1 do artigo anterior, por escrito e, no máximo, até à data em que a mesma começa a produzir efeitos.

2 – O disposto no número anterior não é aplicável quando a alteração resulte de lei, de instrumento de regulamentação colectiva de trabalho ou de regulamento interno de empresa.

3 – O trabalhador deve prestar ao empregador informação sobre todas as alterações relevantes para a prestação da actividade laboral, no prazo previsto no nº 1.

4 – Constitui contra-ordenação grave a violação do disposto no nº 1.

(Redação dada pela Lei nº 13/2023, de 03-04)

SUBSECÇÃO V – Forma de contrato de trabalho

ARTIGO 110º – Regra geral sobre a forma de contrato de trabalho

O contrato de trabalho não depende da observância de forma especial, salvo quando a lei determina o contrário.

SECÇÃO IV – Período experimental

ARTIGO 111º – Noção de período experimental

1 – O período experimental corresponde ao tempo inicial de execução do contrato de trabalho, durante o qual as partes apreciam o interesse na sua manutenção.

2 – No decurso do período experimental, as partes devem agir de modo a que possam apreciar o interesse na manutenção do contrato de trabalho.

3 – O período experimental pode ser excluído por acordo escrito entre as partes.

4 – Caso o empregador não cumpra o dever de comunicação previsto na alínea *o*) do nº 3 do artigo 106º no prazo previsto no nº 4 do artigo 107º, presume-se que as partes acordaram na exclusão do período experimental.

(*Redação dada pela Lei nº 13/2023, de 03-04*)

ARTIGO 112º – Duração do período experimental*

1 – No contrato de trabalho por tempo indeterminado, o período experimental tem a seguinte duração:

a) 90 dias para a generalidade dos trabalhadores;

b) 180 dias para trabalhadores que:

i) Exerçam cargos de complexidade técnica, elevado grau de responsabilidade ou que pressuponham uma especial qualificação;

ii) Desempenhem funções de confiança;

iii) Estejam à procura de primeiro emprego e desempregados de longa duração;

c) 240 dias para trabalhador que exerça cargo de direcção ou quadro superior.

2 – No contrato de trabalho a termo, o período experimental tem a seguinte duração:

a) 30 dias em caso de contrato com duração igual ou superior a seis meses;

b) 15 dias em caso de contrato a termo certo com duração inferior a seis meses ou de contrato a termo incerto cuja duração previsível não ultrapasse aquele limite.

3 – No contrato em comissão de serviço, a existência de período experimental depende de estipulação expressa no acordo, não podendo exceder 180 dias.

* Pelo Acórdão do Tribunal Constitucional nº 318/2021, publicado no DR 126, Série I, de 01-07-2021, é declarada a inconstitucionalidade, com força obrigatória geral, da norma contida no artigo 112º, nº 1, alínea *b*), subalínea *iii*), do Código do Trabalho, na redação introduzida pela Lei nº 93/2019, de 4 de setembro, na parte que se refere aos trabalhadores que «estejam à procura do primeiro emprego», quando aplicável a trabalhadores que anteriormente tenham sido contratados, com termo, por um período igual ou superior a 90 dias, por outro(s) empregador(es).

4 – O período experimental, de acordo com qualquer dos números anteriores, é reduzido ou excluído, consoante a duração de anterior contrato a termo para a mesma atividade, de contrato de trabalho temporário executado no mesmo posto de trabalho, de contrato de prestação de serviços para o mesmo objeto, ou ainda de estágio profissional para a mesma atividade, tenha sido inferior ou igual ou superior à duração daquele, desde que em qualquer dos casos sejam celebrados pelo mesmo empregador.

5 – O período experimental previsto na subalínea *iii*) da alínea *b*) do nº 1 é reduzido ou excluído consoante a duração de anterior contrato de trabalho a termo, celebrado com empregador diferente, tenha sido igual ou superior a 90 dias.

6 – O período experimental é reduzido consoante a duração do estágio profissional com avaliação positiva, para a mesma atividade e empregador diferente, tenha sido igual ou superior a 90 dias, nos últimos 12 meses.

7 – A duração do período experimental pode ser reduzida por instrumento de regulamentação colectiva de trabalho ou por acordo escrito entre partes.

8 – A antiguidade do trabalhador conta-se desde o início do período experimental. *(Redação dada pela Lei nº 13/2023, de 03-04)*

ARTIGO 113º – Contagem do período experimental

1 – O período experimental conta a partir do início da execução da prestação do trabalhador, compreendendo acção de formação determinada pelo empregador, na parte em que não exceda metade da duração daquele período.

2 – Não são considerados na contagem os dias de falta, ainda que justificada, de licença, de dispensa ou de suspensão do contrato.

ARTIGO 114º – Denúncia do contrato durante o período experimental

1 – Durante o período experimental, salvo acordo escrito em contrário, qualquer das partes pode denunciar o contrato sem aviso prévio e invocação de justa causa, nem direito a indemnização.

2 – Tendo o período experimental durado mais de 60 dias, a denúncia do contrato por parte do empregador depende de aviso prévio de sete dias.

3 – Tendo o período experimental durado mais de 120 dias, a denúncia do contrato por parte do empregador depende de aviso prévio de 30 dias.

4 – O não cumprimento, total ou parcial, do período de aviso prévio previsto nos nºs 2 e 3, determina o pagamento da retribuição correspondente ao aviso prévio em falta.

5 – O empregador deve comunicar, no prazo de cinco dias úteis a contar da data da denúncia, à entidade com competência na área da igualdade de oportunidades entre homens e mulheres a denúncia do contrato de trabalho durante o período experimental sempre que estiver em causa uma trabalhadora grávida, puérpera ou lactante ou um trabalhador no gozo de licença parental, bem como no caso de trabalhador cuidador.

6 – O empregador deve comunicar ao serviço com competência inspetiva do ministério responsável pela área laboral, mediante formulário eletrónico, a denúncia de contrato durante o período experimental relativamente aos trabalhadores abran-

gidos na subalínea *iii*) da alínea *b*) do nº 1 do artigo 112º, nos 15 dias posteriores à denúncia do contrato de trabalho.

7 – É ilícita a denúncia que constitua abuso do direito, a apreciar nos termos gerais.

8 – O caráter abusivo da denúncia só pode ser declarado pelos tribunais judiciais, aplicando-se à denúncia abusiva os efeitos previstos nos nºs 1 e 3 do artigo 389º e nos artigos 390º, 391º e 392º, com as necessárias adaptações.

9 – Constitui contraordenação grave a violação do disposto nos nºs 5 e 6.

(Redação dada pela Lei nº 13/2023, de 03-04)

SECÇÃO V – **Actividade do trabalhador**

ARTIGO 115º – Determinação da actividade do trabalhador

1 – Cabe às partes determinar por acordo a actividade para que o trabalhador é contratado.

2 – A determinação a que se refere o número anterior pode ser feita por remissão para categoria de instrumento de regulamentação colectiva de trabalho ou de regulamento interno de empresa.

3 – Quando a natureza da actividade envolver a prática de negócios jurídicos, considera-se que o contrato de trabalho concede ao trabalhador os necessários poderes, salvo se a lei exigir instrumento especial.

ARTIGO 116º – Autonomia técnica

A sujeição à autoridade e direcção do empregador não prejudica a autonomia técnica do trabalhador inerente à actividade prestada, nos termos das regras legais ou deontológicas aplicáveis.

ARTIGO 117º – Efeitos de falta de título profissional

1 – Sempre que o exercício de determinada actividade se encontre legalmente condicionado à posse de título profissional, designadamente carteira profissional, a sua falta determina a nulidade do contrato.

2 – Quando o título profissional é retirado ao trabalhador, por decisão que já não admite recurso, o contrato caduca logo que as partes sejam notificadas da decisão.

ARTIGO 118º – Funções desempenhadas pelo trabalhador

1 – O trabalhador deve, em princípio, exercer funções correspondentes à actividade para que se encontra contratado, devendo o empregador atribuir-lhe, no âmbito da referida actividade, as funções mais adequadas às suas aptidões e qualificação profissional.

2 – A actividade contratada, ainda que determinada por remissão para categoria profissional de instrumento de regulamentação colectiva de trabalho ou regulamento interno de empresa, compreende as funções que lhe sejam afins ou funcionalmente ligadas, para as quais o trabalhador tenha qualificação adequada e que não impliquem desvalorização profissional.

3 – Para efeitos do número anterior e sem prejuízo do disposto em instrumento de regulamentação colectiva de trabalho, consideram-se afins ou funcionalmente ligadas, designadamente, as funções compreendidas no mesmo grupo ou carreira profissional.

4 – Sempre que o exercício de funções acessórias exigir especial qualificação, o trabalhador tem direito a formação profissional não inferior a dez horas anuais.

5 – Constitui contra-ordenação grave a violação do disposto no número anterior.

ARTIGO 119º – Mudança para categoria inferior

A mudança do trabalhador para categoria inferior àquela para que se encontra contratado pode ter lugar mediante acordo, com fundamento em necessidade premente da empresa ou do trabalhador, devendo ser autorizada pelo serviço com competência inspectiva do ministério responsável pela área laboral no caso de determinar diminuição da retribuição.

ARTIGO 120º – Mobilidade funcional

1 – O empregador pode, quando o interesse da empresa o exija, encarregar o trabalhador de exercer temporariamente funções não compreendidas na actividade contratada, desde que tal não implique modificação substancial da posição do trabalhador.

2 – As partes podem alargar ou restringir a faculdade conferida no número anterior, mediante acordo que caduca ao fim de dois anos se não tiver sido aplicado.

3 – A ordem de alteração deve ser justificada, mencionando se for caso disso o acordo a que se refere o número anterior, e indicar a duração previsível da mesma, que não deve ultrapassar dois anos.

4 – O disposto no nº 1 não pode implicar diminuição da retribuição, tendo o trabalhador direito às condições de trabalho mais favoráveis que sejam inerentes às funções exercidas.

5 – Salvo disposição em contrário, o trabalhador não adquire a categoria correspondente às funções temporariamente exercidas.

6 – O disposto nos números anteriores pode ser afastado por instrumento de regulamentação colectiva de trabalho.

7 – Constitui contra-ordenação grave a violação do disposto nos nºs 1, 3 ou 4.

SECÇÃO VI – Invalidade do contrato de trabalho

ARTIGO 121º – Invalidade parcial de contrato de trabalho

1 – A nulidade ou a anulação parcial não determina a invalidade de todo o contrato de trabalho, salvo quando se mostre que este não teria sido celebrado sem a parte viciada.

2 – A cláusula de contrato de trabalho que viole norma imperativa considera-se substituída por esta.

ARTIGO 122º - Efeitos da invalidade de contrato de trabalho

1 - O contrato de trabalho declarado nulo ou anulado produz efeitos como válido em relação ao tempo em que seja executado.

2 - A acto modificativo de contrato de trabalho que seja inválido aplica-se o disposto no número anterior, desde que não afecte as garantias do trabalhador.

ARTIGO 123º - Invalidade e cessação de contrato de trabalho

1 - A facto extintivo ocorrido antes da declaração de nulidade ou anulação de contrato de trabalho aplicam-se as normas sobre cessação do contrato.

2 - Se for declarado nulo ou anulado o contrato a termo que já tenha cessado, a indemnização tem por limite o valor estabelecido no artigo 393º ou 401º, respectivamente para despedimento ilícito ou denúncia sem aviso prévio.

3 - À invocação de invalidade pela parte de má fé, estando a outra de boa fé, seguida de imediata cessação da prestação de trabalho, aplica-se o regime da indemnização prevista no nº 3 do artigo 392º ou no artigo 401º para o despedimento ilícito ou para a denúncia sem aviso prévio, conforme o caso.

4 - A má fé consiste na celebração do contrato ou na manutenção deste com o conhecimento da causa de invalidade.

ARTIGO 124º - Contrato com objecto ou fim contrário à lei ou à ordem pública

1 - Se o contrato de trabalho tiver por objecto ou fim uma actividade contrária à lei ou à ordem pública, a parte que conhecia a ilicitude perde a favor do serviço responsável pela gestão financeira do orçamento da segurança social as vantagens auferidas decorrentes do contrato.

2 - A parte que conhecia a ilicitude não pode eximir-se ao cumprimento de qualquer obrigação contratual ou legal, nem reaver aquilo que prestou ou o seu valor, quando a outra parte ignorar essa ilicitude.

3 - Constitui contra-ordenação grave a violação do disposto no nº 1.

ARTIGO 125º - Convalidação de contrato de trabalho

1 - Cessando a causa da invalidade durante a execução de contrato de trabalho, este considera-se convalidado desde o início da execução.

2 - No caso de contrato a que se refere o artigo anterior, a convalidação só produz efeitos a partir do momento em que cessa a causa da invalidade.

SECÇÃO VII - Direitos, deveres e garantias das partes

SUBSECÇÃO I - Disposições gerais

ARTIGO 126º - Deveres gerais das partes

1 - O empregador e o trabalhador devem proceder de boa fé no exercício dos seus direitos e no cumprimento das respectivas obrigações.

2 - Na execução do contrato de trabalho, as partes devem colaborar na obtenção da maior produtividade, bem como na promoção humana, profissional e social do trabalhador.

ARTIGO 127º - Deveres do empregador

1 - O empregador deve, nomeadamente:

a) Respeitar e tratar o trabalhador com urbanidade e probidade, afastando quaisquer atos que possam afetar a dignidade do trabalhador, que sejam discriminatórios, lesivos, intimidatórios, hostis ou humilhantes para o trabalhador, nomeadamente assédio;

b) Pagar pontualmente a retribuição, que deve ser justa e adequada ao trabalho;

c) Proporcionar boas condições de trabalho, do ponto de vista físico e moral;

d) Contribuir para a elevação da produtividade e empregabilidade do trabalhador, nomeadamente proporcionando-lhe formação profissional adequada a desenvolver a sua qualificação;

e) Respeitar a autonomia técnica do trabalhador que exerça actividade cuja regulamentação ou deontologia profissional a exija;

f) Possibilitar o exercício de cargos em estruturas representativas dos trabalhadores;

g) Prevenir riscos e doenças profissionais, tendo em conta a protecção da segurança e saúde do trabalhador, devendo indemnizá-lo dos prejuízos resultantes de acidentes de trabalho;

h) Adoptar, no que se refere a segurança e saúde no trabalho, as medidas que decorram de lei ou instrumento de regulamentação colectiva de trabalho;

i) Fornecer ao trabalhador a informação e a formação adequadas à prevenção de riscos de acidente ou doença;

j) Manter actualizado, em cada estabelecimento, o registo dos trabalhadores com indicação de nome, datas de nascimento e admissão, modalidade de contrato, categoria, promoções, retribuições, datas de início e termo das férias e faltas que impliquem perda da retribuição ou diminuição de dias de férias;

k) Adotar códigos de boa conduta para a prevenção e combate ao assédio no trabalho, sempre que a empresa tenha sete ou mais trabalhadores;

l) Instaurar procedimento disciplinar sempre que tiver conhecimento de alegadas situações de assédio no trabalho.

2 - Na organização da actividade, o empregador deve observar o princípio geral da adaptação do trabalho à pessoa, com vista nomeadamente a atenuar o trabalho monótono ou cadenciado em função do tipo de actividade, e as exigências em matéria de segurança e saúde, designadamente no que se refere a pausas durante o tempo de trabalho.

3 - O empregador deve proporcionar ao trabalhador condições de trabalho que favoreçam a conciliação da actividade profissional com a vida familiar e pessoal.

4 - O empregador deve afixar nas instalações da empresa toda a informação sobre a legislação referente ao direito de parentalidade ou, se for elaborado regulamento interno a que alude o artigo 99º, consagrar no mesmo toda essa legislação.

5 - *(Revogado).*

6 - *(Revogado).*

7 - Constitui contraordenação grave a violação do disposto nas alíneas *k*) e *l*) do nº 1 e contraordenação leve a violação do disposto na alínea *j*) do nº 1 e no nº 4.

(Redação dada pela Lei nº 13/2023, de 03-04)

ARTIGO 128º - Deveres do trabalhador

1 - Sem prejuízo de outras obrigações, o trabalhador deve:

a) Respeitar e tratar o empregador, os superiores hierárquicos, os companheiros de trabalho e as pessoas que se relacionem com a empresa, com urbanidade e probidade;

b) Comparecer ao serviço com assiduidade e pontualidade;

c) Realizar o trabalho com zelo e diligência;

d) Participar de modo diligente em acções de formação profissional que lhe sejam proporcionadas pelo empregador;

e) Cumprir as ordens e instruções do empregador respeitantes a execução ou disciplina do trabalho, bem como a segurança e saúde no trabalho, que não sejam contrárias aos seus direitos ou garantias;

f) Guardar lealdade ao empregador, nomeadamente não negociando por conta própria ou alheia em concorrência com ele, nem divulgando informações referentes à sua organização, métodos de produção ou negócios;

g) Velar pela conservação e boa utilização de bens relacionados com o trabalho que lhe forem confiados pelo empregador;

h) Promover ou executar os actos tendentes à melhoria da produtividade da empresa;

i) Cooperar para a melhoria da segurança e saúde no trabalho, nomeadamente por intermédio dos representantes dos trabalhadores eleitos para esse fim;

j) Cumprir as prescrições sobre segurança e saúde no trabalho que decorram de lei ou instrumento de regulamentação colectiva de trabalho.

2 - O dever de obediência respeita tanto a ordens ou instruções do empregador como de superior hierárquico do trabalhador, dentro dos poderes que por aquele lhe forem atribuídos.

ARTIGO 129º - Garantias do trabalhador

1 - É proibido ao empregador:

a) Opor-se, por qualquer forma, a que o trabalhador exerça os seus direitos, bem como despedi-lo, aplicar-lhe outra sanção, ou tratá-lo desfavoravelmente por causa desse exercício;

b) Obstar injustificadamente à prestação efectiva de trabalho;

c) Exercer pressão sobre o trabalhador para que actue no sentido de influir desfavoravelmente nas condições de trabalho dele ou dos companheiros;

d) Diminuir a retribuição, salvo nos casos previstos neste Código ou em instrumento de regulamentação colectiva de trabalho;

e) Mudar o trabalhador para categoria inferior, salvo nos casos previstos neste Código;

f) Transferir o trabalhador para outro local de trabalho, salvo nos casos previstos neste Código ou em instrumento de regulamentação colectiva de trabalho, ou ainda quando haja acordo;

g) Ceder trabalhador para utilização de terceiro, salvo nos casos previstos neste Código ou em instrumento de regulamentação colectiva de trabalho;

h) Obrigar o trabalhador a adquirir bens ou serviços a ele próprio ou a pessoa por ele indicada;

i) Explorar, com fim lucrativo, cantina, refeitório, economato ou outro estabelecimento directamente relacionado com o trabalho, para fornecimento de bens ou prestação de serviços aos seus trabalhadores;

j) Fazer cessar o contrato e readmitir o trabalhador, mesmo com o seu acordo, com o propósito de o prejudicar em direito ou garantia decorrente da antiguidade;

k) Obstar a que o trabalhador exerça outra atividade profissional, salvo com base em fundamentos objetivos, designadamente segurança e saúde ou sigilo profissional, ou tratá-lo desfavoravelmente por causa desse exercício.

2 – O disposto na alínea *k*) do número anterior não isenta o trabalhador do dever de lealdade previsto na alínea *f*) do nº 1 do artigo anterior nem do disposto em legislação especial quanto a impedimentos e incompatibilidades.

3 – Constitui contra-ordenação muito grave a violação do disposto neste artigo.

(Redação dada pela Lei nº 13/2023, de 03-04)

SUBSECÇÃO II – **Formação profissional**

ARTIGO 130º – Objectivos da formação profissional

São objectivos da formação profissional:

a) Proporcionar qualificação inicial a jovem que ingresse no mercado de trabalho sem essa qualificação;

b) Assegurar a formação contínua dos trabalhadores da empresa;

c) Promover a qualificação ou reconversão profissional de trabalhador em risco de desemprego;

d) Promover a reabilitação profissional de trabalhador com deficiência, em particular daquele cuja incapacidade resulta de acidente de trabalho;

e) Promover a integração sócio-profissional de trabalhador pertencente a grupo com particulares dificuldades de inserção.

ARTIGO 131º – Formação contínua

1 – No âmbito da formação contínua, o empregador deve:

a) Promover o desenvolvimento e a adequação da qualificação do trabalhador, tendo em vista melhorar a sua empregabilidade e aumentar a produtividade e a competitividade da empresa;

b) Assegurar a cada trabalhador o direito individual à formação, através de um número mínimo anual de horas de formação, mediante acções desenvolvidas na empresa ou a concessão de tempo para frequência de formação por iniciativa do trabalhador;

c) Organizar a formação na empresa, estruturando planos de formação anuais ou plurianuais e, relativamente a estes, assegurar o direito a informação e consulta dos trabalhadores e dos seus representantes;

d) Reconhecer e valorizar a qualificação adquirida pelo trabalhador.

2 – O trabalhador tem direito, em cada ano, a um número mínimo de quarenta horas de formação contínua ou, sendo contratado a termo por período igual ou supe-

rior a três meses, a um número mínimo de horas proporcional à duração do contrato nesse ano.

3 – A formação referida no número anterior pode ser desenvolvida pelo empregador, por entidade formadora certificada para o efeito ou por estabelecimento de ensino reconhecido pelo ministério competente e dá lugar à emissão de certificado e a registo na Caderneta Individual de Competências nos termos do regime jurídico do Sistema Nacional de Qualificações.

4 – Para efeito de cumprimento do disposto no nº 2, são consideradas as horas de dispensa de trabalho para frequência de aulas e de faltas para prestação de provas de avaliação, ao abrigo do regime de trabalhador-estudante, bem como as ausências a que haja lugar no âmbito de processo de reconhecimento, validação e certificação de competências.

5 – O empregador deve assegurar, em cada ano, formação contínua a pelo menos 10% dos trabalhadores da empresa.

6 – O empregador pode antecipar até dois anos ou, desde que o plano de formação o preveja, diferir por igual período, a efectivação da formação anual a que se refere o nº 2, imputando-se a formação realizada ao cumprimento da obrigação mais antiga.

7 – O período de antecipação a que se refere o número anterior é de cinco anos no caso de frequência de processo de reconhecimento, validação e certificação de competências, ou de formação que confira dupla certificação.

8 – A formação contínua que seja assegurada pelo utilizador ou pelo cessionário, no caso de, respectivamente, trabalho temporário ou cedência ocasional de trabalhador, exonera o empregador, podendo haver lugar a compensação por parte deste em termos a acordar.

9 – O disposto na lei em matéria de formação contínua pode ser adaptado por convenção colectiva que tenha em conta as características do sector de actividade, a qualificação dos trabalhadores e a dimensão da empresa.

10 – Constitui contra-ordenação grave a violação do disposto nos nºs 1, 2 ou 5. *(Redação dada pela Lei nº 93/2019, de 04-09)*

ARTIGO 132º - Crédito de horas e subsídio para formação contínua

1 – As horas de formação previstas no nº 2 do artigo anterior, que não sejam asseguradas pelo empregador até ao termo dos dois anos posteriores ao seu vencimento, transformam-se em crédito de horas em igual número para formação por iniciativa do trabalhador.

2 – O crédito de horas para formação é referido ao período normal de trabalho, confere direito a retribuição e conta como tempo de serviço efectivo.

3 – O trabalhador pode utilizar o crédito de horas para a frequência de acções de formação, mediante comunicação ao empregador com a antecedência mínima de 10 dias.

4 – Por instrumento de regulamentação colectiva de trabalho ou acordo individual, pode ser estabelecido um subsídio para pagamento do custo da formação, até ao valor da retribuição do período de crédito de horas utilizado.

5 – Em caso de cumulação de créditos de horas, a formação realizada é imputada ao crédito vencido há mais tempo.

6 – O crédito de horas para formação que não seja utilizado cessa passados três anos sobre a sua constituição.

ARTIGO 133º - Conteúdo da formação contínua

1 – A área da formação contínua é determinada por acordo ou, na falta deste, pelo empregador, caso em que deve coincidir ou ser afim com a actividade prestada pelo trabalhador.

2 – A área da formação a que se refere o artigo anterior é escolhida pelo trabalhador, devendo ter correspondência com a actividade prestada ou respeitar a tecnologias de informação e comunicação, segurança e saúde no trabalho ou língua estrangeira.

3 – Constitui contra-ordenação grave a violação do disposto no nº 1.

ARTIGO 134º - Efeito da cessação do contrato de trabalho no direito a formação

Cessando o contrato de trabalho, o trabalhador tem direito a receber a retribuição correspondente ao número mínimo anual de horas de formação que não lhe tenha sido proporcionado, ou ao crédito de horas para formação de que seja titular à data da cessação.

SECÇÃO VIII - Cláusulas acessórias

SUBSECÇÃO I - Condição e termo

ARTIGO 135º - Condição ou termo suspensivo

Ao contrato de trabalho pode ser aposta, por escrito, condição ou termo suspensivo, nos termos gerais.

SUBSECÇÃO II - Cláusulas de limitação da liberdade de trabalho

ARTIGO 136º - Pacto de não concorrência

1 – É nula a cláusula de contrato de trabalho ou de instrumento de regulamentação colectiva de trabalho que, por qualquer forma, possa prejudicar o exercício da liberdade de trabalho após a cessação do contrato.

2 – É lícita a limitação da actividade do trabalhador durante o período máximo de dois anos subsequente à cessação do contrato de trabalho, nas seguintes condições:

a) Constar de acordo escrito, nomeadamente de contrato de trabalho ou de revogação deste;

b) Tratar-se de actividade cujo exercício possa causar prejuízo ao empregador;

c) Atribuir ao trabalhador, durante o período de limitação da actividade, uma compensação que pode ser reduzida equitativamente quando o empregador tiver realizado despesas avultadas com a sua formação profissional.

3 – Em caso de despedimento declarado ilícito ou de resolução com justa causa pelo trabalhador com fundamento em acto ilícito do empregador, a compensação a

que se refere a alínea *c*) do número anterior é elevada até ao valor da retribuição base à data da cessação do contrato, sob pena de não poder ser invocada a limitação da actividade prevista na cláusula de não concorrência.

4 – São deduzidas do montante da compensação referida no número anterior as importâncias auferidas pelo trabalhador no exercício de outra actividade profissional, iniciada após a cessação do contrato de trabalho, até ao valor decorrente da aplicação da alínea *c*) do nº 2.

5 – Tratando-se de trabalhador afecto ao exercício de actividade cuja natureza suponha especial relação de confiança ou que tenha acesso a informação particularmente sensível no plano da concorrência, a limitação a que se refere o nº 2 pode durar até três anos.

ARTIGO 137º - Pacto de permanência

1 – As partes podem convencionar que o trabalhador se obriga a não denunciar o contrato de trabalho, por um período não superior a três anos, como compensação ao empregador por despesas avultadas feitas com a sua formação profissional.

2 – O trabalhador pode desobrigar-se do cumprimento do acordo previsto no número anterior mediante pagamento do montante correspondente às despesas nele referidas.

ARTIGO 138º - Limitação da liberdade de trabalho

É nulo o acordo entre empregadores, nomeadamente em cláusula de contrato de utilização de trabalho temporário, que proíba a admissão de trabalhador que a eles preste ou tenha prestado trabalho, bem como obrigue, em caso de admissão, ao pagamento uma indemnização.

SECÇÃO IX - Modalidades de contrato de trabalho

SUBSECÇÃO I - Contrato a termo resolutivo

ARTIGO 139º - Regime do termo resolutivo

O regime do contrato de trabalho a termo resolutivo, constante da presente subsecção, não pode ser afastado por instrumento de regulamentação coletiva de trabalho, com exceção do nº 2 do artigo seguinte e do artigo 145º

(Redação dada pela Lei nº 93/2019, de 04-09)

ARTIGO 140º - Admissibilidade de contrato de trabalho a termo resolutivo

1 – O contrato de trabalho a termo resolutivo só pode ser celebrado para a satisfação de necessidades temporárias, objetivamente definidas pela entidade empregadora e apenas pelo período estritamente necessário à satisfação dessas necessidades.

2 – Considera-se, nomeadamente, necessidade temporária da empresa:

a) Substituição directa ou indirecta de trabalhador ausente ou que, por qualquer motivo, se encontre temporariamente impedido de trabalhar;

b) Substituição directa ou indirecta de trabalhador em relação ao qual esteja pendente em juízo acção de apreciação da licitude de despedimento;

c) Substituição directa ou indirecta de trabalhador em situação de licença sem retribuição;

d) Substituição de trabalhador a tempo completo que passe a prestar trabalho a tempo parcial por período determinado;

e) Actividade sazonal ou outra cujo ciclo anual de produção apresente irregularidades decorrentes da natureza estrutural do respectivo mercado, incluindo o abastecimento de matéria-prima;

f) Acréscimo excepcional de actividade da empresa;

g) Execução de tarefa ocasional ou serviço determinado precisamente definido e não duradouro;

h) Execução de obra, projecto ou outra actividade definida e temporária, incluindo a execução, direcção ou fiscalização de trabalhos de construção civil, obras públicas, montagens e reparações industriais, em regime de empreitada ou em administração directa, bem como os respectivos projectos ou outra actividade complementar de controlo e acompanhamento.

3 – Sem prejuízo do disposto no nº 1, só pode ser celebrado contrato de trabalho a termo incerto em situação referida em qualquer das alíneas *a*) a *c*) ou *e*) a *h*) do número anterior.

4 – Além das situações previstas no nº 1, pode ser celebrado contrato de trabalho a termo certo para:

a) Lançamento de nova atividade de duração incerta, bem como início do funcionamento de empresa ou de estabelecimento pertencente a empresa com menos de 250 trabalhadores, nos dois anos posteriores a qualquer um desses factos;

b) Contratação de trabalhador em situação de desemprego de muito longa duração.

5 – Cabe ao empregador a prova dos factos que justificam a celebração de contrato de trabalho a termo.

6 – Constitui contra-ordenação muito grave a violação do disposto em qualquer dos nºs 1 a 4.

(Redação dada pela Lei nº 93/2019, de 04-09)

ARTIGO 141º – Forma e conteúdo de contrato de trabalho a termo

1 – O contrato de trabalho a termo está sujeito a forma escrita e deve conter:

a) Identificação, assinaturas e domicílio ou sede das partes;

b) Actividade do trabalhador e correspondente retribuição;

c) Local e período normal de trabalho;

d) Data de início do trabalho;

e) Indicação do termo estipulado, ou da duração previsível do contrato, e do respetivo motivo justificativo, consoante se trate, respetivamente, de contrato a termo certo ou incerto;

f) Datas de celebração do contrato e, sendo a termo certo, da respectiva cessação.

2 – Na falta da referência exigida pela alínea *d*) do número anterior, considera-se que o contrato tem início na data da sua celebração.

3 – Para efeitos da alínea *e*) do nº 1, a indicação do motivo justificativo do termo deve ser feita com menção expressa dos factos que o integram, devendo estabelecer-se a relação entre a justificação invocada e o termo estipulado.

4 – Constitui contra-ordenação grave a violação do disposto na alínea *e*) do nº 1 ou no nº 3.

(Redação dada pela Lei nº 13/2023, de 03-04)

ARTIGO 142º - Casos especiais de contrato de trabalho de muito curta duração

1 – O contrato de trabalho para fazer face a acréscimo excecional e substancial da atividade de empresa cujo ciclo anual apresente irregularidades decorrentes do respetivo mercado ou de natureza estrutural que não seja passível de assegurar pela sua estrutura permanente, nomeadamente em atividade sazonal no setor agrícola ou do turismo, de duração não superior a 35 dias, não está sujeito a forma escrita, devendo o empregador comunicar a sua celebração e o local de trabalho ao serviço competente da segurança social, mediante formulário eletrónico que contém os elementos referidos nas alíneas *a*), *b*) e *d*) do nº 1 do artigo anterior.

2 – Nos casos previstos no número anterior, a duração total de contratos de trabalho a termo celebrados entre o mesmo trabalhador e empregador não pode exceder 70 dias de trabalho no ano civil.

3 – Em caso de violação do disposto em qualquer dos números anteriores, o contrato considera-se celebrado pelo prazo de seis meses, contando-se neste prazo a duração de contratos anteriores celebrados ao abrigo dos mesmos preceitos.

4 – Constitui contraordenação leve a violação do dever de comunicação previsto no nº 1.

(Redação dada pela Lei nº 13/2023, de 03-04)

ARTIGO 143º - Sucessão de contrato de trabalho a termo

1 – A cessação de contrato de trabalho a termo, por motivo não imputável ao trabalhador, impede nova admissão ou afetação de trabalhador através de contrato de trabalho a termo ou de trabalho temporário cuja execução se concretize no mesmo posto de trabalho ou atividade profissional, ou ainda de contrato de prestação de serviços para o mesmo objeto ou atividade, celebrado com o mesmo empregador ou sociedade que com este se encontre em relação de domínio ou de grupo, ou mantenha estruturas organizativas comuns, antes de decorrido um período de tempo equivalente a um terço da duração do contrato, incluindo renovações.

2 – O disposto no número anterior não é aplicável nos seguintes casos:

a) Nova ausência do trabalhador substituído, quando o contrato de trabalho a termo tenha sido celebrado para a sua substituição;

b) Acréscimo excepcional da actividade da empresa, após a cessação do contrato;

c) Actividade sazonal;

d) *(Revogada.)*

3 – Constitui contra-ordenação grave a violação do disposto no nº 1.

(Redação dada pela Lei nº 13/2023, de 03-04)

ARTIGO 144º – Informações relativas a contrato de trabalho a termo

1 – O empregador deve comunicar a celebração de contrato de trabalho a termo, com indicação do respectivo motivo justificativo, bem como a cessação do mesmo à comissão de trabalhadores e à associação sindical em que o trabalhador esteja filiado, no prazo de cinco dias úteis.

2 – O empregador deve comunicar, nos termos previstos em portaria do ministro responsável pela área laboral, ao serviço com competência inspectiva do Ministério responsável pela área laboral os elementos a que se refere o número anterior.

3 – O empregador deve comunicar à entidade com competência na área da igualdade de oportunidades entre homens e mulheres, com a antecedência mínima de cinco dias úteis a contar da data do aviso prévio, o motivo da não renovação de contrato de trabalho a termo sempre que estiver em causa uma trabalhadora grávida, puérpera ou lactante, ou um trabalhador no gozo de licença parental, ou um trabalhador cuidador.

4 – O empregador deve afixar informação relativa à existência de postos de trabalho permanentes que estejam disponíveis na empresa ou estabelecimento.

5 – Constitui contraordenação leve a violação do disposto nos nºs 1, 2 e 4 e contraordenação grave a violação do disposto no nº 3.

(Redação dada pela Lei nº 13/2023, de 03-04)

ARTIGO 145º – Preferência na admissão

1 – Até 30 dias após a cessação do contrato, o trabalhador tem, em igualdade de condições, preferência na celebração de contrato sem termo, sempre que o empregador proceda a recrutamento externo para o exercício de funções idênticas àquelas para que foi contratado.

2 – A violação do disposto no número anterior obriga o empregador a indemnizar o trabalhador no valor correspondente a três meses de retribuição base.

3 – Cabe ao trabalhador alegar a violação da preferência prevista no nº 1 e ao empregador a prova do cumprimento do disposto nesse preceito.

4 – Constitui contra-ordenação grave a violação do disposto no nº 1.

ARTIGO 146º – Igualdade de tratamento no âmbito de contrato a termo

1 – O trabalhador contratado a termo tem os mesmos direitos e está adstrito aos mesmos deveres de trabalhador permanente em situação comparável, salvo se razões objectivas justificarem tratamento diferenciado.

2 – Os trabalhadores contratados a termo são considerados, para efeitos da determinação das obrigações sociais relacionadas com o número de trabalhadores, com base na média dos existentes na empresa no final de cada mês do ano civil anterior.

ARTIGO 147º – Contrato de trabalho sem termo

1 – Considera-se sem termo o contrato de trabalho:

a) Em que a estipulação de termo tenha por fim iludir as disposições que regulam o contrato sem termo;

b) Celebrado fora dos casos previstos nos nºs 1, 3 ou 4 do artigo 140º;

c) Em que falte a redução a escrito, a identificação ou a assinatura das partes, ou, simultaneamente, as datas de celebração do contrato e de início do trabalho, bem como aquele em que se omitam ou sejam insuficientes as referências ao termo e ao motivo justificativo;

d) Celebrado em violação do disposto no nº 1 do artigo 143º

2 – Converte-se em contrato de trabalho sem termo:

a) Aquele cuja renovação tenha sido feita em violação do disposto no artigo 149º;

b) Aquele em que seja excedido o prazo de duração ou o número de renovações a que se refere o artigo seguinte;

c) O celebrado a termo incerto, quando o trabalhador permaneça em actividade após a data de caducidade indicada na comunicação do empregador ou, na falta desta, decorridos 15 dias após a verificação do termo.

3 – Em situação referida no nº 1 ou 2, a antiguidade do trabalhador conta-se desde o início da prestação de trabalho, excepto em situação a que se refere a alínea *d*) do nº 1, em que compreende o tempo de trabalho prestado em cumprimento dos contratos sucessivos.

ARTIGO 148º - Duração de contrato de trabalho a termo

1 – A duração do contrato de trabalho a termo certo não pode ser superior a dois anos.

2 – O contrato de trabalho a termo certo só pode ser celebrado por prazo inferior a seis meses em situação prevista em qualquer das alíneas *a*) a *g*) do nº 2 do artigo 140º, não podendo a duração ser inferior à prevista para a tarefa ou serviço a realizar.

3 – Em caso de violação do disposto na primeira parte do número anterior, o contrato considera-se celebrado pelo prazo de seis meses desde que corresponda à satisfação de necessidades temporárias da empresa.

4 – Na situação prevista na alínea *a*) do nº 4 do artigo 140º, a duração do contrato de trabalho a termo certo não pode exceder os dois anos posteriores ao início do motivo justificativo.

5 – A duração do contrato de trabalho a termo incerto não pode ser superior a quatro anos.

6 – É incluída no cômputo do limite referido no nº 1 a duração de contratos de trabalho a termo ou de trabalho temporário cuja execução se concretiza no mesmo posto de trabalho, bem como de contrato de prestação de serviço para o mesmo objeto, entre o trabalhador e o mesmo empregador ou sociedades que com este se encontrem em relação de domínio ou de grupo ou mantenham estruturas organizativas comuns.

(Redação dada pela Lei nº 93/2019, de 04-09)

ARTIGO 149º - Renovação de contrato de trabalho a termo certo

1 – As partes podem acordar que o contrato de trabalho a termo certo não fica sujeito a renovação.

2 – Na ausência de estipulação a que se refere o número anterior e de declaração de qualquer das partes que o faça cessar, o contrato renova-se no final do termo, por igual período se outro não for acordado pelas partes.

3 – A renovação do contrato está sujeita à verificação da sua admissibilidade, nos termos previstos para a sua celebração, bem como a iguais requisitos de forma no caso de se estipular período diferente.

4 – O contrato de trabalho a termo certo pode ser renovado até três vezes e a duração total das renovações não pode exceder a do período inicial daquele.

5 – Considera-se como único contrato aquele que seja objecto de renovação.

(Redação dada pela Lei nº 93/2019, de 04-09)

SUBSECÇÃO II – Trabalho a tempo parcial

ARTIGO 150º – Noção de trabalho a tempo parcial

1 – Considera-se trabalho a tempo parcial o que corresponda a um período normal de trabalho semanal inferior ao praticado a tempo completo em situação comparável.

2 – Para efeitos número anterior, se o período normal de trabalho não for igual em cada semana, é considerada a respectiva média no período de referência aplicável.

3 – O trabalho a tempo parcial pode ser prestado apenas em alguns dias por semana, por mês ou por ano, devendo o número de dias de trabalho ser estabelecido por acordo.

4 – As situações de trabalhador a tempo parcial e de trabalhador a tempo completo são comparáveis quando estes prestem idêntico trabalho no mesmo estabelecimento ou, não havendo neste trabalhador em situação comparável, noutro estabelecimento da mesma empresa com idêntica actividade, devendo ser levadas em conta a antiguidade e a qualificação.

5 – Se não existir trabalhador em situação comparável nos termos do número anterior, atende-se ao disposto em instrumento de regulamentação colectiva de trabalho ou na lei para trabalhador a tempo completo e com as mesmas antiguidade e qualificação.

6 – O instrumento de regulamentação colectiva de trabalho pode estabelecer o limite máximo de percentagem do tempo completo que determina a qualificação do tempo parcial, ou critérios de comparação além dos previstos na parte final do nº 4.

ARTIGO 151º – Liberdade de celebração de contrato de trabalho a tempo parcial

A liberdade de celebração de contrato de trabalho a tempo parcial não pode ser excluída por instrumento de regulamentação colectiva de trabalho.

ARTIGO 152º – Preferência na admissão para trabalho a tempo parcial

1 – Os instrumentos de regulamentação colectiva de trabalho devem estabelecer, para a admissão em regime de tempo parcial, preferências em favor de pessoa com responsabilidades familiares, com capacidade de trabalho reduzida, com deficiência ou doença crónica ou que frequente estabelecimento de ensino.

2 – Constitui contra-ordenação grave o desrespeito de preferência estabelecida nos termos do nº 1.

ARTIGO 153º - Forma e conteúdo de contrato de trabalho a tempo parcial

1 - O contrato de trabalho a tempo parcial está sujeito a forma escrita e deve conter:

a) Identificação, assinaturas e domicílio ou sede das partes;

b) Indicação do período normal de trabalho diário e semanal, com referência comparativa a trabalho a tempo completo.

2 - Na falta da indicação referida na alínea *b*) do número anterior, presume-se que o contrato é celebrado a tempo completo.

3 - Quando não tenha sido observada a forma escrita, considera-se o contrato celebrado a tempo completo.

ARTIGO 154º - Condições de trabalho a tempo parcial

1 - A trabalhador a tempo parcial é aplicável o regime previsto na lei e em instrumento de regulamentação colectiva de trabalho que, pela sua natureza, não implique a prestação de trabalho a tempo completo.

2 - O trabalhador a tempo parcial não pode ter tratamento menos favorável do que o trabalhador a tempo completo em situação comparável, a menos que um tratamento diferente seja justificado por razões objectivas, que podem ser definidas por instrumento de regulamentação colectiva de trabalho.

3 - O trabalhador a tempo parcial tem direito:

a) À retribuição base e outras prestações, com ou sem carácter retributivo, previstas na lei ou em instrumento de regulamentação colectiva de trabalho ou, caso sejam mais favoráveis, às auferidas por trabalhador a tempo completo em situação comparável, na proporção do respectivo período normal de trabalho semanal;

b) Ao subsídio de refeição, no montante previsto em instrumento de regulamentação colectiva de trabalho ou, caso seja mais favorável, ao praticado na empresa, excepto quando o período normal de trabalho diário seja inferior a cinco horas, caso em que é calculado em proporção do respectivo período normal de trabalho semanal.

4 - Constitui contra-ordenação grave a violação do disposto neste artigo.

ARTIGO 155º - Alteração da duração do trabalho a tempo parcial

1 - O trabalhador a tempo parcial pode passar a trabalhar a tempo completo, ou o inverso, a título definitivo ou por período determinado, mediante acordo escrito com o empregador.

2 - O trabalhador pode fazer cessar o acordo referido no número anterior por meio de comunicação escrita enviada ao empregador até ao sétimo dia seguinte à celebração.

3 - Exceptua-se do disposto no número anterior o acordo de modificação do período de trabalho devidamente datado e cujas assinaturas sejam objecto de reconhecimento notarial presencial.

4 - Quando a passagem de trabalho a tempo completo para trabalho a tempo parcial, nos termos do nº 1, se verifique por período determinado, decorrido este, o trabalhador tem direito a retomar a prestação de trabalho a tempo completo.

5 - Constitui contra-ordenação grave a violação do disposto no nº 4.

ARTIGO 156º - Deveres do empregador em caso de trabalho a tempo parcial

1 - Sempre que possível, o empregador deve:

a) Tomar em consideração o pedido de mudança do trabalhador a tempo completo para trabalho a tempo parcial disponível no estabelecimento;

b) Tomar em consideração o pedido de mudança do trabalhador a tempo parcial para trabalho disponível a tempo completo, ou de aumento do seu tempo de trabalho;

c) Facilitar o acesso a trabalho a tempo parcial a todos os níveis da empresa, incluindo os cargos de direcção.

2 - O empregador deve, ainda:

a) Fornecer aos trabalhadores, em tempo oportuno, informação sobre os postos de trabalho a tempo parcial e a tempo completo disponíveis no estabelecimento, de modo a facilitar as mudanças a que se referem as alíneas *a*) e *b*) do número anterior;

b) Fornecer às estruturas de representação colectiva dos trabalhadores da empresa informações adequadas sobre o trabalho a tempo parcial praticado na empresa.

3 - Constitui contra-ordenação leve a violação do disposto no número anterior.

SUBSECÇÃO III - Trabalho intermitente

ARTIGO 157º - Admissibilidade de trabalho intermitente

1 - Em empresa que exerça actividade com descontinuidade ou intensidade variável, as partes podem acordar que a prestação de trabalho seja intercalada por um ou mais períodos de inactividade.

2 - O contrato de trabalho intermitente não pode ser celebrado a termo resolutivo ou em regime de trabalho temporário.

ARTIGO 158º - Forma e conteúdo de contrato de trabalho intermitente

1 - O contrato de trabalho intermitente está sujeito a forma escrita e deve conter:

a) Identificação, assinaturas e domicílio ou sede das partes;

b) Indicação do número anual de horas de trabalho, ou do número anual de dias de trabalho a tempo completo.

2 - Quando não tenha sido observada a forma escrita, ou na falta da indicação referida na alínea *b*) do número anterior, considera-se o contrato celebrado sem período de inactividade.

3 - O contrato considera-se celebrado pelo número anual de horas resultante do disposto no nº 2 do artigo seguinte, caso o número anual de horas de trabalho ou o número anual de dias de trabalho a tempo completo seja inferior a esse limite.

ARTIGO 159º - Período de prestação de trabalho

1 - As partes estabelecem a duração da prestação de trabalho, de modo consecutivo ou interpolado, bem como o início e termo de cada período de trabalho, ou a antecedência com que o empregador deve informar o trabalhador do início daquele.

2 – A prestação de trabalho referida no número anterior não pode ser inferior a cinco meses a tempo completo, por ano, dos quais pelo menos três meses devem ser consecutivos.

3 – A antecedência a que se refere o nº 1 não pode ser inferior a 30 dias na situação do nº 1 do artigo seguinte e a 20 dias nos restantes casos.

4 – Em caso de incumprimento do empregador do disposto nos números anteriores, o trabalhador não é obrigado a prestar trabalho nem pode ser prejudicado por esse motivo.

5 – Constitui contraordenação grave a violação do disposto no nº 3.

(Redação dada pela Lei nº 13/2023, de 03-04)

ARTIGO 160º - Direitos do trabalhador

1 – Durante o período de inatividade, o trabalhador pode exercer outra atividade, devendo informar o empregador desse facto.

2 – Durante o período de inatividade, o trabalhador tem direito a compensação retributiva, a pagar pelo empregador com periodicidade igual à da retribuição, em valor estabelecido em instrumento de regulamentação coletiva de trabalho ou, na sua falta, de 20% da retribuição base.

3 – Se o trabalhador exercer outra atividade durante o período de inatividade, o montante da correspondente retribuição é deduzido à compensação retributiva calculada de acordo com o número anterior.

4 – Os subsídios de férias e de Natal são calculados com base na média dos valores de retribuições e compensações retributivas auferidas nos últimos 12 meses, ou no período de duração do contrato se esta for inferior.

5 – Durante o período de inactividade, mantêm-se os direitos, deveres e garantias das partes que não pressuponham a efectiva prestação de trabalho.

6 – Constitui contraordenação grave a violação do disposto nos nºs 2 ou 4.

(Redação dada pela Lei nº 93/2019, de 04-09)

SUBSECÇÃO IV - Comissão de serviço

ARTIGO 161º - Objecto da comissão de serviço

Pode ser exercido, em comissão de serviço, cargo de administração ou equivalente, de direção ou chefia diretamente dependente da administração ou de diretor-geral ou equivalente, funções de secretariado pessoal de titular de qualquer desses cargos, ou ainda, desde que instrumento de regulamentação coletiva de trabalho o preveja, funções cuja natureza também suponha especial relação de confiança em relação a titular daqueles cargos e funções de chefia.

(Redação dada pela Lei nº 23/2012, de 25-06)

ARTIGO 162º - Regime de contrato de trabalho em comissão de serviço

1 – Pode exercer cargo ou funções em comissão de serviço, um trabalhador da empresa ou outro admitido para o efeito.

2 – No caso de admissão de trabalhador para exercer cargo ou funções em comissão de serviço, pode ser acordada a sua permanência após o termo da comissão.

3 – O contrato para exercício de cargo ou funções em comissão de serviço está sujeito a forma escrita e deve conter:

a) Identificação, assinaturas e domicílio ou sede das partes;

b) Indicação do cargo ou funções a desempenhar, com menção expressa do regime de comissão de serviço;

c) No caso de trabalhador da empresa, a actividade que exerce, bem como, sendo diversa, a que vai exercer após cessar a comissão;

d) No caso de trabalhador admitido em regime de comissão de serviço que se preveja permanecer na empresa, a actividade que vai exercer após cessar a comissão.

4 – Não se considera em regime de comissão de serviço o contrato que não tenha a forma escrita ou a que falte a menção referida na alínea *b*) do número anterior.

5 – O tempo de serviço prestado em regime de comissão de serviço conta para efeitos de antiguidade do trabalhador como se tivesse sido prestado na categoria de que este é titular.

6 – Constitui contra-ordenação grave a falta da menção referida na alínea *b*) do nº 3, salvo se o empregador reconhecer expressamente e por escrito que o cargo ou funções são exercidos com carácter permanente, e constitui contra-ordenação leve a falta de redução a escrito do contrato ou a violação da alínea *c*) do referido número.

ARTIGO 163º – Cessação de comissão de serviço

1 – Qualquer das partes pode pôr termo à comissão de serviço, mediante aviso prévio por escrito, com a antecedência mínima de 30 ou 60 dias, consoante aquela tenha durado, respectivamente, até dois anos ou período superior.

2 – A falta de aviso prévio não obsta à cessação da comissão de serviço, constituindo a parte faltosa na obrigação de indemnizar a contraparte nos termos do artigo 401º

ARTIGO 164º – Efeitos da cessação da comissão de serviço

1 – Cessando a comissão de serviço, o trabalhador tem direito:

a) Caso se mantenha ao serviço da empresa, a exercer a actividade desempenhada antes da comissão de serviço, ou a correspondente à categoria a que tenha sido promovido ou, ainda, a actividade prevista no acordo a que se refere a alínea *c*) ou *d*) do nº 3 do artigo 162º;

b) A resolver o contrato de trabalho nos 30 dias seguintes à decisão do empregador que ponha termo à comissão de serviço, com direito a indemnização calculada nos termos do artigo 366º;

c) Tendo sido admitido para trabalhar em comissão de serviço e esta cesse por iniciativa do empregador que não corresponda a despedimento por facto imputável ao trabalhador, a indemnização calculada nos termos do artigo 366º

2 – Os prazos previstos no artigo anterior e o valor da indemnização a que se referem as alíneas *b*) e *c*) do nº 1 podem ser aumentados por instrumento de regulamentação colectiva de trabalho ou contrato de trabalho.

3 – Constitui contra-ordenação grave a violação do disposto no nº 1.

(Redação dada pela Lei nº 23/2012, de 25-06)

SUBSECÇÃO V – Teletrabalho

ARTIGO 165º – Noção de teletrabalho e âmbito do regime

1 – Considera-se teletrabalho a prestação de trabalho em regime de subordinação jurídica do trabalhador a um empregador, em local não determinado por este, através do recurso a tecnologias de informação e comunicação.

2 – As disposições contidas nos artigos 168º, 169º-A, 169º-B, 170º e 170º-A aplicam-se, na parte compatível, a todas as situações de trabalho à distância sem subordinação jurídica, mas em regime de dependência económica.

(Redação dada pela Lei nº 83/2021, de 06-12)

ARTIGO 166º – Acordo para prestação de teletrabalho

1 – Pode exercer a atividade em regime de teletrabalho um trabalhador da empresa ou outro admitido para o efeito.

2 – A implementação do regime de teletrabalho depende sempre de acordo escrito, que pode constar do contrato de trabalho inicial ou ser autónomo em relação a este.

3 – O acordo de teletrabalho define o regime de permanência ou de alternância de períodos de trabalho à distância e de trabalho presencial.

4 – O acordo deve conter e definir, nomeadamente:

a) A identificação, assinaturas e domicílio ou sede das partes;

b) O local em que o trabalhador realizará habitualmente o seu trabalho, o qual será considerado, para todos os efeitos legais, o seu local de trabalho;

c) O período normal do trabalho diário e semanal;

d) O horário de trabalho;

e) A atividade contratada, com indicação da categoria correspondente;

f) A retribuição a que o trabalhador terá direito, incluindo prestações complementares e acessórias;

g) A propriedade dos instrumentos de trabalho, bem como o responsável pela respetiva instalação e manutenção;

h) A periodicidade e o modo de concretização dos contactos presenciais a que se refere a alínea *c*) do nº 1 do artigo 169º-B.

5 – A forma escrita é exigida apenas para prova da estipulação do regime de teletrabalho.

6 – Se a proposta de acordo de teletrabalho partir do empregador, a oposição do trabalhador não tem de ser fundamentada, não podendo a recusa constituir causa de despedimento ou fundamento da aplicação de qualquer sanção.

7 – No caso de a atividade contratada com o trabalhador ser, pela forma como se insere no funcionamento da empresa, e tendo em conta os recursos de que esta

dispõe, compatível com o regime de teletrabalho, a proposta de acordo feita pelo trabalhador só pode ser recusada pelo empregador por escrito e com indicação do fundamento da recusa.

8 – O local de trabalho previsto no acordo de teletrabalho pode ser alterado pelo trabalhador, mediante acordo escrito com o empregador.

9 – O empregador pode definir, por regulamento interno publicitado, e com observância do Regulamento Geral sobre a Proteção de Dados, aprovado pelo Regulamento (UE) 2016/679 do Parlamento Europeu e do Conselho, de 27 de abril de 2016, as atividades e as condições em que a adoção do teletrabalho na empresa poderá ser por ele aceite.

(Redação dada pela Lei nº 83/2021, de 06-12)

ARTIGO 166º-A – Direito ao regime de teletrabalho

1 – Verificadas as condições previstas no nº 1 do artigo 195º, o trabalhador tem direito a passar a exercer a atividade em regime de teletrabalho, quando este seja compatível com a atividade desempenhada.

2 – Além das situações referidas no número anterior, o trabalhador com filho com idade até três anos ou, independentemente da idade, com deficiência, doença crónica ou doença oncológica que com ele viva em comunhão de mesa e habitação, tem direito a exercer a atividade em regime de teletrabalho, quando este seja compatível com a atividade desempenhada e o empregador disponha de recursos e meios para o efeito.

3 – O direito previsto no número anterior pode ser estendido até aos 8 anos de idade nas seguintes situações:

a) Nos casos em que ambos os progenitores reúnem condições para o exercício da atividade em regime de teletrabalho, desde que este seja exercido por ambos em períodos sucessivos de igual duração num prazo de referência máxima de 12 meses;

b) Famílias monoparentais ou situações em que apenas um dos progenitores, comprovadamente, reúne condições para o exercício da atividade em regime de teletrabalho.

4 – O empregador não pode opor-se ao pedido do trabalhador efetuado nos termos dos números anteriores.

5 – Tem ainda direito a exercer a atividade em regime de teletrabalho, pelo período máximo de quatro anos seguidos ou interpolados, o trabalhador a quem tenha sido reconhecido o estatuto de cuidador informal não principal, mediante comprovação do mesmo, nos termos da legislação aplicável, quando este seja compatível com a atividade desempenhada e o empregador disponha de recursos e meios para o efeito.

6 – O empregador pode opor-se ao direito previsto no número anterior quando não estejam reunidas as condições aí previstas ou com fundamento em exigências imperiosas do funcionamento da empresa, sendo nestes casos aplicável o procedimento previsto nos nºs 3 a 10 do artigo 57º, com as necessárias adaptações.

7 – O direito previsto no nº 3 não se aplica ao trabalhador de microempresa.

8 – Constitui contraordenação grave a violação do disposto neste artigo.

(Redação dada pela Lei nº 13/2023, de 03-04)

ARTIGO 167º - Duração e cessação do acordo de teletrabalho

1 - O acordo de teletrabalho pode ser celebrado com duração determinada ou indeterminada.

2 - Sendo o acordo de teletrabalho celebrado com duração determinada, este não pode exceder seis meses, renovando-se automaticamente por iguais períodos, se nenhuma das partes declarar por escrito, até 15 dias antes do seu término, que não pretende a renovação.

3 - Sendo o acordo de duração indeterminada, qualquer das partes pode fazê-lo cessar mediante comunicação escrita, que produzirá efeitos no 60º dia posterior àquela.

4 - Qualquer das partes pode denunciar o acordo durante os primeiros 30 dias da sua execução.

5 - Cessando o acordo de teletrabalho no âmbito de um contrato de trabalho de duração indeterminada, ou cujo termo não tenha sido atingido, o trabalhador retoma a atividade em regime presencial, sem prejuízo da sua categoria, antiguidade e quaisquer outros direitos reconhecidos aos trabalhadores em regime presencial com funções e duração do trabalho idênticas.

6 - Constitui contra-ordenação grave a violação do disposto no número anterior.

(Redação dada pela Lei nº 83/2021, de 06-12)

ARTIGO 168º - Equipamentos e sistemas

1 - O empregador é responsável pela disponibilização ao trabalhador dos equipamentos e sistemas necessários à realização do trabalho e à interação trabalhador-empregador, devendo o acordo a que se refere o artigo 166º especificar se são fornecidos diretamente ou adquiridos pelo trabalhador, com a concordância do empregador acerca das suas características e preços.

2 - São integralmente compensadas pelo empregador todas as despesas adicionais que, comprovadamente, o trabalhador suporte como direta consequência da aquisição ou uso dos equipamentos e sistemas informáticos ou telemáticos necessários à realização do trabalho, nos termos do número anterior, incluindo os acréscimos de custos de energia e da rede instalada no local de trabalho em condições de velocidade compatível com as necessidades de comunicação de serviço, assim como os custos de manutenção dos mesmos equipamentos e sistemas.

3 - O contrato individual de trabalho e o contrato coletivo de trabalho devem fixar na celebração do acordo para prestação de teletrabalho o valor da compensação devida ao trabalhador pelas despesas adicionais.

4 - Para efeitos do presente artigo e na ausência de acordo entre as partes sobre um valor fixo nos termos do número anterior, consideram-se despesas adicionais as correspondentes à aquisição de bens e ou serviços de que o trabalhador não dispunha antes da celebração do acordo a que se refere o artigo 166º, assim como as determinadas por comparação com as despesas homólogas do trabalhador no último mês de trabalho em regime presencial.

5 - O pagamento da compensação prevista no nº 2 é devido imediatamente após a realização das despesas pelo trabalhador.

6 – A compensação prevista nos nºs 2 e 3 é considerada, para efeitos fiscais, custo para o empregador e não constitui rendimento do trabalhador até ao limite do valor definido por portaria dos membros do Governo responsáveis pelas áreas dos assuntos fiscais e segurança social.

7 – Sendo os equipamentos e sistemas utilizados no teletrabalho fornecidos pelo empregador, as condições para o seu uso para além das necessidades do serviço são as estabelecidas pelo regulamento interno a que se refere o nº 9 do artigo 166º

8 – No caso de inexistência do regulamento interno ou de este omitir as condições mencionadas no número anterior, estas são definidas pelo acordo previsto no artigo 166º

9 – Constitui contraordenação grave a aplicação de qualquer sanção ao trabalhador pelo uso dos equipamentos e sistemas para além das necessidades de serviço, quando esse uso não esteja expressamente condicionado nos termos dos números anteriores.

(Redação dada pela Lei nº 13/2023, de 03-04)

ARTIGO 169º – Igualdade de direitos e deveres

1 – O trabalhador em regime de teletrabalho tem os mesmos direitos e deveres dos demais trabalhadores da empresa com a mesma categoria ou com função idêntica, nomeadamente no que se refere a formação, promoção na carreira, limites da duração do trabalho, períodos de descanso, incluindo férias pagas, proteção da saúde e segurança no trabalho, reparação de acidentes de trabalho e doenças profissionais, e acesso a informação das estruturas representativas dos trabalhadores, incluindo o direito a:

a) Receber, no mínimo, a retribuição equivalente à que auferiria em regime presencial, com a mesma categoria e função idêntica;

b) Participar presencialmente em reuniões que se efetuem nas instalações da empresa mediante convocação das comissões sindicais e intersindicais ou da comissão de trabalhadores, nos termos da lei;

c) Integrar o número de trabalhadores da empresa para todos os efeitos relativos a estruturas de representação coletiva, podendo candidatar-se a essas estruturas.

2 – O trabalhador pode utilizar as tecnologias de informação e de comunicação afetas à prestação de trabalho para participar em reunião promovida no local de trabalho por estrutura de representação coletiva dos trabalhadores.

3 – Qualquer estrutura de representação coletiva dos trabalhadores pode utilizar as tecnologias referidas no número anterior para, no exercício da sua atividade, comunicar com o trabalhador em regime de teletrabalho, nomeadamente divulgando informações a que se refere o nº 1 do artigo 465º

4 – Constitui contraordenação grave a violação do disposto neste artigo.

(Redação dada pela Lei nº 83/2021, de 06-12)

ARTIGO 169º-A – Organização, direção e controlo do trabalho

1 – As reuniões de trabalho à distância, assim como as tarefas que, pela sua natureza, devem ser realizadas em tempos precisos e em articulação com outros trabalhadores, devem ter lugar dentro do horário de trabalho e ser agendadas preferencialmente com 24 horas de antecedência.

2 – O trabalhador é obrigado a comparecer nas instalações da empresa ou noutro local designado pelo empregador, para reuniões, ações de formação e outras situações que exijam presença física, para as quais tenha sido convocado com, pelo menos, 24 horas de antecedência.

3 – O empregador suporta o custo das deslocações a que se refere o número anterior, na parte em que, eventualmente, exceda o custo normal do transporte entre o domicílio do trabalhador e o local em que normalmente prestaria trabalho em regime presencial.

4 – Os poderes de direção e controlo da prestação de trabalho no teletrabalho são exercidos preferencialmente por meio dos equipamentos e sistemas de comunicação e informação afetos à atividade do trabalhador, segundo procedimentos previamente conhecidos por ele e compatíveis com o respeito pela sua privacidade.

5 – O controlo da prestação de trabalho, por parte do empregador, deve respeitar os princípios da proporcionalidade e da transparência, sendo proibido impor a conexão permanente, durante a jornada de trabalho, por meio de imagem ou som.

6 – Constitui contraordenação muito grave a violação do disposto nos nºs 1 e 3.
(Aditado pela Lei nº 83/2021, de 06-12)

ARTIGO 169º-B – Deveres especiais

1 – Sem prejuízo dos deveres gerais consagrados neste Código, o regime de teletrabalho implica, para o empregador, os seguintes deveres especiais:

a) Informar o trabalhador, quando necessário, acerca das características e do modo de utilização de todos os dispositivos, programas e sistemas adotados para acompanhar à distância a sua atividade;

b) Abster-se de contactar o trabalhador no período de descanso nos termos a que se refere o artigo 199º-A;

c) Diligenciar no sentido da redução do isolamento do trabalhador, promovendo, com a periodicidade estabelecida no acordo de teletrabalho, ou, em caso de omissão, com intervalos não superiores a dois meses, contactos presenciais dele com as chefias e demais trabalhadores;

d) Garantir ou custear as ações de manutenção e de correção de avarias do equipamento e dos sistemas utilizados no teletrabalho, nos termos do nº 2 do artigo 168º, independentemente da sua propriedade;

e) Consultar o trabalhador, por escrito, antes de introduzir mudanças nos equipamentos e sistemas utilizados na prestação de trabalho, nas funções atribuídas ou em qualquer característica da atividade contratada;

f) Facultar ao trabalhador a formação de que este careça para o uso adequado e produtivo dos equipamentos e sistemas que serão utilizados por este no teletrabalho.

2 – Sem prejuízo dos deveres gerais consagrados neste Código, o teletrabalho implica, para o trabalhador, os seguintes deveres especiais:

a) Informar atempadamente a empresa de quaisquer avarias ou defeitos de funcionamento dos equipamentos e sistemas utilizados na prestação de trabalho;

b) Cumprir as instruções do empregador no respeitante à segurança da informação utilizada ou produzida no desenvolvimento da atividade contratada;

c) Respeitar e observar as restrições e os condicionamentos que o empregador defina previamente, no tocante ao uso para fins pessoais dos equipamentos e sistemas de trabalho fornecidos por aquele;

d) Observar as diretrizes do empregador em matéria de saúde e segurança no trabalho.

3 – Para além de responsabilidade disciplinar, as infrações dos deveres indicados no número anterior podem implicar responsabilidade civil, nos termos gerais.

4 – Constitui contraordenação grave a violação dos deveres dispostos no nº 1.

(Aditado pela Lei nº 83/2021, de 06-12)

ARTIGO 170º – Privacidade de trabalhador em regime de teletrabalho

1 – O empregador deve respeitar a privacidade do trabalhador, o horário de trabalho e os tempos de descanso e de repouso da família deste, bem como proporcionar-lhe boas condições de trabalho, tanto do ponto de vista físico como psíquico.

2 – Sempre que o teletrabalho seja realizado no domicílio do trabalhador, a visita ao local de trabalho requer aviso prévio de 24 horas e concordância do trabalhador.

3 – A visita prevista no número anterior só deve ter por objeto o controlo da atividade laboral, bem como dos instrumentos de trabalho, e apenas pode ser efetuada na presença do trabalhador durante o horário de trabalho acordado nos termos da alínea *d*) do nº 4 do artigo 166º

4 – No acesso ao domicílio do trabalhador, as ações integradas pelo empregador devem ser adequadas e proporcionais aos objetivos e finalidade da visita.

5 – É vedada a captura e utilização de imagem, de som, de escrita, de histórico, ou o recurso a outros meios de controlo que possam afetar o direito à privacidade do trabalhador.

6 – Constitui contraordenação grave a violação do disposto nos nºs 1, 2, 3 e 4.

7 – Constitui contraordenação muito grave a violação do disposto no nº 5.

(Redação dada pela Lei nº 83/2021, de 06-12)

ARTIGO 170º-A – Segurança e saúde no trabalho

1 – É vedada a prática de teletrabalho em atividades que impliquem o uso ou contacto com substâncias e materiais perigosos para a saúde ou a integridade física do trabalhador, exceto se efetuados em instalações certificadas para o efeito.

2 – O empregador organiza em moldes específicos e adequados, com respeito pela privacidade do trabalhador, os meios necessários ao cumprimento das suas responsabilidades em matéria de saúde e segurança no trabalho, nomeadamente cumprindo as medidas previstas no Decreto-Lei nº 349/93, de 1 de outubro, que transpõe para a ordem jurídica interna a Diretiva nº 90/270/CEE, do Conselho, de 29 de maio, relativa às prescrições mínimas de segurança e de saúde respeitantes ao trabalho com equipamentos dotados de visor.

3 – No quadro da responsabilidade a que se refere o número anterior, o empregador promove a realização de exames de saúde no trabalho antes da implementação do teletrabalho e, posteriormente, exames anuais para avaliação da aptidão física e psíquica do trabalhador para o exercício da atividade, a repercussão desta e das con-

dições em que é prestada na sua saúde, assim como das medidas preventivas que se mostrem adequadas.

4 – O trabalhador faculta o acesso ao local onde presta trabalho aos profissionais designados pelo empregador que, nos termos da lei, têm a seu cargo a avaliação e o controlo das condições de segurança e saúde no trabalho, em período previamente acordado, entre as 9 e as 19 horas, dentro do horário de trabalho.

5 – O regime legal de reparação dos acidentes de trabalho e doenças profissionais aplica-se às situações de teletrabalho, considerando-se local de trabalho o local escolhido pelo trabalhador para exercer habitualmente a sua atividade e tempo de trabalho todo aquele em que, comprovadamente, esteja a prestar o seu trabalho ao empregador.

6 – Constitui contraordenação muito grave imputável ao empregador a violação do disposto neste artigo.

(Aditado pela Lei nº 83/2021, de 06-12)

ARTIGO 171º – Fiscalização

1 – Cabe ao serviço com competência inspetiva do ministério responsável pela área do trabalho fiscalizar o cumprimento das normas reguladoras do regime de teletrabalho, incluindo a legislação relativa à segurança e saúde no trabalho, e contribuir para a prevenção dos riscos profissionais inerentes a essa forma de prestação de trabalho.

2 – As ações de fiscalização que impliquem visitas de autoridades inspetivas ao domicílio do trabalhador requerem a anuência do trabalhador e a comunicação da sua realização com a antecedência mínima de 48 horas.

(Redação dada pela Lei nº 83/2021, de 06-12)

SUBSECÇÃO VI – Trabalho temporário

DIVISÃO I – Disposições gerais relativas a trabalho temporário

ARTIGO 172º – Conceitos específicos do regime de trabalho temporário

Considera-se:

a) Contrato de trabalho temporário o contrato de trabalho a termo celebrado entre uma empresa de trabalho temporário e um trabalhador, pelo qual este se obriga, mediante retribuição daquela, a prestar a sua actividade a utilizadores, mantendo-se vinculado à empresa de trabalho temporário;

b) Contrato de trabalho por tempo indeterminado para cedência temporária o contrato de trabalho por tempo indeterminado celebrado entre uma empresa de trabalho temporário e um trabalhador, pelo qual este se obriga, mediante retribuição daquela, a prestar temporariamente a sua actividade a utilizadores, mantendo-se vinculado à empresa de trabalho temporário;

c) Contrato de utilização de trabalho temporário o contrato de prestação de serviço a termo resolutivo entre um utilizador e uma empresa de trabalho temporário, pelo qual esta se obriga, mediante retribuição, a ceder àquele um ou mais trabalhadores temporários.

ARTIGO 173º - Cedência ilícita de trabalhador

1 - É nulo o contrato de utilização, o contrato de trabalho temporário ou o contrato de trabalho por tempo indeterminado para cedência temporária celebrado por empresa de trabalho temporário não titular de licença para o exercício da respectiva actividade.

2 - É nulo o contrato celebrado entre empresas de trabalho temporário pelo qual uma cede à outra um trabalhador para que este seja posteriormente cedido a terceiro.

3 - No caso previsto no nº 1, considera-se que o trabalho é prestado ao utilizador em regime de contrato de trabalho sem termo.

4 - No caso previsto no nº 2, considera-se que o trabalho é prestado à empresa que contrate o trabalhador em regime de contrato de trabalho sem termo.

5 - No caso de o trabalhador ser cedido a utilizador por empresa de trabalho temporário licenciada sem que tenha celebrado contrato de trabalho temporário ou contrato de trabalho por tempo indeterminado para cedência temporária, considera-se que o trabalho é prestado à empresa utilizadora em regime de contrato de trabalho sem termo.

6 - Em substituição do disposto no nº 3, 4 ou 5, o trabalhador pode optar, nos 30 dias seguintes ao início da prestação de actividade, por uma indemnização nos termos do artigo 396º

7 - Constitui contra-ordenação muito grave, imputável à empresa de trabalho temporário e ao utilizador, a celebração de contrato de utilização de trabalho temporário por parte de empresa não titular de licença.

(Redação dada pela Lei nº 13/2023, de 03-04)

ARTIGO 174º - Casos especiais de responsabilidade da empresa de trabalho temporário ou do utilizador

1 - A celebração de contrato de utilização de trabalho temporário por empresa de trabalho temporário não licenciada responsabiliza solidariamente esta e o utilizador pelos créditos do trabalhador emergentes do contrato de trabalho, da sua violação ou cessação, relativos aos últimos três anos, bem como pelos encargos sociais correspondentes.

2 - A empresa de trabalho temporário e o utilizador de trabalho temporário, bem como os respetivos gerentes, administradores ou diretores, assim como as sociedades que com a empresa de trabalho temporário ou com o utilizador se encontrem em relação de participações recíprocas, de domínio ou de grupo, são subsidiariamente responsáveis pelos créditos do trabalhador e pelos encargos sociais correspondentes, assim como pelo pagamento das respetivas coimas.

(Redação dada pela Lei nº 28/2016, de 23-08)

DIVISÃO II - Contrato de utilização de trabalho temporário

ARTIGO 175º - Admissibilidade de contrato de utilização de trabalho temporário

1 - O contrato de utilização de trabalho temporário só pode ser celebrado nas situações referidas nas alíneas *a*) a *g*) do nº 2 do artigo 140º e ainda nos seguintes casos:

a) Vacatura de posto de trabalho quando decorra processo de recrutamento para o seu preenchimento;

b) Necessidade intermitente de mão-de-obra, determinada por flutuação da actividade durante dias ou partes de dia, desde que a utilização não ultrapasse semanalmente metade do período normal de trabalho maioritariamente praticado no utilizador;

c) Necessidade intermitente de prestação de apoio familiar directo, de natureza social, durante dias ou partes de dia;

d) Realização de projecto temporário, designadamente instalação ou reestruturação de empresa ou estabelecimento, montagem ou reparação industrial.

2 – Para efeito do disposto no número anterior, no que se refere à alínea *f*) do nº 2 do artigo 140º, considera-se acréscimo excepcional de actividade da empresa o que tenha duração até 12 meses.

3 – A duração do contrato de utilização não pode exceder o período estritamente necessário à satisfação da necessidade do utilizador a que se refere o nº 1.

4 – Não é permitida a utilização de trabalhador temporário em posto de trabalho particularmente perigoso para a sua segurança ou saúde, salvo se for essa a sua qualificação profissional.

5 – Não é permitido celebrar contrato de utilização de trabalho temporário para satisfação de necessidades que foram asseguradas por trabalhador cujo contrato tenha cessado nos 12 meses anteriores por despedimento colectivo ou despedimento por extinção de posto de trabalho.

6 – Constitui contra-ordenação muito grave imputável ao utilizador a violação do disposto no nº 4.

ARTIGO 176º – Justificação de contrato de utilização de trabalho temporário

1 – Cabe ao utilizador a prova dos factos que justificam a celebração de contrato de utilização de trabalho temporário.

2 – É nulo o contrato de utilização celebrado fora das situações a que se refere o nº 1 do artigo anterior.

3 – No caso previsto no número anterior, considera-se que o trabalho é prestado pelo trabalhador ao utilizador em regime de contrato de trabalho sem termo, sendo aplicável o disposto no nº 6 do artigo 173º

ARTIGO 177º – Forma e conteúdo de contrato de utilização de trabalho temporário

1 – O contrato de utilização de trabalho temporário está sujeito a forma escrita, é celebrado em dois exemplares e deve conter:

a) Identificação, assinaturas, domicílio ou sede das partes, os respectivos números de contribuintes e do regime geral da segurança social, bem como, quanto à empresa de trabalho temporário, o número e a data do alvará da respectiva licença;

b) Motivo justificativo do recurso ao trabalho temporário por parte do utilizador;

c) Caracterização do posto de trabalho a preencher, dos respectivos riscos profissionais e, sendo caso disso, dos riscos elevados ou relativos a posto de trabalho particularmente perigoso, a qualificação profissional requerida, bem como a modalidade adoptada pelo utilizador para os serviços de segurança e saúde no trabalho e o respectivo contacto;

d) Local e período normal de trabalho;

e) Retribuição de trabalhador do utilizador que exerça as mesmas funções;

f) Pagamento devido pelo utilizador à empresa de trabalho temporário;

g) Início e duração, certa ou incerta, do contrato;

h) Data da celebração do contrato.

2 – Para efeitos da alínea *b*) do número anterior, a indicação do motivo justificativo deve ser feita pela menção expressa dos factos que o integram, devendo estabelecer-se a relação entre a justificação invocada e o termo estipulado.

3 – O contrato de utilização de trabalho temporário deve ter em anexo cópia da apólice de seguro de acidentes de trabalho que englobe o trabalhador temporário e a actividade a exercer por este, sem o que o utilizador é solidariamente responsável pela reparação dos danos emergentes de acidente de trabalho.

4 – *(Revogado.)*

5 – O contrato é nulo se não for celebrado por escrito ou não contiver qualquer uma das menções referidas nas alíneas do nº 1.

6 – No caso previsto no número anterior, considera-se que o trabalho é prestado pelo trabalhador ao utilizador em regime de contrato de trabalho sem termo, sendo aplicável o disposto no nº 6 do artigo 173º

7 – Constitui contra-ordenação leve imputável à empresa de trabalho temporário e ao utilizador a violação do disposto nas alíneas *a*), *c*) ou *f*) do nº 1.

(Redação dada pela Lei nº 93/2019, de 04-09)

ARTIGO 178º – Duração de contrato de utilização de trabalho temporário

1 – O contrato de utilização de trabalho temporário é celebrado a termo resolutivo, certo ou incerto.

2 – A duração do contrato de utilização de trabalho temporário, incluindo renovações, não pode exceder a duração da causa justificativa nem o limite de dois anos, ou de seis ou 12 meses em caso de, respectivamente, vacatura de posto de trabalho quando já decorra processo de recrutamento para o seu preenchimento ou acréscimo excepcional da actividade da empresa.

3 – Considera-se como um único contrato o que seja objecto de renovação.

4 – No caso de o trabalhador temporário continuar ao serviço do utilizador decorridos 10 dias após a cessação do contrato de utilização sem a celebração de contrato que o fundamente, considera-se que o trabalho passa a ser prestado ao utilizador com base em contrato de trabalho sem termo.

ARTIGO 179º – Proibição de contratos sucessivos

1 – No caso de se ter completado a duração máxima de contrato de utilização de trabalho temporário, é proibida a sucessão no mesmo posto de trabalho ou atividade profissional de trabalhador temporário ou de trabalhador contratado a termo, ou ainda de contrato de prestação de serviços para o mesmo objeto ou atividade, celebrado com o mesmo empregador ou sociedade que com este se encontre em relação de domínio ou de grupo, ou mantenha estruturas organizativas comuns, antes

de decorrer um período de tempo igual a um terço da duração do referido contrato, incluindo renovações.

2 – O disposto no número anterior não é aplicável nos seguintes casos:

a) Nova ausência do trabalhador substituído, quando o contrato de utilização tenha sido celebrado para sua substituição;

b) Acréscimo excepcional de necessidade de mão-de-obra em actividade sazonal.

3 – Considera-se sem termo o contrato celebrado entre o trabalhador e o utilizador em violação do disposto no nº 1, contando para a antiguidade do trabalhador todo o tempo de trabalho prestado para o utilizador em cumprimento dos sucessivos contratos.

4 – Constitui contra-ordenação grave a violação do disposto no nº 1.

(Redação dada pela Lei nº 13/2023, de 03-04)

DIVISÃO III – Contrato de trabalho temporário

ARTIGO 180º – Admissibilidade de contrato de trabalho temporário

1 – O contrato de trabalho temporário só pode ser celebrado a termo resolutivo, certo ou incerto, nas situações previstas para a celebração de contrato de utilização.

2 – É nulo o termo estipulado em violação do disposto no número anterior, considerando-se o trabalho efectuado em execução do contrato como prestado à empresa de trabalho temporário em regime de contrato de trabalho sem termo, e sendo aplicável o disposto no nº 6 do artigo 173º

3 – Caso a nulidade prevista no número anterior concorra com a nulidade do contrato de utilização de trabalho temporário, prevista no nº 2 do artigo 176º ou no nº 5 do artigo 177º, considera-se que o trabalho é prestado ao utilizador em regime de contrato de trabalho sem termo, sendo aplicável o disposto no nº 6 do artigo 173º

(Redação dada pela Lei nº 53/2011, de 14-10)

ARTIGO 181º – Forma e conteúdo de contrato de trabalho temporário

1 – O contrato de trabalho temporário está sujeito a forma escrita, é celebrado em dois exemplares e deve conter:

a) Identificação, assinaturas, domicílio ou sede das partes e número e data do alvará da licença da empresa de trabalho temporário;

b) Motivo que justifica a celebração do contrato, com menção concreta dos factos que o integram, tendo por base o motivo justificativo do recurso ao trabalho temporário por parte do utilizador indicado no contrato de utilização de trabalho temporário, sem prejuízo do disposto nos artigos 412º e 413º, com as necessárias adaptações;

c) Actividade contratada;

d) Local e período normal de trabalho;

e) Retribuição;

f) Data de início do trabalho;

g) Termo do contrato;
h) Data da celebração.

2 – Na falta de documento escrito ou em caso de omissão ou insuficiência da indicação do motivo justificativo da celebração do contrato, considera-se que o trabalho é prestado à empresa de trabalho temporário em regime do contrato de trabalho sem termo, sendo aplicável o disposto no nº 6 do artigo 173º

3 – O contrato que não contenha a menção do seu termo considera-se celebrado pelo prazo de um mês, não sendo permitida a sua renovação.

4 – Um exemplar do contrato fica com o trabalhador.

5 – Constitui contraordenação grave, imputável à empresa de trabalho temporário, a violação do disposto nas alíneas *a*) a *f*) do nº 1 ou no nº 4.

(Redação dada pela Lei nº 93/2019, de 04-09)

ARTIGO 182º - Duração de contrato de trabalho temporário

1 – A duração do contrato de trabalho temporário não pode exceder a do contrato de utilização.

2 – O contrato de trabalho temporário a termo certo não está sujeito ao limite de duração do nº 2 do artigo 148º e, enquanto se mantiver o motivo justificativo, pode ser renovado até quatro vezes.

3 – Não está sujeito ao limite de renovações referido no número anterior o contrato de trabalho temporário a termo certo celebrado para substituição de trabalhador ausente, sem que a sua ausência seja imputável ao empregador, nomeadamente nos casos de doença, acidente, licenças parentais e outras situações análogas.

4 – A duração do contrato de trabalho temporário a termo certo, incluindo renovações, não pode exceder dois anos, ou seis ou 12 meses quando aquele seja celebrado, respectivamente, em caso de vacatura de posto de trabalho quando decorra processo de recrutamento para o seu preenchimento ou de acréscimo excepcional de actividade da empresa.

5 – O contrato de trabalho temporário a termo incerto dura pelo tempo necessário à satisfação de necessidade temporária do utilizador, não podendo exceder os limites de duração referidos no número anterior.

6 – É aplicável ao cômputo dos limites referidos nos números anteriores o disposto no nº 6 do artigo 148º.

7 – À caducidade do contrato de trabalho temporário é aplicável o disposto no artigo 344º ou 345º, consoante seja a termo certo ou incerto.

8 – Sem prejuízo do disposto nos números anteriores, a duração de contratos de trabalho temporário sucessivos em diferentes utilizadores, celebrados com o mesmo empregador ou sociedade que com este se encontre em relação de domínio ou de grupo, ou mantenha estruturas organizativas comuns, não pode ser superior a quatro anos.

9 – Converte-se em contrato de trabalho por tempo indeterminado para cedência temporária o contrato de trabalho temporário que exceda o limite referido no número anterior.

(Redação dada pela Lei nº 13/2023, de 03-04)

DIVISÃO IV - Contrato de trabalho por tempo indeterminado para cedência temporária

ARTIGO 183º - Forma e conteúdo de contrato de trabalho por tempo indeterminado para cedência temporária

1 - O contrato de trabalho por tempo indeterminado para cedência temporária está sujeito a forma escrita, é celebrado em dois exemplares e deve conter:

a) Identificação, assinaturas, domicílio ou sede das partes e número e data do alvará da licença da empresa de trabalho temporário;

b) Menção expressa de que o trabalhador aceita que a empresa de trabalho temporário o ceda temporariamente a utilizadores;

c) Actividade contratada ou descrição genérica das funções a exercer e da qualificação profissional adequada, bem como a área geográfica na qual o trabalhador está adstrito a exercer funções;

d) Retribuição mínima durante as cedências que ocorram, nos termos do artigo 185º

2 - Um exemplar do contrato fica com o trabalhador.

3 - Na falta de documento escrito ou no caso de omissão ou insuficiência das menções referidas na alínea *b*) ou *c*) do nº 1, considera-se que o trabalho é prestado à empresa de trabalho temporário em regime de contrato de trabalho sem termo, sendo aplicável o disposto no nº 6 do artigo 173º

4 - Constitui contraordenação grave a violação do disposto na alínea *b*) do nº 1 ou no nº 2.

(Redação dada pela Lei nº 13/2023, de 03-04)

ARTIGO 184º - Período sem cedência temporária

1 - No período em que não se encontre em situação de cedência, o trabalhador contratado por tempo indeterminado pode prestar actividade à empresa de trabalho temporário.

2 - Durante o período referido no número anterior, o trabalhador tem direito:

a) Caso não exerça actividade, a compensação prevista em instrumento de regulamentação colectiva de trabalho, ou no valor de dois terços da última retribuição ou da retribuição mínima mensal garantida, consoante o que for mais favorável;

b) Caso exerça actividade à empresa de trabalho temporário, a retribuição correspondente à actividade desempenhada, sem prejuízo do valor referido no contrato de trabalho a que se refere o artigo anterior.

3 - Constitui contra-ordenação grave imputável à empresa de trabalho temporário a violação do disposto neste artigo.

DIVISÃO V - Regime de prestação de trabalho de trabalhador temporário

ARTIGO 185º - Condições de trabalho de trabalhador temporário

1 - O trabalhador temporário pode ser cedido a mais de um utilizador, ainda que não seja titular de contrato de trabalho por tempo indeterminado para cedência temporária, se o contrário não for estabelecido no respectivo contrato.

2 – Durante a cedência, o trabalhador está sujeito ao regime aplicável ao utilizador no que respeita ao modo, lugar, duração do trabalho e suspensão do contrato de trabalho, segurança e saúde no trabalho e acesso a equipamentos sociais.

3 – O utilizador deve elaborar o horário de trabalho do trabalhador e marcar o período das férias que sejam gozadas ao seu serviço.

4 – Durante a execução do contrato, o exercício do poder disciplinar cabe à empresa de trabalho temporário.

5 – O trabalhador tem direito à retribuição mínima de instrumento de regulamentação colectiva de trabalho aplicável à empresa de trabalho temporário ou ao utilizador que corresponda às suas funções, ou à praticada por este para trabalho igual ou de valor igual, consoante a que for mais favorável.

6 – O trabalhador tem direito a férias, subsídios de férias e de Natal, bem como a outras prestações regulares e periódicas, em dinheiro ou em espécie, a que os trabalhadores do utilizador tenham direito por trabalho igual ou de valor igual.

7 – A retribuição do período de férias e os subsídios de férias e de Natal de trabalhador contratado por tempo indeterminado para cedência temporária são calculados com base na média das retribuições auferidas nos últimos 12 meses, ou no período de execução do contrato se este for inferior, excluindo as compensações referidas no artigo 184º e os períodos correspondentes.

8 – O trabalhador temporário cedido a utilizador no estrangeiro por período inferior a oito meses tem direito ao pagamento de um abono mensal a título de ajudas de custo até ao limite de 25% do valor da retribuição base.

9 – O disposto no número anterior não se aplica a trabalhador titular de contrato de trabalho por tempo indeterminado para cedência temporária, ao qual são aplicáveis as regras de abono de ajudas de custo por deslocação em serviço previstas na lei geral.

10 – Sem prejuízo do disposto nos números anteriores, é aplicável ao trabalhador temporário o instrumento de regulamentação coletiva de trabalho aplicável a trabalhadores do utilizador que exerçam as mesmas funções.

11 – O utilizador deve informar o trabalhador temporário dos postos de trabalho disponíveis na empresa ou estabelecimento para funções idênticas às exercidas por este, com vista à sua candidatura.

12 – Constitui contraordenação grave a violação do disposto nos nºs 3, 5, 8 ou 11 e o exercício de poder disciplinar por parte do utilizador.

(Redação dada pela Lei nº 13/2023, de 03-04)

ARTIGO 186º – Segurança e saúde no trabalho temporário

1 – O trabalhador temporário beneficia do mesmo nível de protecção em matéria de segurança e saúde no trabalho que os restantes trabalhadores do utilizador.

2 – Antes da cedência do trabalhador temporário, o utilizador deve informar, por escrito, a empresa de trabalho temporário sobre:

a) Os resultados da avaliação dos riscos para a segurança e saúde do trabalhador temporário inerentes ao posto de trabalho a que vai ser afecto e, em caso de riscos elevados relativos a posto de trabalho particularmente perigoso, a necessidade de qualificação profissional adequada e de vigilância médica especial;

b) As instruções sobre as medidas a adoptar em caso de perigo grave e iminente;

c) As medidas de primeiros socorros, de combate a incêndios e de evacuação dos trabalhadores em caso de sinistro, assim como os trabalhadores ou serviços encarregados de as pôr em prática;

d) O modo de o médico do trabalho ou o técnico de higiene e segurança da empresa de trabalho temporário aceder a posto de trabalho a ocupar.

3 – A empresa de trabalho temporário deve comunicar ao trabalhador temporário a informação prevista no número anterior, por escrito e antes da sua cedência ao utilizador.

4 – Os exames de saúde de admissão, periódicos e ocasionais são da responsabilidade da empresa de trabalho temporário, incumbindo ao respectivo médico do trabalho a conservação das fichas clínicas.

5 – A empresa de trabalho temporário deve informar o utilizador de que o trabalhador está considerado apto em resultado do exame de saúde, dispõe das qualificações profissionais adequadas e tem a informação referida no nº 2.

6 – O utilizador deve assegurar ao trabalhador temporário formação suficiente e adequada ao posto de trabalho, tendo em conta a sua qualificação profissional e experiência.

7 – O trabalhador exposto a riscos elevados relativos a posto de trabalho particularmente perigoso deve ter vigilância médica especial, a cargo do utilizador, cujo médico do trabalho deve informar o médico do trabalho da empresa de trabalho temporário sobre eventual contra-indicação.

8 – O utilizador deve comunicar o início da actividade de trabalhador temporário, nos cinco dias úteis subsequentes, aos serviços de segurança e saúde no trabalho, aos representantes dos trabalhadores para a segurança e saúde no trabalho, aos trabalhadores com funções específicas neste domínio e à comissão de trabalhadores.

9 – Constitui contraordenação muito grave a violação do disposto no nº 7, constitui contraordenação grave a violação do disposto nos nºs 4, 5 ou 6 e constitui contraordenação leve a violação do disposto nos nºs 2, 3 ou 8.

(*Redação dada pela Lei nº 13/2023, de 03-04*)

ARTIGO 187º – Formação profissional de trabalhador temporário

1 – A empresa de trabalho temporário deve assegurar a formação profissional de trabalhador temporário contratado a termo sempre que a duração do contrato, incluindo renovações, ou a soma de contratos de trabalho temporário sucessivos num ano civil seja superior a três meses.

2 – A formação profissional prevista no número anterior deve ter a duração mínima de oito horas, ou duração mais elevada de acordo com o nº 2 do artigo 131º

3 – A empresa de trabalho temporário deve afectar à formação profissional dos trabalhadores temporários, pelo menos, 1% do seu volume anual de negócios nesta actividade.

4 – A empresa de trabalho temporário não pode exigir ao trabalhador temporário qualquer quantia, seja a que título for, nomeadamente por serviços de orientação ou formação profissional.

5 – Constitui contra-ordenação grave a violação do disposto neste artigo.

6 – Em caso de violação do nº 4, pode ser aplicada a sanção acessória de suspensão temporária do exercício da actividade até dois anos, a qual é averbada no registo nacional das empresas de trabalho temporário.

ARTIGO 188º – Substituição de trabalhador temporário

1 – Salvo acordo em contrário, em caso de cessação do contrato de trabalhador temporário ou ausência deste, a empresa de trabalho temporário deve ceder outro trabalhador ao utilizador, no prazo de quarenta e oito horas.

2 – O utilizador pode recusar a prestação do trabalhador temporário, nos primeiros 15 ou 30 dias de permanência deste ao seu serviço, consoante o contrato de utilização tenha ou não duração inferior a seis meses, caso em que a empresa de trabalho temporário deve proceder nos termos do número anterior.

ARTIGO 189º – Enquadramento de trabalhador temporário

1 – O trabalhador temporário é considerado, no que diz respeito à empresa de trabalho temporário e ao utilizador, para efeitos de aplicação do regime relativo a estruturas de representação colectiva dos trabalhadores, consoante estejam em causa matérias referentes à empresa de trabalho temporário ou ao utilizador, nomeadamente a constituição das mesmas estruturas.

2 – O trabalhador temporário não é incluído no número de trabalhadores do utilizador para determinação das obrigações em função do número de trabalhadores, excepto no que respeita à organização de serviços de segurança e saúde no trabalho e à classificação de acordo com o tipo de empresa.

3 – O utilizador deve incluir a informação relativa a trabalhador temporário no balanço social e no relatório anual da actividade dos serviços de segurança e saúde no trabalho.

4 – A empresa de trabalho temporário deve incluir a informação relativa a trabalhador temporário no mapa do quadro de pessoal e nos relatórios anuais da formação profissional e da actividade dos serviços de segurança e saúde no trabalho.

5 – Constitui contraordenação leve a violação do disposto nos nºs 3 ou 4.

(*Redação dada pela Lei nº 13/2023, de 03-04*)

ARTIGO 190º – Prestações garantidas pela caução para exercício da actividade de trabalho temporário

1 – A caução constituída pela empresa de trabalho temporário para o exercício da actividade garante, nos termos de legislação específica, o pagamento de:

a) Crédito do trabalhador temporário relativo a retribuição, indemnização ou compensação devida pelo empregador pela cessação do contrato de trabalho e outras prestações pecuniárias, em mora por período superior a 15 dias;

b) Contribuições para a segurança social, em mora por período superior a 30 dias.

2 – Os créditos referidos na alínea *a*) do número anterior não incluem os valores devidos a título de compensação por cessação do contrato de trabalho, calculada nos termos do artigo 366º, para os novos contratos de trabalho.

3 – A existência de crédito do trabalhador em mora pode ser verificada mediante decisão definitiva de aplicação de coima por falta do respectivo pagamento, ou decisão condenatória transitada em julgado.

(Redação dada pela Lei nº 69/2013, de 30-08)

ARTIGO 191º – Execução da caução

1 – O trabalhador deve reclamar os respectivos créditos no prazo de 30 dias a contar do termo do contrato de trabalho, bem como comunicar tal facto ao serviço público de emprego, para efeitos de pagamento através da caução.

2 – A falta de pagamento pontual de crédito do trabalhador que se prolongue por período superior a 15 dias deve ser declarada, a pedido deste, pelo empregador, no prazo de cinco dias ou, em caso de recusa, pelo serviço com competência inspectiva do ministério responsável pela área laboral, no prazo de 10 dias.

3 – A declaração referida no número anterior deve especificar a natureza, o montante e o período a que o crédito respeita.

4 – O trabalhador ou o credor dos demais encargos previstos no artigo anterior pode solicitar ao serviço público de emprego o pagamento do respectivo crédito através da caução, nos 30 dias seguintes à data do seu vencimento, apresentando a declaração referida no nº 2.

5 – No caso de ser apresentada a declaração emitida pelo serviço com competência inspectiva do ministério responsável pela área laboral, o serviço público de emprego notifica a empresa de trabalho temporário de que o trabalhador requereu o pagamento de crédito por conta da caução e de que este é efectuado se a mesma não provar o pagamento no prazo de oito dias.

6 – No caso de a caução ser insuficiente face aos créditos cujo pagamento é solicitado, este é feito de acordo com os seguintes critérios de precedência:

a) Créditos retributivos dos trabalhadores relativos aos últimos 30 dias da actividade, com o limite correspondente ao montante de três vezes a retribuição mínima mensal garantida;

b) Outros créditos retributivos por ordem de pedido;

c) Indemnizações e compensações pela cessação do contrato de trabalho temporário;

d) Demais encargos com os trabalhadores.

7 – Relativamente aos trabalhadores com novos contratos de trabalho estão excluídas dos critérios de precedência as compensações por cessação de contrato de trabalho previstas na alínea *c*) do número anterior.

8 – Constitui contraordenação leve a violação do disposto nos nºs 2 ou 3.

(Redação dada pela Lei nº 13/2023, de 03-04)

ARTIGO 192º – Sanções acessórias no âmbito de trabalho temporário

1 – Juntamente com a coima, pode ser punida com a sanção acessória de interdição do exercício da actividade até dois anos a empresa de trabalho temporário que admita trabalhador em violação das normas sobre a idade mínima ou a escolaridade obrigatória.

2 – A empresa de trabalho temporário pode ainda ser punida com a sanção acessória de interdição do exercício da actividade até dois anos em caso de reincidência na prática das seguintes infracções:

a) Não constituição de seguro de acidentes de trabalho de trabalhador temporário;

b) Atraso por período superior a 30 dias no pagamento da retribuição devida a trabalhadores temporários;

c) Não cumprimento da obrigação de contribuição para o FGCT, previsto em legislação específica.

3 – A empresa de trabalho temporário, juntamente com a coima aplicável à contra-ordenação por celebração de contrato de utilização de trabalho temporário não sendo titular de licença, é ainda punível com ordem de encerramento do estabelecimento onde a actividade é exercida, até à regularização da situação.

4 – A sanção acessória referida nos números anteriores é averbada no registo nacional das empresas de trabalho temporário, previsto em legislação específica.

(Redação dada pela Lei nº 13/2023, de 03-04)

CAPÍTULO II – **Prestação do trabalho**

SECÇÃO I – **Local de trabalho**

ARTIGO 193º – Noção de local de trabalho

1 – O trabalhador deve, em princípio, exercer a actividade no local contratualmente definido, sem prejuízo do disposto no artigo seguinte.

2 – O trabalhador encontra-se adstrito a deslocações inerentes às suas funções ou indispensáveis à sua formação profissional.

ARTIGO 194º – Transferência de local de trabalho

1 – O empregador pode transferir o trabalhador para outro local de trabalho, temporária ou definitivamente, nas seguintes situações:

a) Em caso de mudança ou extinção, total ou parcial, do estabelecimento onde aquele presta serviço;

b) Quando outro motivo do interesse da empresa o exija e a transferência não implique prejuízo sério para o trabalhador.

2 – As partes podem alargar ou restringir o disposto no número anterior, mediante acordo que caduca ao fim de dois anos se não tiver sido aplicado.

3 – A transferência temporária não pode exceder seis meses, salvo por exigências imperiosas do funcionamento da empresa.

4 – O empregador deve custear as despesas do trabalhador decorrentes do acréscimo dos custos de deslocação e da mudança de residência ou, em caso de transferência temporária, de alojamento.

5 – No caso de transferência definitiva, o trabalhador pode resolver o contrato se tiver prejuízo sério, tendo direito à compensação prevista no artigo 366º

6 – O disposto nos números anteriores pode ser afastado por instrumento de regulamentação colectiva de trabalho.

7 – Constitui contra-ordenação grave a violação do disposto nos nºs 1 ou 4, no caso de transferência definitiva, e constitui contra-ordenação leve a violação do disposto no nº 3.

(Redação dada pela Lei nº 23/2012, de 25-06)

ARTIGO 195º - Transferência a pedido do trabalhador

1 – O trabalhador vítima de violência doméstica tem direito a ser transferido, temporária ou definitivamente, a seu pedido, para outro estabelecimento da empresa, verificadas as seguintes condições:

a) Apresentação de queixa-crime;

b) Saída da casa de morada de família no momento em que se efective a transferência.

2 – Em situação prevista no número anterior, o empregador apenas pode adiar a transferência com fundamento em exigências imperiosas ligadas ao funcionamento da empresa ou serviço, ou até que exista posto de trabalho compatível disponível.

3 – No caso previsto do número anterior, o trabalhador tem direito a suspender o contrato de imediato até que ocorra a transferência.

4 – É garantida a confidencialidade da situação que motiva as alterações contratuais do número anterior, se solicitado pelo interessado.

5 – Constitui contra-ordenação grave a violação do disposto no nº 2.

ARTIGO 196º - Procedimento em caso de transferência do local de trabalho

1 – O empregador deve comunicar a transferência ao trabalhador, por escrito, com oito ou 30 dias de antecedência, consoante esta seja temporária ou definitiva.

2 – A comunicação deve ser fundamentada e indicar a duração previsível da transferência, mencionando, sendo caso disso, o acordo a que se refere o nº 2 do artigo 194º.

3 – Constitui contraordenação grave, no caso de transferência definitiva, e constitui contraordenação leve, no caso de transferência temporária, a violação do disposto no presente artigo.

(Redação dada pela Lei nº 13/2023, de 03-04)

SECÇÃO II - **Duração e organização do tempo de trabalho**

SUBSECÇÃO I - **Noções e princípios gerais sobre duração e organização do tempo de trabalho**

ARTIGO 197º - Tempo de trabalho

1 – Considera-se tempo de trabalho qualquer período durante o qual o trabalhador exerce a actividade ou permanece adstrito à realização da prestação, bem como as interrupções e os intervalos previstos no número seguinte.

2 – Consideram-se compreendidos no tempo de trabalho:

a) A interrupção de trabalho como tal considerada em instrumento de regulamentação colectiva de trabalho, em regulamento interno de empresa ou resultante de uso da empresa;

b) A interrupção ocasional do período de trabalho diário inerente à satisfação de necessidades pessoais inadiáveis do trabalhador ou resultante de consentimento do empregador;

c) A interrupção de trabalho por motivos técnicos, nomeadamente limpeza, manutenção ou afinação de equipamento, mudança de programa de produção, carga ou descarga de mercadorias, falta de matéria-prima ou energia, ou por factor climatérico que afecte a actividade da empresa, ou por motivos económicos, designadamente quebra de encomendas;

d) O intervalo para refeição em que o trabalhador tenha de permanecer no espaço habitual de trabalho ou próximo dele, para poder ser chamado a prestar trabalho normal em caso de necessidade;

e) A interrupção ou pausa no período de trabalho imposta por normas de segurança e saúde no trabalho.

3 – Constitui contra-ordenação grave a violação do disposto no número anterior.

ARTIGO 198º – Período normal de trabalho

O tempo de trabalho que o trabalhador se obriga a prestar, medido em número de horas por dia e por semana, denomina-se período normal de trabalho.

ARTIGO 199º – Período de descanso

Entende-se por período de descanso o que não seja tempo de trabalho.

ARTIGO 199º-A – Dever de abstenção de contacto

1 – O empregador tem o dever de se abster de contactar o trabalhador no período de descanso, ressalvadas as situações de força maior.

2 – Constitui ação discriminatória, para os efeitos do artigo 25º, qualquer tratamento menos favorável dado a trabalhador, designadamente em matéria de condições de trabalho e de progressão na carreira, pelo facto de exercer o direito ao período de descanso, nos termos do número anterior.

3 – Constitui contraordenação grave a violação do disposto no nº 1.

(Aditado pela Lei nº 83/2021, de 06-12)

ARTIGO 200º – Horário de trabalho

1 – Entende-se por horário de trabalho a determinação das horas de início e termo do período normal de trabalho diário e do intervalo de descanso, bem como do descanso semanal.

2 – O horário de trabalho delimita o período normal de trabalho diário e semanal.

3 – O início e o termo do período normal de trabalho diário podem ocorrer em dias consecutivos.

ARTIGO 201º - Período de funcionamento

1 - Entende-se por período de funcionamento o período de tempo diário durante o qual o estabelecimento pode exercer a sua actividade.

2 - O período de funcionamento de estabelecimento de venda ao público denomina-se período de abertura.

3 - O período de funcionamento de estabelecimento industrial denomina-se período de laboração.

4 - O regime dos períodos de funcionamento consta de legislação específica.

ARTIGO 202º - Registo de tempos de trabalho

1 - O empregador deve manter o registo dos tempos de trabalho, incluindo dos trabalhadores que estão isentos de horário de trabalho, em local acessível e por forma que permita a sua consulta imediata.

2 - O registo deve conter a indicação das horas de início e de termo do tempo de trabalho, bem como das interrupções ou intervalos que nele não se compreendam, por forma a permitir apurar o número de horas de trabalho prestadas por trabalhador, por dia e por semana, bem como as prestadas em situação referida na alínea *b*) do nº 1 do artigo 257º

3 - O empregador deve assegurar que o trabalhador que preste trabalho no exterior da empresa vise o registo imediatamente após o seu regresso à empresa, ou envie o mesmo devidamente visado, de modo que a empresa disponha do registo devidamente visado no prazo de 15 dias a contar da prestação.

4 - O empregador deve manter o registo dos tempos de trabalho, bem como a declaração a que se refere o artigo 257º e o acordo a que se refere a alínea *f*) do nº 3 do artigo 226º, durante cinco anos.

5 - Constitui contra-ordenação grave a violação do disposto neste artigo.

SUBSECÇÃO II - Limites da duração do trabalho

ARTIGO 203º - Limites máximos do período normal de trabalho

1 - O período normal de trabalho não pode exceder oito horas por dia e quarenta horas por semana.

2 - O período normal de trabalho diário de trabalhador que preste trabalho exclusivamente em dias de descanso semanal da generalidade dos trabalhadores da empresa ou estabelecimento pode ser aumentado até quatro horas diárias, sem prejuízo do disposto em instrumento de regulamentação colectiva de trabalho.

3 - Há tolerância de quinze minutos para transacções, operações ou outras tarefas começadas e não acabadas na hora estabelecida para o termo do período normal de trabalho diário, tendo tal tolerância carácter excepcional e devendo o acréscimo de trabalho ser pago ao perfazer quatro horas ou no termo do ano civil.

4 - Os limites máximos do período normal de trabalho podem ser reduzidos por instrumento de regulamentação colectiva de trabalho, não podendo daí resultar diminuição da retribuição dos trabalhadores.

5 - Constitui contra-ordenação grave a violação do disposto neste artigo.

ARTIGO 204º - Adaptabilidade por regulamentação colectiva

1 - Por instrumento de regulamentação colectiva de trabalho, o período normal de trabalho pode ser definido em termos médios, caso em que o limite diário estabelecido no nº 1 do artigo anterior pode ser aumentado até quatro horas e a duração do trabalho semanal pode atingir sessenta horas, só não se contando nestas o trabalho suplementar prestado por motivo de força maior.

2 - O período normal de trabalho definido nos termos previstos no número anterior não pode exceder cinquenta horas em média num período de dois meses.

3 - Constitui contra-ordenação grave a violação do disposto neste artigo.

ARTIGO 205º - Adaptabilidade individual

1 - O empregador e o trabalhador podem, por acordo, definir o período normal de trabalho em termos médios.

2 - O acordo pode prever o aumento do período normal de trabalho diário até duas horas e que o trabalho semanal possa atingir cinquenta horas, só não se contando nestas o trabalho suplementar prestado por motivo de força maior.

3 - Em semana cuja duração do trabalho seja inferior a quarenta horas, a redução pode ser até duas horas diárias ou, sendo acordada, em dias ou meios dias, sem prejuízo do direito a subsídio de refeição.

4 - O acordo pode ser celebrado mediante proposta, por escrito, do empregador, presumindo-se a aceitação por parte de trabalhador que a ela não se oponha, por escrito, nos 14 dias seguintes ao conhecimento da mesma, aí incluídos os períodos a que se refere o nº 2 do artigo 217º

5 - O regime jurídico previsto nos números anteriores mantém-se até ao termo do período de referência em execução à data da entrada em vigor de instrumento de regulamentação colectiva de trabalho que incida sobre a matéria.

6 - Constitui contra-ordenação grave a violação do disposto neste artigo.

ARTIGO 206º - Adaptabilidade grupal

1 - O instrumento de regulamentação colectiva de trabalho que institua o regime de adaptabilidade previsto no artigo 204º pode prever que:

a) O empregador possa aplicar o regime ao conjunto dos trabalhadores de uma equipa, secção ou unidade económica caso, pelo menos, 60% dos trabalhadores dessa estrutura sejam por ele abrangidos, mediante filiação em associação sindical celebrante da convenção e por escolha dessa convenção como aplicável;

b) O disposto na alínea anterior se aplique enquanto os trabalhadores da equipa, secção ou unidade económica em causa abrangidos pelo regime de acordo com a parte final da alínea anterior forem em número igual ou superior ao correspondente à percentagem nele indicada.

2 - Caso a proposta a que se refere o nº 4 do artigo anterior seja aceite por, pelo menos, 75% dos trabalhadores da equipa, secção ou unidade económica a quem for dirigida, o empregador pode aplicar o mesmo regime ao conjunto dos trabalhadores dessa estrutura.

3 – Ocorrendo alteração por entrada ou saída de trabalhadores na composição da equipa, secção ou unidade económica, o disposto no número anterior aplica-se enquanto dessa alteração não resultar percentagem inferior à nela indicada.

4 – Excetua-se a aplicação do regime de adaptabilidade instituído nos termos dos nºs 1 ou 2 nas seguintes situações:

a) Trabalhador abrangido por convenção coletiva que disponha de modo contrário a esse regime ou, relativamente a regime referido no nº 1, a trabalhador representado por associação sindical que tenha deduzido oposição a portaria de extensão da convenção coletiva em causa;

b) Trabalhador com filho menor de três anos ou, independentemente da idade, com deficiência ou doença crónica, salvo manifestação, por escrito, da sua concordância; ou

c) Trabalhador com filho entre os três e os seis anos, que apresente declaração de que o outro progenitor exerce atividade profissional e está impossibilitado de prestar assistência.

5 – Constitui contra-ordenação grave a prática de horário de trabalho em violação do disposto neste artigo.

(Redação dada pela Lei nº 13/2023, de 03-04)

ARTIGO 207º – Período de referência

1 – Em regime de adaptabilidade, a duração média do trabalho é apurada por referência a período estabelecido em instrumento de regulamentação colectiva de trabalho que não seja superior a 12 meses ou, na sua falta, a um período de quatro meses.

2 – Na situação a que se refere a parte final do número anterior, o período de referência pode ser aumentado para seis meses quando esteja em causa:

a) Trabalhador familiar do empregador;

b) Trabalhador que ocupe cargo de administração ou de direcção, ou que tenha poder de decisão autónomo;

c) Actividade caracterizada por implicar afastamento entre o local de trabalho e a residência do trabalhador ou entre diversos locais de trabalho do trabalhador;

d) Actividade de segurança e vigilância de pessoas ou bens com carácter de permanência, designadamente de guarda, porteiro ou trabalhador de empresa de segurança ou vigilância;

e) Actividade caracterizada pela necessidade de assegurar a continuidade do serviço ou da produção, nomeadamente:

- *i*) Recepção, tratamento ou cuidados providenciados por hospital ou estabelecimento semelhante, incluindo a actividade de médico em formação, ou por instituição residencial ou prisão;
- *ii*) Porto ou aeroporto;
- *iii*) Imprensa, rádio, televisão, produção cinematográfica, correios, telecomunicações, serviço de ambulâncias, sapadores bombeiros ou protecção civil;
- *iv*) Produção, transporte ou distribuição de gás, água, electricidade, recolha de lixo ou instalações de incineração;

v) Indústria cujo processo de trabalho não possa ser interrompido por motivos técnicos;
vi) Investigação e desenvolvimento;
vii) Agricultura;
viii) Transporte de passageiros em serviço regular de transporte urbano.

f) Acréscimo previsível de actividade, nomeadamente na agricultura, no turismo e nos serviços postais;

g) Trabalhador de transporte ferroviário que preste trabalho intermitente a bordo de comboios ou tendo por fim assegurar a continuidade e regularidade do tráfego ferroviário;

h) Caso fortuito ou de força maior;

i) Acidente ou risco de acidente iminente.

3 – Sem prejuízo do disposto em instrumento de regulamentação colectiva de trabalho, o período de referência apenas pode ser alterado durante o seu decurso quando circunstâncias objectivas o justifiquem e o total de horas de trabalho prestadas não seja superior às que teriam sido realizadas caso não vigorasse o regime de adaptabilidade, aplicando-se com as necessárias adaptações o disposto no nº 3 do artigo 205º

4 – Constitui contraordenação leve a violação do disposto no nº 1 e contraordenação grave a violação do disposto no nº 3.

(Redação dada pela Lei nº 13/2023, de 03-04)

ARTIGO 208º – Banco de horas por regulamentação coletiva

1 – Por instrumento de regulamentação colectiva de trabalho, pode ser instituído um regime de banco de horas, em que a organização do tempo de trabalho obedeça ao disposto nos números seguintes.

2 – O período normal de trabalho pode ser aumentado até quatro horas diárias e pode atingir sessenta horas semanais, tendo o acréscimo por limite duzentas horas por ano.

3 – O limite anual referido no número anterior pode ser afastado por instrumento de regulamentação colectiva de trabalho caso a utilização do regime tenha por objectivo evitar a redução do número de trabalhadores, só podendo esse limite ser aplicado durante um período até 12 meses.

4 – O instrumento de regulamentação colectiva de trabalho deve regular:

a) A compensação do trabalho prestado em acréscimo, que pode ser feita mediante, pelo menos, uma das seguintes modalidades:
i) Redução equivalente do tempo de trabalho;
ii) Aumento do período de férias;
iii) Pagamento em dinheiro;

b) A antecedência com que o empregador deve comunicar ao trabalhador a necessidade de prestação de trabalho;

c) O período em que a redução do tempo de trabalho para compensar trabalho prestado em acréscimo deve ter lugar, por iniciativa do trabalhador ou, na sua falta, do empregador, bem como a antecedência com que qualquer deles deve informar o outro da utilização dessa redução.

5 – Constitui contra-ordenação grave a prática de horário de trabalho em violação do disposto neste artigo.

(Redação dada pela Lei nº 23/2012, de 25-06)

ARTIGO 208º-A – Banco de horas individual

(Revogado pela Lei nº 93/2019, de 04-09)

ARTIGO 208º-B – Banco de horas grupal

1 – O instrumento de regulamentação coletiva de trabalho que institua o regime de banco de horas previsto no artigo 208º pode prever que o empregador o possa aplicar ao conjunto dos trabalhadores de uma equipa, secção ou unidade económica quando se verifiquem as condições referidas no nº 1 do artigo 206º

2 – O regime de banco de horas pode ainda ser instituído e aplicado ao conjunto dos trabalhadores de uma equipa, secção ou unidade económica, desde que aprovado em referendo pelos trabalhadores a abranger, nos termos dos números seguintes.

3 – No caso previsto no número anterior, o período normal de trabalho pode ser aumentado até duas horas diárias e pode atingir 50 horas semanais, tendo o acréscimo o limite de 150 horas por ano.

4 – Para efeitos do nº 2, o empregador elabora o projeto de regime de banco de horas, o qual deve regular:

a) O âmbito de aplicação, indicando a equipa, secção ou unidade económica a abranger e, nestas, os grupos profissionais excluídos, se os houver;

b) O período, não superior a quatro anos, durante o qual o regime é aplicável;

c) Os aspetos referidos no nº 4 do artigo 208º.

5 – Para efeitos do nº 2, o empregador publicita o projeto de regime de banco de horas nos locais de afixação dos mapas de horário de trabalho e comunica-o aos representantes dos trabalhadores e ao serviço com competência inspetiva do ministério responsável pela área laboral, com a antecedência mínima de 20 dias em relação à data do referendo.

6 – Caso o projeto de regime de banco de horas seja aprovado em referendo por, pelo menos, 65% dos trabalhadores abrangidos, de acordo com a alínea *a*) do nº 4, o empregador pode aplicar o referido regime ao conjunto desses trabalhadores.

7 – Havendo alteração na composição da equipa, seção ou unidade económica, o disposto no número anterior aplica-se enquanto os trabalhadores que permanecem forem pelo menos 65% do número total dos trabalhadores abrangidos pela proposta de referendo.

8 – A realização do referendo é regulada em legislação específica.

9 – Caso o número de trabalhadores abrangidos pelo projeto de regime de banco de horas seja inferior a 10, o referendo é realizado sob a supervisão do serviço com competência inspetiva do ministério responsável pela área laboral.

10 – A aplicação do regime do banco de horas cessa se, decorrido metade do período de aplicação, um terço dos trabalhadores abrangidos solicitar ao empregador novo referendo e o mesmo não for aprovado nos termos do nº 6, ou não for realizado no prazo de 60 dias.

11 – No caso referido no número anterior, a aplicação do regime do banco de horas cessa 60 dias após a realização do referendo, devendo a compensação do trabalho prestado em acréscimo efetuar-se neste prazo.

12 – Caso o projeto de regime de banco de horas não seja aprovado em referendo, o empregador só pode realizar novo referendo um ano após o anterior.

13 – Excetua-se a aplicação do regime de banco de horas instituído nos termos dos números anteriores nas seguintes situações:

a) Trabalhador abrangido por convenção coletiva que disponha de modo contrário a esse regime ou, relativamente ao regime referido no nº 1, a trabalhador representado por associação sindical que tenha deduzido oposição a portaria de extensão da convenção coletiva em causa; ou

b) Salvo manifestação, por escrito, da sua concordância, trabalhador com filho menor de três anos ou, independentemente da idade, filho com deficiência ou doença crónica;

c) Trabalhador com filho entre os três e os seis anos, que apresente declaração de que o outro progenitor exerce atividade profissional e está impossibilitado de prestar assistência.

14 – Constitui contraordenação grave a prática de horário de trabalho em violação do disposto neste artigo.

(Redação dada pela Lei nº 13/2023, de 03-04)

ARTIGO 209º - Horário concentrado

1 – O período normal de trabalho diário pode ter aumento até quatro horas diárias:

a) Por acordo entre empregador e trabalhador ou por instrumento de regulamentação colectiva, para concentrar o período normal de trabalho semanal no máximo de quatro dias de trabalho;

b) Por instrumento de regulamentação colectiva para estabelecer um horário de trabalho que contenha, no máximo, três dias de trabalho consecutivos, seguidos no mínimo de dois dias de descanso, devendo a duração do período normal de trabalho semanal ser respeitado, em média, num período de referência de 45 dias.

2 – Aos trabalhadores abrangidos por regime de horário de trabalho concentrado não pode ser simultaneamente aplicável o regime de adaptabilidade.

3 – O instrumento de regulamentação colectiva de trabalho que institua o horário concentrado regula a retribuição e outras condições da sua aplicação.

4 – Constitui contraordenação grave a violação do disposto no nº 2.

(Redação dada pela Lei nº 13/2023, de 03-04)

ARTIGO 210º - Excepções aos limites máximos do período normal de trabalho

1 – Os limites do período normal de trabalho constantes do artigo 203º só podem ser ultrapassados nos casos expressamente previstos neste Código, ou quando instrumento de regulamentação colectiva de trabalho o permita nas seguintes situações:

a) Em relação a trabalhador de entidade sem fim lucrativo ou estreitamente ligada ao interesse público, desde que a sujeição do período normal de trabalho a esses limites seja incomportável;

b) Em relação a trabalhador cujo trabalho seja acentuadamente intermitente ou de simples presença.

2 - Sempre que entidade referida na alínea *a*) do número anterior prossiga actividade industrial, o período normal de trabalho não deve ultrapassar quarenta horas por semana, na média do período de referência aplicável.

ARTIGO 211º - Limite máximo da duração média do trabalho semanal

1 - Sem prejuízo do disposto nos artigos 203º a 210º, a duração média do trabalho semanal, incluindo trabalho suplementar, não pode ser superior a quarenta e oito horas, num período de referência estabelecido em instrumento de regulamentação colectiva de trabalho que não ultrapasse 12 meses ou, na falta deste, num período de referência de quatro meses, ou de seis meses nos casos previstos no nº 2 do artigo 207º

2 - No cálculo da média referida no número anterior, os dias de férias são subtraídos ao período de referência em que são gozados.

3 - Os dias de ausência por doença, bem como os dias de licença parental, inicial ou complementar, e de licença para assistência a filho com deficiência ou doença crónica são considerados com base no correspondente período normal de trabalho.

4 - O disposto nos números anteriores não se aplica a trabalhador que ocupe cargo de administração ou de direcção ou com poder de decisão autónomo, que esteja isento de horário de trabalho, ao abrigo das alíneas *a*) ou *b*) do nº 1 do artigo 219º

5 - Constitui contraordenação grave a violação do disposto no nº 1.

(Redação dada pela Lei nº 13/2023, de 03-04)

SUBSECÇÃO III - Horário de trabalho

ARTIGO 212º - Elaboração de horário de trabalho

1 - Compete ao empregador determinar o horário de trabalho do trabalhador, dentro dos limites da lei, designadamente do regime de período de funcionamento aplicável.

2 - Na elaboração do horário de trabalho, o empregador deve:

a) Ter em consideração prioritariamente as exigências de protecção da segurança e saúde do trabalhador;

b) Facilitar ao trabalhador a conciliação da actividade profissional com a vida familiar;

c) Facilitar ao trabalhador a frequência de curso escolar, bem como de formação técnica ou profissional.

3 - A comissão de trabalhadores ou, na sua falta, as comissões intersindicais, as comissões sindicais ou os delegados sindicais devem ser consultados previamente sobre a definição e a organização dos horários de trabalho.

4 - Constitui contra-ordenação grave a violação do disposto nos nºs 2 ou 3.

ARTIGO 213º - Intervalo de descanso

1 - O período de trabalho diário deve ser interrompido por um intervalo de descanso, de duração não inferior a uma hora nem superior a duas, de modo a que o

trabalhador não preste mais de cinco horas de trabalho consecutivo, ou seis horas de trabalho consecutivo caso aquele período seja superior a 10 horas.

2 – Por instrumento de regulamentação colectiva de trabalho, pode ser permitida a prestação de trabalho até seis horas consecutivas e o intervalo de descanso pode ser reduzido, excluído ou ter duração superior à prevista no número anterior, bem como pode ser determinada a existência de outros intervalos de descanso.

3 – Compete ao serviço com competência inspectiva do ministério responsável pela área laboral, mediante requerimento do empregador, instruído com declaração escrita de concordância do trabalhador abrangido e informação à comissão de trabalhadores da empresa e ao sindicato representativo do trabalhador em causa, autorizar a redução ou exclusão de intervalo de descanso, quando tal se mostre favorável ao interesse do trabalhador ou se justifique pelas condições particulares de trabalho de certas actividades.

4 – Considera-se tacitamente deferido o requerimento a que se refere o número anterior que não seja decidido no prazo de 30 dias.

5 – Não é permitida a alteração de intervalo de descanso prevista nos números anteriores que implicar mais de seis horas de trabalho consecutivo, excepto quanto a actividades de pessoal operacional de vigilância, transporte e tratamento de sistemas electrónicos de segurança e indústrias em que o processo de laboração não possa ser interrompido por motivos técnicos e, bem assim, quanto a trabalhadores que ocupem cargos de administração e de direcção e outras pessoas com poder de decisão autónomo que estejam isentos de horário de trabalho.

6 – Constitui contraordenação grave a violação do disposto nos nºs 1 e 5.

(Redação dada pela Lei nº 23/2012, de 25-06)

ARTIGO 214º - Descanso diário

1 – O trabalhador tem direito a um período de descanso de, pelo menos, onze horas seguidas entre dois períodos diários de trabalho consecutivos.

2 – O disposto no número anterior não é aplicável:

a) A trabalhador que ocupe cargo de administração ou de direcção ou com poder de decisão autónomo, que esteja isento de horário de trabalho;

b) Quando seja necessária a prestação de trabalho suplementar, por motivo de força maior, ou por ser indispensável para reparar ou prevenir prejuízo grave para a empresa ou para a sua viabilidade devido a acidente ou a risco de acidente iminente;

c) Quando o período normal de trabalho seja fraccionado ao longo do dia com fundamento em característica da actividade, nomeadamente em serviços de limpeza;

d) Em actividade caracterizada pela necessidade de assegurar a continuidade do serviço ou da produção, nomeadamente a referida em qualquer das alíneas *d*) e *e*) do nº 2 do artigo 207º, com excepção do ponto *viii*) da segunda alínea, e em caso de acréscimo previsível de actividade no turismo, desde que instrumento de regulamentação colectiva de trabalho assegure ao trabalhador um período equivalente de descanso compensatório e regule o período em que o mesmo deve ser gozado.

3 - Em caso previsto na alínea *a*) ou *b*) do número anterior, entre dois períodos diários de trabalho consecutivos deve ser observado um período de descanso que permita a recuperação do trabalhador.

4 - Constitui contra-ordenação grave a violação do disposto nos nºs 1 ou 3.

ARTIGO 215º - Mapa de horário de trabalho

1 - O empregador elabora o mapa de horário de trabalho tendo em conta as disposições legais e o instrumento de regulamentação colectiva de trabalho aplicável, do qual devem constar:

a) Firma ou denominação do empregador;

b) Actividade exercida;

c) Sede e local de trabalho dos trabalhadores a que o horário respeita;

d) Início e termo do período de funcionamento e, se houver, dia de encerramento ou suspensão de funcionamento da empresa ou estabelecimento;

e) Horas de início e termo dos períodos normais de trabalho, com indicação de intervalos de descanso;

f) Dia de descanso semanal obrigatório e descanso semanal complementar, se este existir;

g) Instrumento de regulamentação colectiva de trabalho aplicável, se houver;

h) Regime resultante de acordo que institua horário de trabalho em regime de adaptabilidade, se houver.

2 - Quando as indicações referidas no número anterior não sejam comuns a todos os trabalhadores, o mapa de horário de trabalho deve conter a identificação dos trabalhadores cujo regime seja diferente do estabelecido para os restantes, sem prejuízo do disposto no nº 4.

3 - Sempre que o horário de trabalho inclua turnos, o mapa deve ainda indicar o número de turnos e aqueles em que haja menores, bem como a escala de rotação se existir.

4 - A composição dos turnos, de harmonia com a respectiva escala, se existir, é registada em livro próprio ou em suporte informático e faz parte integrante do mapa de horário de trabalho.

5 - Constitui contra-ordenação grave a violação do disposto neste artigo.

ARTIGO 216º - Afixação do mapa de horário de trabalho

1 - O empregador afixa o mapa de horário de trabalho no local de trabalho a que respeita, em lugar bem visível.

2 - Quando várias empresas, estabelecimentos ou serviços desenvolvam, simultaneamente, actividades no mesmo local de trabalho, o titular das instalações deve consentir a afixação dos diferentes mapas de horário de trabalho.

3 - *(Revogado.)*

4 - As condições de publicidade de horário de trabalho de trabalhador afecto à exploração de veículo automóvel são estabelecidas em portaria dos ministros responsáveis pela área laboral e pelo sector dos transportes.

5 - Constitui contraordenação leve a violação do disposto nos nºs 1 e 2.
(Redação dada pela Lei nº 23/2012, de 25-06)

ARTIGO 217º - Alteração de horário de trabalho

1 - À alteração de horário de trabalho é aplicável o disposto sobre a sua elaboração, com as especificidades constantes dos números seguintes.

2 - A alteração de horário de trabalho deve ser precedida de consulta aos trabalhadores envolvidos e à comissão de trabalhadores ou, na sua falta, a comissão sindical ou intersindical ou os delegados sindicais, bem como, ainda que vigore o regime de adaptabilidade, ser afixada na empresa com antecedência de sete dias relativamente ao início da sua aplicação, ou três dias em caso de microempresa.

3 - Exceptua-se do disposto no número anterior a alteração de horário de trabalho cuja duração não seja superior a uma semana, desde que seja registada em livro próprio, com a menção de que foi consultada a estrutura de representação colectiva dos trabalhadores referida no número anterior, e o empregador não recorra a este regime mais de três vezes por ano.

4 - Não pode ser unilateralmente alterado o horário individualmente acordado.

5 - A alteração que implique acréscimo de despesas para o trabalhador confere direito a compensação económica.

6 - Constitui contra-ordenação grave a violação do disposto neste artigo.

SUBSECÇÃO IV - Isenção de horário de trabalho

ARTIGO 218º - Condições de isenção de horário de trabalho

1 - Por acordo escrito, pode ser isento de horário de trabalho o trabalhador que se encontre numa das seguintes situações:

a) Exercício de cargo de administração ou direcção, ou de funções de confiança, fiscalização ou apoio a titular desses cargos;

b) Execução de trabalhos preparatórios ou complementares que, pela sua natureza, só possam ser efectuados fora dos limites do horário de trabalho;

c) Teletrabalho e outros casos de exercício regular de actividade fora do estabelecimento, sem controlo imediato por superior hierárquico.

2 - O instrumento de regulamentação colectiva de trabalho pode prever outras situações de admissibilidade de isenção de horário de trabalho.

3 - *(Revogado.)*

4 - *(Revogado.)*

(Redação dada pela Lei nº 23/2012, de 25-06)

ARTIGO 219º - Modalidades e efeitos de isenção de horário de trabalho

1 - As partes podem acordar numa das seguintes modalidades de isenção de horário de trabalho:

a) Não sujeição aos limites máximos do período normal de trabalho;

b) Possibilidade de determinado aumento do período normal de trabalho, por dia ou por semana;

c) Observância do período normal de trabalho acordado.

2 - Na falta de estipulação das partes, aplica-se o disposto na alínea *a*) do número anterior.

3 – A isenção não prejudica o direito a dia de descanso semanal, obrigatório ou complementar, a feriado ou a descanso diário.

4 – Constitui contra-ordenação grave a violação do disposto no número anterior.

SUBSECÇÃO V – Trabalho por turnos

ARTIGO 220º - Noção de trabalho por turnos

Considera-se trabalho por turnos qualquer organização do trabalho em equipa em que os trabalhadores ocupam sucessivamente os mesmos postos de trabalho, a um determinado ritmo, incluindo o rotativo, contínuo ou descontínuo, podendo executar o trabalho a horas diferentes num dado período de dias ou semanas.

ARTIGO 221º - Organização de turnos

1 – Devem ser organizados turnos de pessoal diferente sempre que o período de funcionamento ultrapasse os limites máximos do período normal de trabalho.

2 – Os turnos devem, na medida do possível, ser organizados de acordo com os interesses e as preferências manifestados pelos trabalhadores.

3 – A duração de trabalho de cada turno não pode ultrapassar os limites máximos dos períodos normais de trabalho.

4 – O trabalhador só pode mudar de turno após o dia de descanso semanal.

5 – Os turnos no regime de laboração contínua e os de trabalhadores que asseguram serviços que não podem ser interrompidos, nomeadamente nas situações a que se referem as alíneas *d*) e *e*) do nº 2 do artigo 207º, devem ser organizados de modo que os trabalhadores de cada turno gozem, pelo menos, um dia de descanso em cada período de sete dias, sem prejuízo do período excedente de descanso a que tenham direito.

6 – O empregador deve ter registo separado dos trabalhadores incluídos em cada turno.

7 – Constitui contra-ordenação grave a violação do disposto nos nºs 3, 4, 5 ou 6.

ARTIGO 222º - Protecção em matéria de segurança e saúde no trabalho

1 – O empregador deve organizar as actividades de segurança e saúde no trabalho de forma que os trabalhadores por turnos beneficiem de um nível de protecção em matéria de segurança e saúde adequado à natureza do trabalho que exercem.

2 – O empregador deve assegurar que os meios de protecção e prevenção em matéria de segurança e saúde dos trabalhadores por turnos sejam equivalentes aos aplicáveis aos restantes trabalhadores e se encontrem disponíveis a qualquer momento.

3 – Constitui contra-ordenação grave a violação do disposto neste artigo.

SUBSECÇÃO VI – Trabalho nocturno

ARTIGO 223º - Noção de trabalho nocturno

1 – Considera-se trabalho nocturno o prestado num período que tenha a duração mínima de sete horas e máxima de onze horas, compreendendo o intervalo entre as 0 e as 5 horas.

2 – O período de trabalho nocturno pode ser determinado por instrumento de regulamentação colectiva de trabalho, com observância do disposto no número anterior, considerando-se como tal, na falta daquela determinação, o compreendido entre as 22 horas de um dia e as 7 horas do dia seguinte.

ARTIGO 224º – Duração do trabalho de trabalhador nocturno

1 – Considera-se trabalhador nocturno o que presta, pelo menos, três horas de trabalho normal nocturno em cada dia ou que efectua durante o período nocturno parte do seu tempo de trabalho anual correspondente a três horas por dia, ou outra definida por instrumento de regulamentação colectiva de trabalho.

2 – O período normal de trabalho diário de trabalhador nocturno, quando vigora regime de adaptabilidade, não deve ser superior a oito horas diárias, em média semanal, sem prejuízo do disposto em instrumento de regulamentação colectiva de trabalho.

3 – Para apuramento da média referida no número anterior não se contam os dias de descanso semanal obrigatório ou complementar e os dias feriados.

4 – O trabalhador nocturno não deve prestar mais de oito horas de trabalho num período de vinte e quatro horas em que efectua trabalho nocturno, em qualquer das seguintes actividades, que implicam riscos especiais ou tensão física ou mental significativa:

a) Monótonas, repetitivas, cadenciadas ou isoladas;

b) Em obra de construção, demolição, escavação, movimentação de terras, ou intervenção em túnel, ferrovia ou rodovia sem interrupção de tráfego, ou com risco de queda de altura ou de soterramento;

c) Da indústria extractiva;

d) De fabrico, transporte ou utilização de explosivos e pirotecnia;

e) Que envolvam contacto com corrente eléctrica de média ou alta tensão;

f) De produção ou transporte de gases comprimidos, liquefeitos ou dissolvidos ou com utilização significativa dos mesmos;

g) Que, em função da avaliação dos riscos a ser efectuada pelo empregador, assumam particular penosidade, perigosidade, insalubridade ou toxicidade.

5 – O disposto nos números anteriores não é aplicável a trabalhador que ocupa cargo de administração ou de direcção ou com poder de decisão autónomo que esteja isento de horário de trabalho.

6 – O disposto no nº 4 não é igualmente aplicável:

a) Quando a prestação de trabalho suplementar seja necessária por motivo de força maior ou para prevenir ou reparar prejuízo grave para a empresa ou para a sua viabilidade devido a acidente ou a risco de acidente iminente;

b) A actividade caracterizada pela necessidade de assegurar a continuidade do serviço ou da produção, nomeadamente a referida em qualquer das alíneas *d*) a *f*) do nº 2 do artigo 207º, desde que por convenção colectiva seja concedido ao trabalhador período equivalente de descanso compensatório.

7 – Constitui contra-ordenação grave a violação do disposto nos nºs 2 ou 4.

ARTIGO 225º - Protecção de trabalhador nocturno

1 - O empregador deve assegurar exames de saúde gratuitos e sigilosos ao trabalhador nocturno destinados a avaliar o seu estado de saúde, antes da sua colocação e posteriormente a intervalos regulares e no mínimo anualmente.

2 - O empregador deve avaliar os riscos inerentes à actividade do trabalhador, tendo presente, nomeadamente, a sua condição física e psíquica, antes do início da actividade e posteriormente, de seis em seis meses, bem como antes de alteração das condições de trabalho.

3 - O empregador deve conservar o registo da avaliação efectuada de acordo com o número anterior.

4 - Aplica-se ao trabalhador nocturno o disposto no artigo 222º

5 - Sempre que possível, o empregador deve assegurar a trabalhador que sofra de problema de saúde relacionado com a prestação de trabalho nocturno a afectação a trabalho diurno que esteja apto a desempenhar.

6 - O empregador deve consultar os representantes dos trabalhadores para a segurança e saúde no trabalho ou, na falta destes, o próprio trabalhador, sobre a afectação a trabalho nocturno, a organização deste que melhor se adapte ao trabalhador, bem como sobre as medidas de segurança e saúde a adoptar.

7 - Constitui contra-ordenação grave a violação do disposto neste artigo.

SUBSECÇÃO VII - **Trabalho suplementar**

ARTIGO 226º - Noção de trabalho suplementar

1 - Considera-se trabalho suplementar o prestado fora do horário de trabalho.

2 - No caso em que o acordo sobre isenção de horário de trabalho tenha limitado a prestação deste a um determinado período de trabalho, diário ou semanal, considera-se trabalho suplementar o que exceda esse período.

3 - Não se compreende na noção de trabalho suplementar:

a) O prestado por trabalhador isento de horário de trabalho em dia normal de trabalho, sem prejuízo do disposto no número anterior;

b) O prestado para compensar suspensão de actividade, independentemente da sua causa, de duração não superior a quarenta e oito horas, seguidas ou interpoladas por um dia de descanso ou feriado, mediante acordo entre o empregador e o trabalhador;

c) A tolerância de quinze minutos prevista no nº 3 do artigo 203º;

d) A formação profissional realizada fora do horário de trabalho que não exceda duas horas diárias;

e) O trabalho prestado nas condições previstas na alínea *b*) do nº 1 do artigo 257º;

f) O trabalho prestado para compensação de períodos de ausência ao trabalho, efectuada por iniciativa do trabalhador, desde que uma e outra tenham o acordo do empregador;

g) O trabalho prestado para compensar encerramento para férias previsto na alínea *b*) do nº 2 do artigo 242º, por decisão do empregador.

4 – Na situação referida na alínea *f*) do nº 3, o trabalho prestado para compensação não pode exceder os limites diários do nº 1 do artigo 228º
(Redação dada pela Lei nº 23/2012, de 25-06)

ARTIGO 227º – Condições de prestação de trabalho suplementar

1 – O trabalho suplementar só pode ser prestado quando a empresa tenha de fazer face a acréscimo eventual e transitório de trabalho e não se justifique para tal a admissão de trabalhador.

2 – O trabalho suplementar pode ainda ser prestado em caso de força maior ou quando seja indispensável para prevenir ou reparar prejuízo grave para a empresa ou para a sua viabilidade.

3 – O trabalhador é obrigado a realizar a prestação de trabalho suplementar, salvo quando, havendo motivos atendíveis, expressamente solicite a sua dispensa.

4 – Constitui contra-ordenação muito grave a violação do disposto nos nºs 1 ou 2.

ARTIGO 228º – Limites de duração do trabalho suplementar

1 – O trabalho suplementar previsto no nº 1 do artigo anterior está sujeito, por trabalhador, aos seguintes limites:

a) No caso de microempresa ou pequena empresa, cento e setenta e cinco horas por ano;

b) No caso de média ou grande empresa, cento e cinquenta horas por ano;

c) No caso de trabalhador a tempo parcial, oitenta horas por ano ou o número de horas correspondente à proporção entre o respectivo período normal de trabalho e o de trabalhador a tempo completo em situação comparável, quando superior;

d) Em dia normal de trabalho, duas horas;

e) Em dia de descanso semanal, obrigatório ou complementar, ou feriado, um número de horas igual ao período normal de trabalho diário;

f) Em meio dia de descanso complementar, um número de horas igual a meio período normal de trabalho diário.

2 – O limite a que se refere a alínea *a*) ou *b*) do número anterior pode ser aumentado até duzentas horas por ano, por instrumento de regulamentação colectiva de trabalho.

3 – O limite a que se refere a alínea *c*) do nº 1 pode ser aumentado, mediante acordo escrito entre o trabalhador e o empregador, até cento e trinta horas por ano ou, por instrumento de regulamentação colectiva de trabalho, até duzentas horas por ano.

4 – O trabalho suplementar previsto no nº 2 do artigo anterior apenas está sujeito ao limite do período de trabalho semanal constante do nº 1 do artigo 211º

5 – Constitui contra-ordenação muito grave a violação do disposto no nº 1 e constitui contra-ordenação grave a violação do disposto no nº 2.

ARTIGO 229º – Descanso compensatório de trabalho suplementar

1 – *(Revogado.)*

2 – *(Revogado.)*

3 - O trabalhador que presta trabalho suplementar impeditivo do gozo do descanso diário tem direito a descanso compensatório remunerado equivalente às horas de descanso em falta, a gozar num dos três dias úteis seguintes.

4 - O trabalhador que presta trabalho em dia de descanso semanal obrigatório tem direito a um dia de descanso compensatório remunerado, a gozar num dos três dias úteis seguintes.

5 - O descanso compensatório é marcado por acordo entre trabalhador e empregador ou, na sua falta, pelo empregador.

6 - *(Revogado.)*

7 - Constitui contraordenação muito grave a violação do disposto nos nºs 3 e 4.

(Redação dada pela Lei nº 23/2012, de 25-06)

ARTIGO 230º - Regimes especiais de trabalho suplementar

1 - A prestação de trabalho suplementar, em dia de descanso semanal obrigatório, que não exceda duas horas por motivo de falta imprevista de trabalhador que devia ocupar o posto de trabalho no turno seguinte confere direito a descanso compensatório nos termos do nº 3 do artigo anterior.

2 - *(Revogado.)*

3 - *(Revogado.)*

4 - Os limites de duração e o descanso compensatório de trabalho suplementar prestado para assegurar os turnos de serviço de farmácias de venda ao público constam de legislação específica.

5 - Constitui contra-ordenação grave a violação do disposto no nº 1.

(Redação dada pela Lei nº 23/2012, de 25-06)

ARTIGO 231º - Registo de trabalho suplementar

1 - O empregador deve ter um registo de trabalho suplementar em que, antes do início da prestação de trabalho suplementar e logo após o seu termo, são anotadas as horas em que cada uma das situações ocorre.

2 - O trabalhador deve visar o registo a que se refere o número anterior, quando não seja por si efectuado, imediatamente a seguir à prestação de trabalho suplementar.

3 - O trabalhador que realize trabalho suplementar no exterior da empresa deve visar o registo, imediatamente após o seu regresso à empresa ou mediante envio do mesmo devidamente visado, devendo em qualquer caso a empresa dispor do registo visado no prazo de 15 dias a contar da prestação.

4 - Do registo devem constar a indicação expressa do fundamento da prestação de trabalho suplementar e os períodos de descanso compensatório gozados pelo trabalhador, além de outros elementos indicados no respectivo modelo, aprovado por portaria do ministro responsável pela área laboral.

5 - A violação do disposto nos números anteriores confere ao trabalhador, por cada dia em que tenha prestado actividade fora do horário de trabalho, o direito a retribuição correspondente a duas horas de trabalho suplementar.

6 - O registo de trabalho suplementar é efectuado em suporte documental adequado, nomeadamente impressos adaptados ao sistema de controlo de assiduidade

existente na empresa, que permita a sua consulta e impressão imediatas, devendo estar permanentemente actualizado, sem emendas ou rasuras não ressalvadas.

7 – O empregador deve comunicar, nos termos previstos em portaria do ministro responsável pela área laboral, ao serviço com competência inspectiva do ministério responsável pela área laboral, a relação nominal dos trabalhadores que prestaram trabalho suplementar durante o ano civil anterior, com discriminação do número de horas prestadas ao abrigo dos nºs 1 ou 2 do artigo 227º, visada pela comissão de trabalhadores ou, na sua falta, em caso de trabalhador filiado, pelo respectivo sindicato.

8 – O empregador deve manter durante cinco anos relação nominal dos trabalhadores que efectuaram trabalho suplementar, com discriminação do número de horas prestadas ao abrigo dos nºs 1 e 2 do artigo 228º e indicação dos dias de gozo dos correspondentes descansos compensatórios.

9 – Constitui contra-ordenação grave a violação do disposto nos nºs 1, 2, 4 ou 7 e constitui contra-ordenação leve a violação do disposto no nº 8.

SUBSECÇÃO VIII – Descanso semanal

ARTIGO 232º – Descanso semanal

1 – O trabalhador tem direito a, pelo menos, um dia de descanso por semana.

2 – O dia de descanso semanal obrigatório pode deixar de ser o domingo, além de noutros casos previstos em legislação especial, quando o trabalhador presta actividade:

a) Em empresa ou sector de empresa dispensado de encerrar ou suspender o funcionamento um dia completo por semana, ou que seja obrigado a encerrar ou a suspender o funcionamento em dia diverso do domingo;

b) Em empresa ou sector de empresa cujo funcionamento não possa ser interrompido;

c) Em actividade que deva ter lugar em dia de descanso dos restantes trabalhadores;

d) Em actividade de vigilância ou limpeza;

e) Em exposição ou feira.

3 – Por instrumento de regulamentação colectiva de trabalho ou contrato de trabalho, pode ser instituído um período de descanso semanal complementar, contínuo ou descontínuo, em todas ou algumas semanas do ano.

4 – O empregador deve, sempre que possível, proporcionar o descanso semanal no mesmo dia a trabalhadores do mesmo agregado familiar que o solicitem.

5 – Constitui contra-ordenação grave a violação do disposto no nº 1.

ARTIGO 233º – Cumulação de descanso semanal e de descanso diário

1 – Devem ser gozados em continuidade o descanso semanal obrigatório e um período de onze horas correspondente ao descanso diário estabelecido no artigo 214º

2 – O período de onze horas referido no número anterior considera-se cumprido, no todo ou em parte, pelo descanso semanal complementar gozado em continuidade ao descanso semanal obrigatório.

3 - O disposto no nº 1 não é aplicável:

a) A trabalhador que ocupe cargo de administração ou de direcção ou com poder de decisão autónomo que esteja isento de horário de trabalho;

b) Quando o período normal de trabalho é fraccionado ao longo do dia com fundamento em características da actividade, nomeadamente serviços de limpeza;

c) Em situação prevista na alínea *d*), *e*), *h*) ou *i*) do nº 2 do artigo 207º, com excepção da subalínea *viii*) da alínea *e*);

d) Em situação de acréscimo previsível de actividade no turismo.

4 - Constitui contra-ordenação grave a violação do disposto no nº 1.

SUBSECÇÃO IX - **Feriados**

ARTIGO 234º - Feriados obrigatórios

1 - São feriados obrigatórios os dias 1 de janeiro, de Sexta-Feira Santa, de Domingo de Páscoa, 25 de abril, 1 de maio, de Corpo de Deus, 10 de junho, 15 de agosto, 5 de outubro, 1 de novembro, 1, 8 e 25 de dezembro.

2 - O feriado de Sexta-Feira Santa pode ser observado em outro dia com significado local no período da Páscoa.

3 - Mediante legislação específica, determinados feriados obrigatórios podem ser observados na segunda-feira da semana subsequente.

(Redação dada pela Lei nº 8/2016, de 01-04)

ARTIGO 235º - Feriados facultativos

1 - Além dos feriados obrigatórios, podem ser observados a título de feriado, mediante instrumento de regulamentação colectiva de trabalho ou contrato de trabalho, a terça-feira de Carnaval e o feriado municipal da localidade.

2 - Em substituição de qualquer feriado referido no número anterior, pode ser observado outro dia em que acordem empregador e trabalhador.

ARTIGO 236º - Regime dos feriados

1 - Nos dias considerados como feriado obrigatório, têm de encerrar ou suspender a laboração todas as actividades que não sejam permitidas aos domingos.

2 - O instrumento de regulamentação colectiva de trabalho ou o contrato de trabalho não pode estabelecer feriados diferentes dos indicados nos artigos anteriores.

SUBSECÇÃO X - **Férias**

ARTIGO 237º - Direito a férias

1 - O trabalhador tem direito, em cada ano civil, a um período de férias retribuídas, que se vence em 1 de Janeiro.

2 - O direito a férias, em regra, reporta-se ao trabalho prestado no ano civil anterior, mas não está condicionado à assiduidade ou efectividade de serviço.

3 – O direito a férias é irrenunciável e o seu gozo não pode ser substituído, ainda que com o acordo do trabalhador, por qualquer compensação, económica ou outra, sem prejuízo do disposto no nº 5 do artigo seguinte.

4 – O direito a férias deve ser exercido de modo a proporcionar ao trabalhador a recuperação física e psíquica, condições de disponibilidade pessoal, integração na vida familiar e participação social e cultural.

ARTIGO 238º – Duração do período de férias

1 – O período anual de férias tem a duração mínima de 22 dias úteis.

2 – Para efeitos de férias, são úteis os dias da semana de segunda-feira a sexta-feira, com excepção de feriados.

3 – Caso os dias de descanso do trabalhador coincidam com dias úteis, são considerados para efeitos do cálculo dos dias de férias, em substituição daqueles, os sábados e os domingos que não sejam feriados.

4 – *(Revogado.)*

5 – O trabalhador pode renunciar ao gozo de dias de férias que excedam 20 dias úteis, ou a correspondente proporção no caso de férias no ano de admissão, sem redução da retribuição e do subsídio relativos ao período de férias vencido, que cumulam com a retribuição do trabalho prestado nesses dias.

6 – Constitui contraordenação grave a violação do disposto nos nºs 1 e 5.

(Redação dada pela Lei nº 23/2012, de 25-06)

ARTIGO 239º – Casos especiais de duração do período de férias

1 – No ano da admissão, o trabalhador tem direito a dois dias úteis de férias por cada mês de duração do contrato, até 20 dias, cujo gozo pode ter lugar após seis meses completos de execução do contrato.

2 – No caso de o ano civil terminar antes de decorrido o prazo referido no número anterior, as férias são gozadas até 30 de Junho do ano subsequente.

3 – Da aplicação do disposto nos números anteriores não pode resultar o gozo, no mesmo ano civil, de mais de 30 dias úteis de férias, sem prejuízo do disposto em instrumento de regulamentação colectiva de trabalho.

4 – No caso de a duração do contrato de trabalho ser inferior a seis meses, o trabalhador tem direito a dois dias úteis de férias por cada mês completo de duração do contrato, contando-se para o efeito todos os dias seguidos ou interpolados de prestação de trabalho.

5 – As férias referidas no número anterior são gozadas imediatamente antes da cessação do contrato, salvo acordo das partes.

6 – No ano de cessação de impedimento prolongado iniciado em ano anterior, o trabalhador tem direito a férias nos termos dos nºs 1 e 2.

7 – Constitui contra-ordenação grave a violação do disposto nos nºs 1, 4, 5 ou 6.

ARTIGO 240º – Ano do gozo das férias

1 – As férias são gozadas no ano civil em que se vencem, sem prejuízo do disposto nos números seguintes.

2 – As férias podem ser gozadas até 30 de Abril do ano civil seguinte, em cumulação ou não com férias vencidas no início deste, por acordo entre empregador e trabalhador ou sempre que este as pretenda gozar com familiar residente no estrangeiro.

3 – Pode ainda ser cumulado o gozo de metade do período de férias vencido no ano anterior com o vencido no ano em causa, mediante acordo entre empregador e trabalhador.

4 – Constitui contra-ordenação grave a violação do disposto neste artigo.

ARTIGO 241º - Marcação do período de férias

1 – O período de férias é marcado por acordo entre empregador e trabalhador.

2 – Na falta de acordo, o empregador marca as férias, que não podem ter início em dia de descanso semanal do trabalhador, ouvindo para o efeito a comissão de trabalhadores ou, na sua falta, a comissão intersindical ou a comissão sindical representativa do trabalhador interessado.

3 – Em pequena, média ou grande empresa, o empregador só pode marcar o período de férias entre 1 de Maio e 31 de Outubro, a menos que o instrumento de regulamentação colectiva de trabalho ou o parecer dos representantes dos trabalhadores admita época diferente

4 – Na falta de acordo, o empregador que exerça actividade ligada ao turismo está obrigado a marcar 25% do período de férias a que os trabalhadores têm direito, ou percentagem superior que resulte de instrumento de regulamentação colectiva de trabalho, entre 1 de Maio e 31 de Outubro, que são gozados de forma consecutiva.

5 – Em caso de cessação do contrato de trabalho sujeita a aviso prévio, o empregador pode determinar que o gozo das férias tenha lugar imediatamente antes da cessação.

6 – Na marcação das férias, os períodos mais pretendidos devem ser rateados, sempre que possível, beneficiando alternadamente os trabalhadores em função dos períodos gozados nos dois anos anteriores.

7 – Os cônjuges, bem como as pessoas que vivam em união de facto ou economia comum nos termos previstos em legislação específica, que trabalham na mesma empresa ou estabelecimento, têm direito a gozar férias em idêntico período, salvo se houver prejuízo grave para a empresa.

8 – O gozo do período de férias pode ser interpolado, por acordo entre empregador e trabalhador, desde que sejam gozados, no mínimo, 10 dias úteis consecutivos.

9 – O empregador elabora o mapa de férias, com indicação do início e do termo dos períodos de férias de cada trabalhador, até 15 de Abril de cada ano e mantém-no afixado nos locais de trabalho entre esta data e 31 de Outubro.

10 – Constitui contra-ordenação grave a violação do disposto nos nºs 2, 3 ou 4 e constitui contraordenação leve a violação do disposto em qualquer dos restantes números deste artigo.

ARTIGO 242º - Encerramento para férias

1 - Sempre que seja compatível com a natureza da actividade, o empregador pode encerrar a empresa ou o estabelecimento, total ou parcialmente, para férias dos trabalhadores:

a) Até quinze dias consecutivos entre 1 de Maio e 31 de Outubro;

b) Por período superior a quinze dias consecutivos ou fora do período enunciado na alínea anterior quando assim estiver fixado em instrumento de regulamentação colectiva ou mediante parecer favorável da comissão de trabalhadores;

c) Por período superior a quinze dias consecutivos, entre 1 de Maio e 31 de Outubro, quando a natureza da actividade assim o exigir.

2 - O empregador pode encerrar a empresa ou o estabelecimento, total ou parcialmente, para férias dos trabalhadores:

a) Durante cinco dias úteis consecutivos na época de férias escolares do Natal;

b) Um dia que esteja entre um feriado que ocorra à terça-feira ou quinta-feira e um dia de descanso semanal, sem prejuízo da faculdade prevista na alínea *g*) do nº 3 do artigo 226º

3 - Até ao dia 15 de dezembro do ano anterior, o empregador deve informar os trabalhadores abrangidos do encerramento a efetuar no ano seguinte ao abrigo da alínea *b*) do número anterior.

(Redação dada pela Lei nº 23/2012, de 25-06)

ARTIGO 243º - Alteração do período de férias por motivo relativo à empresa

1 - O empregador pode alterar o período de férias já marcado ou interromper as já iniciadas por exigências imperiosas do funcionamento da empresa, tendo o trabalhador direito a indemnização pelos prejuízos sofridos por deixar de gozar as férias no período marcado.

2 - A interrupção das férias deve permitir o gozo seguido de metade do período a que o trabalhador tem direito.

3 - Em caso de cessação do contrato de trabalho sujeita a aviso prévio, o empregador pode alterar a marcação das férias, mediante aplicação do disposto no nº 5 do artigo 241º

4 - Constitui contra-ordenação leve a violação do disposto nos nºs 1 ou 2.

ARTIGO 244º - Alteração do período de férias por motivo relativo ao trabalhador

1 - O gozo das férias não se inicia ou suspende-se quando o trabalhador esteja temporariamente impedido por doença ou outro facto que não lhe seja imputável, desde que haja comunicação do mesmo ao empregador.

2 - Em caso referido no número anterior, o gozo das férias tem lugar após o termo do impedimento na medida do remanescente do período marcado, devendo o período correspondente aos dias não gozados ser marcado por acordo ou, na falta deste, pelo empregador, sem sujeição ao disposto no nº 3 do artigo 241º

3 - Em caso de impossibilidade total ou parcial do gozo de férias, por motivo de impedimento do trabalhador, este tem direito à retribuição correspondente ao período de férias não gozado ou ao gozo do mesmo até 30 de Abril do ano seguinte e, em qualquer caso, ao respectivo subsídio.

4 – À doença do trabalhador no período de férias é aplicável o disposto nos nºs 2 e 3 do artigo 254º

5 – O disposto no nº 1 não se aplica caso o trabalhador se oponha à verificação da situação de doença nos termos do artigo 254º

6 – Constitui contra-ordenação grave a violação do disposto nos nºs 1, 2 ou 3.

ARTIGO 245º - Efeitos da cessação do contrato de trabalho no direito a férias

1 – Cessando o contrato de trabalho, o trabalhador tem direito receber a retribuição de férias e respectivo subsídio:

a) Correspondentes a férias vencidas e não gozadas;

b) Proporcionais ao tempo de serviço prestado no ano da cessação.

2 – No caso referido na alínea *a*) do número anterior, o período de férias é considerado para efeitos de antiguidade.

3 – Em caso de cessação de contrato no ano civil subsequente ao da admissão ou cuja duração não seja superior a 12 meses, o cômputo total das férias ou da correspondente retribuição a que o trabalhador tenha direito não pode exceder o proporcional ao período anual de férias tendo em conta a duração do contrato.

4 – Cessando o contrato após impedimento prolongado do trabalhador, este tem direito à retribuição e ao subsídio de férias correspondentes ao tempo de serviço prestado no ano de início da suspensão.

5 – Constitui contra-ordenação grave a violação do disposto no nº 1.

ARTIGO 246º - Violação do direito a férias

1 – Caso o empregador obste culposamente ao gozo das férias nos termos previstos nos artigos anteriores, o trabalhador tem direito a compensação no valor do triplo da retribuição correspondente ao período em falta, que deve ser gozado até 30 de Abril do ano civil subsequente.

2 – Constitui contra-ordenação grave a violação do disposto no número anterior.

ARTIGO 247º - Exercício de outra actividade durante as férias

1 – O trabalhador não pode exercer durante as férias qualquer outra actividade remunerada, salvo quando já a exerça cumulativamente ou o empregador o autorize.

2 – Em caso de violação do disposto no número anterior, sem prejuízo da eventual responsabilidade disciplinar do trabalhador, o empregador tem direito a reaver a retribuição correspondente às férias e o respectivo subsídio, metade dos quais reverte para o serviço responsável pela gestão financeira do orçamento da segurança social.

3 – Para os efeitos previstos no número anterior, o empregador pode proceder a descontos na retribuição, até ao limite de um sexto, em relação a cada um dos períodos de vencimento posteriores.

SUBSECÇÃO XI - Faltas

ARTIGO 248º - Noção de falta

1 – Considera-se falta a ausência de trabalhador do local em que devia desempenhar a actividade durante o período normal de trabalho diário.

2 – Em caso de ausência do trabalhador por períodos inferiores ao período normal de trabalho diário, os respectivos tempos são adicionados para determinação da falta.

3 – Caso a duração do período normal de trabalho diário não seja uniforme, considera-se a duração média para efeito do disposto no número anterior.

ARTIGO 249º – Tipos de falta

1 – A falta pode ser justificada ou injustificada.

2 – São consideradas faltas justificadas:

a) As dadas, durante 15 dias seguidos, por altura do casamento;

b) A motivada por falecimento de cônjuge, parente ou afim, nos termos do artigo 251º;

c) A motivada pela prestação de prova em estabelecimento de ensino, nos termos do artigo 91º;

d) A motivada por impossibilidade de prestar trabalho devido a facto não imputável ao trabalhador, nomeadamente observância de prescrição médica no seguimento de recurso a técnica de procriação medicamente assistida, doença, acidente ou cumprimento de obrigação legal;

e) A motivada pela prestação de assistência inadiável e imprescindível a filho, a neto ou a membro do agregado familiar de trabalhador, nos termos dos artigos 49º, 50º ou 252º, respectivamente;

f) A motivada pelo acompanhamento de grávida que se desloque a unidade hospitalar localizada fora da ilha de residência para realização de parto;

g) A motivada por deslocação a estabelecimento de ensino de responsável pela educação de menor por motivo da situação educativa deste, pelo tempo estritamente necessário, até quatro horas por trimestre, por cada um;

h) A motivada por luto gestacional, nos termos do artigo 38º-A;

i) A de trabalhador eleito para estrutura de representação colectiva dos trabalhadores, nos termos do artigo 409º;

j) A de candidato a cargo público, nos termos da correspondente lei eleitoral;

k) A autorizada ou aprovada pelo empregador;

l) A que por lei seja como tal considerada.

3 – É considerada injustificada qualquer falta não prevista no número anterior.

(Redação dada pela Lei nº 13/2023, de 03-04)

ARTIGO 250º – Imperatividade do regime de faltas

As disposições relativas aos motivos justificativos de faltas e à sua duração não podem ser afastadas por instrumento de regulamentação coletiva de trabalho, salvo em relação a situação prevista na alínea *i*) do nº 2 do artigo anterior e desde que em sentido mais favorável ao trabalhador, ou por contrato de trabalho.

(Redação dada pela Lei nº 13/2023, de 03-04)

ARTIGO 251º – Faltas por motivo de falecimento de cônjuge, parente ou afim

1 – O trabalhador pode faltar justificadamente:

a) Até 20 dias consecutivos, por falecimento de cônjuge não separado de pessoas e bens ou equiparado, filho ou enteado;

b) Até cinco dias consecutivos, por falecimento de parente ou afim no 1º grau na linha reta não incluídos na alínea anterior;

c) Até dois dias consecutivos, por falecimento de outro parente ou afim na linha recta ou no 2º grau da linha colateral.

2 – Aplica-se o disposto na alínea *b*) do número anterior em caso de falecimento de pessoa que viva em união de facto ou economia comum com o trabalhador, nos termos previstos em legislação específica.

3 – Constitui contra-ordenação grave a violação do disposto neste artigo.

(Redação dada pela Lei nº 13/2023, de 03-04)

ARTIGO 252º – Falta para assistência a membro do agregado familiar

1 – O trabalhador tem direito a faltar ao trabalho até 15 dias por ano para prestar assistência inadiável e imprescindível, em caso de doença ou acidente, a cônjuge ou pessoa que viva em união de facto ou economia comum com o trabalhador, parente ou afim na linha recta ascendente ou no 2º grau da linha colateral.

2 – O direito previsto no número anterior é ainda garantido ao trabalhador cuidador a quem seja reconhecido o estatuto de cuidador informal não principal, em caso de doença ou acidente da pessoa cuidada, nos termos definidos na legislação aplicável.

3 – Ao período de ausência previsto no nº 1 acrescem 15 dias por ano, no caso de prestação de assistência inadiável e imprescindível a pessoa com deficiência ou doença crónica, que seja cônjuge ou viva em união de facto com o trabalhador.

4 – No caso de assistência a parente ou afim na linha recta ascendente, não é exigível a pertença ao mesmo agregado familiar.

5 – Para justificação da falta, o empregador pode exigir ao trabalhador:

a) Prova do carácter inadiável e imprescindível da assistência;

b) No caso do nº 1, declaração de que os outros membros do agregado familiar, caso exerçam atividade profissional, não faltaram pelo mesmo motivo ou estão impossibilitados de prestar a assistência;

c) No caso do número anterior, declaração de que outros familiares, caso exerçam actividade profissional, não faltaram pelo mesmo motivo ou estão impossibilitados de prestar a assistência.

(Redação dada pela Lei nº 13/2023, de 03-04)

ARTIGO 252º-A – Falta para acompanhamento de grávida que se desloque a unidade hospitalar localizada fora da ilha de residência para realização de parto

1 – O trabalhador cônjuge, que viva em união de facto ou economia comum, parente ou afim na linha reta ou no 2º grau da linha colateral, pode faltar ao trabalho para acompanhamento de grávida que se desloque a unidade hospitalar localizada fora da ilha de residência para realização de parto, quando o acompanhamento se mostre imprescindível e pelo período de tempo que adequado aquele fim.

2 – A possibilidade de faltar prevista no nº 1 não pode ser exercida por mais do que uma pessoa em simultâneo.

3 – Para justificação da falta, o empregador pode exigir ao trabalhador:

a) Prova do carácter imprescindível e da duração da deslocação para o parto;

b) Declaração comprovativa passada pelo estabelecimento hospitalar onde se realize o parto.

4 – Constitui contraordenação grave a violação do disposto no nº 1.

(Redação dada pela Lei nº 13/2023, de 03-04)

ARTIGO 253º - Comunicação de ausência

1 – A ausência, quando previsível, é comunicada ao empregador, acompanhada da indicação do motivo justificativo, com a antecedência mínima de cinco dias.

2 – Caso a antecedência prevista no número anterior não possa ser respeitada, nomeadamente por a ausência ser imprevisível com a antecedência de cinco dias, a comunicação ao empregador é feita logo que possível.

3 – A falta de candidato a cargo público durante o período legal da campanha eleitoral é comunicada ao empregador com a antecedência mínima de quarenta e oito horas.

4 – A comunicação é reiterada em caso de ausência imediatamente subsequente à prevista em comunicação referida num dos números anteriores, mesmo quando a ausência determine a suspensão do contrato de trabalho por impedimento prolongado.

5 – O incumprimento do disposto neste artigo determina que a ausência seja injustificada.

ARTIGO 254º - Prova de motivo justificativo de falta

1 – O empregador pode, nos 15 dias seguintes à comunicação da ausência, exigir ao trabalhador prova de facto invocado para a justificação, a prestar em prazo razoável.

2 – A prova da situação de doença do trabalhador é feita por declaração de estabelecimento hospitalar, centro de saúde, de serviço digital do Serviço Nacional de Saúde, ou de serviço digital dos serviços regionais de saúde das regiões autónomas, ou ainda por atestado médico.

3 – A situação de doença referida no número anterior pode ser verificada por médico, nos termos previstos em legislação específica.

4 – A apresentação ao empregador de declaração médica com intuito fraudulento constitui falsa declaração para efeitos de justa causa de despedimento.

5 – A declaração dos serviços digitais do Serviço Nacional de Saúde, ou de serviço digital dos serviços regionais de saúde das regiões autónomas, referida no nº 2, é feita mediante autodeclaração de doença, sob compromisso de honra, que apenas pode ser emitida quando a situação de doença do trabalhador não exceder os três dias consecutivos, até ao limite de duas vezes por ano.

6 – O incumprimento de obrigação prevista nos nºs 1 ou 2, ou a oposição, sem motivo atendível, à verificação da doença a que se refere o nº 3 determina que a ausência seja considerada injustificada.

(Redação dada pela Lei nº 13/2023, de 03-04)

ARTIGO 255º - Efeitos de falta justificada

1 – A falta justificada não afecta qualquer direito do trabalhador, salvo o disposto no número seguinte.

2 - Sem prejuízo de outras disposições legais, determinam a perda de retribuição as seguintes faltas justificadas:

a) Por motivo de doença, desde que o trabalhador beneficie de um regime de segurança social de protecção na doença;

b) Por motivo de acidente no trabalho, desde que o trabalhador tenha direito a qualquer subsídio ou seguro;

c) A prevista no artigo 252º;

d) As previstas nas alíneas *f*) e *l*) do nº 2 do artigo 249º quando excedam 30 dias por ano;

e) A autorizada ou aprovada pelo empregador.

3 - A falta prevista no artigo 252º é considerada como prestação efectiva de trabalho.

(Redação dada pela Lei nº 13/2023, de 03-04)

ARTIGO 256º - Efeitos de falta injustificada

1 - A falta injustificada constitui violação do dever de assiduidade e determina perda da retribuição correspondente ao período de ausência, que não é contado na antiguidade do trabalhador.

2 - A falta injustificada a um ou meio período normal de trabalho diário, imediatamente anterior ou posterior a dia ou meio dia de descanso ou a feriado, constitui infracção grave.

3 - Na situação referida no número anterior, o período de ausência a considerar para efeitos da perda de retribuição prevista no nº 1 abrange os dias ou meios-dias de descanso ou feriados imediatamente anteriores ou posteriores ao dia de falta.

4 - No caso de apresentação de trabalhador com atraso injustificado:

a) Sendo superior a sessenta minutos e para início do trabalho diário, o empregador pode não aceitar a prestação de trabalho durante todo o período normal de trabalho;

b) Sendo superior a trinta minutos, o empregador pode não aceitar a prestação de trabalho durante essa parte do período normal de trabalho.

(Redação dada pela Lei nº 23/2012, de 25-06)

ARTIGO 257º - Substituição da perda de retribuição por motivo de falta

1 - A perda de retribuição por motivo de faltas pode ser substituída:

a) Por renúncia a dias de férias em igual número, até ao permitido pelo nº 5 do artigo 238º, mediante declaração expressa do trabalhador comunicada ao empregador;

b) Por prestação de trabalho em acréscimo ao período normal, dentro dos limites previstos no artigo 204º, quando o instrumento de regulamentação colectiva de trabalho o permita.

2 - O disposto no número anterior não implica redução do subsídio de férias correspondente ao período de férias vencido.

3 - O empregador não pode opor-se ao pedido do trabalhador nos termos do nº 1.

4 - Constitui contraordenação grave a violação do disposto no número anterior.

(Redação dada pela Lei nº 13/2023, de 03-04)

CAPÍTULO III – Retribuição e outras prestações patrimoniais

SECÇÃO I – Disposições gerais sobre retribuição

ARTIGO 258º – Princípios gerais sobre a retribuição

1 – Considera-se retribuição a prestação a que, nos termos do contrato, das normas que o regem ou dos usos, o trabalhador tem direito em contrapartida do seu trabalho.

2 – A retribuição compreende a retribuição base e outras prestações regulares e periódicas feitas, directa ou indirectamente, em dinheiro ou em espécie.

3 – Presume-se constituir retribuição qualquer prestação do empregador ao trabalhador.

4 – À prestação qualificada como retribuição é aplicável o correspondente regime de garantias previsto neste Código.

ARTIGO 259º – Retribuição em espécie

1 – A prestação retributiva não pecuniária deve destinar-se à satisfação de necessidades pessoais do trabalhador ou da sua família e não lhe pode ser atribuído valor superior ao corrente na região.

2 – O valor das prestações retributivas não pecuniárias não pode exceder o da parte em dinheiro, salvo o disposto em instrumento de regulamentação colectiva de trabalho.

ARTIGO 260º – Prestações incluídas ou excluídas da retribuição

1 – Não se consideram retribuição:

a) As importâncias recebidas a título de ajudas de custo, abonos de viagem, despesas de transporte, abonos de instalação e outras equivalentes, devidas ao trabalhador por deslocações, novas instalações ou despesas feitas em serviço do empregador, salvo quando, sendo tais deslocações ou despesas frequentes, essas importâncias, na parte que exceda os respectivos montantes normais, tenham sido previstas no contrato ou se devam considerar pelos usos como elemento integrante da retribuição do trabalhador;

b) As gratificações ou prestações extraordinárias concedidas pelo empregador como recompensa ou prémio dos bons resultados obtidos pela empresa;

c) As prestações decorrentes de factos relacionados com o desempenho ou mérito profissionais, bem como a assiduidade do trabalhador, cujo pagamento, nos períodos de referência respectivos, não esteja antecipadamente garantido;

d) A participação nos lucros da empresa, desde que ao trabalhador esteja assegurada pelo contrato uma retribuição certa, variável ou mista, adequada ao seu trabalho.

2 – O disposto na alínea *a*) do número anterior aplica-se, com as necessárias adaptações, ao abono para falhas e ao subsídio de refeição.

3 – O disposto nas alíneas *b*) e *c*) do número 1 não se aplica:

a) Às gratificações que sejam devidas por força do contrato ou das normas que o regem, ainda que a sua atribuição esteja condicionada aos bons serviços do trabalhador, nem àquelas que, pela sua importância e carácter regular e permanente, devam, segundo os usos, considerar-se como elemento integrante da retribuição daquele;

b) Às prestações relacionadas com os resultados obtidos pela empresa quando, quer no respectivo título atributivo quer pela sua atribuição regular e permanente, revistam carácter estável, independentemente da variabilidade do seu montante.

ARTIGO 261º - Modalidades de retribuição

1 - A retribuição pode ser certa, variável ou mista, sendo esta constituída por uma parte certa e outra variável.

2 - É certa a retribuição calculada em função de tempo de trabalho.

3 - Para determinar o valor da retribuição variável, quando não seja aplicável o respectivo critério, considera-se a média dos montantes das prestações correspondentes aos últimos 12 meses, ou ao tempo de execução de contrato que tenha durado menos tempo.

4 - Caso o processo estabelecido no número anterior não seja praticável, o cálculo da retribuição variável faz-se segundo o disposto em instrumento de regulamentação colectiva de trabalho ou, na sua falta, segundo o prudente arbítrio do julgador.

ARTIGO 262º - Cálculo de prestação complementar ou acessória

1 - Quando disposição legal, convencional ou contratual não disponha em contrário, a base de cálculo de prestação complementar ou acessória é constituída pela retribuição base e diuturnidades.

2 - Para efeito do disposto no número anterior, entende-se por:

a) Retribuição base, a prestação correspondente à actividade do trabalhador no período normal de trabalho;

b) Diuturnidade, a prestação de natureza retributiva a que o trabalhador tenha direito com fundamento na antiguidade.

ARTIGO 263º - Subsídio de Natal

1 - O trabalhador tem direito a subsídio de Natal de valor igual a um mês de retribuição, que deve ser pago até 15 de Dezembro de cada ano.

2 - O valor do subsídio de Natal é proporcional ao tempo de serviço prestado no ano civil, nas seguintes situações:

a) No ano de admissão do trabalhador;

b) No ano de cessação do contrato de trabalho;

c) Em caso de suspensão de contrato de trabalho por facto respeitante ao trabalhador.

3 - Constitui contra-ordenação muito grave a violação do disposto neste artigo.

ARTIGO 264º - Retribuição do período de férias e subsídio

1 - A retribuição do período de férias corresponde à que o trabalhador receberia se estivesse em serviço efectivo.

2 - Além da retribuição mencionada no número anterior, o trabalhador tem direito a subsídio de férias, compreendendo a retribuição base e outras prestações retribu-

tivas que sejam contrapartida do modo específico da execução do trabalho, correspondentes à duração mínima das férias.

3 – Salvo acordo escrito em contrário, o subsídio de férias deve ser pago antes do início do período de férias e proporcionalmente em caso de gozo interpolado de férias.

4 – Constitui contra-ordenação muito grave a violação do disposto neste artigo.

(Redação dada pela Lei nº 23/2012, de 25-06)

ARTIGO 265º - Retribuição por isenção de horário de trabalho

1 – O trabalhador isento de horário de trabalho tem direito a retribuição específica, estabelecida por instrumento de regulamentação colectiva de trabalho ou, na falta deste, não inferior a:

a) Uma hora de trabalho suplementar por dia;

b) Duas horas de trabalho suplementar por semana, quando se trate de regime de isenção de horário com observância do período normal de trabalho.

2 – O trabalhador que exerça cargo de administração ou de direcção pode renunciar à retribuição referida no número anterior.

3 – Constitui contra-ordenação grave a violação do disposto no nº 1.

ARTIGO 266º - Pagamento de trabalho nocturno

1 – O trabalho nocturno é pago com acréscimo de 25% relativamente ao pagamento de trabalho equivalente prestado durante o dia.

2 – O acréscimo previsto no número anterior pode ser substituído, mediante instrumento de regulamentação colectiva de trabalho, por:

a) Redução equivalente do período normal de trabalho;

b) Aumento fixo da retribuição base, desde que não importe tratamento menos favorável para o trabalhador.

3 – O disposto no nº 1 não se aplica, salvo se previsto em instrumento de regulamentação colectiva de trabalho:

a) Em actividade exercida exclusiva ou predominantemente durante o período nocturno, designadamente espectáculo ou diversão pública;

b) Em actividade que, pela sua natureza ou por força da lei, deva funcionar à disposição do público durante o período nocturno, designadamente empreendimento turístico, estabelecimento de restauração ou de bebidas, ou farmácia, em período de abertura;

c) Quando a retribuição seja estabelecida atendendo à circunstância de o trabalho dever ser prestado em período nocturno.

4 – Constitui contra-ordenação muito grave a violação do disposto no nº 1.

ARTIGO 267º - Retribuição por exercício de funções afins ou funcionalmente ligadas

1 – O trabalhador que exerça funções a que se refere o nº 2 do artigo 118º, ainda que a título acessório, tem direito à retribuição mais elevada que lhes corresponda, enquanto tal exercício se mantiver.

2 – Constitui contra-ordenação grave a violação do disposto no número anterior.

ARTIGO 268º – Pagamento de trabalho suplementar

1 – O trabalho suplementar até 100 horais anuais é pago pelo valor da retribuição horária com os seguintes acréscimos:

a) 25% pela primeira hora ou fração desta e 37,5% por hora ou fração subsequente, em dia útil;

b) 50% por cada hora ou fração, em dia de descanso semanal, obrigatório ou complementar, ou em feriado.

2 – O trabalho suplementar superior a 100 horas anuais é pago pelo valor da retribuição horária com os seguintes acréscimos:

a) 50% pela primeira hora ou fração desta e 75% por hora ou fração subsequente, em dia útil;

b) 100% por cada hora ou fração, em dia de descanso semanal, obrigatório ou complementar, ou em feriado.

3 – (*Revogado.*)

4 – É exigível o pagamento de trabalho suplementar cuja prestação tenha sido prévia e expressamente determinada, ou realizada de modo a não ser previsível a oposição do empregador.

5 – Constitui contraordenação grave a violação do disposto nos nºs 1 e 2.

(Redação dada pela Lei nº 13/2023, de 03-04)

ARTIGO 269º – Prestações relativas a dia feriado

1 – O trabalhador tem direito à retribuição correspondente a feriado, sem que o empregador a possa compensar com trabalho suplementar.

2 – O trabalhador que presta trabalho normal em dia feriado em empresa não obrigada a suspender o funcionamento nesse dia tem direito a descanso compensatório com duração de metade do número de horas prestadas ou a acréscimo de 50% da retribuição correspondente, cabendo a escolha ao empregador.

3 – Constitui contraordenação grave a violação do disposto no presente artigo.

(Redação dada pela Lei nº 13/2023, de 03-04)

SECÇÃO II – Determinação do valor da retribuição

ARTIGO 270º – Critérios de determinação da retribuição

Na determinação do valor da retribuição deve ter-se em conta a quantidade, natureza e qualidade do trabalho, observando-se o princípio de que, para trabalho igual ou de valor igual, salário igual.

ARTIGO 271º – Cálculo do valor da retribuição horária

1 – O valor da retribuição horária é calculado segundo a seguinte fórmula:

$$(Rm \times 12) : (52 \times n)$$

2 – Para efeito do número anterior, *Rm* é o valor da retribuição mensal e *n* o período normal de trabalho semanal, definido em termos médios em caso de adaptabilidade.

ARTIGO 272º - Determinação judicial do valor da retribuição

1 - Compete ao tribunal, tendo em conta a prática da empresa e os usos do sector ou locais, determinar o valor da retribuição quando as partes o não fizeram e ela não resulte de instrumento de regulamentação colectiva de trabalho aplicável.

2 - Compete ainda ao tribunal resolver dúvida suscitada sobre a qualificação como retribuição de prestação paga pelo empregador.

SECÇÃO III - Retribuição mínima mensal garantida

ARTIGO 273º - Determinação da retribuição mínima mensal garantida

1 - É garantida aos trabalhadores uma retribuição mínima mensal, seja qual for a modalidade praticada, cujo valor é determinado anualmente por legislação específica, ouvida a Comissão Permanente de Concertação Social.

2 - Na determinação da retribuição mínima mensal garantida são ponderados, entre outros factores, as necessidades dos trabalhadores, o aumento de custo de vida e a evolução da produtividade, tendo em vista a sua adequação aos critérios da política de rendimentos e preços.

3 - Constitui contra-ordenação muito grave a violação do disposto no nº 1.

4 - A decisão que aplicar a coima deve conter a ordem de pagamento do quantitativo da retribuição em dívida ao trabalhador, a efectuar dentro do prazo estabelecido para pagamento da coima.

ARTIGO 274º - Prestações incluídas na retribuição mínima mensal garantida

1 - O montante da retribuição mínima mensal garantida inclui:

a) O valor de prestação em espécie, nomeadamente alimentação ou alojamento, devida ao trabalhador em contrapartida do seu trabalho normal;

b) Comissão sobre vendas ou prémio de produção;

c) Gratificação que constitua retribuição, nos termos da alínea *a*) do nº 3 do artigo 260º

2 - O valor de prestação em espécie é calculado segundo os preços correntes na região e não pode ser superior aos seguintes montantes ou percentagens do valor da retribuição mínima mensal garantida, total ou do determinado por aplicação de percentagem de redução a que se refere o artigo seguinte:

a) 35% para a alimentação completa;

b) 15% para a alimentação constituída por uma refeição principal;

c) 12% para o alojamento do trabalhador;

d) 27,36 € por divisão assoalhada para a habitação do trabalhador e seu agregado familiar;

e) 50% para o total das prestações em espécie.

3 - O valor mencionado na alínea *d*) do número anterior é actualizado por aplicação do coeficiente de actualização das rendas de habitação, sempre que seja aumentado o valor da retribuição mínima mensal garantida.

4 – O montante da retribuição mínima mensal garantida não inclui subsídio, prémio, gratificação ou outra prestação de atribuição acidental ou por período superior a um mês.

ARTIGO 275º – Redução da retribuição mínima mensal garantida relacionada com o trabalhador

1 – A retribuição mínima mensal garantida tem a seguinte redução relativamente a:

a) Praticante, aprendiz, estagiário ou formando em situação de formação certificada, 20%;

b) Trabalhador com capacidade de trabalho reduzida, a redução correspondente à diferença entre a capacidade plena para o trabalho e o coeficiente de capacidade efectiva para a actividade contratada, se a diferença for superior a 10%, com o limite de 50%.

2 – A redução prevista na alínea *a*) do número anterior não é aplicável por período superior a um ano, incluindo o tempo de formação ao serviço de outro empregador, desde que documentado e visando a mesma qualificação.

3 – O período estabelecido no número anterior é reduzido a seis meses no caso de trabalhador habilitado com curso técnico-profissional ou curso obtido no sistema de formação profissional qualificante para a respectiva profissão.

4 – A certificação do coeficiente de capacidade efectiva é feita, a pedido do trabalhador, do candidato a emprego ou do empregador, pelo serviço público de emprego ou pelos serviços de saúde.

SECÇÃO IV – Cumprimento de obrigação de retribuição

ARTIGO 276º – Forma de cumprimento

1 – A retribuição é satisfeita em dinheiro ou, estando acordado, em prestações não pecuniárias, nos termos do artigo 259º

2 – A parte pecuniária da retribuição pode ser paga por meio de cheque, vale postal ou depósito à ordem do trabalhador, devendo ser suportada pelo empregador a despesa feita com a conversão do título de crédito em dinheiro ou o levantamento, por uma só vez, da retribuição.

3 – Até ao pagamento da retribuição, o empregador deve entregar ao trabalhador documento do qual constem a identificação daquele, o nome completo, o número de inscrição na instituição de segurança social e a categoria profissional do trabalhador, a retribuição base e as demais prestações, bem como o período a que respeitam, os descontos ou deduções e o montante líquido a receber.

4 – Constitui contra-ordenação muito grave a violação do disposto no nº 1, contra-ordenação grave a violação do disposto no nº 2 e contra-ordenação leve a violação do disposto no nº 3.

ARTIGO 277º – Lugar do cumprimento

1 – A retribuição deve ser paga no local de trabalho ou noutro lugar que seja acordado, sem prejuízo do disposto no nº 2 do artigo anterior.

2 – Caso a retribuição deva ser paga em lugar diverso do local de trabalho, o tempo que o trabalhador gastar para receber a retribuição considera-se tempo de trabalho.

3 – Constitui contraordenação grave a violação do disposto no presente artigo.

(Redação dada pela Lei nº 13/2023, de 03-04)

ARTIGO 278º – Tempo do cumprimento

1 – O crédito retributivo vence-se por períodos certos e iguais, que, salvo estipulação ou uso diverso, são a semana, a quinzena e o mês do calendário.

2 – A retribuição deve ser paga em dia útil, durante o período de trabalho ou imediatamente a seguir a este.

3 – Em caso de retribuição variável com período de cálculo superior a 15 dias, o trabalhador pode exigir o pagamento em prestações quinzenais.

4 – O montante da retribuição deve estar à disposição do trabalhador na data do vencimento ou em dia útil anterior.

5 – O empregador fica constituído em mora se o trabalhador, por facto que não lhe seja imputável, não puder dispor do montante da retribuição na data do vencimento.

6 – Constitui contraordenação grave a violação do disposto nos nºs 2, 3 ou 4.

(Redação dada pela Lei nº 13/2023, de 03-04)

ARTIGO 279º – Compensações e descontos

1 – Na pendência de contrato de trabalho, o empregador não pode compensar a retribuição em dívida com crédito que tenha sobre o trabalhador, nem fazer desconto ou dedução no montante daquela.

2 – O disposto no número anterior não se aplica:

a) A desconto a favor do Estado, da segurança social ou outra entidade, ordenado por lei, decisão judicial transitada em julgado ou auto de conciliação, quando o empregador tenha sido notificado da decisão ou do auto;

b) A indemnização devida pelo trabalhador ao empregador, liquidada por decisão judicial transitada em julgado ou auto de conciliação;

c) À sanção pecuniária a que se refere a alínea *c*) do nº 1 do artigo 328º;

d) A amortização de capital ou pagamento de juros de empréstimo concedido pelo empregador ao trabalhador;

e) A preço de refeições no local de trabalho, de utilização de telefone, de fornecimento de géneros, de combustíveis ou materiais, quando solicitados pelo trabalhador, ou outra despesa efectuada pelo empregador por conta do trabalhador com o acordo deste;

f) A abono ou adiantamento por conta da retribuição.

3 – Os descontos a que se refere o número anterior, com excepção do mencionado na alínea *a*), não podem exceder, no seu conjunto, um sexto da retribuição.

4 – Os preços de refeições ou outros bens fornecidos ao trabalhador por cooperativa de consumo, mediante acordo entre esta e o trabalhador, não estão sujeitos ao limite mencionado no número anterior.

5 – Constitui contra-ordenação muito grave a violação do disposto no nº 1.

ARTIGO 280º - Cessão de crédito retributivo

O trabalhador só pode ceder crédito a retribuição, a título gratuito ou oneroso, na medida em que o mesmo seja penhorável.

CAPÍTULO IV – Prevenção e reparação de acidentes de trabalho e doenças profissionais

ARTIGO 281º - Princípios gerais em matéria de segurança e saúde no trabalho

1 – O trabalhador tem direito a prestar trabalho em condições de segurança e saúde.

2 – O empregador deve assegurar aos trabalhadores condições de segurança e saúde em todos os aspectos relacionados com o trabalho, aplicando as medidas necessárias tendo em conta princípios gerais de prevenção.

3 – Na aplicação das medidas de prevenção, o empregador deve mobilizar os meios necessários, nomeadamente nos domínios da prevenção técnica, da formação, informação e consulta dos trabalhadores e de serviços adequados, internos ou externos à empresa.

4 – Os empregadores que desenvolvam simultaneamente actividades no mesmo local de trabalho devem cooperar na protecção da segurança e da saúde dos respectivos trabalhadores, tendo em conta a natureza das actividades de cada um.

5 – A lei regula os modos de organização e funcionamento dos serviços de segurança e saúde no trabalho, que o empregador deve assegurar.

6 – São proibidos ou condicionados os trabalhos que sejam considerados, por regulamentação em legislação especial, susceptíveis de implicar riscos para o património genético do trabalhador ou dos seus descendentes.

7 – Os trabalhadores devem cumprir as prescrições de segurança e saúde no trabalho estabelecidas na lei ou em instrumentos de regulamentação colectiva de trabalho, ou determinadas pelo empregador.

ARTIGO 282º - Informação, consulta e formação dos trabalhadores

1 – O empregador deve informar os trabalhadores sobre os aspectos relevantes para a protecção da sua segurança e saúde e a de terceiros.

2 – O empregador deve consultar em tempo útil os representantes dos trabalhadores, ou os próprios trabalhadores, sobre a preparação e aplicação das medidas de prevenção.

3 – O empregador deve assegurar formação adequada, que habilite os trabalhadores a prevenir os riscos associados à respectiva actividade e os representantes dos trabalhadores a exercer de modo competente as respectivas funções.

4 – Em cada empresa, os trabalhadores são representados na promoção da segurança e saúde no trabalho por representantes eleitos com essa finalidade ou, na sua falta, pela comissão de trabalhadores.

ARTIGO 283º – Acidentes de trabalho e doenças profissionais

1 – O trabalhador e os seus familiares têm direito à reparação de danos emergentes de acidente de trabalho ou doença profissional.

2 – As doenças profissionais constam da lista organizada e publicada no *Diário da República.*

3 – A lesão corporal, perturbação funcional ou a doença não incluídas na lista a que se refere o número anterior, são indemnizáveis desde que se prove serem consequência, necessária e directa, da actividade exercida e não representem normal desgaste do organismo.

4 – A lei estabelece as situações que excluem o dever de reparação ou que agravam a responsabilidade.

5 – O empregador é obrigado a transferir a responsabilidade pela reparação prevista neste capítulo para entidades legalmente autorizadas a realizar este seguro.

6 – A garantia do pagamento das prestações que forem devidas por acidentes de trabalho que não possam ser pagas pela entidade responsável, nomeadamente por motivo de incapacidade económica, é assumida pelo Fundo de Acidentes de Trabalho, nos termos da lei.

7 – A responsabilidade pela reparação dos danos emergentes de doenças profissionais é assumida pela segurança social, nos termos da lei.

8 – A responsabilidade pela reparação dos danos emergentes de doenças profissionais resultantes da prática de assédio é do empregador.

9 – A responsabilidade pelo pagamento da reparação dos danos emergentes de doença profissional prevista no número anterior é da segurança social, nos termos legalmente previstos, ficando esta sub-rogada nos direitos do trabalhador, na medida dos pagamentos efetuados, acrescidos de juros de mora vincendos.

10 – O empregador deve assegurar a trabalhador afectado de lesão provocada por acidente de trabalho ou doença profissional que reduza a sua capacidade de trabalho ou de ganho a ocupação em funções compatíveis.

(Redação dada pela Lei nº 73/2017, de 16-08)

ARTIGO 284º – Regulamentação da prevenção e reparação

O disposto neste capítulo é regulado em legislação específica.

CAPÍTULO V – Vicissitudes contratuais

SECÇÃO I – Transmissão de empresa ou estabelecimento

ARTIGO 285º – Efeitos de transmissão de empresa ou estabelecimento

1 – Em caso de transmissão, por qualquer título, da titularidade de empresa, ou estabelecimento ou ainda de parte de empresa ou estabelecimento que constitua

uma unidade económica, transmitem-se para o adquirente a posição do empregador nos contratos de trabalho dos respectivos trabalhadores, bem como a responsabilidade pelo pagamento de coima aplicada pela prática de contra-ordenação laboral.

2 – O disposto no número anterior é igualmente aplicável à transmissão, cessão ou reversão da exploração de empresa, estabelecimento ou unidade económica, sendo solidariamente responsável, em caso de cessão ou reversão, quem imediatamente antes tenha exercido a exploração.

3 – Com a transmissão constante dos nºs 1 ou 2, os trabalhadores transmitidos ao adquirente mantêm todos os direitos contratuais e adquiridos, nomeadamente retribuição, antiguidade, categoria profissional e conteúdo funcional e benefícios sociais adquiridos.

4 – O disposto nos números anteriores não é aplicável em caso de trabalhador que o transmitente, antes da transmissão, transfira para outro estabelecimento ou unidade económica, nos termos do disposto no artigo 194º, mantendo-o ao seu serviço, excepto no que respeita à responsabilidade do adquirente pelo pagamento de coima aplicada pela prática de contra-ordenação laboral.

5 – Considera-se unidade económica o conjunto de meios organizados que constitua uma unidade produtiva dotada de autonomia técnico-organizativa e que mantenha identidade própria, com o objetivo de exercer uma atividade económica, principal ou acessória.

6 – O transmitente responde solidariamente pelos créditos do trabalhador emergentes do contrato de trabalho, da sua violação ou cessação, bem como pelos encargos sociais correspondentes, vencidos até à data da transmissão, cessão ou reversão, durante os dois anos subsequentes a esta.

7 – A transmissão só pode ter lugar decorridos sete dias úteis após o termo do prazo para a designação da comissão representativa, referido no nº 6 do artigo seguinte, se esta não tiver sido constituída, ou após o acordo ou o termo da consulta a que se refere o nº 4 do mesmo artigo.

8 – O transmitente deve informar o serviço com competência inspetiva do ministério responsável pela área laboral:

a) Do conteúdo do contrato entre transmitente e adquirente, sem prejuízo do disposto nos artigos 412º e 413º, com as necessárias adaptações;

b) Havendo transmissão de uma unidade económica, de todos os elementos que a constituam, nos termos do nº 5.

9 – O disposto no número anterior aplica-se no caso de média ou grande empresa e, a pedido do serviço com competência inspetiva do ministério responsável pela área laboral, no caso de micro ou pequena empresa.

10 – O disposto no presente artigo é aplicável a todas as situações de transmissão de empresa ou estabelecimento por adjudicação de contratação de serviços que se concretize por concurso público ou por outro meio de seleção, no setor público e privado, nomeadamente à adjudicação de fornecimento de serviços de vigilância, alimentação, limpeza ou transportes, produzindo efeitos no momento da adjudicação.

11 – Constitui contraordenação muito grave:

a) A conduta do empregador com base em alegada transmissão da sua posição nos contratos de trabalho com fundamento em transmissão da titularidade de empresa, ou estabelecimento ou de parte de empresa ou estabelecimento que constitua uma unidade económica, ou em transmissão, cessão ou reversão da sua exploração, quando a mesma não tenha ocorrido;

b) A conduta do transmitente ou do adquirente que não reconheça ter havido transmissão da posição daquele nos contratos de trabalho dos respetivos trabalhadores quando se verifique a transmissão da titularidade de empresa, ou estabelecimento ou de parte de empresa ou estabelecimento que constitua uma unidade económica, ou a transmissão, cessão ou reversão da sua exploração.

12 – A decisão condenatória pela prática de contraordenação referida na alínea *a*) ou na alínea *b*) do número anterior deve declarar, respetivamente, que a posição do empregador nos contratos de trabalho dos trabalhadores não se transmitiu, ou que a mesma se transmitiu.

13 – Constitui contraordenação grave a violação do disposto nos nºs 1, 2, 3, 7, 8 ou 9.

14 – Aos trabalhadores das empresas ou estabelecimentos transmitidos ao abrigo do presente artigo aplica-se o disposto na alínea *m*) do nº 1 do artigo 3º e no artigo 498º

(Redação dada pela Lei nº 13/2023, de 03-04)

ARTIGO 286º – Informação e consulta dos trabalhadores e de representantes dos trabalhadores

1 – O transmitente e o adquirente devem informar os representantes dos respetivos trabalhadores ou, caso não existam, os próprios trabalhadores, sobre a data e motivos da transmissão, suas consequências jurídicas, económicas e sociais para os trabalhadores e medidas projetadas em relação a estes, bem como sobre o conteúdo do contrato entre transmitente e adquirente, sem prejuízo do disposto nos artigos 412º e 413º, com as necessárias adaptações se a informação for prestada aos trabalhadores.

2 – O transmitente deve, ainda, se o mesmo não resultar do disposto no número anterior, prestar aos trabalhadores abrangidos pela transmissão a informação referida no número anterior, sem prejuízo do disposto nos artigos 412º e 413º, com as necessárias adaptações.

3 – A informação referida nos números anteriores deve ser prestada por escrito, antes da transmissão, em tempo útil, pelo menos 10 dias úteis antes da consulta referida no número seguinte.

4 – O transmitente e o adquirente devem consultar os representantes dos respectivos trabalhadores, antes da transmissão, com vista à obtenção de um acordo sobre as medidas que pretendam aplicar aos trabalhadores na sequência da transmissão, sem prejuízo das disposições legais e convencionais aplicáveis a tais medidas.

5 – A pedido de qualquer das partes, o serviço competente do ministério responsável pela área laboral participa na negociação a que se refere o número anterior, com vista a promover a regularidade da sua instrução substantiva e procedimental, a conciliação dos interesses das partes, bem como o respeito dos direitos dos trabalhadores, sendo aplicável o disposto no artigo 362º

6 – O pedido a que se refere o número anterior deve ser acompanhado dos elementos de informação referidos no nº 1.

7 – Na falta de representantes dos trabalhadores abrangidos pela transmissão, estes podem designar, de entre eles, no prazo de cinco dias úteis a contar da receção da informação referida nos nºs 1 ou 2, uma comissão representativa com o máximo de três ou cinco membros consoante a transmissão abranja até cinco ou mais trabalhadores.

8 – Para efeitos dos números anteriores, consideram-se representantes dos trabalhadores as comissões de trabalhadores, as associações sindicais, as comissões intersindicais, as comissões sindicais, os delegados sindicais existentes nas respetivas empresas ou a comissão representativa, pela indicada ordem de precedência.

9 – O transmitente deve informar imediatamente os trabalhadores abrangidos pela transmissão do conteúdo do acordo ou do termo da consulta a que se refere o nº 4, caso não tenha havido intervenção da comissão representativa.

10 – Constitui contraordenação grave a violação do disposto nos nºs 1, 2, 3, 4 ou 9.
(Redação dada pela Lei nº 18/2021, de 08-04)

ARTIGO 286º-A - Direito de oposição do trabalhador

1 – O trabalhador pode exercer o direito de oposição à transmissão da posição do empregador no seu contrato de trabalho em caso de transmissão, cessão ou reversão de empresa ou estabelecimento, ou de parte de empresa ou estabelecimento que constitua uma unidade económica, nos termos dos nºs 1, 2 ou 10 do artigo 285º, quando aquela possa causar-lhe prejuízo sério, nomeadamente por manifesta falta de solvabilidade ou situação financeira difícil do adquirente ou, ainda, se a política de organização do trabalho deste não lhe merecer confiança.

2 – A oposição do trabalhador prevista no número anterior obsta à transmissão da posição do empregador no seu contrato de trabalho, nos termos dos nºs 1, 2 ou 10 do artigo 285º, mantendo-se o vínculo ao transmitente.

3 – O trabalhador que exerça o direito de oposição deve informar o respetivo empregador, por escrito, no prazo de cinco dias úteis após o termo do prazo para a designação da comissão representativa, se esta não tiver sido constituída, ou após o acordo ou o termo da consulta a que se refere o nº 4 do artigo 286º, mencionando a sua identificação, a atividade contratada e o fundamento da oposição, de acordo com o nº 1.

4 – Constitui contraordenação grave a violação do disposto no nº 2.
(Redação dada pela Lei nº 18/2021, de 08-04)

ARTIGO 287º - Representação dos trabalhadores após a transmissão

1 – Caso a empresa ou estabelecimento mantenha a autonomia após a transmissão, o estatuto e a função dos representantes dos trabalhadores afectados por esta não se alteram, desde que se mantenham os requisitos necessários para a instituição da estrutura de representação colectiva em causa.

2 – Caso a empresa, estabelecimento ou unidade económica transmitida seja incorporada na empresa do adquirente e nesta não exista a correspondente estrutura de representação colectiva dos trabalhadores prevista na lei, a existente na entidade incorporada continua em funções por um período de dois meses a contar da transmissão ou até que nova estrutura entretanto eleita inicie as respectivas funções ou, ainda, por mais dois meses, se a eleição for anulada.

3 – No caso de incorporação de estabelecimento ou parte de empresa ou estabelecimento prevista no número anterior:

a) A subcomissão exerce os direitos próprios de comissão de trabalhadores durante o período em que continuar em funções, em representação dos trabalhadores do estabelecimento transmitido;

b) Os representantes dos trabalhadores para a segurança e saúde no trabalho afectos à entidade incorporada exercem os direitos próprios desta estrutura, nos termos da alínea anterior.

4 – Os membros de estrutura de representação colectiva dos trabalhadores cujo mandato cesse, nos termos do nº 2, continuam a beneficiar da protecção estabelecida nos nºs 3 a 6 do artigo 410º ou em instrumento de regulamentação colectiva de trabalho, até à data em que o respectivo mandato terminaria.

SECÇÃO II – **Cedência ocasional de trabalhador**

ARTIGO 288º – Noção de cedência ocasional de trabalhador

A cedência ocasional consiste na disponibilização temporária de trabalhador, pelo empregador, para prestar trabalho a outra entidade, a cujo poder de direcção aquele fica sujeito, mantendo-se o vínculo contratual inicial.

ARTIGO 289º – Admissibilidade de cedência ocasional

1 – A cedência ocasional de trabalhador é lícita quando se verifiquem cumulativamente as seguintes condições:

a) O trabalhador esteja vinculado ao empregador cedente por contrato de trabalho sem termo;

b) A cedência ocorra entre sociedades coligadas, em relação societária de participações recíprocas, de domínio ou de grupo, ou entre empregadores que tenham estruturas organizativas comuns;

c) O trabalhador concorde com a cedência;

d) A duração da cedência não exceda um ano, renovável por iguais períodos até ao máximo de cinco anos.

2 – As condições da cedência ocasional de trabalhador podem ser reguladas por instrumento de regulamentação colectiva de trabalho, com excepção da referida na alínea *c*) do número anterior.

3 – Constitui contra-ordenação grave a violação do disposto no nº 1.

ARTIGO 290º – Acordo de cedência ocasional de trabalhador

1 – A cedência ocasional de trabalhador depende de acordo entre cedente e cessionário, sujeito a forma escrita, que deve conter:

a) Identificação, assinaturas e domicílio ou sede das partes;

b) Identificação do trabalhador cedido;

c) Indicação da actividade a prestar pelo trabalhador;

d) Indicação da data de início e da duração da cedência;

e) Declaração de concordância do trabalhador.

2 – Em caso de cessação do acordo de cedência ocasional, de extinção da entidade cessionária ou de cessação da actividade para que foi cedido, o trabalhador regressa ao serviço do cedente, mantendo os direitos que tinha antes da cedência, cuja duração conta para efeitos de antiguidade.

3 – Constitui contra-ordenação grave a violação do disposto na alínea *e*) do nº 1 ou no nº 2 e constitui contra-ordenação leve a violação de qualquer dos demais preceitos do nº 1.

ARTIGO 291º - Regime de prestação de trabalho de trabalhador cedido

1 – Durante a cedência ocasional, o trabalhador está sujeito ao regime de trabalho aplicável ao cessionário no que respeita ao modo, local, duração de trabalho, suspensão do contrato de trabalho, segurança e saúde no trabalho e acesso a equipamentos sociais.

2 – O cessionário deve informar o cedente e o trabalhador cedido sobre os riscos para a segurança e saúde inerentes ao posto de trabalho a que este é afecto.

3 – Não é permitida a afectação de trabalhador cedido a posto de trabalho particularmente perigoso para a sua segurança ou saúde, salvo quando corresponda à sua qualificação profissional específica.

4 – O cessionário deve elaborar o horário de trabalho de trabalhador cedido e marcar o período das férias que sejam gozadas ao seu serviço.

5 – O trabalhador cedido tem direito:

a) À retribuição mínima que, em instrumento de regulamentação colectiva de trabalho aplicável ao cedente ou ao cessionário, corresponda às suas funções, ou à praticada por este para as mesmas funções, ou à retribuição auferida no momento da cedência, consoante a que for mais elevada;

b) A férias, subsídios de férias e de Natal e outras prestações regulares e periódicas a que os trabalhadores do cessionário tenham direito por idêntica prestação de trabalho, em proporção da duração da cedência.

6 – A cedência de trabalhador a uma ou mais entidades deve observar as condições constantes do contrato de trabalho.

7 – Constitui contra-ordenação grave a violação do disposto nos nºs 2, 3, 4 ou 5.

ARTIGO 292º - Consequência de recurso ilícito a cedência ou de irregularidade do acordo

1 – A cedência ocasional de trabalhador fora das condições em que é admissível, ou a falta do acordo nos termos do nº 1 do artigo 290º confere ao trabalhador cedido o direito de optar pela permanência ao serviço do cessionário em regime de contrato de trabalho sem termo.

2 – O direito previsto no número anterior pode ser exercido até ao termo da cedência, mediante comunicação ao cedente e ao cessionário por carta registada com aviso de recepção.

ARTIGO 293º - Enquadramento de trabalhador cedido

1 – O trabalhador cedido não é considerado para efeito da determinação das obrigações do cessionário que tenham em conta o número de trabalhadores empregados, excepto no que respeita à organização dos serviços de segurança e saúde no trabalho.

2 – O cessionário deve comunicar à comissão de trabalhadores o início da utilização de trabalhador em regime de cedência ocasional, no prazo de cinco dias úteis.

3 – Constitui contra-ordenação leve a violação do disposto no número anterior.

SECÇÃO III – Redução da actividade e suspensão de contrato de trabalho

SUBSECÇÃO I – Disposições gerais sobre a redução e suspensão

ARTIGO 294º – Factos determinantes de redução ou suspensão

1 – A redução temporária de período normal de trabalho ou a suspensão de contrato de trabalho pode fundamentar-se na impossibilidade temporária, respectivamente parcial ou total, de prestação de trabalho por facto relativo ao trabalhador ou ao empregador.

2 – Permitem também a redução do período normal de trabalho ou a suspensão do contrato de trabalho, designadamente:

a) A necessidade de assegurar a viabilidade da empresa e a manutenção de postos de trabalho, em situação de crise empresarial;

b) O acordo entre trabalhador e empregador, nomeadamente acordo de pré-reforma.

3 – Pode ainda ocorrer a suspensão de contrato de trabalho por iniciativa de trabalhador, fundada em falta de pagamento pontual da retribuição.

ARTIGO 295º – Efeitos da redução ou da suspensão

1 – Durante a redução ou suspensão, mantêm-se os direitos, deveres e garantias das partes que não pressuponham a efectiva prestação de trabalho.

2 – O tempo de redução ou suspensão conta-se para efeitos de antiguidade.

3 – A redução ou suspensão não tem efeitos no decurso de prazo de caducidade, nem obsta a que qualquer das partes faça cessar o contrato nos termos gerais.

4 – Terminado o período de redução ou suspensão, são restabelecidos os direitos, deveres e garantias das partes decorrentes da efectiva prestação de trabalho.

5 – Constitui contra-ordenação grave o impedimento por parte do empregador a que o trabalhador retome a actividade normal após o termo do período de redução ou suspensão.

SUBSECÇÃO II – Suspensão de contrato de trabalho por facto respeitante a trabalhador

ARTIGO 296º – Facto determinante da suspensão respeitante a trabalhador

1 – Determina a suspensão do contrato de trabalho o impedimento temporário por facto respeitante ao trabalhador que não lhe seja imputável e se prolongue por mais de um mês, nomeadamente doença, acidente ou facto decorrente da aplicação da lei do serviço militar.

2 – O trabalhador pode suspender de imediato o contrato de trabalho:

a) na situação referida no nº 1 do artigo 195º, quando não exista outro estabelecimento da empresa para o qual possa pedir transferência;

b) nos casos previstos no nº 2 do artigo 195º, até que ocorra a transferência.

3 - O contrato de trabalho suspende-se antes do prazo referido no nº 1, no momento em que seja previsível que o impedimento vai ter duração superior àquele prazo.

4 - O contrato de trabalho suspenso caduca no momento em que seja certo que o impedimento se torna definitivo.

5 - O impedimento temporário por facto imputável ao trabalhador determina a suspensão do contrato de trabalho nos casos previstos na lei.

ARTIGO 297º - Regresso do trabalhador

No dia imediato à cessação do impedimento, o trabalhador deve apresentar-se ao empregador para retomar a actividade.

SUBSECÇÃO III - Redução temporária do período normal de trabalho ou suspensão do contrato de trabalho por facto respeitante ao empregador

DIVISÃO I - Situação de crise empresarial

ARTIGO 298º - Redução ou suspensão em situação de crise empresarial

1 - O empregador pode reduzir temporariamente os períodos normais de trabalho ou suspender os contratos de trabalho, por motivos de mercado, estruturais ou tecnológicos, catástrofes ou outras ocorrências que tenham afectado gravemente a actividade normal da empresa, desde que tal medida seja indispensável para assegurar a viabilidade da empresa e a manutenção dos postos de trabalho.

2 - A redução a que se refere o número anterior pode abranger:

a) Um ou mais períodos normais de trabalho, diários ou semanais, podendo dizer respeito a diferentes grupos de trabalhadores, rotativamente;

b) Diminuição do número de horas correspondente ao período normal de trabalho, diário ou semanal.

3 - O regime de redução ou suspensão aplica-se aos casos em que essa medida seja determinada no âmbito de declaração de empresa em situação económica difícil ou, com as necessárias adaptações, em processo de recuperação de empresa.

4 - A empresa que recorra ao regime de redução ou suspensão deve ter a sua situação contributiva regularizada perante a administração fiscal e a segurança social, nos termos da legislação aplicável, salvo quando se encontre numa das situações previstas no número anterior.

(Redação dada pela Lei nº 23/2012, de 25-06)

ARTIGO 298º-A - Impedimento de redução ou suspensão

O empregador só pode recorrer novamente à aplicação das medidas de redução ou suspensão depois de decorrido um período de tempo equivalente a metade do período anteriormente utilizado, podendo ser reduzido por acordo entre o empregador e os trabalhadores abrangidos ou as suas estruturas representativas.

(Aditado pela Lei nº 23/2012, de 25-06)

ARTIGO 299º - Comunicações em caso de redução ou suspensão

1 - O empregador comunica, por escrito, à comissão de trabalhadores ou, na sua falta, à comissão intersindical ou comissões sindicais da empresa representativas dos trabalhadores a abranger, a intenção de reduzir ou suspender a prestação do trabalho, informando-as simultaneamente sobre:

a) Fundamentos económicos, financeiros ou técnicos da medida;

b) Quadro de pessoal, discriminado por secções;

c) Critérios para selecção dos trabalhadores a abranger;

d) Número e categorias profissionais dos trabalhadores a abranger;

e) Prazo de aplicação da medida;

f) Áreas de formação a frequentar pelos trabalhadores durante o período de redução ou suspensão, sendo caso disso.

2 - O empregador disponibiliza, para consulta, os documentos em que suporta a alegação de situação de crise empresarial, designadamente de natureza contabilística e financeira.

3 - Na falta das entidades referidas no nº 1, o empregador comunica, por escrito, a cada trabalhador a abranger, a intenção de reduzir ou suspender a prestação de trabalho, podendo estes, nos cinco dias posteriores à recepção da comunicação, designar de entre eles uma comissão representativa com o máximo de três ou cinco elementos, consoante a medida abranja até 20 ou mais trabalhadores.

4 - No caso previsto no número anterior, o empregador disponibiliza, ao mesmo tempo, para consulta dos trabalhadores, a informação referida no nº 1 e envia a mesma à comissão representativa que seja designada.

5 - Constitui contra-ordenação grave a violação do disposto neste artigo.

(Redação dada pela Lei nº 23/2012, de 25-06)

ARTIGO 300º - Informações e negociação em caso de redução ou suspensão

1 - Nos cinco dias posteriores ao facto previsto nos nºs 1 ou 4 do artigo anterior, o empregador promove uma fase de informações e negociação com a estrutura representativa dos trabalhadores, com vista a um acordo sobre a modalidade, âmbito e duração das medidas a adotar.

2 - A acta das reuniões de negociação deve conter a matéria acordada e, bem assim, as posições divergentes das partes, com as opiniões, sugestões e propostas de cada uma.

3 - Celebrado o acordo ou, na falta deste, após terem decorrido cinco dias sobre o envio da informação prevista nos nºs 1 ou 4 do artigo anterior ou, na falta desta, da comunicação referida no nº 3 do mesmo artigo, o empregador comunica por escrito, a cada trabalhador, a medida que decidiu aplicar, com menção expressa do fundamento e das datas de início e termo da medida.

4 - Na data das comunicações referidas no número anterior, o empregador remete à estrutura representativa dos trabalhadores e ao serviço competente do ministé-

rio responsável pela área da segurança social a acta a que se refere o nº 2, bem como relação de que conste o nome dos trabalhadores, morada, datas de nascimento e de admissão na empresa, situação perante a segurança social, profissão, categoria e retribuição e, ainda, a medida individualmente adoptada, com indicação das datas de início e termo da aplicação.

5 – Na falta de acta da negociação, o empregador envia às entidades referidas no número anterior um documento em que o justifique e descreva o acordo, ou as razões que obstaram ao mesmo e as posições finais das partes.

6 – O procedimento previsto nos nºs 4 e 5 é regulado por portaria dos membros do Governo responsáveis pelas áreas laboral e da segurança social.

7 – Constitui contraordenação leve a violação do disposto nos nºs 1 a 5.

(Redação dada pela Lei nº 23/2012, de 25-06)

ARTIGO 301º - Duração de medida de redução ou suspensão

1 – A redução ou suspensão deve ter uma duração previamente definida, não superior a seis meses ou, em caso de catástrofe ou outra ocorrência que tenha afectado gravemente a actividade normal da empresa, um ano.

2 – A redução ou suspensão pode iniciar-se decorridos cinco dias sobre a data da comunicação a que se refere o nº 3 do artigo anterior, ou imediatamente em caso de acordo entre o empregador e a estrutura representativa dos trabalhadores, a comissão representativa referida no nº 3 do artigo 299º ou a maioria dos trabalhadores abrangidos ou, ainda, no caso de impedimento imediato à prestação normal de trabalho que os trabalhadores abrangidos conheçam ou lhes seja comunicado.

3 – Qualquer dos prazos referidos no nº 1 pode ser prorrogado por um período máximo de seis meses, desde que o empregador comunique tal intenção e a duração prevista, por escrito e de forma fundamentada, a estrutura representativa dos trabalhadores ou à comissão representativa referida no nº 3 do artigo 299º

4 – Na falta de estrutura representativa dos trabalhadores ou da comissão representativa referida no nº 3 do artigo 299º, a comunicação prevista no número anterior é feita a cada trabalhador abrangido pela prorrogação.

5 – Constitui contraordenação leve a violação do disposto neste artigo.

(Redação dada pela Lei nº 23/2012, de 25-06)

ARTIGO 302º - Formação profissional durante a redução ou suspensão

1 – A formação profissional a frequentar pelos trabalhadores durante o período de redução ou suspensão deve orientar-se para a viabilização da empresa e a manutenção dos postos de trabalho, ou o desenvolvimento da qualificação profissional dos trabalhadores que aumente a sua empregabilidade.

2 – O empregador elabora o plano da formação, precedido de consulta aos trabalhadores abrangidos e de parecer da estrutura representativa dos trabalhadores.

3 – A resposta dos trabalhadores e o parecer referido no número anterior devem ser emitidos em prazo indicado pelo empregador, não inferior a cinco dias.

4 – Constitui contra-ordenação leve a violação do disposto nos nºs 2 e 3.

ARTIGO 303º - Deveres do empregador no período de redução ou suspensão

1 - Durante o período de redução ou suspensão, o empregador deve:

a) Efetuar pontualmente o pagamento da compensação retributiva, bem como o acréscimo a que haja lugar em caso de formação profissional;

b) Pagar pontualmente as contribuições para a segurança social sobre a retribuição auferida pelos trabalhadores;

c) Não distribuir lucros, sob qualquer forma, nomeadamente a título de levantamento por conta;

d) Não aumentar a retribuição ou outra prestação patrimonial atribuída a membro de corpos sociais, enquanto a segurança social comparticipar na compensação retributiva atribuída aos trabalhadores;

e) Não proceder a admissão ou renovação de contrato de trabalho para preenchimento de posto de trabalho susceptível de ser assegurado por trabalhador em situação de redução ou suspensão.

2 - Durante o período de redução ou suspensão, bem como nos 30 ou 60 dias seguintes à aplicação das medidas, consoante a duração da respetiva aplicação não exceda ou seja superior a seis meses, o empregador não pode fazer cessar o contrato de trabalho de trabalhador abrangido por aquelas medidas, exceto se se tratar de cessação da comissão de serviço, cessação de contrato de trabalho a termo ou despedimento por facto imputável ao trabalhador.

3 - Em caso de violação do disposto no número anterior, o empregador procede à devolução dos apoios recebidos, previstos nos nºs 4 e 5 do artigo 305º, em relação ao trabalhador cujo contrato tenha cessado.

4 - Constitui contraordenação grave a violação do disposto neste artigo.

(Redação dada pela Lei nº 23/2012, de 25-06)

ARTIGO 304º - Deveres do trabalhador no período de redução ou suspensão

1 - Durante o período de redução ou suspensão, o trabalhador deve:

a) Pagar contribuições para a segurança social com base na retribuição auferida e na compensação retributiva;

b) Caso exerça actividade remunerada fora da empresa, comunicar o facto ao empregador, no prazo de cinco dias a contar do início da mesma, para efeitos de eventual redução na compensação retributiva;

c) Frequentar acções de formação profissional previstas no plano referido no artigo 302º

2 - O trabalhador que não cumpra injustificadamente o dever a que se refere a alínea *b*) ou *c*) do número anterior perde o direito a compensação retributiva e, no caso da alínea *b*), deve restituir o que tiver recebido a este título, constituindo ainda a omissão uma infracção disciplinar grave.

ARTIGO 305º - Direitos do trabalhador no período de redução ou suspensão

1 - Durante o período de redução ou suspensão, o trabalhador tem direito:

a) A auferir mensalmente um montante mínimo igual a dois terços da sua retribuição normal ilíquida, ou o valor da retribuição mínima mensal garantida correspondente ao seu período normal de trabalho, consoante o que for mais elevado;

b) A manter as regalias sociais ou prestações da segurança social a que tenha direito e a que a respectiva base de cálculo não seja alterada por efeito da redução ou suspensão;

c) A exercer outra actividade remunerada.

2 – Durante o período de redução, a retribuição do trabalhador é calculada em proporção das horas de trabalho.

3 – Durante o período de redução ou suspensão, o trabalhador tem direito a compensação retributiva na medida do necessário para, conjuntamente com a retribuição de trabalho prestado na empresa ou fora dela, assegurar o montante mensal referido na alínea *a*) do nº 1, até ao triplo da retribuição mínima mensal garantida, sem prejuízo do disposto no nº 5.

4 – A compensação retributiva é paga em 30% do seu montante pelo empregador e em 70% pelo serviço público competente da área da segurança social.

5 – Quando, durante o período de redução ou suspensão, os trabalhadores frequentem cursos de formação profissional adequados ao desenvolvimento da qualificação profissional que aumente a sua empregabilidade ou à viabilização da empresa e manutenção dos postos de trabalho, em conformidade com um plano de formação aprovado pelo serviço público competente na área do emprego e formação profissional, este paga o valor correspondente a 30% do indexante dos apoios sociais destinado, em partes iguais, ao empregador e ao trabalhador, acrescendo, relativamente a este, à compensação retributiva prevista nos nºs 3 e 4.

6 – Os serviços públicos competentes nas áreas da segurança social e do emprego e formação profissional devem entregar a parte que lhes compete ao empregador, de modo que este possa pagar pontualmente ao trabalhador a compensação retributiva, bem como o acréscimo a que haja lugar.

7 – O subsídio de doença da segurança social não é atribuído relativamente a período de doença que ocorra durante a suspensão do contrato, mantendo o trabalhador direito à compensação retributiva.

8 – Em caso de não pagamento pontual do montante previsto na alínea *a*) do nº 1 durante o período de redução, o trabalhador tem direito a suspender o contrato nos termos do artigo 325º

9 – Constitui contraordenação grave a violação do disposto no nº 1.

(Redação dada pela Lei nº 13/2023, de 03-04)

ARTIGO 306º – Efeitos da redução ou suspensão em férias, subsídio de férias ou de Natal

1 – O tempo de redução ou suspensão não afecta o vencimento e a duração do período de férias.

2 – A redução ou suspensão não prejudica a marcação e o gozo de férias, nos termos gerais, tendo o trabalhador direito ao pagamento pelo empregador do subsídio de férias devido em condições normais de trabalho.

3 – O trabalhador tem direito a subsídio de Natal por inteiro, que é pago pela segurança social em montante correspondente a metade da compensação retributiva e pelo empregador no restante.

4 – Constitui contra-ordenação grave a violação do disposto nos nºs 1, 2 ou 3, este na parte respeitante ao empregador.

ARTIGO 307º - Acompanhamento da medida

1 - O empregador informa trimestralmente as estruturas representativas dos trabalhadores ou a comissão representativa referida no nº 3 do artigo 299º ou, na sua falta, os trabalhadores abrangidos da evolução das razões que justificam o recurso à redução ou suspensão da prestação de trabalho.

2 - Durante a redução ou suspensão, o serviço com competência inspectiva do ministério responsável pela área laboral, por iniciativa própria ou a requerimento de qualquer interessado, deve pôr termo à aplicação do regime relativamente a todos ou a alguns trabalhadores, nos seguintes casos:

a) Não verificação ou cessação da existência do fundamento invocado;

b) Falta das comunicações ou recusa de participação no procedimento de informações e negociação por parte do empregador;

c) Incumprimento de qualquer dos deveres a que se referem os nºs 1 e 2 do artigo 303º

3 - A decisão que ponha termo à aplicação da medida deve indicar os trabalhadores a quem se aplica e produz efeitos a partir do momento em que o empregador seja notificado.

4 - Constitui contraordenação grave a violação do disposto no nº 1.

(Redação dada pela Lei nº 23/2012, de 25-06)

ARTIGO 308º - Direitos dos representantes dos trabalhadores durante a redução ou suspensão

1 - A medida de redução ou suspensão relativa a trabalhador que seja delegado sindical ou membro de estrutura de representação colectiva dos trabalhadores não prejudica o direito ao exercício das correspondentes funções na empresa.

2 - Constitui contra-ordenação grave a violação do disposto no número anterior.

DIVISÃO II - Encerramento e diminuição temporários de actividade

ARTIGO 309º - Retribuição durante o encerramento ou a diminuição de actividade

1 - Em caso de encerramento temporário ou diminuição temporária de actividade de empresa ou estabelecimento que não respeite a situação de crise empresarial, o trabalhador tem direito a:

a) Sendo devido a caso fortuito ou de força maior, 75% da retribuição;

b) Sendo devido a facto imputável ao empregador ou por motivo de interesse deste, a totalidade da retribuição.

2 - Ao valor da retribuição deduz-se o que o trabalhador receba no período em causa por outra actividade que tenha passado a exercer por efeito do encerramento ou diminuição de actividade.

3 - Constitui contra-ordenação grave a violação do disposto no nº 1.

ARTIGO 310º - Cessação de encerramento ou de diminuição de actividade

O empregador deve informar os trabalhadores cuja actividade está suspensa da cessação do encerramento ou da diminuição de actividade, devendo estes retomar a prestação de trabalho.

ARTIGO 311º - Procedimento em caso de encerramento temporário por facto imputável ao empregador

1 - O encerramento temporário de empresa ou estabelecimento por facto imputável ao empregador, sem que este tenha iniciado procedimento com vista a despedimento colectivo, a despedimento por extinção de posto de trabalho, a redução temporária do período normal de trabalho ou a suspensão do contrato de trabalho em situação de crise empresarial, ou que não consista em encerramento para férias, rege-se pelo disposto nos números seguintes.

2 - Para efeito do número anterior, considera-se que há encerramento temporário de empresa ou estabelecimento por facto imputável ao empregador sempre que, por decisão deste, a actividade deixe de ser exercida, ou haja interdição de acesso a locais de trabalho ou recusa de fornecimento de trabalho, condições e instrumentos de trabalho, que determine ou possa determinar a paralisação de empresa ou estabelecimento.

3 - O empregador informa os trabalhadores e a comissão de trabalhadores ou, na sua falta, a comissão intersindical ou as comissões sindicais da empresa, sobre fundamento, duração previsível e consequências de encerramento, com antecedência não inferior a 15 dias ou, sendo esta inviável, logo que possível.

4 - A comissão de trabalhadores pode emitir parecer sobre o encerramento no prazo de 10 dias.

5 - Constitui contra-ordenação muito grave a violação não dolosa do disposto no nº 3.

ARTIGO 312º - Caução em caso de encerramento temporário por facto imputável ao empregador

1 - Em situação prevista no artigo anterior, o empregador constitui a caução que garanta o pagamento de retribuições em mora, se existirem, de retribuições referentes ao período de encerramento e de compensações por despedimento, relativamente aos trabalhadores abrangidos.

2 - O empregador é dispensado de prestar caução relativa a compensações por despedimento colectivo em caso de declaração expressa neste sentido, por escrito, de dois terços dos trabalhadores abrangidos.

3 - A caução deve ser utilizada decorridos 15 dias após o não pagamento de qualquer prestação garantida ou, no caso de retribuição em mora, após a sua constituição.

4 - A caução deve reforçada proporcionalmente em caso de aumento de retribuições, da duração do encerramento ou da sua extensão a outro estabelecimento da empresa.

5 - É aplicável o regime da caução para o exercício da actividade de empresa de trabalho temporário no que respeita aos seguintes aspectos:

a) Entidade a favor da qual é constituída;

b) Forma por que é prestada;

c) Prova do não pagamento de prestações garantidas;

d) Cessação e devolução.

6 - Constitui contra-ordenação muito grave a violação não dolosa do disposto nos nºs 1 ou 4.

ARTIGO 313º – Actos proibidos em caso de encerramento temporário

1 – Em caso de encerramento temporário de empresa ou estabelecimento a que se refere o nº 1 do artigo 311º, o empregador não pode:

a) Distribuir lucros ou dividendos, pagar suprimentos e respectivos juros ou amortizar quotas sob qualquer forma;

b) Remunerar membros dos corpos sociais por qualquer meio, em percentagem superior à paga aos respectivos trabalhadores;

c) Comprar ou vender acções ou quotas próprias a membros dos corpos sociais;

d) Efectuar pagamentos a credores não titulares de garantia ou privilégio com preferência em relação aos créditos dos trabalhadores, salvo se tais pagamentos se destinarem a permitir a actividade da empresa;

e) Efectuar pagamentos a trabalhadores que não correspondam ao rateio do montante disponível, na proporção das respectivas retribuições;

f) Efectuar liberalidades, qualquer que seja o título;

g) Renunciar a direitos com valor patrimonial;

h) Celebrar contratos de mútuo na qualidade de mutuante;

i) Proceder a levantamentos de tesouraria para fim alheio à actividade da empresa.

2 – A proibição a que se refere qualquer das alíneas *d*) a *g*) do número anterior cessa em caso de declaração expressa neste sentido, por escrito, de dois terços dos trabalhadores abrangidos.

3 – Constitui contraordenação grave a violação do disposto no presente artigo.

(Redação dada pela Lei nº 13/2023, de 03-04)

ARTIGO 314º – Anulabilidade de acto de disposição

1 – O acto de disposição de património da empresa a título gratuito, praticado durante o encerramento temporário abrangido pelo nº 1 do artigo 311º, é anulável por iniciativa de qualquer interessado ou de estrutura de representação colectiva dos trabalhadores.

2 – O disposto no número anterior aplica-se a acto de disposição de património da empresa a título oneroso, praticado durante o mesmo período, se dele resultar diminuição da garantia patrimonial de créditos dos trabalhadores.

ARTIGO 315º – Extensão do regime a caso de encerramento definitivo

O regime previsto nos artigos 311º a 314º aplica-se, com as devidas adaptações, a encerramento definitivo de empresa ou estabelecimento que ocorra sem ser iniciado procedimento para despedimento colectivo ou sem ser cumprido o disposto no nº 4 do artigo 346º

ARTIGO 316º – Responsabilidade penal em caso de encerramento de empresa ou estabelecimento

1 – O empregador que encerre, temporária ou definitivamente, empresa ou estabelecimento, em caso previsto no artigo 311º ou no artigo anterior, sem ter dado cumprimento ao disposto nos artigos 311º e 312º, é punido com pena de prisão até 2 anos ou de multa até 240 dias.

2 – A violação do disposto no artigo 313º é punida com pena de prisão até 3 anos, sem prejuízo de pena mais grave aplicável ao caso.

SUBSECÇÃO IV – Licença sem retribuição

ARTIGO 317º – Concessão e efeitos da licença sem retribuição

1 – O empregador pode conceder ao trabalhador, a pedido deste, licença sem retribuição.

2 – O trabalhador tem direito a licença sem retribuição de duração superior a 60 dias para frequência de curso de formação ministrado sob responsabilidade de instituição de ensino ou de formação profissional, ou no âmbito de programa específico aprovado por autoridade competente e executado sob o seu controlo pedagógico, ou para frequência de curso ministrado em estabelecimento de ensino.

3 – Em situação prevista no número anterior, o empregador pode recusar a concessão de licença:

a) Quando, nos 24 meses anteriores, tenha sido proporcionada ao trabalhador formação profissional adequada ou licença para o mesmo fim;

b) Em caso de trabalhador com antiguidade inferior a três anos;

c) Quando o trabalhador não tenha requerido a licença com a antecedência mínima de 90 dias em relação à data do seu início;

d) Quando se trate de microempresa ou de pequena empresa e não seja possível a substituição adequada do trabalhador, caso necessário;

e) Em caso de trabalhador incluído em nível de qualificação de direcção, chefia, quadro ou pessoal qualificado, quando não seja possível a sua substituição durante o período da licença, sem prejuízo sério para o funcionamento da empresa.

4 – A licença determina a suspensão do contrato de trabalho, com os efeitos previstos no artigo 295º

5 – Constitui contra-ordenação grave a violação do disposto no nº 2.

SUBSECÇÃO V – Pré-reforma

ARTIGO 318º – Noção de pré-reforma

Considera-se pré-reforma a situação de redução ou suspensão da prestação de trabalho, constituída por acordo entre empregador e trabalhador com idade igual ou superior a 55 anos, durante a qual este tem direito a receber do empregador uma prestação pecuniária mensal, denominada de pré-reforma.

ARTIGO 319º – Acordo de pré-reforma

O acordo de pré-reforma está sujeito a forma escrita e deve conter:

a) Identificação, assinaturas e domicílio ou sede das partes;

b) Data de início da pré-reforma;

c) Montante da prestação de pré-reforma;

d) Organização do tempo de trabalho, no caso de redução da prestação de trabalho.

ARTIGO 320º - Prestação de pré-reforma

1 - O montante inicial da prestação de pré-reforma não pode ser superior à retribuição do trabalhador na data do acordo, nem inferior a 25% desta ou à retribuição do trabalho, caso a pré-reforma consista na redução da prestação de trabalho.

2 - Salvo estipulação em contrário, a prestação de pré-reforma é actualizada anualmente em percentagem igual à do aumento de retribuição de que o trabalhador beneficiaria se estivesse em pleno exercício de funções ou, não havendo tal aumento, à taxa de inflação.

3 - A prestação de pré-reforma goza das garantias dos créditos de trabalhador emergentes de contrato de trabalho.

ARTIGO 321º - Direitos de trabalhador em situação de pré-reforma

1 - O trabalhador em situação de pré-reforma pode exercer outra actividade profissional remunerada.

2 - O acordo de pré-reforma pode atribuir ao trabalhador outros direitos não decorrentes na lei.

3 - Em caso de falta culposa de pagamento da prestação de pré-reforma ou, independentemente de culpa, se a mora se prolongar por mais de 30 dias, o trabalhador tem direito a retomar o pleno exercício de funções, sem prejuízo da antiguidade, ou a resolver o contrato, com direito a indemnização nos termos dos nºs 2 e 3 do artigo seguinte.

ARTIGO 322º - Cessação de pré-reforma

1 - A pré-reforma cessa:

a) Com a reforma do trabalhador, por velhice ou invalidez;

b) Com o regresso do trabalhador ao pleno exercício de funções, por acordo com o empregador ou nos termos do nº 3 do artigo anterior;

c) Com a cessação do contrato de trabalho.

2 - Na situação prevista na alínea *c*) do número anterior, caso a modalidade de cessação do contrato de trabalho conferisse ao trabalhador direito a indemnização ou compensação se estivesse no pleno exercício de funções, aquele tem direito a indemnização no montante das prestações de pré-reforma até à idade legal de reforma por velhice.

3 - A indemnização referida no número anterior tem por base o montante da prestação de pré-reforma à data da cessação do contrato de trabalho.

CAPÍTULO VI - Incumprimento do contrato

SECÇÃO I - Disposições gerais

ARTIGO 323º - Efeitos gerais do incumprimento do contrato de trabalho

1 - A parte que faltar culposamente ao cumprimento dos seus deveres é responsável pelo prejuízo causado à contraparte.

2 – O empregador que faltar culposamente ao cumprimento de prestações pecuniárias é obrigado a pagar os correspondentes juros de mora à taxa legal, ou a taxa superior estabelecida em instrumento de regulamentação colectiva de trabalho ou acordo das partes.

3 – A falta de pagamento pontual da retribuição confere ao trabalhador a faculdade de suspender ou fazer cessar o contrato, nos termos previstos neste Código.

ARTIGO 324º - Efeitos para o empregador de falta de pagamento pontual da retribuição

1 – Ao empregador em situação de falta de pagamento pontual de retribuição é aplicável o disposto no artigo 313º

2 – O acto de disposição do património da empresa praticado em situação de falta de pagamento pontual de retribuições, ou nos seis meses anteriores, é anulável nos termos do artigo 314º

3 – A violação do nº 1 é punida com pena de prisão até 3 anos, sem prejuízo de pena mais grave aplicável ao caso.

SECÇÃO II - Suspensão de contrato de trabalho por não pagamento pontual da retribuição

ARTIGO 325º - Requisitos da suspensão de contrato de trabalho

1 – No caso de falta de pagamento pontual da retribuição por período de 15 dias sobre a data do vencimento, o trabalhador pode suspender o contrato de trabalho, mediante comunicação por escrito ao empregador e ao serviço com competência inspectiva do ministério responsável pela área laboral, com a antecedência mínima de oito dias em relação à data de início da suspensão.

2 – O trabalhador pode suspender o contrato de trabalho antes de decorrido o período de 15 dias referido no número anterior, quando o empregador declare por escrito que prevê que não vai pagar a retribuição em dívida até ao termo daquele prazo.

3 – A falta de pagamento pontual da retribuição por período de 15 dias é declarada, a pedido do trabalhador, pelo empregador ou, em caso de recusa, pelo serviço referido no nº 1, no prazo de cinco ou 10 dias, respectivamente.

4 – A declaração referida nos nºs 2 ou 3 deve especificar o montante das retribuições em dívida e o período a que respeitam.

5 – Constitui contra-ordenação leve a violação do disposto no nº 3.

ARTIGO 326º - Prestação de trabalho durante a suspensão

O trabalhador pode exercer outra actividade remunerada durante a suspensão do contrato de trabalho, com respeito do dever de lealdade ao empregador originário.

ARTIGO 327º - Cessação da suspensão do contrato de trabalho

A suspensão do contrato de trabalho cessa:

a) Mediante comunicação do trabalhador, nos termos do nº 1 do artigo 325º, de que põe termo à suspensão a partir de determinada data;

b) Com o pagamento integral das retribuições em dívida e juros de mora;

c) Por acordo entre trabalhador e empregador para regularização das retribuições em dívida e juros de mora.

SECÇÃO III – **Poder disciplinar**

ARTIGO 328º – Sanções disciplinares

1 – No exercício do poder disciplinar, o empregador pode aplicar as seguintes sanções:

a) Repreensão;

b) Repreensão registada;

c) Sanção pecuniária;

d) Perda de dias de férias;

e) Suspensão do trabalho com perda de retribuição e de antiguidade;

f) Despedimento sem indemnização ou compensação.

2 – O instrumento de regulamentação colectiva de trabalho pode prever outras sanções disciplinares, desde que não prejudiquem os direitos e garantias do trabalhador.

3 – A aplicação das sanções deve respeitar os seguintes limites:

a) As sanções pecuniárias aplicadas a trabalhador por infracções praticadas no mesmo dia não podem exceder um terço da retribuição diária e, em cada ano civil, a retribuição correspondente a 30 dias;

b) A perda de dias de férias não pode pôr em causa o gozo de 20 dias úteis;

c) A suspensão do trabalho não pode exceder 30 dias por cada infracção e, em cada ano civil, o total de 90 dias.

4 – Sempre que o justifiquem as especiais condições de trabalho, os limites estabelecidos nas alíneas *a*) e *c*) do número anterior podem ser elevados até ao dobro por instrumento de regulamentação colectiva de trabalho.

5 – A sanção pode ser agravada pela sua divulgação no âmbito da empresa.

6 – Constitui contra-ordenação grave a violação do disposto nos nºs 3 ou 4.

ARTIGO 329º – Procedimento disciplinar e prescrição

1 – O direito de exercer o poder disciplinar prescreve um ano após a prática da infracção, ou no prazo de prescrição da lei penal se o facto constituir igualmente crime.

2 – O procedimento disciplinar deve iniciar-se nos 60 dias subsequentes àquele em que o empregador, ou o superior hierárquico com competência disciplinar, teve conhecimento da infracção.

3 – O procedimento disciplinar prescreve decorrido um ano contado da data em que é instaurado quando, nesse prazo, o trabalhador não seja notificado da decisão final.

4 – O poder disciplinar pode ser exercido directamente pelo empregador, ou por superior hierárquico do trabalhador, nos termos estabelecidos por aquele.

5 – Iniciado o procedimento disciplinar, o empregador pode suspender o trabalhador se a presença deste se mostrar inconveniente, mantendo o pagamento da retribuição.

6 – A sanção disciplinar não pode ser aplicada sem audiência prévia do trabalhador.

7 – Sem prejuízo do correspondente direito de acção judicial, o trabalhador pode reclamar para o escalão hierarquicamente superior ao que aplicou a sanção, ou recorrer a processo de resolução de litígio quando previsto em instrumento de regulamentação colectiva de trabalho ou na lei.

8 – Constitui contra-ordenação grave a violação do disposto no nº 6.

ARTIGO 330º - Critério de decisão e aplicação de sanção disciplinar

1 – A sanção disciplinar deve ser proporcional à gravidade da infracção e à culpabilidade do infractor, não podendo aplicar-se mais de uma pela mesma infracção.

2 – A aplicação da sanção deve ter lugar nos três meses subsequentes à decisão, sob pena de caducidade.

3 – O empregador deve entregar ao serviço responsável pela gestão financeira do orçamento da segurança social o montante de sanção pecuniária aplicada.

4 – Constitui contra-ordenação grave a violação do disposto nos nºs 2 ou 3.

ARTIGO 331º - Sanções abusivas

1 – Considera-se abusiva a sanção disciplinar motivada pelo facto de o trabalhador:

a) Ter reclamado legitimamente contra as condições de trabalho;

b) Se recusar a cumprir ordem a que não deva obediência, nos termos da alínea *e*) do nº 1 e do nº 2 do artigo 128º;

c) Exercer ou candidatar-se ao exercício de funções em estrutura de representação colectiva dos trabalhadores;

d) Ter alegado ser vítima de assédio ou ser testemunha em processo judicial e/ou contraordenacional de assédio;

e) Em geral, exercer, ter exercido, pretender exercer ou invocar os seus direitos ou garantias.

2 – Presume-se abusivo o despedimento ou outra sanção aplicada alegadamente para punir uma infracção, quando tenha lugar:

a) Até seis meses após qualquer dos factos mencionados no número anterior;

b) Até um ano após a denúncia ou outra forma de exercício de direitos relativos a igualdade, não discriminação e assédio.

3 – O empregador que aplicar sanção abusiva deve indemnizar o trabalhador nos termos gerais, com as alterações constantes dos números seguintes.

4 – Em caso de despedimento, o trabalhador tem direito a optar entre a reintegração e uma indemnização calculada nos termos do nº 3 do artigo 392º

5 – Em caso de sanção pecuniária ou suspensão do trabalho, a indemnização não deve ser inferior a 10 vezes a importância daquela ou da retribuição perdida.

6 – O empregador que aplique sanção abusiva no caso previsto na alínea *c*) do nº 1 deve indemnizar o trabalhador nos seguintes termos:

a) Os mínimos a que se refere o número anterior são elevados para o dobro;

b) Em caso de despedimento, a indemnização não deve ser inferior ao valor da retribuição base e diuturnidades correspondentes a 12 meses.

7 – Constitui contraordenação muito grave a aplicação de sanção abusiva.

(Redação dada pela Lei nº 93/2019, de 04-09)

ARTIGO 332º – Registo de sanções disciplinares

1 – O empregador deve ter um registo actualizado das sanções disciplinares, feito por forma que permita facilmente a verificação do cumprimento das disposições aplicáveis, nomeadamente por parte das autoridades competentes que solicitem a sua consulta.

2 – Constitui contra-ordenação leve a violação do disposto no número anterior.

SECÇÃO IV – Garantias de créditos do trabalhador

ARTIGO 333º – Privilégios creditórios

1 – Os créditos do trabalhador emergentes de contrato de trabalho, ou da sua violação ou cessação gozam dos seguintes privilégios creditórios:

a) Privilégio mobiliário geral;

b) Privilégio imobiliário especial sobre bem imóvel do empregador no qual o trabalhador presta a sua actividade.

2 – A graduação dos créditos faz-se pela ordem seguinte:

a) O crédito com privilégio mobiliário geral é graduado antes de crédito referido no nº 1 do artigo 747º do Código Civil;

b) O crédito com privilégio imobiliário especial é graduado antes de crédito referido no artigo 748º do Código Civil e de crédito relativo a contribuição para a segurança social.

ARTIGO 334º – Responsabilidade solidária de sociedade em relação de participações recíprocas, de domínio ou de grupo*

Por crédito emergente de contrato de trabalho, ou da sua violação ou cessação, vencido há mais de três meses, respondem solidariamente o empregador e sociedade que com este se encontre em relação de participações recíprocas, de domínio ou de grupo, nos termos previstos nos artigos 481º e seguintes do Código das Sociedades Comerciais.

ARTIGO 335º – Responsabilidade de sócio, gerente, administrador ou director

1 – O sócio que, só por si ou juntamente com outros a quem esteja ligado por acordos parassociais, se encontre numa das situações previstas no artigo 83º do Código

* Pelo Acórdão do Tribunal Constitucional nº 272/2021, publicado no DR nº 129, Série I, de 06-07-2021, é declarada a inconstitucionalidade, com força obrigatória geral, da interpretação conjugada das normas contidas no artigo 334º do Código do Trabalho e no artigo 481º, nº 2, proémio, do Código das Sociedades Comerciais, na parte em que impede a responsabilidade solidária da sociedade com sede fora de território nacional, em relação de participações recíprocas, de domínio ou de grupo com uma sociedade portuguesa, pelos créditos emergentes da relação de trabalho subordinado estabelecida com esta, ou da sua rutura.

das Sociedades Comerciais, responde nos termos do artigo anterior, desde que se verifiquem os pressupostos dos artigos 78º, 79º e 83º daquele diploma e pelo modo neles estabelecido.

2 – O gerente, administrador ou director responde nos termos previstos no artigo anterior, desde que se verifiquem os pressupostos dos artigos 78º e 79º do Código das Sociedades Comerciais e pelo modo neles estabelecido.

ARTIGO 336º - Fundo de Garantia Salarial

O pagamento de créditos de trabalhador emergentes de contrato de trabalho, ou da sua violação ou cessação, que não possam ser pagos pelo empregador por motivo de insolvência ou de situação económica difícil, é assegurado pelo Fundo de Garantia Salarial, nos termos previstos em legislação específica.

SECÇÃO V – Prescrição e prova

ARTIGO 337º - Prescrição e prova de crédito

1 – O crédito de empregador ou de trabalhador emergente de contrato de trabalho, da sua violação ou cessação prescreve decorrido um ano a partir do dia seguinte àquele em que cessou o contrato de trabalho.

2 – O crédito correspondente a compensação por violação do direito a férias, indemnização por aplicação de sanção abusiva ou pagamento de trabalho suplementar, vencido há mais de cinco anos, só pode ser provado por documento idóneo.

3 – O crédito de trabalhador, referido no nº 1, não é suscetível de extinção por meio de remissão abdicativa, salvo através de transação judicial.

(Redação dada pela Lei nº 13/2023, de 03-04)

CAPÍTULO VII – Cessação de contrato de trabalho

SECÇÃO I – Disposições gerais sobre cessação de contrato de trabalho

ARTIGO 338º - Proibição de despedimento sem justa causa

É proibido o despedimento sem justa causa ou por motivos políticos ou ideológicos.

ARTIGO 338º-A - Proibição do recurso à terceirização de serviços

1 – Não é permitido recorrer à aquisição de serviços externos a entidade terceira para satisfação de necessidades que foram asseguradas por trabalhador cujo contrato tenha cessado nos 12 meses anteriores por despedimento coletivo ou despedimento por extinção de posto de trabalho.

2 – A violação do disposto no número anterior constitui contraordenação muito grave imputável ao beneficiário da aquisição de serviços.

(Aditado pela Lei nº 13/2023, de 03-04)

ARTIGO 339º - Imperatividade do regime de cessação do contrato de trabalho

1 – O regime estabelecido no presente capítulo não pode ser afastado por instrumento de regulamentação colectiva de trabalho ou por contrato de trabalho, salvo o disposto nos números seguintes ou em outra disposição legal.

2 – Os critérios de definição de indemnizações e os prazos de procedimento e de aviso prévio consagrados neste capítulo podem ser regulados por instrumento de regulamentação colectiva de trabalho.

3 – Os valores de indemnizações podem, dentro dos limites deste Código, ser regulados por instrumento de regulamentação colectiva de trabalho.

ARTIGO 340º - Modalidades de cessação do contrato de trabalho

Para além de outras modalidades legalmente previstas, o contrato de trabalho pode cessar por:

a) Caducidade;

b) Revogação;

c) Despedimento por facto imputável ao trabalhador;

d) Despedimento colectivo;

e) Despedimento por extinção de posto de trabalho;

f) Despedimento por inadaptação;

g) Resolução pelo trabalhador;

h) Denúncia pelo trabalhador.

ARTIGO 341º - Documentos a entregar ao trabalhador

1 – Cessando o contrato de trabalho, o empregador deve entregar ao trabalhador:

a) Um certificado de trabalho, indicando as datas de admissão e de cessação, bem como o cargo ou cargos desempenhados;

b) Outros documentos destinados a fins oficiais, designadamente os previstos na legislação de segurança social, que deva emitir mediante solicitação.

2 – O certificado de trabalho só pode conter outras referências a pedido do trabalhador.

3 – Constitui contra-ordenação leve a violação do disposto neste artigo.

ARTIGO 342º - Devolução de instrumentos de trabalho

Cessando o contrato de trabalho, o trabalhador deve devolver imediatamente ao empregador os instrumentos de trabalho e quaisquer outros objectos pertencentes a este, sob pena de incorrer em responsabilidade civil pelos danos causados.

SECÇÃO II - **Caducidade de contrato de trabalho**

ARTIGO 343º - Causas de caducidade de contrato de trabalho

O contrato de trabalho caduca nos termos gerais, nomeadamente:

a) Verificando-se o seu termo;

b) Por impossibilidade superveniente, absoluta e definitiva, de o trabalhador prestar o seu trabalho ou de o empregador o receber;

c) Com a reforma do trabalhador, por velhice ou invalidez.

ARTIGO 344º - Caducidade de contrato de trabalho a termo certo

1 – O contrato de trabalho a termo certo caduca no final do prazo estipulado, ou da sua renovação, desde que o empregador ou o trabalhador comunique à outra parte a vontade de o fazer cessar, por escrito, respectivamente, 15 ou oito dias antes de o prazo expirar.

2 – Em caso de caducidade de contrato de trabalho a termo certo por verificação do seu termo, o trabalhador tem direito a compensação correspondente a 24 dias de retribuição base e diuturnidades por cada ano completo de antiguidade, calculada nos termos do artigo 366º, salvo se a caducidade decorrer de declaração do trabalhador nos termos do número anterior.

3 – *(Revogado.)*

4 – *(Revogado.)*

5 – Constitui contraordenação grave a violação do disposto no nº 2.

(Redação dada pela Lei nº 13/2023, de 03-04)

ARTIGO 345º - Caducidade de contrato de trabalho a termo incerto

1 – O contrato de trabalho a termo incerto caduca quando, prevendo-se a ocorrência do termo, o empregador comunique a cessação do mesmo ao trabalhador, com a antecedência mínima de sete, 30 ou 60 dias conforme o contrato tenha durado até seis meses, de seis meses a dois anos ou por período superior.

2 – Tratando-se de situação prevista na alínea *e*) ou *h*) do nº 2 do artigo 140º que dê lugar à contratação de vários trabalhadores, a comunicação a que se refere o número anterior deve ser feita, sucessivamente, a partir da verificação da diminuição gradual da respectiva ocupação, em consequência da normal redução da actividade, tarefa ou obra para que foram contratados.

3 – Na falta da comunicação a que se refere o nº 1, o empregador deve pagar ao trabalhador o valor da retribuição correspondente ao período de aviso prévio em falta.

4 – Em caso de caducidade de contrato de trabalho a termo incerto, o trabalhador tem direito a compensação correspondente a 24 dias de retribuição base e diuturnidades por cada ano completo de antiguidade.

5 – A compensação prevista no número anterior é calculada nos termos do artigo 366º

6 – Constitui contraordenação grave a violação do disposto no nº 4.

(Redação dada pela Lei nº 13/2023, de 03-04)

ARTIGO 346º - Morte de empregador, extinção de pessoa colectiva ou encerramento de empresa

1 – A morte de empregador em nome individual faz caducar o contrato de trabalho na data do encerramento da empresa, salvo se o sucessor do falecido continuar a actividade para que o trabalhador se encontra contratado, ou se verificar a transmissão da empresa ou estabelecimento.

2 – A extinção de pessoa colectiva empregadora, quando não se verifique a transmissão da empresa ou estabelecimento, determina a caducidade do contrato de trabalho.

3 – O encerramento total e definitivo de empresa determina a caducidade do contrato de trabalho, devendo seguir-se o procedimento previsto nos artigos 360º e seguintes, com as necessárias adaptações.

4 – O disposto no número anterior não se aplica a microempresas, de cujo encerramento o trabalhador deve ser informado com a antecedência prevista nos nºs 1 e 2 do artigo 363º

5 – Verificando-se a caducidade do contrato em caso previsto num dos números anteriores, o trabalhador tem direito a compensação calculada nos termos do artigo 366º, pela qual responde o património da empresa.

6 – *(Revogado.)*

7 – Constitui contraordenação grave a violação do disposto no nº 5.

(Redação dada pela Lei nº 23/2012, de 25-06)

ARTIGO 347º – Insolvência e recuperação de empresa

1 – A declaração judicial de insolvência do empregador não faz cessar o contrato de trabalho, devendo o administrador da insolvência continuar a satisfazer integralmente as obrigações para com os trabalhadores enquanto o estabelecimento não for definitivamente encerrado.

2 – Antes do encerramento definitivo do estabelecimento, o administrador da insolvência pode fazer cessar o contrato de trabalho de trabalhador cuja colaboração não seja indispensável ao funcionamento da empresa.

3 – A cessação de contratos de trabalho decorrente do encerramento do estabelecimento ou realizada nos termos do nº 2 deve ser antecedida de procedimento previsto nos artigos 360º e seguintes, com as necessárias adaptações.

4 – O disposto no número anterior não se aplica a microempresas.

5 – Na situação referida no nº 2, o trabalhador tem direito à compensação prevista no artigo 366º

6 – O disposto no nº 3 aplica-se em caso de processo de insolvência que possa determinar o encerramento do estabelecimento.

7 – Constitui contraordenação grave a violação do disposto no nº 5.

(Redação dada pela Lei nº 23/2012, de 25-06)

ARTIGO 348º – Conversão em contrato a termo após reforma por velhice ou idade de 70 anos

1 – Considera-se a termo o contrato de trabalho de trabalhador que permaneça ao serviço decorridos 30 dias sobre o conhecimento, por ambas as partes, da sua reforma por velhice.

2 – No caso previsto no número anterior, o contrato fica sujeito ao regime definido neste Código para o contrato a termo resolutivo, com as necessárias adaptações e as seguintes especificidades:

a) É dispensada a redução do contrato a escrito;

b) O contrato vigora pelo prazo de seis meses, renovando-se por períodos iguais e sucessivos, sem sujeição a limites máximos;

c) A caducidade do contrato fica sujeita a aviso prévio de 60 ou 15 dias, consoante a iniciativa pertença ao empregador ou ao trabalhador;

d) A caducidade não determina o pagamento de qualquer compensação ao trabalhador.

3 – O disposto nos números anteriores é aplicável a contrato de trabalho de trabalhador que atinja 70 anos de idade sem ter havido reforma.

SECÇÃO III – Revogação de contrato de trabalho

ARTIGO 349º – Cessação de contrato de trabalho por acordo

1 – O empregador e o trabalhador podem fazer cessar o contrato de trabalho por acordo.

2 – O acordo de revogação deve constar de documento assinado por ambas as partes, ficando cada uma com um exemplar.

3 – O documento deve mencionar expressamente a data de celebração do acordo e a do início da produção dos respetivos efeitos, bem como o prazo legal para o exercício do direito de fazer cessar o acordo de revogação.

4 – As partes podem, simultaneamente, acordar outros efeitos, dentro dos limites da lei.

5 – Se, no acordo ou conjuntamente com este, as partes estabelecerem uma compensação pecuniária global para o trabalhador, presume-se que esta inclui os créditos vencidos à data da cessação do contrato ou exigíveis em virtude desta.

6 – Constitui contra-ordenação leve a violação do disposto nos nºs 2 ou 3.

(Redação dada pela Lei nº 73/2017, de 16-08)

ARTIGO 350º – Cessação do acordo de revogação

1 – O trabalhador pode fazer cessar o acordo de revogação do contrato de trabalho mediante comunicação escrita dirigida ao empregador, até ao sétimo dia seguinte à data da respectiva celebração.

2 – O trabalhador, caso não possa assegurar a recepção da comunicação no prazo previsto no número anterior, deve remetê-la por carta registada com aviso de recepção, no dia útil subsequente ao fim do prazo.

3 – A cessação prevista no nº 1 só é eficaz se, em simultâneo com a comunicação, o trabalhador entregar ou puser, por qualquer forma, à disposição do empregador a totalidade do montante das compensações pecuniárias pagas em cumprimento do acordo, ou por efeito da cessação do contrato de trabalho.

4 – Exceptua-se do disposto nos números anteriores o acordo de revogação devidamente datado e cujas assinaturas sejam objecto de reconhecimento notarial presencial, nos termos da lei.

SECÇÃO IV – Despedimento por iniciativa do empregador

SUBSECÇÃO I – Modalidades de despedimento

DIVISÃO I – Despedimento por facto imputável ao trabalhador

ARTIGO 351º – Noção de justa causa de despedimento

1 – Constitui justa causa de despedimento o comportamento culposo do trabalhador que, pela sua gravidade e consequências, torne imediata e praticamente impossível a subsistência da relação de trabalho.

2 – Constituem, nomeadamente, justa causa de despedimento os seguintes comportamentos do trabalhador:

a) Desobediência ilegítima às ordens dadas por responsáveis hierarquicamente superiores;

b) Violação de direitos e garantias de trabalhadores da empresa;

c) Provocação repetida de conflitos com trabalhadores da empresa;

d) Desinteresse repetido pelo cumprimento, com a diligência devida, de obrigações inerentes ao exercício do cargo ou posto de trabalho a que está afecto;

e) Lesão de interesses patrimoniais sérios da empresa;

f) Falsas declarações relativas à justificação de faltas;

g) Faltas não justificadas ao trabalho que determinem directamente prejuízos ou riscos graves para a empresa, ou cujo número atinja, em cada ano civil, cinco seguidas ou 10 interpoladas, independentemente de prejuízo ou risco;

h) Falta culposa de observância de regras de segurança e saúde no trabalho;

i) Prática, no âmbito da empresa, de violências físicas, injúrias ou outras ofensas punidas por lei sobre trabalhador da empresa, elemento dos corpos sociais ou empregador individual não pertencente a estes, seus delegados ou representantes;

j) Sequestro ou em geral crime contra a liberdade das pessoas referidas na alínea anterior;

l) Incumprimento ou oposição ao cumprimento de decisão judicial ou administrativa;

m) Reduções anormais de produtividade.

3 – Na apreciação da justa causa, deve atender-se, no quadro de gestão da empresa, ao grau de lesão dos interesses do empregador, ao carácter das relações entre as partes ou entre o trabalhador e os seus companheiros e às demais circunstâncias que no caso sejam relevantes.

ARTIGO 352º – Inquérito prévio

Caso o procedimento prévio de inquérito seja necessário para fundamentar a nota de culpa, o seu início interrompe a contagem dos prazos estabelecidos nos nºs 1 ou 2 do artigo 329º, desde que ocorra nos 30 dias seguintes à suspeita de comportamentos irregulares, o procedimento seja conduzido de forma diligente e a nota de culpa seja notificada até 30 dias após a conclusão do mesmo.

ARTIGO 353º - Nota de culpa

1 – No caso em que se verifique algum comportamento susceptível de constituir justa causa de despedimento, o empregador comunica, por escrito, ao trabalhador que o tenha praticado a intenção de proceder ao seu despedimento, juntando nota de culpa com a descrição circunstanciada dos factos que lhe são imputados.

2 – Na mesma data, o empregador remete cópias da comunicação e da nota de culpa à comissão de trabalhadores e, caso o trabalhador seja representante sindical, à associação sindical respectiva.

3 – A notificação da nota de culpa ao trabalhador interrompe a contagem dos prazos estabelecidos nos nºs 1 ou 2 do artigo 329º

4 – Constitui contra-ordenação grave, ou muito grave no caso de representante sindical, o despedimento de trabalhador com violação do disposto nos nºs 1 ou 2.

ARTIGO 354º - Suspensão preventiva de trabalhador

1 – Com a notificação da nota de culpa, o empregador pode suspender preventivamente o trabalhador cuja presença na empresa se mostrar inconveniente, mantendo o pagamento da retribuição.

2 – A suspensão a que se refere o número anterior pode ser determinada nos 30 dias anteriores à notificação, desde que o empregador justifique, por escrito, que, tendo em conta indícios de factos imputáveis ao trabalhador, a presença deste na empresa é inconveniente, nomeadamente para a averiguação de tais factos, e que ainda não foi possível elaborar a nota de culpa.

3 – Constitui contraordenação grave a violação do disposto no número anterior. *(Redação dada pela Lei nº 13/2023, de 03-04)*

ARTIGO 355º - Resposta à nota de culpa

1 – O trabalhador dispõe de 10 dias úteis para consultar o processo e responder à nota de culpa, deduzindo por escrito os elementos que considera relevantes para esclarecer os factos e a sua participação nos mesmos, podendo juntar documentos e solicitar as diligências probatórias que se mostrem pertinentes para o esclarecimento da verdade.

2 – Constitui contra-ordenação grave, ou muito grave no caso de representante sindical, o despedimento de trabalhador com violação do disposto no número anterior.

ARTIGO 356º - Instrução

1 – O empregador, por si ou através de instrutor que tenha nomeado, deve realizar as diligências probatórias requeridas na resposta à nota de culpa, a menos que as considere patentemente dilatórias ou impertinentes, devendo neste caso alegá-lo fundamentadamente por escrito.

2 – *(Revogado.)*

3 – O empregador não é obrigado a proceder à audição de mais de três testemunhas por cada facto descrito na nota de culpa, nem mais de 10 no total.

4 – O trabalhador deve assegurar a comparência das testemunhas que indicar.

5 – Após a conclusão das diligências probatórias, o empregador apresenta cópia integral do processo à comissão de trabalhadores e, caso o trabalhador seja representante sindical, à associação sindical respetiva, que podem, no prazo de cinco dias úteis, fazer juntar ao processo o seu parecer fundamentado.

6 – Para efeito do número anterior, o trabalhador pode comunicar ao empregador, nos três dias úteis posteriores à recepção da nota de culpa, que o parecer sobre o processo é emitido por determinada associação sindical, não havendo neste caso lugar a apresentação de cópia do processo à comissão de trabalhadores.

7 – Constitui contraordenação grave, ou muito grave no caso de representante sindical, o despedimento de trabalhador com violação do disposto nos nºs 1, 5 e 6.

(Redação dada pela Lei nº 23/2012, de 25-06)

ARTIGO 357º - Decisão de despedimento por facto imputável ao trabalhador

1 – Recebidos os pareceres referidos no nº 5 do artigo anterior ou decorrido o prazo para o efeito, o empregador dispõe de 30 dias para proferir a decisão de despedimento, sob pena de caducidade do direito de aplicar a sanção.

2 – Quando não exista comissão de trabalhadores e o trabalhador não seja representante sindical, o prazo referido no número anterior conta-se a partir da data da conclusão da última diligência de instrução.

3 – *(Revogado.)*

4 – Na decisão são ponderadas as circunstâncias do caso, nomeadamente as referidas no nº 3 do artigo 351º, a adequação do despedimento à culpabilidade do trabalhador e os pareceres dos representantes dos trabalhadores, não podendo ser invocados factos não constantes da nota de culpa ou da resposta do trabalhador, salvo se atenuarem a responsabilidade.

5 – A decisão deve ser fundamentada e constar de documento escrito.

6 – A decisão é comunicada, por cópia ou transcrição, ao trabalhador, à comissão de trabalhadores, ou à associação sindical respectiva, caso aquele seja representante sindical ou na situação a que se refere o nº 6 do artigo anterior.

7 – A decisão determina a cessação do contrato logo que chega ao poder do trabalhador ou é dele conhecida ou, ainda, quando só por culpa do trabalhador não foi por ele oportunamente recebida.

8 – Constitui contraordenação grave, ou muito grave no caso de representante sindical, o despedimento de trabalhador com violação do disposto nos nºs 1, 2 e 5 a 7.

(Redação dada pela Lei nº 23/2012, de 25-06)

ARTIGO 358º - Procedimento em caso de microempresa

1 – No procedimento de despedimento em microempresa, caso o trabalhador não seja membro de comissão de trabalhadores ou representante sindical, são dispensadas as formalidades previstas no nº 2 do artigo 353º, no nº 5 do artigo 356º e nos nºs 1, 2 e 6 do artigo anterior sendo aplicável o disposto nos números seguintes.

2 – Na ponderação e fundamentação da decisão é aplicável o disposto no nº 4 do artigo anterior, com exceção da referência a pareceres de representantes dos trabalhadores.

3 – O empregador pode proferir a decisão dentro dos seguintes prazos:

a) Se o trabalhador não responder à nota de culpa, 30 dias a contar do termo do prazo para resposta à mesma;

b) 30 dias a contar da conclusão da última diligência;

c) *(Revogada.)*

4 – Se o empregador não proferir a decisão até ao termo do prazo referido em qualquer das alíneas do número anterior, o direito de aplicar a sanção caduca.

5 – A decisão é comunicada, por cópia ou transcrição, ao trabalhador.

6 – Constitui contra-ordenação grave a violação do disposto nos nºs 3 ou 5.

(Redação dada pela Lei nº 23/2012, de 25-06)

DIVISÃO II – Despedimento colectivo

ARTIGO 359º – Noção de despedimento colectivo

1 – Considera-se despedimento colectivo a cessação de contratos de trabalho promovida pelo empregador e operada simultânea ou sucessivamente no período de três meses, abrangendo, pelo menos, dois ou cinco trabalhadores, conforme se trate, respectivamente, de microempresa ou de pequena empresa, por um lado, ou de média ou grande empresa, por outro, sempre que aquela ocorrência se fundamente em encerramento de uma ou várias secções ou estrutura equivalente ou redução do número de trabalhadores determinada por motivos de mercado, estruturais ou tecnológicos.

2 – Para efeitos do disposto no número anterior consideram-se, nomeadamente:

a) Motivos de mercado – redução da actividade da empresa provocada pela diminuição previsível da procura de bens ou serviços ou impossibilidade superveniente, prática ou legal, de colocar esses bens ou serviços no mercado;

b) Motivos estruturais – desequilíbrio económico-financeiro, mudança de actividade, reestruturação da organização produtiva ou substituição de produtos dominantes;

c) Motivos tecnológicos – alterações nas técnicas ou processos de fabrico, automatização de instrumentos de produção, de controlo ou de movimentação de cargas, bem como informatização de serviços ou automatização de meios de comunicação.

ARTIGO 360º – Comunicações em caso de despedimento colectivo

1 – O empregador que pretenda proceder a um despedimento colectivo comunica essa intenção, por escrito, à comissão de trabalhadores ou, na sua falta, à comissão intersindical ou às comissões sindicais da empresa representativas dos trabalhadores a abranger.

2 – Da comunicação a que se refere o número anterior devem constar:

a) Os motivos invocados para o despedimento colectivo;

b) O quadro de pessoal, discriminado por sectores organizacionais da empresa;

c) Os critérios para selecção dos trabalhadores a despedir;

d) O número de trabalhadores a despedir e as categorias profissionais abrangidas;

e) O período de tempo no decurso do qual se pretende efectuar o despedimento;

f) O método de cálculo de compensação a conceder genericamente aos trabalhadores a despedir, se for caso disso, sem prejuízo da compensação estabelecida no artigo 366º ou em instrumento de regulamentação coletiva de trabalho.

3 – Na falta das entidades referidas no nº 1:

a) O empregador comunica a intenção de proceder ao despedimento coletivo, por escrito, a cada um dos trabalhadores que possam ser abrangidos.

b) Os trabalhadores abrangidos pelo despedimento coletivo podem designar, de entre eles, no prazo de cinco dias úteis a contar da receção da comunicação, uma comissão representativa com o máximo de três ou cinco membros, consoante o despedimento abranja até cinco ou mais trabalhadores.

4 – No caso previsto no número anterior, o empregador envia à comissão neste referida os elementos de informação discriminados no nº 2.

5 – O empregador, na data em que procede à comunicação prevista nos nºs 1, 3 ou 4, envia cópia da mesma ao serviço do ministério responsável pela área laboral com competência para o acompanhamento e fomento da contratação coletiva.

6 – Constitui contraordenação grave o despedimento efetuado com violação do disposto nos nºs 1 a 5.

(Redação dada pela Lei nº 13/2023, de 03-04)

ARTIGO 361º – Informações e negociação em caso de despedimento colectivo

1 – Nos cinco dias posteriores à data do acto previsto nos nºs 1 ou 4 do artigo anterior, o empregador promove uma fase de informações e negociação com a estrutura representativa dos trabalhadores, com vista a um acordo sobre a dimensão e efeitos das medidas a aplicar e, bem assim, de outras medidas que reduzam o número de trabalhadores a despedir, designadamente:

a) Suspensão de contratos de trabalho;

b) Redução de períodos normais de trabalho;

c) Reconversão ou reclassificação profissional;

d) Reforma antecipada ou pré-reforma.

2 – A aplicação de medida prevista na alínea *a*) ou *b*) do número anterior a trabalhadores abrangidos por procedimento de despedimento colectivo não está sujeita ao disposto nos artigos 299º e 300º

3 – A aplicação de medida prevista na alínea *c*) ou *d*) do nº 1 depende de acordo do trabalhador.

4 – O empregador e a estrutura representativa dos trabalhadores podem fazer-se assistir cada qual por um perito nas reuniões da fase de informações e negociação.

5 – Deve ser elaborada ata das reuniões da fase de informações e negociação, contendo a matéria acordada, bem como as posições divergentes das partes e as opiniões, sugestões e propostas de cada uma.

6 – Constitui contra-ordenação grave o despedimento efectuado com violação do disposto nos nºs 1 ou 3.

(Redação dada pela Lei nº 13/2023, de 03-04)

ARTIGO 362º - Intervenção do ministério responsável pela área laboral

1 - O serviço do ministério responsável pela área laboral com competência para o acompanhamento e fomento da contratação coletiva participa na fase de informações e negociação prevista no artigo anterior, com vista a promover a regularidade da sua instrução substantiva e procedimental e a conciliação dos interesses das partes.

2 - O serviço referido no número anterior, caso exista irregularidade da instrução substantiva e procedimental, deve advertir o empregador e, se a mesma persistir, fazer constar essa menção da ata das reuniões da fase de informações e negociação.

3 - A pedido de qualquer das partes ou por iniciativa do serviço referido no número anterior, os serviços regionais do emprego e da formação profissional e da segurança social indicam as medidas a aplicar, nas respectivas áreas, de acordo com o enquadramento legal das soluções que sejam adoptadas.

4 - Constitui contraordenação grave o impedimento à participação do serviço competente nas reuniões da fase de informações e negociação referida no nº 1.

(Redação dada pela Lei nº 13/2023, de 03-04)

ARTIGO 363º - Decisão de despedimento colectivo

1 - Celebrado o acordo ou, na falta deste, após terem decorrido 15 dias sobre a prática do ato referido nos nºs 1, 3 ou 4 do artigo 360º, o empregador comunica a cada trabalhador abrangido a decisão de despedimento, com menção expressa do motivo e da data de cessação do contrato e indicação do montante, forma, momento e lugar de pagamento da compensação, dos créditos vencidos e dos exigíveis por efeito da cessação do contrato de trabalho, por escrito e com antecedência mínima, relativamente à data da cessação, de:

a) 15 dias, no caso de trabalhador com antiguidade inferior a um ano;

b) 30 dias, no caso de trabalhador com antiguidade igual ou superior a um ano e inferior a cinco anos;

c) 60 dias, no caso de trabalhador com antiguidade igual ou superior a cinco anos e inferior a 10 anos;

d) 75 dias, no caso de trabalhador com antiguidade igual ou superior a 10 anos.

2 - No caso de o despedimento abranger ambos os cônjuges ou pessoas que vivam em união de facto, a comunicação prevista no número anterior deverá ser feita com a antecedência mínima prevista no escalão imediatamente superior ao que seria aplicável se apenas um deles integrasse o despedimento.

3 - Na data em que envia a comunicação aos trabalhadores, o empregador remete:

a) Ao serviço do ministério responsável pela área laboral com competência para o acompanhamento e fomento da contratação coletiva, a ata das reuniões da fase de informações e negociação ou, na sua falta, informação sobre a justificação de tal falta, as razões que obstaram ao acordo e as posições finais das partes, bem como relação de que conste o nome de cada trabalhador, morada, datas de nascimento e de admissão na empresa, situação perante a segurança social, profissão, categoria, retribuição, a medida decidida e a data prevista para a sua aplicação;

b) À estrutura representativa dos trabalhadores, cópia da relação referida na alínea anterior.

4 – Não sendo observado o prazo mínimo de aviso prévio, o contrato cessa decorrido o período de aviso prévio em falta a contar da comunicação de despedimento, devendo o empregador pagar a retribuição correspondente a este período.

5 – O pagamento da compensação, dos créditos vencidos e dos exigíveis por efeito da cessação do contrato de trabalho deve ser efectuado até ao termo do prazo de aviso prévio, salvo em situação prevista no artigo 347º ou regulada em legislação especial sobre recuperação de empresas e reestruturação de sectores económicos.

6 – Constitui contraordenação grave o despedimento efetuado com violação do disposto nos nºs 1, 2, 3 ou 5.

(Redação dada pela Lei nº 13/2023, de 03-04)

ARTIGO 364º – Crédito de horas durante o aviso prévio

1 – Durante o prazo de aviso prévio, o trabalhador tem direito a um crédito de horas correspondente a dois dias de trabalho por semana, sem prejuízo da retribuição.

2 – O crédito de horas pode ser dividido por alguns ou todos os dias da semana, por iniciativa do trabalhador.

3 – O trabalhador deve comunicar ao empregador a utilização do crédito de horas, com três dias de antecedência, salvo motivo atendível.

4 – Constitui contra-ordenação leve a violação do disposto neste artigo.

ARTIGO 365º – Denúncia do contrato pelo trabalhador durante o aviso prévio

Durante o prazo de aviso prévio, o trabalhador pode denunciar o contrato de trabalho, mediante declaração com a antecedência mínima de três dias úteis, mantendo o direito a compensação.

ARTIGO 366º – Compensação por despedimento colectivo

1 – Em caso de despedimento coletivo, o trabalhador tem direito a compensação correspondente a 14 dias de retribuição base e diuturnidades por cada ano completo de antiguidade.

2 – A compensação prevista no número anterior é determinada do seguinte modo:

a) O valor da retribuição base mensal e diuturnidades do trabalhador a considerar para efeitos de cálculo da compensação não pode ser superior a 20 vezes a retribuição mínima mensal garantida;

b) O montante global da compensação não pode ser superior a 12 vezes a retribuição base mensal e diuturnidades do trabalhador ou, quando seja aplicável o limite previsto na alínea anterior, a 240 vezes a retribuição mínima mensal garantida;

c) O valor diário de retribuição base e diuturnidades é o resultante da divisão por 30 da retribuição base mensal e diuturnidades;

d) Em caso de fração de ano, o montante da compensação é calculado proporcionalmente.

3 – O empregador é responsável pelo pagamento da totalidade da compensação, sem prejuízo do direito do trabalhador a acionar o FGCT, nos termos previstos em legislação específica.

4 – Presume-se que o trabalhador aceita o despedimento quando recebe do empregador a totalidade da compensação prevista neste artigo.

5 – A presunção referida no número anterior pode ser ilidida desde que, em simultâneo, o trabalhador entregue ou ponha, por qualquer forma, a totalidade da compensação paga pelo empregador à disposição deste último.

6 – Nos casos de contrato de trabalho a termo e de contrato de trabalho temporário, o trabalhador tem direito a compensação prevista no nº 2 do artigo 344º e do nº 4 do artigo 345º, consoante os casos, aplicando-se, ainda, o disposto nos nºs 2 a 5 do presente artigo.

7 – Constitui contraordenação grave a violação do disposto nos nºs 1, 2, 3 e 6.
(Redação dada pela Lei nº 13/2023, de 03-04)

ARTIGO 366º-A – Compensação para novos contratos de trabalho
(Revogado pela Lei nº 23/2012, de 25-06)

DIVISÃO III – Despedimento por extinção de posto de trabalho

ARTIGO 367º – Noção de despedimento por extinção de posto de trabalho

1 – Considera-se despedimento por extinção de posto de trabalho a cessação de contrato de trabalho promovida pelo empregador e fundamentada nessa extinção, quando esta seja devida a motivos de mercado, estruturais ou tecnológicos, relativos à empresa.

2 – Entende-se por motivos de mercado, estruturais ou tecnológicos os como tal referidos no nº 2 do artigo 359º

ARTIGO 368º – Requisitos de despedimento por extinção de posto de trabalho

1 – O despedimento por extinção de posto de trabalho só pode ter lugar desde que se verifiquem os seguintes requisitos:

a) Os motivos indicados não sejam devidos a conduta culposa do empregador ou do trabalhador;

b) Seja praticamente impossível a subsistência da relação de trabalho;

c) Não existam, na empresa, contratos de trabalho a termo para tarefas correspondentes às do posto de trabalho extinto;

d) Não seja aplicável o despedimento colectivo.

2 – Havendo na secção ou estrutura equivalente uma pluralidade de postos de trabalho de conteúdo funcional idêntico, para determinação do posto de trabalho a extinguir, a decisão do empregador deve observar, por referência aos respetivos titulares, a seguinte ordem de critérios relevantes e não discriminatórios:

a) Pior avaliação de desempenho, com parâmetros previamente conhecidos pelo trabalhador;

b) Menores habilitações académicas e profissionais;

c) Maior onerosidade pela manutenção do vínculo laboral do trabalhador para a empresa;

d) Menor experiência na função;

e) Menor antiguidade na empresa.

3 – O trabalhador que, nos três meses anteriores ao início do procedimento para despedimento, tenha sido transferido para posto de trabalho que venha a ser extinto, tem direito a ser reafectado ao posto de trabalho anterior caso ainda exista, com a mesma retribuição base.

4 – Para efeito da alínea *b*) do nº 1, uma vez extinto o posto de trabalho, considera-se que a subsistência da relação de trabalho é praticamente impossível quando o empregador não disponha de outro compatível com a categoria profissional do trabalhador.

5 – O despedimento por extinção do posto de trabalho só pode ter lugar desde que, até ao termo do prazo de aviso prévio, seja posta à disposição do trabalhador a compensação devida, bem como os créditos vencidos e os exigíveis por efeito da cessação do contrato de trabalho.

6 – Constitui contra-ordenação grave o despedimento com violação do disposto nas alíneas *c*) e *d*) do nº 1 e nos nºs 2 ou 3.

(Redação dada pela Lei nº 27/2014, de 08-05)

ARTIGO 369º – Comunicações em caso de despedimento por extinção de posto de trabalho

1 – No caso de despedimento por extinção de posto de trabalho, o empregador comunica, por escrito, à comissão de trabalhadores ou, na sua falta, à comissão intersindical ou comissão sindical, ao trabalhador envolvido e ainda, caso este seja representante sindical, à associação sindical respectiva:

a) A necessidade de extinguir o posto de trabalho, indicando os motivos justificativos e a secção ou unidade equivalente a que respeita;

b) A necessidade de despedir o trabalhador afecto ao posto de trabalho a extinguir e a sua categoria profissional;

c) Os critérios para seleção dos trabalhadores a despedir.

2 – Constitui contra-ordenação grave o despedimento efectuado com violação do disposto no número anterior.

(Redação dada pela Lei nº 23/2012, de 25-06)

ARTIGO 370º – Consultas em caso de despedimento por extinção de posto de trabalho

1 – Nos 15 dias posteriores à comunicação prevista no artigo anterior, a estrutura representativa dos trabalhadores, o trabalhador envolvido e ainda, caso este seja representante sindical, a associação sindical respetiva podem transmitir ao empregador o seu parecer fundamentado, nomeadamente sobre os motivos invocados, os requisitos previstos no nº 1 do artigo 368º ou os critérios a que se refere o nº 2 do mesmo artigo, e as alternativas que permitam atenuar os efeitos do despedimento.

2 – Qualquer trabalhador envolvido ou entidade referida no número anterior pode, nos cinco dias úteis posteriores à comunicação do empregador, solicitar ao serviço com competência inspetiva do ministério responsável pela área laboral a verificação dos requisitos previstos nas alíneas *c*) e *d*) do nº 1 e no nº 2 do artigo 368º, informando simultaneamente do facto o empregador.

3 – O serviço a que se refere o número anterior elabora e envia ao requerente e ao empregador relatório sobre a matéria sujeita a verificação, no prazo de sete dias após a recepção do requerimento.

(Redação dada pela Lei nº 93/2019, de 04-09)

ARTIGO 371º – Decisão de despedimento por extinção de posto de trabalho

1 – Decorridos cinco dias a contar do termo do prazo previsto no nº 1 do artigo anterior, ou, sendo caso disso, a contar da recepção do relatório a que se refere o nº 3 do mesmo artigo ou do termo do prazo para o seu envio, o empregador pode proceder ao despedimento.

2 – A decisão de despedimento é proferida por escrito, dela constando:

a) Motivo da extinção do posto de trabalho;

b) Confirmação dos requisitos previstos no nº 1 do artigo 368º;

c) Prova da aplicação dos critérios de determinação do posto de trabalho a extinguir, caso se tenha verificado oposição a esta;

d) Montante, forma, momento e lugar do pagamento da compensação e dos créditos vencidos e dos exigíveis por efeito da cessação do contrato de trabalho;

e) Data da cessação do contrato.

3 – O empregador comunica a decisão, por cópia ou transcrição, ao trabalhador, às entidades referidas no nº 1 do artigo 369º e, bem assim, ao serviço com competência inspectiva do ministério responsável pela área laboral, com antecedência mínima, relativamente à data da cessação, de:

a) 15 dias, no caso de trabalhador com antiguidade inferior a um ano;

b) 30 dias, no caso de trabalhador com antiguidade igual ou superior a um ano e inferior a cinco anos;

c) 60 dias, no caso de trabalhador com antiguidade igual ou superior a cinco anos e inferior a 10 anos;

d) 75 dias, no caso de trabalhador com antiguidade igual ou superior a 10 anos.

4 – O pagamento da compensação, dos créditos vencidos e dos exigíveis por efeito da cessação do contrato de trabalho deve ser efectuado até ao termo do prazo de aviso prévio.

5 – Constitui contraordenação grave o despedimento efetuado com violação do disposto nos nºs 1 e 2, assim como a falta de comunicação ao trabalhador referida no nº 3 e a falta de pagamento ao trabalhador no prazo referido no nº 4.

6 – Constitui contraordenação leve a falta de comunicação às entidades e ao serviço referidos no nº 3.

(Redação dada pela Lei nº 13/2023, de 03-04)

ARTIGO 372º – Direitos de trabalhador em caso de despedimento por extinção de posto de trabalho

Ao trabalhador despedido por extinção do posto de trabalho aplica-se o disposto no nº 4 e na primeira parte do nº 5 do artigo 363º e nos artigos 364º a 366º

(Redação dada pela Lei nº 23/2012, de 25-06)

DIVISÃO IV – Despedimento por inadaptação

ARTIGO 373º – Noção de despedimento por inadaptação

Considera-se despedimento por inadaptação a cessação de contrato de trabalho promovida pelo empregador e fundamentada em inadaptação superveniente do trabalhador ao posto de trabalho.

ARTIGO 374º – Situações de inadaptação

1 – A inadaptação verifica-se em qualquer das situações previstas nas alíneas seguintes, quando, sendo determinada pelo modo de exercício de funções do trabalhador, torne praticamente impossível a subsistência da relação de trabalho:

a) Redução continuada de produtividade ou de qualidade;

b) Avarias repetidas nos meios afectos ao posto de trabalho;

c) Riscos para a segurança e saúde do trabalhador, de outros trabalhadores ou de terceiros.

2 – Verifica-se ainda inadaptação de trabalhador afecto a cargo de complexidade técnica ou de direcção quando não se cumpram os objectivos previamente acordados, por escrito, em consequência do seu modo de exercício de funções e seja praticamente impossível a subsistência da relação de trabalho.

3 – O disposto nos números anteriores não prejudica a proteção conferida aos trabalhadores com capacidade de trabalho reduzida, deficiência ou doença crónica.

4 – A situação de inadaptação referida nos números anteriores não deve decorrer de falta de condições de segurança e saúde no trabalho imputável ao empregador.

(Redação dada pela Lei nº 23/2012, de 25-06)

ARTIGO 375º – Requisitos de despedimento por inadaptação

1 – O despedimento por inadaptação em situação referida no nº 1 do artigo anterior só pode ter lugar desde que, cumulativamente, se verifiquem os seguintes requisitos:

a) Tenham sido introduzidas modificações no posto de trabalho resultantes de alterações nos processos de fabrico ou de comercialização, de novas tecnologias ou equipamentos baseados em diferente ou mais complexa tecnologia, nos seis meses anteriores ao início do procedimento;

b) Tenha sido ministrada formação profissional adequada às modificações do posto de trabalho, por autoridade competente ou entidade formadora certificada;

c) Tenha sido facultado ao trabalhador, após a formação, um período de adaptação de, pelo menos, 30 dias, no posto de trabalho ou fora dele sempre que o exercício de funções naquele posto seja susceptível de causar prejuízos ou riscos para a segurança e saúde do trabalhador, de outros trabalhadores ou de terceiros;

d) Não exista na empresa outro posto de trabalho disponível e compatível com a categoria profissional do trabalhador;

e) *(Revogada.)*

2 – O despedimento por inadaptação na situação referida no nº 1 do artigo anterior, caso não tenha havido modificações no posto de trabalho, pode ter lugar desde que, cumulativamente, se verifiquem os seguintes requisitos:

a) Modificação substancial da prestação realizada pelo trabalhador, de que resultem, nomeadamente, a redução continuada de produtividade ou de qualidade, avarias repetidas nos meios afetos ao posto de trabalho ou riscos para a segurança e saúde do trabalhador, de outros trabalhadores ou de terceiros, determinados pelo modo do exercício das funções e que, em face das circunstâncias, seja razoável prever que tenham caráter definitivo;

b) O empregador informe o trabalhador, juntando cópia dos documentos relevantes, da apreciação da atividade antes prestada, com descrição circunstanciada dos factos, demonstrativa de modificação substancial da prestação, bem como de que se pode pronunciar por escrito sobre os referidos elementos em prazo não inferior a cinco dias úteis;

c) Após a resposta do trabalhador ou decorrido o prazo para o efeito, o empregador lhe comunique, por escrito, ordens e instruções adequadas respeitantes à execução do trabalho, com o intuito de a corrigir, tendo presentes os factos invocados por aquele;

d) Tenha sido aplicado o disposto nas alíneas *b*) e *c*) do número anterior, com as devidas adaptações.

3 – O despedimento por inadaptação em situação referida no nº 2 do artigo anterior pode ter lugar:

a) Caso tenha havido introdução de novos processos de fabrico, de novas tecnologias ou equipamentos baseados em diferente ou mais complexa tecnologia, a qual implique modificação das funções relativas ao posto de trabalho;

b) Caso não tenha havido modificações no posto de trabalho, desde que seja cumprido o disposto na alínea *b*) do número anterior, com as devidas adaptações.

4 – O empregador deve enviar à comissão de trabalhadores e, caso o trabalhador seja representante sindical, à respetiva associação sindical, cópia da comunicação e dos documentos referidos na alínea *b*) do nº 2.

5 – A formação a que se referem os nºs 1 e 2 conta para efeito de cumprimento da obrigação de formação a cargo do empregador.

6 – O trabalhador que, nos três meses anteriores ao início do procedimento para despedimento, tenha sido transferido para posto de trabalho em relação ao qual se verifique a inadaptação tem direito a ser reafetado ao posto de trabalho anterior, caso não esteja ocupado definitivamente, com a mesma retribuição base.

7 – O despedimento só pode ter lugar desde que sejam postos à disposição do trabalhador a compensação devida, os créditos vencidos e os exigíveis por efeito da cessação do contrato de trabalho, até ao termo do prazo de aviso prévio.

8 – Constitui contra-ordenação grave a violação do disposto neste artigo.

(Redação dada pela Lei nº 27/2014, de 08-05)

ARTIGO 376º – Comunicações em caso de despedimento por inadaptação

1 – No caso de despedimento por inadaptação, o empregador comunica, por escrito, ao trabalhador e, caso este seja representante sindical, à associação sindical respetiva:

a) A intenção de proceder ao despedimento, indicando os motivos justificativos;

b) As modificações introduzidas no posto de trabalho ou, caso estas não tenham existido, os elementos a que se referem as alíneas *b*) e *c*) do nº 2 do artigo anterior;

c) Os resultados da formação profissional e do período de adaptação, a que se referem as alíneas *b*) e *c*) do nº 1 e a alínea *d*) do nº 2 do artigo anterior.

2 – Caso o trabalhador não seja representante sindical, decorridos três dias úteis após a receção da comunicação referida no número anterior, o empregador deve fazer a mesma comunicação à associação sindical que o trabalhador tenha indicado para o efeito ou, se este não o fizer, à comissão de trabalhadores ou, na sua falta, à comissão intersindical ou comissão sindical.

3 – Constitui contra-ordenação grave o despedimento efectuado com violação do disposto neste artigo.

(Redação dada pela Lei nº 23/2012, de 25-06)

ARTIGO 377º – Consultas em caso de despedimento por inadaptação

1 – Nos 10 dias posteriores à comunicação prevista no artigo anterior, o trabalhador pode juntar os documentos e solicitar as diligências probatórias que se mostrem pertinentes, sendo neste caso aplicável o disposto nos nºs 3 e 4 do artigo 356º, com as necessárias adaptações.

2 – Caso tenham sido solicitadas diligências probatórias, o empregador deve informar o trabalhador, a estrutura representativa dos trabalhadores e, caso aquele seja representante sindical, a associação sindical respetiva, do resultado das mesmas.

3 – Após as comunicações previstas no artigo anterior, o trabalhador e a estrutura representativa dos trabalhadores podem, no prazo de 10 dias úteis, transmitir ao empregador o seu parecer fundamentado, nomeadamente sobre os motivos justificativos do despedimento.

4 – Constitui contraordenação grave a violação do disposto no nº 2.

(Redação dada pela Lei nº 23/2012, de 25-06)

ARTIGO 378º – Decisão de despedimento por inadaptação

1 – Após a receção dos pareceres referidos no artigo anterior ou o termo do prazo para o efeito, o empregador dispõe de 30 dias para proceder ao despedimento, sob pena de caducidade do direito, mediante decisão fundamentada e por escrito de que constem:

a) Motivo da cessação do contrato de trabalho;

b) Confirmação dos requisitos previstos no artigo 375º;

c) Montante, forma, momento e lugar do pagamento da compensação e dos créditos vencidos e dos exigíveis por efeito da cessação do contrato de trabalho;

d) Data da cessação do contrato.

2 – O empregador comunica a decisão, por cópia ou transcrição, ao trabalhador, às entidades referidas nos nºs 1 e 2 do artigo 376º e, bem assim, ao serviço com competência inspetiva do ministério responsável pela área laboral, com antecedência mínima, relativamente à data da cessação, de:

a) 15 dias, no caso de trabalhador com antiguidade inferior a um ano;

b) 30 dias, no caso de trabalhador com antiguidade igual ou superior a um ano e inferior a cinco anos;

c) 60 dias, no caso de trabalhador com antiguidade igual ou superior a cinco anos e inferior a 10 anos;

d) 75 dias, no caso de trabalhador com antiguidade igual ou superior a 10 anos.

3 – Constitui contra-ordenação grave o despedimento efectuado com violação do disposto no nº 1 ou do aviso prévio referido no nº 2, e constitui contra-ordenação leve a violação do disposto no nº 2, no que respeita à falta de comunicação às entidades e ao serviço nele referidos.

(Redação dada pela Lei nº 23/2012, de 25-06)

ARTIGO 379º - Direitos de trabalhador em caso de despedimento por inadaptação

1 – Ao trabalhador despedido por inadaptação aplica-se o disposto no nº 4 e na primeira parte do nº 5 do artigo 363º e nos artigos 364º a 366º

2 – Em caso de despedimento por inadaptação nas situações referidas no nº 2 e na alínea *b*) do nº 3 do artigo 375º, a denúncia do contrato de trabalho por parte do trabalhador pode ter lugar após a comunicação referida na alínea *b*) do mesmo nº 2.

(Redação dada pela Lei nº 23/2012, de 25-06)

ARTIGO 380º - Manutenção do nível de emprego

1 – Nos 90 dias seguintes a despedimento por inadaptação, deve ser assegurada a manutenção do nível de emprego na empresa, por meio de admissão ou transferência de trabalhador no decurso de procedimento tendente a despedimento por facto que não lhe seja imputável.

2 – Em caso de incumprimento do disposto no número anterior, o serviço com competência inspectiva do ministério responsável pela área laboral notifica o empregador para que assegure a manutenção do nível de emprego, em prazo não superior a 30 dias.

3 – Constitui contra-ordenação grave o despedimento efectuado com violação do disposto nos nºs 1 ou 2, sendo a violação do nº 2 punível com o dobro da coima.

SUBSECÇÃO II - Ilicitude de despedimento

ARTIGO 381º - Fundamentos gerais de ilicitude de despedimento

Sem prejuízo do disposto nos artigos seguintes ou em legislação específica, o despedimento por iniciativa do empregador é ilícito:

a) Se for devido a motivos políticos, ideológicos, étnicos ou religiosos, ainda que com invocação de motivo diverso;

b) Se o motivo justificativo do despedimento for declarado improcedente;

c) Se não for precedido do respectivo procedimento;

d) Em caso de trabalhadora grávida, puérpera ou lactante ou de trabalhador durante o gozo de licença parental inicial, em qualquer das suas modalidades, se não for solicitado o parecer prévio da entidade competente na área da igualdade de oportunidades entre homens e mulheres.

ARTIGO 382º - Ilicitude de despedimento por facto imputável ao trabalhador

1 - O despedimento por facto imputável ao trabalhador é ainda ilícito se tiverem decorrido os prazos estabelecidos nos nºs 1 ou 2 do artigo 329º, ou se o respectivo procedimento for inválido.

2 - O procedimento é inválido se:

a) Faltar a nota de culpa, ou se esta não for escrita ou não contiver a descrição circunstanciada dos factos imputados ao trabalhador;

b) Faltar a comunicação da intenção de despedimento junta à nota de culpa;

c) Não tiver sido respeitado o direito do trabalhador a consultar o processo ou a responder à nota de culpa ou, ainda, o prazo para resposta à nota de culpa;

d) A comunicação ao trabalhador da decisão de despedimento e dos seus fundamentos não for feita por escrito, ou não esteja elaborada nos termos do nº 4 do artigo 357º ou do nº 2 do artigo 358º

ARTIGO 383º - Ilicitude de despedimento colectivo

O despedimento colectivo é ainda ilícito se o empregador:

a) Não tiver feito a comunicação prevista nos nºs 1, 3 ou 4 do artigo 360º ou promovido a fase de informações e negociação prevista no nº 1 do artigo 361º;

b) Não tiver observado o prazo para decidir o despedimento, referido no nº 1 do artigo 363º;

c) Não tiver posto à disposição do trabalhador despedido, até ao termo do prazo de aviso prévio, a compensação por ele devida a que se refere o artigo 366º e os créditos vencidos ou exigíveis em virtude da cessação do contrato de trabalho, sem prejuízo do disposto na parte final do nº 5 do artigo 363º

(Redação dada pela Lei nº 13/2023, de 03-04)

ARTIGO 384º - Ilicitude de despedimento por extinção de posto de trabalho

O despedimento por extinção de posto de trabalho é ainda ilícito se o empregador:

a) Não cumprir os requisitos do nº 1 do artigo 368º;

b) Não observar o disposto no nº 2 do artigo 368º;

c) Não tiver feito as comunicações previstas no artigo 369º;

d) Não tiver posto à disposição do trabalhador despedido, até ao termo do prazo de aviso prévio, a compensação por ele devida a que se refere o artigo 366º, por remissão do artigo 372º, e os créditos vencidos ou exigíveis em virtude da cessação do contrato de trabalho.

(Redação dada pela Lei nº 23/2012, de 25-06)

ARTIGO 385º - Ilicitude de despedimento por inadaptação

O despedimento por inadaptação é ainda ilícito se o empregador:

a) Não cumprir o disposto nos nºs 3 e 4 do artigo 374º ou nos nºs 1 a 3 do artigo 375º;

b) Não tiver feito as comunicações previstas no artigo 376º;

c) Não tiver posto à disposição do trabalhador despedido, até ao termo do prazo de aviso prévio, a compensação por ele devida a que se refere o artigo 366º por remissão do nº 1 do artigo 379º e os créditos vencidos ou exigíveis em virtude da cessação do contrato de trabalho.

(Cfr. Declaração de Retificação nº 38/2012, de 23-07)

ARTIGO 386º - Suspensão de despedimento

O trabalhador pode requerer a suspensão preventiva do despedimento, no prazo de cinco dias úteis a contar da data da recepção da comunicação de despedimento, mediante providência cautelar regulada no Código de Processo do Trabalho.

ARTIGO 387º - Apreciação judicial do despedimento

1 - A regularidade e licitude do despedimento só pode ser apreciada por tribunal judicial.

2 - O trabalhador pode opor-se ao despedimento, mediante apresentação de requerimento em formulário próprio, junto do tribunal competente, no prazo de 60 dias, contados a partir da recepção da comunicação de despedimento ou da data de cessação do contrato, se posterior, excepto no caso previsto no artigo seguinte.

3 - Na acção de apreciação judicial do despedimento, o empregador apenas pode invocar factos e fundamentos constantes de decisão de despedimento comunicada ao trabalhador.

4 - Em casos de apreciação judicial de despedimento por facto imputável ao trabalhador, sem prejuízo da apreciação de vícios formais, o tribunal deve sempre pronunciar-se sobre a verificação e procedência dos fundamentos invocados para o despedimento.

ARTIGO 388º - Apreciação judicial do despedimento colectivo

1 - A ilicitude do despedimento colectivo só pode ser declarada por tribunal judicial.

2 - A acção de impugnação do despedimento colectivo deve ser intentada no prazo de seis meses contados da data da cessação do contrato.

3 - É aplicável à acção de impugnação do despedimento colectivo o disposto no nº 3 do artigo anterior.

ARTIGO 389º - Efeitos da ilicitude de despedimento

1 - Sendo o despedimento declarado ilícito, o empregador é condenado:

a) A indemnizar o trabalhador por todos os danos causados, patrimoniais e não patrimoniais;

b) Na reintegração do trabalhador no mesmo estabelecimento da empresa, sem prejuízo da sua categoria e antiguidade, salvo nos casos previstos nos artigos 391º e 392º

2 - No caso de mera irregularidade fundada em deficiência de procedimento por omissão das diligências probatórias referidas nos nºs 1 e 3 do artigo 356º, se forem declarados procedentes os motivos justificativos invocados para o despedimento, o trabalhador tem apenas direito a indemnização correspondente a metade do valor que resultaria da aplicação do nº 1 do artigo 391º

3 - Constitui contra-ordenação grave a violação do disposto no nº 1.

(Redação dada pela Lei nº 23/2012, de 25-06)

ARTIGO 390º - Compensação em caso de despedimento ilícito

1 – Sem prejuízo da indemnização prevista na alínea *a*) do nº 1 do artigo anterior, o trabalhador tem direito a receber as retribuições que deixar de auferir desde o despedimento até ao trânsito em julgado da decisão do tribunal que declare a ilicitude do despedimento.

2 – Às retribuições referidas no número anterior deduzem-se:

a) As importâncias que o trabalhador aufira com a cessação do contrato e que não receberia se não fosse o despedimento;

b) A retribuição relativa ao período decorrido desde o despedimento até 30 dias antes da propositura da acção, se esta não for proposta nos 30 dias subsequentes ao despedimento;

c) O subsídio de desemprego atribuído ao trabalhador no período referido no nº 1, devendo o empregador entregar essa quantia à segurança social.

ARTIGO 391º - Indemnização em substituição de reintegração a pedido do trabalhador

1 – Em substituição da reintegração, o trabalhador pode optar por uma indemnização, até ao termo da discussão em audiência final de julgamento, cabendo ao tribunal determinar o seu montante, entre 15 e 45 dias de retribuição base e diuturnidades por cada ano completo ou fracção de antiguidade, atendendo ao valor da retribuição e ao grau de ilicitude decorrente da ordenação estabelecida no artigo 381º

2 – Para efeitos do número anterior, o tribunal deve atender ao tempo decorrido desde o despedimento até ao trânsito em julgado da decisão judicial.

3 – A indemnização prevista no nº 1 não pode ser inferior a três meses de retribuição base e diuturnidades.

ARTIGO 392º - Indemnização em substituição de reintegração a pedido do empregador

1 – Em caso de microempresa ou de trabalhador que ocupe cargo de administração ou de direcção, o empregador pode requerer ao tribunal que exclua a reintegração, com fundamento em factos e circunstâncias que tornem o regresso do trabalhador gravemente prejudicial e perturbador do funcionamento da empresa.

2 – O disposto no número anterior não se aplica sempre que a ilicitude do despedimento se fundar em motivo político, ideológico, étnico ou religioso, ainda que com invocação de motivo diverso, ou quando o fundamento da oposição à reintegração for culposamente criado pelo empregador.

3 – Caso o tribunal exclua a reintegração, o trabalhador tem direito a indemnização, determinada pelo tribunal entre 30 e 60 dias de retribuição base e diuturnidades por cada ano completo ou fracção de antiguidade, nos termos estabelecidos nos nºs 1 e 2 do artigo anterior, não podendo ser inferior ao valor correspondente a seis meses de retribuição base e diuturnidades.

SUBSECÇÃO III - Despedimento por iniciativa do empregador em caso de contrato a termo

ARTIGO 393º - Regras especiais relativas a contrato de trabalho a termo

1 - As regras gerais de cessação do contrato aplicam-se a contrato de trabalho a termo, com as alterações constantes do número seguinte.

2 - Sendo o despedimento declarado ilícito, o empregador é condenado:

a) No pagamento de indemnização dos danos patrimoniais e não patrimoniais, que não deve ser inferior às retribuições que o trabalhador deixou de auferir desde o despedimento até ao termo certo ou incerto do contrato, ou até ao trânsito em julgado da decisão judicial, se aquele termo ocorrer posteriormente;

b) Caso o termo ocorra depois do trânsito em julgado da decisão judicial, na reintegração do trabalhador, sem prejuízo da sua categoria e antiguidade.

3 - Constitui contra-ordenação grave a violação do disposto no número anterior.

SECÇÃO V - Cessação de contrato de trabalho por iniciativa do trabalhador

SUBSECÇÃO I - Resolução de contrato de trabalho pelo trabalhador

ARTIGO 394º - Justa causa de resolução

1 - Ocorrendo justa causa, o trabalhador pode fazer cessar imediatamente o contrato.

2 - Constituem justa causa de resolução do contrato pelo trabalhador, nomeadamente, os seguintes comportamentos do empregador:

a) Falta culposa de pagamento pontual da retribuição;

b) Violação culposa de garantias legais ou convencionais do trabalhador, designadamente a prática de assédio praticada pela entidade empregadora ou por outros trabalhadores;

c) Aplicação de sanção abusiva;

d) Falta culposa de condições de segurança e saúde no trabalho;

e) Lesão culposa de interesses patrimoniais sérios do trabalhador;

f) Ofensa à integridade física ou moral, liberdade, honra ou dignidade do trabalhador, punível por lei, incluindo a prática de assédio denunciada ao serviço com competência inspetiva na área laboral, praticada pelo empregador ou seu representante.

3 - Constituem ainda justa causa de resolução do contrato pelo trabalhador:

a) Necessidade de cumprimento de obrigação legal incompatível com a continuação do contrato;

b) Alteração substancial e duradoura das condições de trabalho no exercício lícito de poderes do empregador;

c) Falta não culposa de pagamento pontual da retribuição;

d) Transmissão para o adquirente da posição do empregador no respetivo contrato de trabalho, em consequência da transmissão da empresa, nos termos dos nºs 1 ou 2 do artigo 285º, com o fundamento previsto no nº 1 do artigo 286º-A.

4 – A justa causa é apreciada nos termos do nº 3 do artigo 351º, com as necessárias adaptações.

5 – Considera-se culposa a falta de pagamento pontual da retribuição que se prolongue por período de 60 dias, ou quando o empregador, a pedido do trabalhador, declare por escrito a previsão de não pagamento da retribuição em falta, até ao termo daquele prazo.

(Redação dada pela Lei nº 93/2019, de 04-09)

ARTIGO 395º – Procedimento para resolução de contrato pelo trabalhador

1 – O trabalhador deve comunicar a resolução do contrato ao empregador, por escrito, com indicação sucinta dos factos que a justificam, nos 30 dias subsequentes ao conhecimento dos factos.

2 – No caso a que se refere o nº 5 do artigo anterior, o prazo para resolução conta-se a partir do termo do período de 60 dias ou da declaração do empregador.

3 – Se o fundamento da resolução for o referido na alínea *a*) do nº 3 do artigo anterior, a comunicação deve ser feita logo que possível.

4 – O empregador pode exigir que a assinatura do trabalhador constante da declaração de resolução tenha reconhecimento notarial presencial, devendo, neste caso, mediar um período não superior a 60 dias entre a data do reconhecimento e a da cessação do contrato.

ARTIGO 396º – Indemnização ou compensação devida ao trabalhador

1 – Em caso de resolução do contrato com fundamento em facto previsto no nº 2 do artigo 394º, o trabalhador tem direito a indemnização, a determinar entre 15 e 45 dias de retribuição base e diuturnidades por cada ano completo de antiguidade, atendendo ao valor da retribuição e ao grau da ilicitude do comportamento do empregador, não podendo ser inferior a três meses de retribuição base e diuturnidades.

2 – No caso de fracção de ano de antiguidade, o valor da indemnização é calculado proporcionalmente.

3 – O valor da indemnização pode ser superior ao que resultaria da aplicação do nº 1 sempre que o trabalhador sofra danos patrimoniais e não patrimoniais de montante mais elevado.

4 – No caso de contrato a termo, a indemnização não pode ser inferior ao valor das retribuições vincendas.

5 – Em caso de resolução do contrato com o fundamento previsto na alínea *d*) do nº 3 do artigo 394º, o trabalhador tem direito a compensação calculada nos termos do artigo 366º

(Redação dada pela Lei nº 14/2018, de 19-03)

ARTIGO 397º – Revogação da resolução

1 – O trabalhador pode revogar a resolução do contrato, caso a sua assinatura constante desta não seja objecto de reconhecimento notarial presencial, até ao sétimo dia seguinte à data em que chegar ao poder do empregador, mediante comunicação escrita dirigida a este.

2 – É aplicável à revogação o disposto nos nºs 2 ou 3 do artigo 350º

ARTIGO 398º - Impugnação da resolução

1 – A ilicitude da resolução do contrato pode ser declarada por tribunal judicial em acção intentada pelo empregador.

2 – A acção deve ser intentada no prazo de um ano a contar da data da resolução.

3 – Na acção em que for apreciada a ilicitude da resolução, apenas são atendíveis para a justificar os factos constantes da comunicação referida no nº 1 do artigo 395º

4 – No caso de a resolução ter sido impugnada com base em ilicitude do procedimento previsto no nº 1 do artigo 395º, o trabalhador pode corrigir o vício até ao termo do prazo para contestar, mas só pode utilizar esta faculdade uma vez.

ARTIGO 399º - Responsabilidade do trabalhador em caso de resolução ilícita

Não se provando a justa causa de resolução do contrato, o empregador tem direito a indemnização dos prejuízos causados, não inferior ao montante calculado nos termos do artigo 401º

SUBSECÇÃO II – Denúncia de contrato de trabalho pelo trabalhador

ARTIGO 400º - Denúncia com aviso prévio

1 – O trabalhador pode denunciar o contrato independentemente de justa causa, mediante comunicação ao empregador, por escrito, com a antecedência mínima de 30 ou 60 dias, conforme tenha, respectivamente, até dois anos ou mais de dois anos de antiguidade.

2 – O instrumento de regulamentação colectiva de trabalho e o contrato de trabalho podem aumentar o prazo de aviso prévio até seis meses, relativamente a trabalhador que ocupe cargo de administração ou direcção, ou com funções de representação ou de responsabilidade.

3 – No caso de contrato de trabalho a termo, a denúncia pode ser feita com a antecedência mínima de 30 ou 15 dias, consoante a duração do contrato seja de pelo menos seis meses ou inferior.

4 – No caso de contrato a termo incerto, para efeito do prazo de aviso prévio a que se refere o número anterior, atende-se à duração do contrato já decorrida.

5 – É aplicável à denúncia o disposto no nº 4 do artigo 395º

6 – O trabalhador a quem tenha sido reconhecido o estatuto de vítima de violência doméstica, nos termos de legislação específica, fica dispensado do cumprimento do aviso prévio previsto nos números anteriores.

(Redação dada pela Lei nº 13/2023, de 03-04)

ARTIGO 401º - Denúncia sem aviso prévio

1 – O trabalhador que não cumpra, total ou parcialmente, o prazo de aviso prévio estabelecido no artigo anterior deve pagar ao empregador uma indemnização de valor igual à retribuição base e diuturnidades correspondentes ao período em falta, sem prejuízo de indemnização por danos causados pela inobservância do prazo de aviso prévio ou de obrigação assumida em pacto de permanência.

2 – O disposto no número anterior não é aplicável ao trabalhador a quem tenha sido reconhecido o estatuto de vítima de violência doméstica, nos termos de legislação específica.

(Redação dada pela Lei nº 13/2023, de 03-04)

ARTIGO 402º – Revogação da denúncia

1 – O trabalhador pode revogar a denúncia do contrato, caso a sua assinatura constante desta não tenha reconhecimento notarial presencial, até ao sétimo dia seguinte à data em que a mesma chegar ao poder do empregador, mediante comunicação escrita dirigida a este.

2 – É aplicável à revogação o disposto nos nºs 2 ou 3 do artigo 350º

ARTIGO 403º – Abandono do trabalho

1 – Considera-se abandono do trabalho a ausência do trabalhador do serviço acompanhada de factos que, com toda a probabilidade, revelam a intenção de não o retomar.

2 – Presume-se o abandono do trabalho em caso de ausência de trabalhador do serviço durante, pelo menos, 10 dias úteis seguidos, sem que o empregador seja informado do motivo da ausência.

3 – O abandono do trabalho vale como denúncia do contrato, só podendo ser invocado pelo empregador após comunicação ao trabalhador dos factos constitutivos do abandono ou da presunção do mesmo, por carta registada com aviso de recepção para a última morada conhecida deste.

4 – A presunção estabelecida no nº 2 pode ser ilidida pelo trabalhador mediante prova da ocorrência de motivo de força maior impeditivo da comunicação ao empregador da causa da ausência.

5 – Em caso de abandono do trabalho, o trabalhador deve indemnizar o empregador nos termos do artigo 401º

TÍTULO III – Direito colectivo

SUBTÍTULO I – Sujeitos

CAPÍTULO I – Estruturas de representação colectiva dos trabalhadores

SECÇÃO I – Disposições gerais sobre estruturas de representação colectiva dos trabalhadores

ARTIGO 404º – Estruturas de representação colectiva dos trabalhadores

Para defesa e prossecução colectivas dos seus direitos e interesses, podem os trabalhadores constituir:

a) Associações sindicais;

b) Comissões de trabalhadores e subcomissões de trabalhadores;

c) Representantes dos trabalhadores para a segurança e saúde no trabalho;

d) Outras estruturas previstas em lei específica, designadamente conselhos de empresa europeus.

ARTIGO 405º - Autonomia e independência

1 - As estruturas de representação colectiva dos trabalhadores são independentes do Estado, de partidos políticos, de instituições religiosas ou associações de outra natureza, sendo proibidos qualquer ingerência destes na sua organização e gestão, bem como o seu recíproco financiamento.

2 - Sem prejuízo das formas de apoio previstas neste Código, os empregadores não podem, individualmente ou através das suas associações, promover a constituição, manter ou financiar o funcionamento, por quaisquer meios, de estruturas de representação colectiva dos trabalhadores ou, por qualquer modo, intervir na sua organização e gestão, assim como impedir ou dificultar o exercício dos seus direitos.

3 - O Estado pode apoiar as estruturas de representação colectiva dos trabalhadores nos termos previstos na lei.

4 - O Estado não pode discriminar as estruturas de representação colectiva dos trabalhadores relativamente a quaisquer outras entidades.

5 - Constitui contra-ordenação grave a violação do disposto nos nºs 1 ou 2.

ARTIGO 406º - Proibição de actos discriminatórios

1 - É proibido e considerado nulo o acordo ou outro acto que vise:

a) Subordinar o emprego de trabalhador à condição de este se filiar ou não se filiar numa associação sindical ou de se retirar daquela em que esteja inscrito;

b) Despedir, transferir ou, por qualquer modo, prejudicar trabalhador devido ao exercício dos direitos relativos à participação em estruturas de representação colectiva ou à sua filiação ou não filiação sindical.

2 - Constitui contra-ordenação grave a violação do disposto no número anterior.

ARTIGO 407º - Crime por violação da autonomia ou independência sindical, ou por acto discriminatório

1 - A entidade que viole o disposto nos nºs 1 ou 2 do artigo 405º ou no artigo anterior é punida com pena de multa até 120 dias.

2 - O administrador, director, gerente ou outro trabalhador que ocupe lugar de chefia que seja responsável por acto referido no número anterior é punido com pena de prisão até 1 ano.

3 - Perde os direitos específicos atribuídos por este Código o dirigente ou delegado sindical que seja condenado nos termos do número anterior.

ARTIGO 408º - Crédito de horas de representantes dos trabalhadores

1 - Beneficiam de crédito de horas, nos termos previstos neste Código ou em legislação específica, os trabalhadores eleitos para as estruturas de representação colectiva dos trabalhadores.

2 - O crédito de horas é referido ao período normal de trabalho e conta como tempo de serviço efectivo, inclusivamente para efeito de retribuição.

3 – Sempre que pretenda utilizar o crédito de horas, o trabalhador deve informar o empregador, por escrito, com a antecedência mínima de dois dias, salvo motivo atendível.

4 – Não pode haver lugar a cumulação do crédito de horas pelo facto de o trabalhador pertencer a mais de uma estrutura de representação colectiva dos trabalhadores.

5 – Constitui contra-ordenação grave a violação do disposto no nº 1.

ARTIGO 409º – Faltas de representantes dos trabalhadores

1 – A ausência de trabalhador por motivo do desempenho de funções em estrutura de representação colectiva dos trabalhadores de que seja membro, que exceda o crédito de horas, considera-se justificada e conta como tempo de serviço efectivo, salvo para efeito de retribuição.

2 – A ausência de delegado sindical motivada pela prática de actos necessários e inadiáveis no exercício das correspondentes funções considera-se justificada, nos termos do número anterior.

3 – O trabalhador ou a estrutura de representação colectiva em que se integra comunica ao empregador, por escrito, as datas e o número de dias em que aquele necessita ausentar-se para o exercício das suas funções, com um dia de antecedência ou, em caso de imprevisibilidade, nas quarenta e oito horas posteriores ao primeiro dia de ausência.

4 – A inobservância do disposto no número anterior torna a falta injustificada.

5 – Constitui contra-ordenação grave a violação do disposto no nº 1.

ARTIGO 410º – Protecção em caso de procedimento disciplinar ou despedimento

1 – A suspensão preventiva de trabalhador membro de estrutura de representação colectiva não obsta a que o mesmo tenha acesso a locais e exerça actividades que se compreendem no exercício das correspondentes funções.

2 – Na pendência de processo judicial para apuramento de responsabilidade disciplinar, civil ou criminal com fundamento em exercício abusivo de direitos na qualidade de membro de estrutura de representação colectiva dos trabalhadores, aplica-se ao trabalhador visado o disposto no número anterior.

3 – O despedimento de trabalhador candidato a membro de qualquer dos corpos sociais de associação sindical ou que exerça ou haja exercido funções nos mesmos corpos sociais há menos de três anos presume-se feito sem justa causa.

4 – A providência cautelar de suspensão de despedimento de trabalhador membro de estrutura de representação colectiva dos trabalhadores só não é decretada se o tribunal concluir pela existência de probabilidade séria de verificação da justa causa invocada.

5 – A acção de apreciação da licitude de despedimento de trabalhador a que se refere o número anterior tem natureza urgente.

6 – Em caso de ilicitude de despedimento por facto imputável ao trabalhador membro de estrutura de representação colectiva, este tem direito a optar entre a reintegração e uma indemnização calculada nos termos do nº 3 do artigo 392º ou em instrumento de regulamentação colectiva de trabalho, não inferior à retribuição base e diuturnidades correspondentes a seis meses.

ARTIGO 411º - Protecção em caso de transferência

1 - O trabalhador membro de estrutura de representação colectiva dos trabalhadores não pode ser transferido de local de trabalho sem o seu acordo, salvo quando tal resultar de extinção ou mudança total ou parcial do estabelecimento onde presta serviço.

2 - O empregador deve comunicar a transferência do trabalhador a que se refere o número anterior à estrutura a que este pertence, com antecedência igual à da comunicação feita ao trabalhador.

3 - Constitui contra-ordenação grave a violação do disposto neste artigo.

ARTIGO 412º - Informações confidenciais

1 - O membro de estrutura de representação colectiva dos trabalhadores não pode revelar aos trabalhadores ou a terceiros informações que tenha recebido, no âmbito de direito de informação ou consulta, com menção expressa da respectiva confidencialidade.

2 - O dever de confidencialidade mantém-se após a cessação do mandato de membro de estrutura de representação colectiva dos trabalhadores.

3 - O empregador não é obrigado a prestar informações ou a proceder a consultas cuja natureza seja susceptível de prejudicar ou afectar gravemente o funcionamento da empresa ou do estabelecimento.

ARTIGO 413º - Justificação e controlo judicial em matéria de confidencialidade de informação

1 - A qualificação de informação como confidencial, a não prestação de informação ou a não realização de consulta deve ser fundamentada por escrito, com base em critérios objectivos, assentes em exigências de gestão.

2 - A qualificação como confidencial da informação prestada, a recusa de prestação de informação ou a não realização de consulta pode ser impugnada pela estrutura de representação colectiva dos trabalhadores em causa, nos termos previstos no Código de Processo do Trabalho.

ARTIGO 414º - Exercício de direitos

1 - O membro de estrutura de representação colectiva dos trabalhadores não pode, através do exercício dos seus direitos ou do desempenho das suas funções, prejudicar o normal funcionamento da empresa.

2 - O exercício abusivo de direitos por parte de membro de estrutura de representação colectiva dos trabalhadores é passível de responsabilidade disciplinar, civil ou criminal, nos termos gerais.

SECÇÃO II - Comissões de trabalhadores

SUBSECÇÃO I - Disposições gerais sobre comissões de trabalhadores

ARTIGO 415º - Princípios gerais relativos a comissões, subcomissões e comissões coordenadoras

1 - Os trabalhadores têm direito de criar, em cada empresa, uma comissão de

trabalhadores para defesa dos seus interesses e exercício dos direitos previstos na Constituição e na lei.

2 – Podem ser criadas subcomissões de trabalhadores em estabelecimentos da empresa geograficamente dispersos.

3 – Qualquer trabalhador da empresa, independentemente da idade ou função, tem o direito de participar na constituição das estruturas previstas nos números anteriores e na aprovação dos respectivos estatutos, bem como o direito de eleger e ser eleito.

4 – Podem ser criadas comissões coordenadoras para melhor intervenção na reestruturação económica, para articulação de actividades das comissões de trabalhadores constituídas nas empresas em relação de domínio ou de grupo, bem como para o exercício de outros direitos previstos na lei e neste Código.

ARTIGO 416º – Personalidade e capacidade de comissão de trabalhadores

1 – A comissão de trabalhadores adquire personalidade jurídica pelo registo dos seus estatutos pelo serviço competente do ministério responsável pela área laboral.

2 – A capacidade da comissão de trabalhadores abrange todos os direitos e obrigações necessários ou convenientes para a prossecução dos seus fins.

ARTIGO 417º – Número de membros de comissão de trabalhadores, comissão coordenadora ou subcomissão

1 – O número de membros de comissão de trabalhadores não pode exceder os seguintes:

a) Em empresa com menos de 50 trabalhadores, dois;

b) Em empresa com 50 ou mais trabalhadores e menos de 200, três;

c) Em empresa com 201 a 500 trabalhadores, três a cinco;

d) Em empresa com 501 a 1000 trabalhadores, cinco a sete;

e) Em empresa com mais de 1000 trabalhadores, sete a 11.

2 – O número de membros de subcomissão de trabalhadores não pode exceder os seguintes:

a) Em estabelecimento com 50 a 200 trabalhadores, três;

b) Em estabelecimento com mais de 200 trabalhadores, cinco.

3 – Em estabelecimento com menos de 50 trabalhadores, a função da subcomissão de trabalhadores é assegurada por um só membro.

4 – O número de membros de comissão coordenadora não pode exceder o número das comissões de trabalhadores que a mesma coordena, nem o máximo de 11 membros.

ARTIGO 418º – Duração do mandato

O mandato de membros de comissão de trabalhadores, comissão coordenadora ou subcomissão de trabalhadores não pode exceder quatro anos, sendo permitidos mandatos sucessivos.

ARTIGO 419º - Reunião de trabalhadores no local de trabalho convocada por comissão de trabalhadores

1 - A comissão de trabalhadores pode convocar reuniões gerais de trabalhadores a realizar no local de trabalho:

a) Fora do horário de trabalho da generalidade dos trabalhadores, sem prejuízo do normal funcionamento de turnos ou de trabalho suplementar;

b) Durante o horário de trabalho da generalidade dos trabalhadores até um período máximo de quinze horas por ano, que conta como tempo de serviço efectivo, desde que seja assegurado o funcionamento de serviços de natureza urgente e essencial.

2 - O disposto no número anterior é aplicável à convocação e realização de reuniões com recurso a tecnologias de informação e comunicação, bem como o procedimento a que se refere o artigo seguinte.

3 - O empregador que proíba reunião de trabalhadores no local de trabalho comete contra-ordenação muito grave.

(Redação dada pela Lei nº 13/2023, de 03-04)

ARTIGO 420º - Procedimento para reunião de trabalhadores no local de trabalho

1 - A comissão de trabalhadores deve comunicar ao empregador, com a antecedência mínima de quarenta e oito horas, a data, a hora, o número previsível de participantes e o local em que pretende que a reunião de trabalhadores se efectue e afixar a respectiva convocatória.

2 - No caso de reunião a realizar durante o horário de trabalho, a comissão de trabalhadores deve apresentar proposta que vise assegurar o funcionamento de serviços de natureza urgente e essencial.

3 - Após receber a comunicação referida no nº 1 e, sendo caso disso, a proposta referida no número anterior, o empregador deve pôr à disposição da entidade promotora, desde que esta o requeira, um local no interior da empresa ou na sua proximidade apropriado à realização da reunião, tendo em conta os elementos da comunicação e da proposta, bem como a necessidade de respeitar o disposto na parte final da alínea *a*) ou *b*) do nº 1 do artigo anterior.

4 - Constitui contra-ordenação muito grave a violação do disposto no número anterior.

ARTIGO 421º - Apoio à comissão de trabalhadores e difusão de informação

1 - O empregador deve pôr à disposição da comissão ou subcomissão de trabalhadores instalações adequadas, bem como os meios materiais e técnicos necessários ao exercício das suas funções.

2 - É aplicável à comissão e subcomissão de trabalhadores o disposto no artigo 465º, com as necessárias adaptações.

3 - Constitui contra-ordenação grave a violação do disposto neste artigo.

ARTIGO 422º - Crédito de horas de membros das comissões

1 - Para o exercício das suas funções, o membro das seguintes estruturas tem direito ao seguinte crédito mensal de horas:

a) Subcomissão de trabalhadores, oito horas;

b) Comissão de trabalhadores, vinte e cinco horas;

c) Comissão coordenadora, vinte horas.

2 – Em microempresa, os créditos de horas referidos no número anterior são reduzidos a metade.

3 – Em empresa com mais de 1000 trabalhadores, a comissão de trabalhadores pode deliberar por unanimidade redistribuir pelos seus membros um montante global correspondente à soma dos créditos de horas de todos eles, com o limite individual de quarenta horas mensais.

4 – O trabalhador que seja membro de mais de uma das estruturas referidas no nº 1 não pode cumular os correspondentes créditos de horas.

5 – Em empresa do sector empresarial do Estado com mais de 1000 trabalhadores, a comissão de trabalhadores pode deliberar por unanimidade que um dos membros tenha crédito de horas correspondente a metade do seu período normal de trabalho, não sendo neste caso aplicável o disposto no nº 3.

6 – Constitui contra-ordenação grave a violação do disposto nos nºs 1, 2, 3 ou 5.

SUBSECÇÃO II – **Informação e consulta**

ARTIGO 423º – Direitos da comissão e da subcomissão de trabalhadores

1 – A comissão de trabalhadores tem direito, nomeadamente, a:

a) Receber a informação necessária ao exercício da sua actividade;

b) Exercer o controlo da gestão da empresa;

c) Participar, entre outros, em processo de reestruturação da empresa, na elaboração dos planos e dos relatórios de formação profissional e em procedimentos relativos à alteração das condições de trabalho;

d) Participar na elaboração da legislação do trabalho, directamente ou por intermédio das respectivas comissões coordenadoras;

e) Gerir ou participar na gestão das obras sociais da empresa;

f) Promover a eleição de representantes dos trabalhadores para os órgãos sociais das entidades públicas empresariais;

g) Reunir, pelo menos uma vez por mês, com o órgão de gestão da empresa para apreciação de assuntos relacionados com o exercício dos seus direitos.

2 – Compete à subcomissão de trabalhadores, de acordo com orientação geral estabelecida pela comissão:

a) Exercer, mediante delegação pela comissão de trabalhadores, os direitos previstos nas alíneas *a*), *b*), *c*) e *e*) do número anterior;

b) Informar a comissão de trabalhadores sobre os assuntos de interesse para a actividade desta;

c) Fazer a ligação entre os trabalhadores do respectivo estabelecimento e a comissão de trabalhadores;

d) Reunir com o órgão de gestão do estabelecimento, nos termos da alínea *g*) do número anterior.

3 – O órgão de gestão da empresa ou do estabelecimento, consoante o caso, elabora a acta da reunião referida na alínea *g*) do nº 1 ou na alínea *d*) do nº 2, que deve ser assinada por todos os participantes.

4 – Constitui contra-ordenação grave a violação do disposto nas alíneas *e*) ou *g*) do nº 1, na alínea *d*) do nº 2 ou no número anterior.

ARTIGO 424º – Conteúdo do direito a informação

1 – A comissão de trabalhadores tem direito a informação sobre:

a) Planos gerais de actividade e orçamento;

b) Organização da produção e suas implicações no grau da utilização dos trabalhadores e do equipamento;

c) Situação do aprovisionamento;

d) Previsão, volume e administração de vendas;

e) Gestão de pessoal e estabelecimento dos seus critérios básicos, montante da massa salarial e sua distribuição por grupos profissionais, regalias sociais, produtividade e absentismo;

f) Situação contabilística, compreendendo o balanço, conta de resultados e balancetes;

g) Modalidades de financiamento;

h) Encargos fiscais e parafiscais;

i) Projecto de alteração do objecto, do capital social ou de reconversão da actividade da empresa;

j) Parâmetros, critérios, regras e instruções em que se baseiam os algoritmos ou outros sistemas de inteligência artificial que afetam a tomada de decisões sobre o acesso e a manutenção do emprego, assim como condições de trabalho, incluindo a elaboração de perfis e o controlo da atividade profissional.

2 – Constitui contra-ordenação grave a violação do disposto no número anterior. *(Redação dada pela Lei nº 13/2023, de 03-04)*

ARTIGO 425º – Obrigatoriedade de consulta da comissão de trabalhadores

O empregador deve solicitar o parecer da comissão de trabalhadores antes de praticar os seguintes actos, sem prejuízo de outros previstos na lei:

a) Modificação dos critérios de classificação profissional e de promoções dos trabalhadores;

b) Mudança de local de actividade da empresa ou do estabelecimento;

c) Qualquer medida de que resulte ou possa resultar, de modo substancial, diminuição do número de trabalhadores, agravamento das condições de trabalho ou mudanças na organização de trabalho;

d) Dissolução ou pedido de declaração de insolvência da empresa.

SUBSECÇÃO III – Controlo de gestão da empresa

ARTIGO 426º – Finalidade e conteúdo do controlo de gestão

1 – O controlo de gestão visa promover o empenhamento responsável dos trabalhadores na actividade da empresa.

2 – No exercício do controlo de gestão, a comissão de trabalhadores pode:

a) Apreciar e emitir parecer sobre o orçamento da empresa e suas alterações, bem como acompanhar a respectiva execução;

b) Promover a adequada utilização dos recursos técnicos, humanos e financeiros;

c) Promover, junto dos órgãos de gestão e dos trabalhadores, medidas que contribuam para a melhoria da actividade da empresa, designadamente nos domínios dos equipamentos e da simplificação administrativa;

d) Apresentar à empresa sugestões, recomendações ou críticas tendentes à qualificação inicial e à formação contínua dos trabalhadores, à melhoria das condições de trabalho nomeadamente da segurança e saúde no trabalho;

e) Defender junto dos órgãos de gestão e fiscalização da empresa e das autoridades competentes os legítimos interesses dos trabalhadores.

3 – O controlo de gestão não abrange:

a) O Banco de Portugal;

b) A Imprensa Nacional – Casa da Moeda, S. A.;

c) Estabelecimentos fabris militares e actividades de investigação militar ou outras com interesse para a defesa nacional;

d) Actividades que envolvam competências de órgãos de soberania, de assembleias regionais ou governos regionais.

4 – Constitui contra-ordenação grave o impedimento por parte do empregador ao exercício dos direitos previstos no nº 2.

ARTIGO 427º - Exercício do direito a informação e consulta

1 – A comissão de trabalhadores ou a subcomissão solicita por escrito, respectivamente, ao órgão de gestão da empresa ou do estabelecimento os elementos de informação respeitantes às matérias abrangidas pelo direito à informação.

2 – A informação é prestada por escrito, no prazo de oito dias, ou de 15 dias se a sua complexidade o justificar.

3 – O disposto nos números anteriores não prejudica o direito de a comissão ou a subcomissão de trabalhadores receber informação em reunião a que se refere a alínea *g*) do nº 1 ou a alínea *d*) do nº 2 do artigo 423º

4 – No caso de consulta, o empregador solicita por escrito o parecer da comissão de trabalhadores, que deve ser emitido no prazo de 10 dias a contar da recepção do pedido, ou em prazo superior que seja concedido atendendo à extensão ou complexidade da matéria.

5 – Caso a comissão de trabalhadores peça informação pertinente sobre a matéria da consulta, o prazo referido no número anterior conta-se a partir da prestação da informação, por escrito ou em reunião em que tal ocorra.

6 – A obrigação de consulta considera-se cumprida uma vez decorrido o prazo referido no nº 4 sem que o parecer tenha sido emitido.

7 – Quando esteja em causa decisão por parte do empregador no exercício de poderes de direcção e organização decorrentes do contrato de trabalho, o procedimento de informação e consulta deve ser conduzido por ambas as partes no sentido de alcançar, sempre que possível, o consenso.

8 – Constitui contra-ordenação grave a violação do disposto no nº 2 ou na primeira parte do nº 4.

ARTIGO 428º - Representantes dos trabalhadores em órgãos de entidade pública empresarial

1 – A comissão de trabalhadores de entidade pública empresarial promove a eleição de representantes dos trabalhadores para os órgãos sociais da mesma, aplicando-se o disposto neste Código em matéria de caderno eleitoral, secções de voto, votação e apuramento de resultados.

2 – A comissão de trabalhadores deve comunicar ao ministério responsável pelo sector de actividade da entidade pública empresarial o resultado da eleição a que se refere o número anterior.

3 – O órgão social em causa e o número de representantes dos trabalhadores são regulados nos estatutos da entidade pública empresarial.

SUBSECÇÃO IV - Participação em processo de reestruturação da empresa

ARTIGO 429º - Exercício do direito de participação nos processos de reestruturação

1 – O direito de participar em processos de reestruturação da empresa é exercido pela comissão de trabalhadores, ou pela comissão coordenadora em caso de reestruturação da maioria das empresas cujas comissões esta coordena.

2 – No âmbito da participação na reestruturação da empresa, a comissão de trabalhadores ou a comissão coordenadora tem direito a:

a) Informação e consulta prévias sobre as formulações dos planos ou projectos de reestruturação;

b) Informação sobre a formulação final dos instrumentos de reestruturação e de se pronunciarem antes de estes serem aprovados;

c) Reunir com os órgãos encarregados de trabalhos preparatórios de reestruturação;

d) Apresentar sugestões, reclamações ou críticas aos órgãos competentes da empresa.

3 – Constitui contra-ordenação grave o impedimento por parte do empregador ao exercício dos direitos previstos no número anterior.

SUBSECÇÃO V - Constituição, estatutos e eleição

ARTIGO 430º - Constituição e aprovação dos estatutos de comissão de trabalhadores

1 – A constituição e a aprovação dos estatutos de comissão de trabalhadores são deliberadas em simultâneo pelos trabalhadores da empresa, com votos distintos, dependendo a validade da constituição da validade da aprovação dos estatutos.

2 – A deliberação de constituir a comissão de trabalhadores deve ser tomada por maioria simples dos votantes, sendo suficiente para a aprovação dos estatutos a deliberação por maioria relativa.

3 – A votação é convocada com a antecedência mínima de 15 dias por, pelo menos, 100 ou 20% dos trabalhadores da empresa, com ampla publicidade e menção expressa de data, hora, local e ordem de trabalhos, devendo ser remetida simultaneamente cópia da convocatória ao empregador.

4 – O regulamento da votação deve ser elaborado pelos trabalhadores que a convocam e publicitado simultaneamente com a convocatória.

5 – Os projectos de estatutos submetidos a votação são propostos por, no mínimo, 100 ou 20% dos trabalhadores da empresa, devendo ser nesta publicitados com a antecedência mínima de 10 dias.

6 – O disposto nos números anteriores é aplicável a alteração de estatutos, com as necessárias adaptações.

ARTIGO 431º – Votação da constituição e aprovação dos estatutos de comissão de trabalhadores

1 – A identidade dos trabalhadores da empresa à data da convocação da votação deve constar de caderno eleitoral constituído por lista elaborada pelo empregador, discriminada, sendo caso disso, por estabelecimento.

2 – O empregador entrega o caderno eleitoral aos trabalhadores que convocaram a assembleia, no prazo de quarenta e oito horas após a recepção de cópia da convocatória, procedendo estes à sua imediata afixação nas instalações da empresa.

3 – A votação decorre de acordo com as seguintes regras:

a) Em cada estabelecimento com um mínimo de 10 trabalhadores deve haver, pelo menos, uma secção de voto;

b) Cada secção de voto não pode ter mais de 500 votantes;

c) A mesa da secção de voto dirige a respectiva votação e é composta por um presidente e dois vogais que são, para esse efeito, dispensados da respectiva prestação de trabalho.

4 – Cada grupo de trabalhadores proponente de um projecto de estatutos pode designar um representante em cada mesa, para acompanhar a votação.

5 – As urnas de voto são colocadas nos locais de trabalho, de modo a permitir que todos os trabalhadores possam votar, sem prejudicar o normal funcionamento da empresa ou estabelecimento.

6 – A votação inicia-se, pelo menos, trinta minutos antes do começo e termina, pelo menos, sessenta minutos depois do termo do período de funcionamento da empresa ou estabelecimento, podendo os trabalhadores dispor do tempo indispensável para votar durante o respectivo horário de trabalho.

7 – A votação deve, na medida do possível, decorrer simultaneamente em todas as secções de voto.

8 – Constitui contra-ordenação muito grave a violação do disposto nos nºs 1 ou 2, na alínea *a*) do nº 3, no nº 5 ou na primeira parte do nº 6, e constitui contra-ordenação grave a violação do disposto na parte final da alínea *c*) do nº 3 ou na parte final do nº 6.

ARTIGO 432º – Procedimento para apuramento do resultado

1 – A abertura das urnas de voto para o respectivo apuramento deve ser simultânea em todas as secções de voto, ainda que a votação tenha decorrido em horários diferentes.

2 – Os membros da mesa de voto registam o modo como decorreu a votação em acta, que, depois de lida e aprovada, rubricam e assinam a final.

3 – A identidade dos votantes deve ser registada em documento próprio, com termos de abertura e encerramento, assinado e rubricado pelos membros da mesa, o qual constitui parte integrante da acta.

4 – O apuramento global das votações da constituição da comissão de trabalhadores e da aprovação dos estatutos é feito pela comissão eleitoral, que lavra a respectiva acta, nos termos do nº 2.

5 – A comissão eleitoral referida no número anterior é constituída por um representante dos proponentes de projectos de estatutos e igual número de representantes dos trabalhadores que convocaram a assembleia constituinte.

6 – A comissão eleitoral, no prazo de 15 dias a contar da data do apuramento, comunica o resultado da votação ao empregador e afixa-o, bem como cópia da respectiva acta, no local ou locais em que a votação teve lugar.

7 – Constitui contra-ordenação grave a oposição do empregador à afixação do resultado da votação, nos termos do número anterior.

ARTIGO 433º – Regras gerais da eleição dos membros da comissão e subcomissões de trabalhadores

1 – Os membros da comissão e das subcomissões de trabalhadores são eleitos, de entre as listas apresentadas pelos trabalhadores da empresa ou estabelecimento, por voto directo e secreto, segundo o princípio de representação proporcional.

2 – A convocatória da eleição é efetuada com a antecedência de 15 dias, ou prazo superior estabelecido nos estatutos, pela comissão eleitoral constituída nos termos dos estatutos ou, na falta de iniciativa desta, por, no mínimo, 100 ou 20% dos trabalhadores da empresa, com ampla publicidade e menção expressa de data, hora, local e ordem de trabalhos, devendo ser remetida simultaneamente cópia da convocatória ao empregador.

3 – Só podem concorrer listas subscritas por, no mínimo, 100 ou 20% dos trabalhadores da empresa ou, no caso de listas de subcomissões de trabalhadores, 10% dos trabalhadores do estabelecimento, não podendo qualquer trabalhador subscrever ou fazer parte de mais de uma lista concorrente à mesma estrutura.

4 – A eleição dos membros da comissão e das subcomissões de trabalhadores decorre em simultâneo, sendo aplicável o disposto nos artigos 431º e 432º, com as necessárias adaptações.

5 – (*Revogado*).

(Redação dada pela Lei nº 13/2023, de 03-04)

ARTIGO 434º – Conteúdo dos estatutos da comissão de trabalhadores

1 – Os estatutos da comissão de trabalhadores devem prever:

a) A composição, eleição, duração do mandato e regras de funcionamento da comissão eleitoral que preside ao acto eleitoral, da qual tem o direito de fazer parte um delegado designado por cada lista concorrente, e que deve assegurar a igualdade de oportunidades e imparcialidade no tratamento das listas;

b) O número, duração do mandato e regras da eleição dos membros da comissão de trabalhadores e o modo de preenchimento das vagas;

c) O funcionamento da comissão;

d) A forma de vinculação da comissão;

e) O modo de financiamento das actividades da comissão, o qual não pode, em caso algum, ser assegurado por uma entidade alheia ao conjunto dos trabalhadores da empresa;

f) A articulação da comissão, se for o caso, com subcomissões de trabalhadores ou comissão coordenadora;

g) O destino do respectivo património em caso de extinção da comissão, o qual não pode ser distribuído pelos trabalhadores da empresa.

2 – O mandato dos membros da comissão não pode ter duração superior a quatro anos, sendo permitida a reeleição para mandatos sucessivos, salvo disposição estatutária em contrário.

3 – Os estatutos podem prever a existência de subcomissões de trabalhadores em estabelecimentos geograficamente dispersos.

ARTIGO 435º - Estatutos da comissão coordenadora

Os estatutos da comissão coordenadora estão sujeitos ao disposto nos nºs 1 e 2 do artigo anterior, com as necessárias adaptações, devendo nomeadamente indicar a localidade da sede.

ARTIGO 436º - Adesão e revogação de adesão a comissão coordenadora

À adesão ou revogação de adesão de comissão de trabalhadores a uma comissão coordenadora é aplicável o disposto no nº 1 do artigo 433º

ARTIGO 437º - Eleição de comissão coordenadora

1 – Os membros das comissões de trabalhadores aderentes elegem, de entre si, os membros da comissão coordenadora, por voto directo e secreto e segundo o princípio da representação proporcional.

2 – A eleição é convocada com a antecedência de 15 dias, ou prazo superior estabelecido nos estatutos, por pelo menos duas comissões de trabalhadores aderentes.

3 – A eleição é feita por listas subscritas por, no mínimo, 20% dos membros das comissões de trabalhadores aderentes, apresentadas até cinco dias antes da votação.

4 – Deve ser elaborada acta do acto eleitoral, assinada por todos os presentes, à qual fica anexo o documento de registo dos votantes.

ARTIGO 438º - Registos e publicações referentes a comissões e subcomissões

1 – A comissão eleitoral requer ao serviço competente do ministério responsável pela área laboral o registo da constituição da comissão de trabalhadores e dos estatutos ou das suas alterações, juntando os estatutos ou as alterações aprovados, bem como cópias das atas do apuramento global e das mesas de voto, acompanhadas dos documentos de registo dos votantes.

2 – A comissão eleitoral, no prazo de 10 dias a contar da data do apuramento, requer ainda ao serviço competente do ministério responsável pela área laboral o registo da eleição dos membros da comissão de trabalhadores e das subcomissões de trabalhadores, juntando cópias das listas concorrentes, bem como das atas do

apuramento global e das mesas de voto, acompanhadas dos documentos de registo dos votantes.

3 – As comissões de trabalhadores que participaram na constituição da comissão coordenadora requerem ao serviço competente do ministério responsável pela área laboral, em caso de eleição no prazo de 10 dias, o registo:

a) Da constituição da comissão coordenadora e dos estatutos ou das suas alterações, juntando os estatutos ou as alterações aprovados, bem como cópias da ata da reunião em que foi constituída a comissão e do documento de registo dos votantes;

b) Da eleição dos membros da comissão coordenadora, juntando cópias das listas concorrentes, bem como da ata da reunião e do documento de registo dos votantes.

4 – As comunicações dirigidas ao serviço referido nos números anteriores devem indicar correctamente o endereço da estrutura em causa, indicação que deve ser mantida actualizada.

5 – Os estatutos de comissões de trabalhadores ou comissão coordenadora são entregues em documento electrónico, nos termos de portaria do ministro responsável pela área laboral.

6 – Nos 30 dias posteriores à recepção dos documentos referidos nos números anteriores, o serviço competente do ministério responsável pela área laboral:

a) Regista a constituição da comissão de trabalhadores ou da comissão coordenadora, bem como os estatutos ou as suas alterações;

b) Regista a eleição dos membros da comissão e subcomissões de trabalhadores ou da comissão coordenadora;

c) Publica no *Boletim do Trabalho e Emprego* os estatutos da comissão de trabalhadores ou da comissão coordenadora, ou as respectivas alterações;

d) Publica no *Boletim do Trabalho e Emprego* a composição da comissão de trabalhadores, das subcomissões de trabalhadores ou da comissão coordenadora.

7 – A comissão de trabalhadores, a subcomissão ou a comissão coordenadora só pode iniciar as suas actividades depois da publicação dos estatutos e da respectiva composição, nos termos do número anterior.

8 – Para efeitos dos nºs 1 a 3, pode ser exigida a exibição de original ou documento autenticado, quando haja dúvidas fundadas acerca do conteúdo ou autenticidade da cópia simples, devendo para o efeito ser fixado um prazo razoável não inferior a cinco dias úteis.

(Redação dada pela Lei nº 13/2023, de 03-04)

ARTIGO 439º – Controlo de legalidade da constituição e dos estatutos das comissões

1 – Nos oito dias posteriores à publicação dos estatutos da comissão de trabalhadores ou da comissão coordenadora, ou das suas alterações, o serviço competente do ministério responsável pela área laboral remete ao magistrado do Ministério Público da área da sede da empresa, ou da sede da comissão coordenadora, uma apreciação fundamentada sobre a legalidade da constituição da comissão e dos estatutos, ou das suas alterações, bem como cópia dos documentos referidos, respetivamente, no nº 1 ou na alínea *a*) do nº 3 do artigo anterior.

2 – É aplicável, com as devidas adaptações, o disposto no artigo 447º

(Redação dada pela Lei nº 13/2023, de 03-04)

SECÇÃO III – Associações sindicais e associações de empregadores

SUBSECÇÃO I – Disposições preliminares

ARTIGO 440º - Direito de associação

1 – Os trabalhadores têm o direito de constituir associações sindicais a todos os níveis para defesa e promoção dos seus interesses sócio-profissionais.

2 – Os empregadores têm o direito de constituir associações de empregadores a todos os níveis para defesa e promoção dos seus interesses empresariais.

3 – As associações sindicais abrangem sindicatos, federações, uniões e confederações.

4 – As associações de empregadores abrangem associações, federações, uniões e confederações.

5 – Os estatutos de federações, uniões e confederações podem admitir a representação directa de trabalhadores não representados por sindicatos, ou de empregadores não representados por associações de empregadores.

ARTIGO 441º - Regime subsidiário

1 – As associações sindicais e as associações de empregadores estão sujeitas ao regime geral do direito de associação em tudo o que não contrarie este Código ou a natureza específica da respectiva autonomia.

2 – Não são aplicáveis a associações sindicais e a associações de empregadores as normas do regime geral do direito de associação susceptíveis de determinar restrições inadmissíveis à respectiva liberdade de organização.

ARTIGO 442º - Conceitos no âmbito do direito de associação

1 – No âmbito das associações sindicais, entende-se por:

a) Sindicato, a associação permanente de trabalhadores para defesa e promoção dos seus interesses sócio-profissionais;

b) Federação, a associação de sindicatos de trabalhadores da mesma profissão ou do mesmo sector de actividade;

c) União, a associação de sindicatos de base regional;

d) Confederação, a associação nacional de sindicatos, federações e uniões;

e) Secção sindical, o conjunto de trabalhadores de uma empresa ou estabelecimento filiados no mesmo sindicato;

f) Delegado sindical, o trabalhador eleito para exercer actividade sindical na empresa ou estabelecimento;

g) Comissão sindical, a organização dos delegados sindicais do mesmo sindicato na empresa ou estabelecimento;

h) Comissão intersindical, a organização, a nível de uma empresa, dos delegados das comissões sindicais dos sindicatos representados numa confederação, que abranja no mínimo cinco delegados sindicais, ou de todas as comissões sindicais nela existentes.

2 – No âmbito das associações de empregadores, entende-se por:

a) Associação de empregadores, a associação permanente de pessoas, singulares ou colectivas, de direito privado, titulares de uma empresa, que têm habitualmente trabalhadores ao seu serviço;

b) Federação, a associação de associações de empregadores do mesmo sector de actividade;

c) União, a associação de associações de empregadores de base regional;

d) Confederação, a associação nacional de associações de empregadores, federações e uniões.

ARTIGO 443º - Direitos das associações

1 - As associações sindicais e as associações de empregadores têm, nomeadamente, o direito de:

a) Celebrar convenções colectivas de trabalho;

b) Prestar serviços de carácter económico e social aos seus associados;

c) Participar na elaboração da legislação do trabalho;

d) Iniciar e intervir em processos judiciais e em procedimentos administrativos quanto a interesses dos seus associados, nos termos da lei;

e) Estabelecer relações ou filiar-se, a nível nacional ou internacional, em organizações, respectivamente, de trabalhadores ou de empregadores.

2 - As associações sindicais têm, ainda, o direito de participar nos processos de reestruturação da empresa, especialmente no respeitante a acções de formação ou quando ocorra alteração das condições de trabalho.

3 - As associações de empregadores não podem dedicar-se à produção ou comercialização de bens ou serviços ou de qualquer modo intervir no mercado, sem prejuízo do disposto na alínea *b*) do nº 1.

ARTIGO 444º - Liberdade de inscrição

1 - No exercício da liberdade sindical, o trabalhador tem o direito de, sem discriminação, se inscrever em sindicato que, na área da sua actividade, represente a categoria respectiva.

2 - Pode manter a qualidade de associado o trabalhador que deixe de exercer a sua actividade, mas não passe a exercer outra não representada pelo mesmo sindicato ou não perca a condição de trabalhador subordinado.

3 - O empregador tem o direito de, sem discriminação, se inscrever em associação de empregadores que, na área da sua actividade, o possa representar.

4 - O empresário que não empregue trabalhadores pode inscrever-se em associação de empregadores, não podendo, contudo, intervir nas decisões respeitantes a relações de trabalho.

5 - O trabalhador não pode estar simultaneamente filiado, a título da mesma profissão ou actividade, em sindicatos diferentes.

6 - O trabalhador ou o empregador pode desfiliar-se a todo o tempo, mediante comunicação escrita com a antecedência mínima de 30 dias.

SUBSECÇÃO II – Constituição e organização das associações

ARTIGO 445º - Princípios de auto-regulamentação, organização e gestão democráticas

As associações sindicais e as associações de empregadores regem-se por estatutos e regulamentos por elas aprovados, elegem livre e democraticamente os titulares dos corpos sociais e organizam democraticamente a sua gestão e actividade.

ARTIGO 446º - Autonomia e independência das associações

1 – O exercício de cargo de direcção de associação sindical ou de associação de empregadores é incompatível com o exercício de qualquer cargo de direcção em partido político, instituição religiosa ou outra associação relativamente à qual exista conflito de interesses.

2 – É aplicável a associações de empregadores o disposto nos nºs 1, 3 ou 4 do artigo 405º, com as necessárias adaptações.

ARTIGO 447º - Constituição, registo e aquisição de personalidade

1 – A associação sindical ou a associação de empregadores constitui-se e aprova os respectivos estatutos mediante deliberação da assembleia constituinte, que pode ser assembleia de representantes de associados, e adquire personalidade jurídica pelo registo daqueles por parte do serviço competente do ministério responsável pela área laboral.

2 – O requerimento do registo de associação sindical ou associação de empregadores, assinado pelo presidente da mesa da assembleia constituinte, deve ser acompanhado dos estatutos aprovados e de certidão ou cópia da ata da assembleia, tendo em anexo as folhas de registo de presenças e respetivos termos de abertura e encerramento.

3 – Os estatutos de associação sindical ou associação de empregadores são entregues em documento electrónico, nos termos de portaria do ministro responsável pela área laboral.

4 – O serviço competente do ministério responsável pela área laboral regista os estatutos, após o que:

a) Publica os estatutos no *Boletim do Trabalho e Emprego*, nos 30 dias posteriores à sua recepção;

b) Remete ao magistrado do Ministério Público no tribunal competente certidão ou cópia da ata da assembleia constituinte, dos estatutos e do pedido de registo, acompanhados de apreciação fundamentada sobre a legalidade da constituição da associação e dos estatutos, nos oito dias posteriores à publicação, sem prejuízo do disposto no número seguinte.

5 – Caso os estatutos contenham disposições contrárias à lei, o serviço competente, no prazo previsto na alínea *b*) do número anterior, notifica a associação para que esta altere as mesmas, no prazo de 180 dias.

6 – Caso não haja alteração no prazo referido no número anterior, o serviço competente procede de acordo com o disposto na alínea *b*) do nº 4.

7 - A associação sindical ou a associação de empregadores só pode iniciar o exercício das respectivas actividades após a publicação dos estatutos no *Boletim do Trabalho e Emprego*, ou 30 dias após o registo.

8 - Caso a constituição ou os estatutos iniciais da associação sejam desconformes com a lei imperativa, o magistrado do Ministério Público no tribunal competente promove, no prazo de 15 dias a contar da recepção dos documentos a que se refere a alínea *b*) do nº 4, a declaração judicial de extinção da associação ou, no caso de norma dos estatutos, a sua nulidade, se a matéria for regulada por lei imperativa ou se a regulamentação da mesma não for essencial ao funcionamento da associação.

9 - Na situação referida no número anterior, o serviço competente do ministério responsável pela área laboral, em caso de extinção da associação, segue o procedimento previsto no nº 4 do artigo 456º ou, em caso de nulidade de norma dos estatutos, promove a publicação imediata de aviso no *Boletim do Trabalho e Emprego.*

10 - Para efeitos do nº 1, pode ser exigida a exibição de original ou documento autenticado, quando haja dúvidas fundadas acerca do conteúdo ou autenticidade da cópia simples, devendo para o efeito ser fixado um prazo razoável não inferior a cinco dias úteis.

(Redação dada pela Lei nº 13/2023, de 03-04)

ARTIGO 448º - Aquisição e perda da qualidade de associação de empregadores

A associação de empresários constituída ao abrigo do regime geral do direito de associação pode adquirir a qualidade de associação de empregadores, pelo processo definido no artigo anterior, desde que preencha os requisitos previstos neste Código, e pode perder essa qualidade por vontade dos associados ou decisão judicial tomada nos termos do nº 8 do mesmo artigo.

ARTIGO 449º - Alteração de estatutos

1 - A alteração de estatutos fica sujeita a registo e ao disposto nos nºs 2 a 6 do artigo 447º, com as necessárias adaptações.

2 - Caso as alterações dos estatutos da associação sejam desconformes com a lei, o magistrado do Ministério Público no tribunal competente promove, no prazo de 15 dias a contar da receção dos documentos referidos na alínea *b*) do nº 4 do artigo 447º, a declaração judicial de nulidade das mesmas.

3 - Na situação referida no número anterior, mantém-se em vigor a norma anterior à alteração de estatutos.

4 - O serviço competente do ministério responsável pela área laboral promove, em caso de nulidade de norma dos estatutos, a publicação imediata de aviso no *Boletim do Trabalho e Emprego.*

5 - As alterações a que se refere o nº 1 só produzem efeitos em relação a terceiros após publicação no *Boletim do Trabalho e Emprego* ou, na falta desta, 30 dias após o registo.

(Redação dada pela Lei nº 13/2023, de 03-04)

ARTIGO 450º - Conteúdo dos estatutos

1 - Com os limites dos artigos seguintes, os estatutos de associação sindical ou associação de empregadores devem regular:

a) A denominação, a localidade da sede, o âmbito subjectivo, objectivo e geográfico, os fins e a duração, quando a associação não se constitua por período indeterminado;

b) Os respectivos órgãos, entre os quais deve haver uma assembleia geral ou uma assembleia de representantes de associados, um órgão colegial de direcção e um conselho fiscal, bem como o número de membros e o funcionamento daqueles;

c) A extinção e consequente liquidação da associação, bem como o destino do respectivo património.

2 - Os estatutos de associação sindical devem ainda regular o exercício do direito de tendência.

3 - A denominação deve identificar o âmbito subjectivo, objectivo e geográfico da associação e não pode confundir-se com a de outra associação existente.

4 - No caso de os estatutos preverem a existência de uma assembleia de representantes de associados, esta exerce os direitos previstos na lei para a assembleia geral, cabendo aos estatutos indicar, caso haja mais de uma assembleia de representantes de associados, a que exerce os referidos direitos.

5 - Em caso de extinção judicial ou voluntária de associação sindical ou associação de empregadores, os respectivos bens não podem ser distribuídos pelos associados, excepto quando estes sejam associações.

ARTIGO 451º - Princípios da organização e da gestão democráticas

1 - No respeito pelos princípios da organização e da gestão democráticas, as associações sindicais e as associações de empregadores devem reger-se, nomeadamente, em obediência às seguintes regras:

a) Todo o associado no gozo dos seus direitos tem o direito de participar na actividade da associação, incluindo o de eleger e ser eleito para os corpos sociais e ser nomeado para qualquer cargo associativo, sem prejuízo de poder haver requisitos de idade e de tempo de inscrição;

b) São asseguradas a igualdade de oportunidades e imparcialidade no tratamento das listas concorrentes a eleições para os corpos sociais;

c) O mandato dos membros da direcção não pode ter duração superior a quatro anos, sendo permitida a reeleição para mandatos sucessivos, salvo disposição estatutária em contrário;

2 - Os estatutos de associação de empregadores podem atribuir mais de um voto a certos associados, com base em critérios objectivos, nomeadamente em função da dimensão da empresa, até ao limite de 10 vezes o número de votos do associado com o menor número de votos.

3 - Os estatutos podem permitir a participação de membros em mais de um órgão, salvo se um desses órgãos for o conselho fiscal, não podendo o número daqueles ultrapassar um terço do total dos membros.

ARTIGO 452º - Regime disciplinar

1 - O regime disciplinar aplicável aos associados deve assegurar o direito de defesa do associado e prever que o procedimento seja escrito e que a sanção de expulsão seja apenas aplicada em caso de grave violação de deveres fundamentais.

2 - O regime disciplinar da associação de empregadores não pode conter normas que interfiram com a actividade económica exercida pelos associados.

ARTIGO 453º - Impenhorabilidade de bens

1 - São impenhoráveis os bens móveis e imóveis de associação sindical ou associação de empregadores cuja utilização seja estritamente indispensável ao seu funcionamento.

2 - O disposto no número anterior não se aplica a bem imóvel quando se verifiquem as seguintes condições:

a) A aquisição, construção, reconstrução, modificação ou beneficiação desse bem seja feita mediante recurso a financiamento por terceiros, com garantia real previamente registada;

b) O financiamento por terceiros e as condições de aquisição sejam objecto de deliberação do órgão estatutariamente competente.

ARTIGO 454º - Publicitação dos membros da direcção

1 - O presidente da mesa da assembleia geral deve remeter a identidade dos membros da direcção de associação sindical ou associação de empregadores, bem como cópia da acta da assembleia que os elegeu, ao serviço competente do ministério responsável pela área laboral no prazo de 30 dias após a eleição, para publicação imediata no *Boletim do Trabalho e Emprego*.

2 - A identidade dos membros da direcção deve ser entregue em documento electrónico, nos termos de portaria do ministro responsável pela área laboral.

ARTIGO 455º - Averbamento ao registo

A associação sindical ou associação de empregadores deve indicar a actualização do endereço da sede, quando a mesma não conste de alteração dos estatutos, ao serviço competente do ministério responsável pela área laboral, o qual procede ao seu averbamento no respectivo registo.

ARTIGO 456º - Extinção de associações e cancelamento do registo

1 - Quando a associação sindical ou de empregadores não tenha requerido a publicação nos termos do nº 1 do artigo 454º da identidade dos membros da direcção num período de seis anos a contar da publicação anterior, o serviço competente do ministério responsável pela área laboral deve comunicar o facto ao magistrado do Ministério Público no tribunal competente, o qual promove, no prazo de 15 dias a contar da recepção dessa comunicação, a declaração judicial de extinção da associação.

2 - A extinção judicial ou voluntária de associação sindical ou associação de empregadores deve ser comunicada ao serviço competente do ministério responsável pela área laboral:

a) Pelo tribunal, mediante cópia da decisão que determine a extinção, transitada em julgado;

b) Pelo presidente da mesa da assembleia geral, mediante certidão ou cópia certificada da acta da assembleia que delibere a extinção, com as folhas de presenças e respectivos termos de abertura e encerramento.

3 – A comunicação deve ser acompanhada da identificação dos filiados na associação de empregadores em causa abrangidos por cada um dos contratos coletivos de que esta seja outorgante.

4 – O serviço referido no número anterior procede ao cancelamento do registo dos estatutos da associação em causa e promove a publicação imediata de aviso no *Boletim do Trabalho e Emprego*.

5 – O serviço referido nos números anteriores remete ao magistrado do Ministério Público no tribunal competente certidão ou cópia certificada da acta da assembleia que delibere a extinção, acompanhada de apreciação fundamentada sobre a legalidade da deliberação, nos oito dias posteriores à publicação do aviso.

6 – No caso de a deliberação de extinção da associação ser desconforme com a lei ou os estatutos, o magistrado do Ministério Público promove, no prazo de 15 dias a contar da recepção, a declaração judicial de nulidade da deliberação.

7 – O tribunal comunica a declaração judicial de nulidade da deliberação de extinção da associação, transitada em julgado, ao serviço referido nos números anteriores, o qual revoga o cancelamento e promove a publicação imediata de aviso no *Boletim do Trabalho e Emprego*.

8 – A extinção da associação ou a revogação do cancelamento produz efeitos a partir da publicação do respectivo aviso.

(Redação dada pela Lei nº 93/2019, de 04-09)

SUBSECÇÃO III – **Quotização sindical**

ARTIGO 457º – Quotização sindical e protecção dos trabalhadores

1 – O trabalhador não pode ser obrigado a pagar quotas para associação sindical em que não esteja inscrito.

2 – A cobrança e entrega de quotas sindicais pelo empregador não podem implicar para o trabalhador qualquer discriminação nem o pagamento de despesas não previstas na lei ou limitar de qualquer modo a sua liberdade de trabalho.

3 – O empregador pode proceder ao tratamento informático de dados pessoais dos trabalhadores referentes a filiação sindical, desde que, nos termos da lei, sejam exclusivamente utilizados para cobrança e entrega de quotas sindicais.

4 – A associação sindical não pode recusar a passagem de documento essencial à actividade profissional do trabalhador que seja da sua competência por motivo de falta de pagamento de quotas.

ARTIGO 458º – Cobrança de quotas sindicais

1 – O empregador deve proceder à cobrança e entrega de quotas sindicais quando o instrumento de regulamentação colectiva de trabalho aplicável o preveja e o trabalhador o autorize, ou mediante opção expressa do trabalhador dirigida ao empregador.

2 – O trabalhador deve formular por escrito e assinar a declaração de autorização ou de opção referida no número anterior e nela indicar o valor da quota sindical ou o determinado em percentagem da retribuição a deduzir e a associação sindical à qual o mesmo deve ser entregue.

3 – A cobrança e entrega de quota sindical implica que o empregador deduza da retribuição do trabalhador o valor da quota e o entregue à associação sindical respectiva, até ao dia 15 do mês seguinte.

4 – A responsabilidade pelas despesas necessárias à entrega da quota sindical pode ser definida por instrumento de regulamentação colectiva de trabalho ou acordo entre empregador e sindicato ou trabalhador.

5 – O trabalhador pode fazer cessar a cobrança e entrega de quota sindical pelo empregador mediante declaração escrita e assinada que lhe dirija neste sentido.

6 – O trabalhador deve enviar cópias das declarações previstas nos números anteriores à associação sindical respectiva.

7 – A declaração de autorização ou de opção do trabalhador de cobrança da quota sindical e a declaração sobre a cessação deste procedimento produzem efeitos a partir do mês seguinte ao da sua entrega ao empregador.

8 – Constitui contra-ordenação muito grave a recusa ou falta de cobrança, pelo empregador, da quota sindical, através da dedução na retribuição do trabalhador que a haja autorizado ou decidido.

ARTIGO 459º - Crime de retenção de quota sindical

O empregador que retiver e não entregar à associação sindical a quota sindical cobrada é punido com a pena prevista para o crime de abuso de confiança.

SUBSECÇÃO IV – Actividade sindical na empresa

ARTIGO 460º - Direito a actividade sindical na empresa

1 – Os trabalhadores e os sindicatos têm direito a desenvolver actividade sindical na empresa, nomeadamente através de delegados sindicais, comissões sindicais e comissões intersindicais.

2 – O disposto nos artigos 461º, 464º e 465º aplica-se igualmente a empresas onde não existam trabalhadores filiados em associações sindicais, com as necessárias adaptações.

3 – O empregador que impeça injustificadamente o exercício do direito previsto nos números anteriores incorre na prática de uma contraordenação muito grave.

(Redação dada pela Lei nº 13/2023, de 03-04)

ARTIGO 461º - Reunião de trabalhadores no local de trabalho

1 – Os trabalhadores podem reunir-se no local de trabalho, mediante convocação por um terço ou 50 trabalhadores do respectivo estabelecimento, ou pela comissão sindical ou intersindical:

a) Fora do horário de trabalho da generalidade dos trabalhadores, sem prejuízo do normal funcionamento de turnos ou de trabalho suplementar;

b) Durante o horário de trabalho da generalidade dos trabalhadores até um período máximo de quinze horas por ano, que conta como tempo de serviço efectivo, desde que seja assegurado o funcionamento de serviços de natureza urgente e essencial.

2 – É aplicável à realização de reunião referida no número anterior o disposto no artigo 420º, com as necessárias adaptações.

3 – Nas empresas com menos de 50 trabalhadores sindicalizados, a convocação prevista no nº 1 pode ser efetuada pelo delegado sindical.

4 – Os membros de direcção de associações sindicais representativas dos trabalhadores que não trabalhem na empresa podem participar na reunião, mediante comunicação dos promotores ao empregador com a antecedência mínima de seis horas.

5 – O empregador que proíba reunião de trabalhadores no local de trabalho ou o acesso de membro de direcção de associação sindical a instalações de empresa onde decorra reunião de trabalhadores comete contra-ordenação muito grave.

(Redação dada pela Lei nº 13/2023, de 03-04)

ARTIGO 462º – Eleição, destituição ou cessação de funções de delegado sindical

1 – O delegado sindical é eleito e destituído nos termos dos estatutos do respectivo sindicato, por voto directo e secreto.

2 – O mandato do delegado sindical não pode ter duração superior a quatro anos.

3 – Podem constituir-se comissões sindicais na empresa ou estabelecimento e comissões intersindicais na empresa, de acordo com as alíneas *g*) e *h*) do nº 1 do artigo 442º

4 – A direcção do sindicato comunica por escrito ao empregador a identidade de cada delegado sindical, bem como dos que fazem parte de comissão sindical ou intersindical, e promove a afixação da comunicação nos locais reservados a informação sindical.

5 – O disposto no número anterior é aplicável em caso de destituição ou cessação de funções de delegado sindical.

ARTIGO 463º – Número de delegados sindicais

1 – O número máximo de delegados sindicais que beneficiam do regime de protecção previsto neste Código é determinado da seguinte forma:

a) Em empresa com menos de 50 trabalhadores sindicalizados, um;

b) Em empresa com 50 a 99 trabalhadores sindicalizados, dois;

c) Em empresa com 100 a 199 trabalhadores sindicalizados, três;

d) Em empresa com 200 a 499 trabalhadores sindicalizados, seis;

e) Em empresa com 500 ou mais trabalhadores sindicalizados, o número resultante da seguinte fórmula:

$$6 + [(n - 500) : 200]$$

2 – Para efeito da alínea *e*) do número anterior, n é o número de trabalhadores sindicalizados.

3 – O resultado apurado nos termos da alínea *e*) do número anterior é arredondado para a unidade imediatamente superior.

ARTIGO 464º – Direito a instalações

1 – O empregador deve pôr à disposição dos delegados sindicais que o requeiram um local apropriado ao exercício das suas funções, no interior da empresa ou na sua proximidade, disponibilizado a título permanente em empresa ou estabelecimento com 150 ou mais trabalhadores.

2 – Constitui contra-ordenação grave a violação do disposto no número anterior.

ARTIGO 465º – Afixação e distribuição de informação sindical

1 – O delegado sindical tem o direito de afixar, nas instalações da empresa e em local apropriado disponibilizado pelo empregador, convocatórias, comunicações, informações ou outros textos relativos à vida sindical e aos interesses socio-profissionais dos trabalhadores, bem como proceder à sua distribuição, sem prejuízo do funcionamento normal da empresa.

2 – As estruturas representativas dos trabalhadores têm o direito de afixar em local disponibilizado, para o efeito, no portal interno da empresa convocatórias, comunicações, informações ou outros textos relativos à vida sindical e aos interesses socio-profissionais dos trabalhadores, bem como proceder à sua distribuição por via de lista de distribuição de correio eletrónico para todos os trabalhadores em regime de teletrabalho, disponibilizada pelo empregador.

3 – Constitui contraordenação grave a violação do disposto neste artigo.

(Redação dada pela Lei nº 83/2021, de 06-12)

ARTIGO 466º – Informação e consulta de delegado sindical

1 – O delegado sindical tem direito a informação e consulta sobre as seguintes matérias, além de outras referidas na lei ou em convenção colectiva:

a) Evolução recente e provável evolução futura da actividade da empresa ou do estabelecimento e da sua situação económica;

b) Situação, estrutura e provável evolução do emprego na empresa ou no estabelecimento e eventuais medidas preventivas, nomeadamente quando se preveja a diminuição do número de trabalhadores;

c) Decisão susceptível de desencadear mudança substancial na organização do trabalho ou nos contratos de trabalho;

d) Parâmetros, os critérios, as regras e as instruções em que se baseiam os algoritmos ou outros sistemas de inteligência artificial que afetam a tomada de decisões sobre o acesso e a manutenção do emprego, assim como condições de trabalho, incluindo a elaboração de perfis e o controlo da atividade profissional.

2 – É aplicável à informação e consulta de delegados sindicais o disposto nos nºs 1, 2, 4, 5, 6 e 7 do artigo 427º

3 – O disposto no presente artigo não é aplicável a microempresa ou a pequena empresa.

4 – Constitui contraordenação grave a violação do disposto no nº 1.

(Redação dada pela Lei nº 13/2023, de 03-04)

ARTIGO 467º - Crédito de horas de delegado sindical

1 – O delegado sindical tem direito, para o exercício das suas funções, a um crédito de cinco horas por mês, ou oito horas por mês se fizer parte de comissão intersindical.

2 – Constitui contra-ordenação grave a violação do disposto no número anterior.

SUBSECÇÃO V - Membro de direcção de associação sindical

ARTIGO 468º - Crédito de horas e faltas de membro de direcção

1 – Para o exercício das suas funções, o membro de direcção de associação sindical tem direito a crédito de horas correspondente a quatro dias de trabalho por mês e a faltas justificadas, nos termos dos números seguintes.

2 – Sem prejuízo do disposto em instrumento de regulamentação colectiva de trabalho, em cada empresa, o número máximo de membros de direcção de associação sindical com direito a crédito de horas e a faltas justificadas sem limitação de número é determinado da seguinte forma:

a) Em empresa com menos de 50 trabalhadores sindicalizados, um;
b) Em empresa com 50 a 99 trabalhadores sindicalizados, dois;
c) Em empresa com 100 a 199 trabalhadores sindicalizados, três;
d) Em empresa com 200 a 499 trabalhadores sindicalizados, quatro;
e) Em empresa com 500 a 999 trabalhadores sindicalizados, seis;
f) Em empresa com 1000 a 1999 trabalhadores sindicalizados, sete;
g) Em empresa com 2000 a 4999 trabalhadores sindicalizados, oito;
h) Em empresa com 5000 a 9999 trabalhadores sindicalizados, 10;
i) Em empresa com 10000 ou mais trabalhadores sindicalizados, 12.

3 – No caso de membro de direcção de federação, união ou confederação, a aplicação da fórmula referida no número anterior tem em conta o número de trabalhadores filiados nas associações que fazem parte dessa estrutura.

4 – O trabalhador que seja membro de direcção de mais de uma associação sindical não tem direito a cumulação de crédito de horas.

5 – Os membros de direcção que excedam o número máximo calculado nos termos dos números anteriores têm direito a faltas justificadas até ao limite de 33 por ano.

6 – A direcção da associação sindical deve comunicar ao empregador, até 15 de Janeiro de cada ano e nos 15 dias posteriores a qualquer alteração da sua composição, a identidade dos membros a quem se aplica o disposto no nº 2.

7 – A direcção da associação sindical pode atribuir crédito de horas a outro membro da mesma, desde que não ultrapasse o montante global atribuído nos termos dos nºs 1 e 2 e informe o empregador da alteração da repartição do crédito com a antecedência mínima de 15 dias.

8 – Quando as faltas justificadas se prolongarem efectiva ou previsivelmente para além de um mês, aplica-se o regime da suspensão do contrato de trabalho por facto respeitante ao trabalhador, sem prejuízo do disposto em instrumento de regulamentação colectiva de trabalho aplicável, que preveja funções sindicais a tempo inteiro ou outras situações específicas, relativamente ao direito à retribuição de trabalhador.

9 – Constitui contra-ordenação muito grave a violação do disposto no nº 1.

CAPÍTULO II – Participação na elaboração de legislação do trabalho

ARTIGO 469º – Noção de legislação do trabalho

1 – Entende-se por legislação do trabalho a que regula os direitos e obrigações dos trabalhadores e empregadores, enquanto tais, e as suas organizações.

2 – São considerados legislação do trabalho os diplomas que regulam, nomeadamente, as seguintes matérias:

a) Contrato de trabalho;

b) Direito colectivo de trabalho;

c) Segurança e saúde no trabalho;

d) Acidentes de trabalho e doenças profissionais;

e) Formação profissional;

f) Processo do trabalho.

3 – Considera-se igualmente matéria de legislação do trabalho a aprovação para ratificação de convenções da Organização Internacional do Trabalho.

ARTIGO 470º – Precedência de discussão

Qualquer projecto ou proposta de lei, projecto de decreto-lei ou projecto ou proposta de decreto regional relativo a legislação do trabalho só pode ser discutido e votado pela Assembleia da República, pelo Governo da República, pelas Assembleias Legislativas das regiões autónomas e pelos Governos Regionais depois de as comissões de trabalhadores ou as respectivas comissões coordenadoras, as associações sindicais e as associações de empregadores se terem podido pronunciar sobre ele.

ARTIGO 471º – Participação da Comissão Permanente de Concertação Social

A Comissão Permanente de Concertação Social pode pronunciar-se sobre qualquer projecto ou proposta de legislação do trabalho, podendo ser convocada por decisão do presidente mediante requerimento de qualquer dos seus membros.

ARTIGO 472º – Publicação de projectos e propostas

1 – Para efeitos do disposto no artigo 470º, os projectos e propostas são publicados em separata das seguintes publicações oficiais:

a) *Diário da Assembleia da República*, tratando-se de legislação a aprovar pela Assembleia da República;

b) *Boletim do Trabalho e Emprego*, tratando-se de legislação a aprovar pelo Governo da República;

c) *Diários das Assembleias Regionais*, tratando-se de legislação a aprovar pelas Assembleias Legislativas das regiões autónomas;

d) *Jornal Oficial*, tratando-se de legislação a aprovar por Governo Regional.

2 – As separatas referidas no número anterior contêm, obrigatoriamente:

a) O texto integral das propostas ou projectos, com os respectivos números;

b) A designação sintética da matéria da proposta ou projecto;

c) O prazo para apreciação pública.

3 – A Assembleia da República, o Governo da República, a Assembleia Legislativa de região autónoma ou o Governo Regional faz anunciar, através dos órgãos

de comunicação social, a publicação da separata e a designação das matérias que se encontram em fase de apreciação pública.

ARTIGO 473º - Prazo de apreciação pública

1 - O prazo de apreciação pública não pode ser inferior a 30 dias.

2 - O prazo pode ser reduzido para 20 dias, a título excepcional e por motivo de urgência devidamente justificado no acto que determina a publicação.

ARTIGO 474º - Pareceres e audições das organizações representativas

1 - Durante o prazo de apreciação pública, as entidades referidas no artigo 470º podem pronunciar-se sobre o projecto ou proposta e solicitar audição oral à Assembleia da República, ao Governo da República, à Assembleia Legislativa de região autónoma ou ao Governo Regional, nos termos da regulamentação própria de cada um destes órgãos.

2 - O parecer da entidade que se pronuncia deve conter:

a) Identificação do projecto ou proposta;

b) Identificação da comissão de trabalhadores, comissão coordenadora, associação sindical ou associação de empregadores que se pronuncia;

c) Âmbito subjectivo, objectivo e geográfico ou, tratando-se de comissão de trabalhadores ou comissão coordenadora, o sector de actividade e a área geográfica da empresa ou empresas;

d) Número de trabalhadores ou de empregadores representados;

e) Data, assinatura de quem legalmente represente a entidade ou de todos os seus membros e carimbo da mesma.

ARTIGO 475º - Resultado de apreciação pública

1 - As posições das entidades que se pronunciam em pareceres ou audições são tidas em conta pelo legislador como elementos de trabalho.

2 - O resultado da apreciação pública consta:

a) De preâmbulo de decreto-lei ou de decreto regional;

b) De relatório anexo a parecer de comissão especializada da Assembleia da República ou da Assembleia Legislativa de região autónoma.

SUBTÍTULO II - Instrumentos de regulamentação colectiva de trabalho

CAPÍTULO I - Princípios gerais relativos a instrumentos de regulamentação colectiva de trabalho

SECÇÃO I - Disposições gerais sobre instrumentos de regulamentação colectiva de trabalho

ARTIGO 476º - Princípio do tratamento mais favorável

As disposições de instrumento de regulamentação colectiva de trabalho só podem ser afastadas por contrato de trabalho quando este estabeleça condições mais favoráveis para o trabalhador.

ARTIGO 477º - Forma de instrumento de regulamentação colectiva de trabalho

O instrumento de regulamentação colectiva de trabalho reveste a forma escrita, sob pena de nulidade.

ARTIGO 478º - Limites do conteúdo de instrumento de regulamentação colectiva de trabalho

1 - O instrumento de regulamentação colectiva de trabalho não pode:

a) Contrariar norma legal imperativa;

b) Regulamentar actividades económicas, nomeadamente períodos de funcionamento, regime fiscal, formação dos preços e exercício da actividade de empresas de trabalho temporário, incluindo o contrato de utilização;

c) Conferir eficácia retroactiva a qualquer cláusula que não seja de natureza pecuniária.

2 - O instrumento de regulamentação colectiva de trabalho pode instituir regime complementar contratual que atribua prestações complementares do subsistema previdencial na parte não coberta por este, nos termos da lei.

ARTIGO 479º - Apreciação relativa à igualdade e não discriminação

1 - No prazo de 30 dias a contar da publicação de instrumento de regulamentação coletiva de trabalho negocial ou decisão arbitral em processo de arbitragem obrigatória ou necessária, o serviço competente do ministério responsável pela área laboral, ouvidos os interessados, procede à apreciação fundamentada da legalidade das suas disposições em matéria de igualdade e não discriminação.

2 - Caso delibere no sentido da existência de disposições discriminatórias, o serviço competente do ministério responsável pela área laboral notifica as partes nos instrumentos de regulamentação coletiva de trabalho que contenham aquelas disposições para, no prazo de 60 dias, procederem às respetivas alterações.

3 - Decorrido o prazo previsto no número anterior sem que se verifiquem as necessárias alterações, o serviço competente do ministério responsável pela área laboral envia a sua apreciação ao magistrado do Ministério Público junto do tribunal competente, acompanhada dos documentos relevantes, nomeadamente de cópia da ata da deliberação e das pronúncias dos interessados.

4 - Para efeito do número anterior, considera-se competente, pela ordem a seguir indicada, o tribunal em cuja área tenham sede:

a) Todas as associações sindicais e associações de empregadores ou empresas celebrantes da convenção colectiva;

b) O maior número das entidades referidas;

c) Qualquer das entidades referidas.

5 - Caso constate a existência de disposição ilegal na matéria em causa, o magistrado do Ministério Público promove, no prazo de 15 dias, a declaração judicial da nulidade dessas disposições.

6 - A decisão judicial que declare a nulidade de disposição é remetida pelo tribunal ao serviço competente do ministério responsável pela área laboral, para efeito de publicação no *Boletim do Trabalho e Emprego*.

(Redação dada pela Lei nº 23/2012, de 25-06)

ARTIGO 480º - Publicidade de instrumento de regulamentação colectiva de trabalho aplicável

1 - O empregador deve afixar em local apropriado da empresa a indicação de instrumentos de regulamentação colectiva de trabalho aplicáveis.

2 - Constitui contra-ordenação leve a violação do disposto no número anterior.

SECÇÃO II - Concorrência de instrumentos de regulamentação colectiva de trabalho

ARTIGO 481º - Preferência de instrumento de regulamentação colectiva de trabalho negocial vertical

O instrumento de regulamentação colectiva de trabalho negocial de um sector de actividade afasta a aplicação de instrumento da mesma natureza cujo âmbito se define por profissão ou profissões relativamente àquele sector de actividade.

ARTIGO 482º - Concorrência entre instrumentos de regulamentação colectiva de trabalho negociais

1 - Sempre que exista concorrência entre instrumentos de regulamentação colectiva de trabalho negociais, são observados os seguintes critérios de preferência:

a) O acordo de empresa afasta a aplicação do acordo colectivo ou do contrato colectivo;

b) O acordo colectivo afasta a aplicação do contrato colectivo.

2 - Nos outros casos, os trabalhadores da empresa em relação aos quais se verifica a concorrência escolhem o instrumento aplicável, por maioria, no prazo de 30 dias a contar da entrada em vigor do instrumento de publicação mais recente, comunicando a escolha ao empregador interessado e ao serviço com competência inspectiva do ministério responsável pela área laboral.

3 - Na ausência de escolha pelos trabalhadores, é aplicável:

a) O instrumento de publicação mais recente;

b) Sendo os instrumentos em concorrência publicados na mesma data, o que regular a principal actividade da empresa.

4 - A deliberação prevista no nº 2 é irrevogável até ao termo da vigência do instrumento adoptado.

5 - Os critérios de preferência previstos no nº 1 podem ser afastados por instrumento de regulamentação coletiva de trabalho negocial, designadamente, através de cláusula de articulação de:

a) Convenções coletivas de diferente nível, nomeadamente interconfederal, sectorial ou de empresa;

b) Contrato coletivo que estabeleça que determinadas matérias, como sejam a mobilidade geográfica e funcional, a organização do tempo de trabalho e a retribuição, sejam reguladas por convenção coletiva.

(Redação dada pela Lei nº 23/2012, de 25-06)

ARTIGO 483º – Concorrência entre instrumentos de regulamentação colectiva de trabalho não negociais

1 – Sempre que exista concorrência entre instrumentos de regulamentação colectiva de trabalho não negociais, são observados os seguintes critérios de preferência:

a) A decisão de arbitragem obrigatória afasta a aplicação de outro instrumento;

b) A portaria de extensão afasta a aplicação de portaria de condições de trabalho.

2 – Em caso de concorrência entre portarias de extensão aplica-se o previsto nos nºs 2 a 4 do artigo anterior, relativamente às convenções colectivas objecto de extensão.

ARTIGO 484º – Concorrência entre instrumentos de regulamentação colectiva de trabalho negociais e não negociais

A entrada em vigor de instrumento de regulamentação colectiva de trabalho negocial afasta a aplicação, no respectivo âmbito, de anterior instrumento de regulamentação colectiva de trabalho não negocial.

CAPÍTULO II – Convenção colectiva

SECÇÃO I – Contratação colectiva

ARTIGO 485º – Promoção da contratação colectiva

1 – O Estado deve promover a contratação colectiva, de modo que as convenções colectivas sejam aplicáveis ao maior número de trabalhadores e empregadores.

2 – Para efeitos do disposto no número anterior, o Estado enquadra os incentivos à contratação coletiva no âmbito das suas políticas específicas, nomeadamente através de medidas que privilegiem as empresas outorgantes de convenção coletiva recentemente celebrada ou revista, no quadro do acesso a apoios ou financiamentos públicos, incluindo fundos europeus, dos procedimentos de contratação pública e de incentivos de natureza fiscal.

3 – Para efeitos do número anterior, considera-se convenção recentemente celebrada ou revista a que tenha sido outorgada ou renovada no período até três anos.

(Redação dada pela Lei nº 13/2023, de 03-04)

ARTIGO 486º – Proposta negocial

1 – O processo de negociação inicia-se com a apresentação à outra parte de proposta de celebração ou de revisão de uma convenção colectiva.

2 – A proposta deve revestir forma escrita, ser devidamente fundamentada e conter os seguintes elementos:

a) Designação das entidades que a subscrevem em nome próprio ou em representação de outras;

b) Indicação da convenção que se pretende rever, sendo caso disso, e respectiva data de publicação;

c) Indicação de instrumento de regulamentação coletiva de trabalho negocial e respetiva data de publicação, sendo caso disso, para efeitos do nº 5 do artigo 482º *(Redação dada pela Lei nº 23/2012, de 25-06)*

ARTIGO 487º - Resposta à proposta

1 - A entidade destinatária da proposta deve responder, de forma escrita e fundamentada, nos 30 dias seguintes à recepção daquela, salvo se houver prazo convencionado ou prazo mais longo indicado pelo proponente.

2 - Em caso de proposta de revisão de uma convenção colectiva, a entidade destinatária pode recusar-se a negociar antes de decorrerem seis meses de vigência da convenção, devendo informar o proponente no prazo de 10 dias úteis.

3 - A resposta deve exprimir uma posição relativa a todas as cláusulas da proposta, aceitando, recusando ou contrapropondo.

4 - Em caso de falta de resposta ou de contraproposta, no prazo a que se refere o nº 1 e nos termos do nº 3, o proponente pode requerer a conciliação.

5 - Constitui contra-ordenação grave a violação do disposto nos nºs 1 ou 3.

ARTIGO 488º - Prioridade em matéria negocial

1 - As partes devem, sempre que possível, atribuir prioridade à negociação da retribuição e da duração e organização do tempo de trabalho, tendo em vista o ajuste do acréscimo global de encargos daí resultante, bem como à segurança e saúde no trabalho.

2 - A inviabilidade de acordo inicial sobre as matérias referidas no número anterior não justifica a ruptura de negociação.

ARTIGO 489º - Boa fé na negociação

1 - As partes devem respeitar, no processo de negociação colectiva, o princípio de boa fé, nomeadamente respondendo com a brevidade possível a propostas e contrapropostas, observando o protocolo negocial, caso exista, e fazendo-se representar em reuniões e contactos destinados à prevenção ou resolução de conflitos.

2 - Os representantes das associações sindicais e de empregadores devem, oportunamente, fazer as necessárias consultas aos trabalhadores e aos empregadores interessados, não podendo, no entanto, invocar tal necessidade para obter a suspensão ou interrupção de quaisquer actos.

3 - Cada uma das partes deve facultar à outra os elementos ou informações que esta solicitar, na medida em que tal não prejudique a defesa dos seus interesses.

4 - Não pode ser recusado, no decurso de processo de negociação de acordo colectivo e de empresa, o fornecimento dos relatórios e contas de empresas já publicados e o número de trabalhadores, por categoria profissional, que se situem no âmbito de aplicação do acordo a celebrar.

5 - Comete contra-ordenação grave a associação sindical, a associação de empregadores ou o empregador que não se faça representar em reunião convocada nos termos do nº 1.

ARTIGO 490º - Apoio técnico da Administração

1 - Na preparação da proposta negocial e da respectiva resposta, bem como durante as negociações, os serviços competentes dos ministérios responsáveis pela área laboral e pela área de actividade fornecem às partes a informação necessária de que dispõem e que estas solicitem.

2 - As partes devem enviar as propostas e respostas, com a respectiva fundamentação, ao ministério responsável pela área laboral nos 15 dias seguintes à sua apresentação.

SECÇÃO II - Celebração e conteúdo

ARTIGO 491º - Representantes de entidades celebrantes

1 - A convenção colectiva é assinada pelos representantes das entidades celebrantes.

2 - Para efeitos do disposto no número anterior, consideram-se representantes:

a) Os membros de direcção de associação sindical ou associação de empregadores, com poderes para contratar;

b) Os gerentes, administradores ou directores com poderes para contratar;

c) No caso de empresa do sector empresarial do Estado, os membros do conselho de gerência ou órgão equiparado, com poderes para contratar;

d) As pessoas titulares de mandato escrito com poderes para contratar, conferido por associação sindical ou associação de empregadores, nos termos dos respectivos estatutos, ou por empregador.

3 - Sem prejuízo da possibilidade de delegação noutras associações sindicais, a associação sindical pode conferir à estrutura de representação coletiva dos trabalhadores na empresa poderes para, relativamente aos seus associados, contratar com empresa com, pelo menos, 150 trabalhadores.

4 - A revogação do mandato só é eficaz após comunicação à outra parte, por escrito e até à assinatura da convenção colectiva.

(Redação dada pela Lei nº 23/2012, de 25-06)

ARTIGO 492º - Conteúdo de convenção colectiva

1 - A convenção colectiva deve indicar:

a) Designação das entidades celebrantes;

b) Nome e qualidade em que intervêm os representantes das entidades celebrantes;

c) Âmbito do sector de actividade, profissional e geográfico de aplicação, excepto tratando-se de revisão que não altere o âmbito da convenção revista;

d) Data de celebração;

e) Convenção revista e respectiva data de publicação, se for o caso;

f) Valores expressos de retribuição base para todas as profissões e categorias profissionais, caso tenham sido acordados;

g) Estimativa dos números de empregadores e de trabalhadores abrangidos pela convenção;

h) Instrumento de regulamentação coletiva de trabalho negocial e respetiva data de publicação, para efeitos do nº 5 do artigo 482º

2 – A convenção colectiva deve regular:

a) As relações entre as entidades celebrantes, em particular quanto à verificação do cumprimento da convenção e a meios de resolução de conflitos colectivos decorrentes da sua aplicação ou revisão;

b) As acções de formação profissional, tendo presentes as necessidades do trabalhador e do empregador;

c) As condições de prestação do trabalho relativas à segurança e saúde;

d) Medidas que visem a efectiva aplicação do princípio da igualdade e não discriminação;

e) Outros direitos e deveres dos trabalhadores e dos empregadores, nomeadamente retribuição base para todas as profissões e categorias profissionais;

f) Os processos de resolução dos litígios emergentes de contratos de trabalho, nomeadamente através de conciliação, mediação ou arbitragem;

g) A definição de serviços necessários à segurança e manutenção de equipamentos e instalações, de serviços mínimos indispensáveis para ocorrer à satisfação de necessidades sociais impreteríveis, caso a actividade dos empregadores abrangidos satisfaça necessidades sociais impreteríveis, bem como dos meios necessários para os assegurar em situação de greve;

h) Os efeitos decorrentes da convenção em caso de caducidade, relativamente aos trabalhadores abrangidos por aquela, até à entrada em vigor de outro instrumento de regulamentação colectiva de trabalho;

i) As condições de prestação de trabalho em regime de teletrabalho.

3 – A convenção colectiva deve prever a constituição e regular o funcionamento de comissão paritária com competência para interpretar e integrar as suas cláusulas.

4 – A convenção colectiva pode prever que o trabalhador, para efeito da escolha prevista no artigo 497º, pague um montante nela estabelecido às associações sindicais envolvidas, a título de comparticipação nos encargos da negociação.

(Redação dada pela Lei nº 83/2021, de 06-12)

ARTIGO 493º – Comissão paritária

1 – A comissão paritária a que se refere o nº 3 do artigo anterior é formada por igual número de representantes das entidades celebrantes.

2 – A comissão paritária só pode deliberar desde que esteja presente metade dos representantes de cada parte.

3 – A deliberação tomada por unanimidade é depositada e publicada nos mesmos termos da convenção colectiva e considera-se para todos os efeitos como integrando a convenção a que respeita.

4 – A deliberação tomada por unanimidade, uma vez publicada, é aplicável no âmbito de portaria de extensão da convenção.

SECÇÃO III – Depósito de convenção colectiva

ARTIGO 494º – Procedimento do depósito de convenção colectiva

1 – A convenção colectiva é entregue, para depósito, ao serviço competente do ministério responsável pela área laboral.

2 – A terceira revisão parcial consecutiva de uma convenção deve ser acompanhada de texto consolidado assinado nos mesmos termos, o qual, em caso de divergência, prevalece sobre os textos a que se refere.

3 – A convenção e o texto consolidado são entregues em documento electrónico, nos termos de portaria do ministro responsável pela área laboral.

4 – O depósito depende de a convenção satisfazer os seguintes requisitos:

a) Ser celebrada por quem tenha capacidade para o efeito;

b) Ser acompanhada de títulos comprovativos da representação das entidades celebrantes, no caso referido na alínea *d*) do nº 2 do artigo 491º, emitidos por quem possa vincular as associações sindicais e as associações de empregadores ou os empregadores celebrantes;

c) Obedecer ao disposto no nº 1 do artigo 492º;

d) Ser acompanhada de texto consolidado, sendo caso disso;

e) Obedecer ao disposto no nº 3, bem como o texto consolidado, sendo caso disso.

5 – O pedido de depósito deve ser decidido no prazo de 15 dias a contar da recepção da convenção pelo serviço competente.

6 – A recusa fundamentada do depósito é imediatamente notificada às partes, sendo devolvidos a convenção colectiva, o texto consolidado e os títulos comprovativos da representação.

7 – Considera-se depositada a convenção cujo pedido de depósito não seja decidido no prazo referido no nº 5.

ARTIGO 495º – Alteração de convenção antes da decisão sobre o depósito

1 – Enquanto o pedido de depósito não for decidido, as partes podem efectuar, por acordo, qualquer alteração formal ou substancial da convenção entregue para esse efeito.

2 – A alteração referida no nº 1 interrompe o prazo de depósito referido no nº 5 do artigo anterior.

SECÇÃO IV – Âmbito pessoal de convenção colectiva

ARTIGO 496º – Princípio da filiação

1 – A convenção colectiva obriga o empregador que a subscreve ou filiado em associação de empregadores celebrante, bem como os trabalhadores ao seu serviço que sejam membros de associação sindical celebrante.

2 – A convenção celebrada por união, federação ou confederação obriga os empregadores e os trabalhadores filiados, respectivamente, em associações de empregadores ou sindicatos representados por aquela organização quando celebre em nome

próprio, nos termos dos respectivos estatutos, ou em conformidade com os mandatos a que se refere o nº 2 do artigo 491º

3 – A convenção abrange trabalhadores e empregadores filiados em associações celebrantes no início do processo negocial, bem como os que nelas se filiem durante a vigência da mesma.

4 – Caso o trabalhador, o empregador ou a associação em que algum deles esteja inscrito se desfilie de entidade celebrante, a convenção continua a aplicar-se até ao final do prazo de vigência que dela constar ou, não prevendo prazo de vigência, durante um ano ou, em qualquer caso, até à entrada em vigor de convenção que a reveja.

ARTIGO 497º – Escolha de convenção aplicável

1 – Caso sejam aplicáveis, no âmbito de uma empresa, uma ou mais convenções coletivas ou decisões arbitrais, o trabalhador que não seja filiado em qualquer associação sindical pode escolher qual daqueles instrumentos lhe passa a ser aplicável, desde que o mesmo se integre no âmbito do setor de atividade, profissional e geográfico do instrumento escolhido.

2 – O trabalhador pode efetuar a escolha a que se refere o número anterior nos três meses posteriores à entrada em vigor do instrumento escolhido ou ao início da execução do contrato de trabalho, se este for posterior.

3 – A aplicação da convenção nos termos do nº 1 mantém-se até ao final da sua vigência, com o limite de 15 meses.

4 – O trabalhador pode revogar a escolha, cessando a aplicação da convenção seis meses após a comunicação dessa revogação ou antes se, entretanto, se esgotar o prazo referido no número anterior.

5 – A escolha não poderá ocorrer se o trabalhador já se encontrar abrangido por portaria de extensão de convenção coletiva aplicável no mesmo âmbito do setor de atividade, profissional e geográfico.

6 – O trabalhador só pode fazer uso da faculdade prevista no nº 1 uma vez enquanto estiver ao serviço do mesmo empregador, ou de outro a que sejam aplicáveis as mesmas convenções coletivas ou decisões arbitrais.

(Redação dada pela Lei nº 13/2023, de 03-04)

ARTIGO 498º – Aplicação de convenção em caso de transmissão de empresa ou estabelecimento

1 – Em caso de transmissão, por qualquer título, da titularidade de empresa ou estabelecimento ou ainda de parte de empresa ou estabelecimento que constitua uma unidade económica, o instrumento de regulamentação colectiva de trabalho que vincula o transmitente é aplicável ao adquirente até ao termo do respectivo prazo de vigência ou no mínimo durante 12 meses a contar da transmissão, salvo se entretanto outro instrumento de regulamentação colectiva de trabalho negocial passar a aplicar-se ao adquirente.

2 – Após o decurso do prazo referido no número anterior, caso não seja aplicável ao adquirente qualquer instrumento de regulamentação coletiva de trabalho, mantêm-se os efeitos já produzidos no contrato de trabalho pelo instrumento de regula-

mentação coletiva de trabalho que vincula o transmitente, relativamente às matérias referidas no nº 8 do artigo 501º

3 – O disposto nos números anteriores é aplicável a transmissão, cessão ou reversão da exploração de empresa, estabelecimento ou unidade económica.

4 – Constitui contraordenação grave a violação do disposto no nº 2.

(Redação dada pela Lei nº 14/2018, de 19-03)

ARTIGO 498º-A – Terceirização de serviços

1 – Em caso de aquisição de serviços externos a entidade terceira para o desempenho de atividades correspondentes ao objeto social da empresa adquirente, o instrumento de regulamentação coletiva de trabalho que vincula o beneficiário da atividade é aplicável ao prestador do serviço, quando lhe seja mais favorável.

2 – Para efeitos do disposto no número anterior, entende-se por prestador do serviço a pessoa singular que presta as atividades objeto do contrato de prestação de serviço, quer seja ela a contraparte da empresa adquirente, quer seja outra pessoa coletiva com quem aquela mantenha um vínculo contratual, e independentemente da natureza do mesmo.

3 – O disposto nos números anteriores apenas se aplica após 60 dias de prestação de atividade em benefício da empresa adquirente, tendo, antes disso, o prestador do serviço direito à retribuição mínima prevista em instrumento de regulamentação coletiva de trabalho que vincule o beneficiário da atividade que corresponda às suas funções, ou à praticada por esta para trabalho igual ou de valor igual, consoante a que for mais favorável.

4 – Para efeitos do nº 1, o contrato de prestação de serviços deve determinar qual a entidade responsável por assegurar o cumprimento das obrigações previstas no instrumento de regulamentação coletiva de trabalho que vincula o beneficiário da atividade.

5 – Constitui contraordenação grave a violação do disposto nos números anteriores.

(Aditado pela Lei nº 13/2023, de 03-04)

SECÇÃO V – Âmbito temporal de convenção colectiva

ARTIGO 499º – Vigência e renovação de convenção colectiva

1 – A convenção colectiva vigora pelo prazo ou prazos que dela constarem e renova-se nos termos nela previstos.

2 – Considera-se que a convenção, caso não preveja prazo de vigência, vigora pelo prazo de um ano e renova-se sucessivamente por igual período.

ARTIGO 500º – Denúncia de convenção colectiva

1 – Qualquer das partes pode denunciar a convenção colectiva, mediante comunicação escrita dirigida à outra parte, acompanhada de proposta negocial global.

2 – A denúncia deve ser acompanhada de fundamentação quanto a motivos de ordem económica, estrutural ou a desajustamentos do regime da convenção denunciada.

3 – No prazo de 10 dias a contar da data da denúncia, a parte autora da denúncia deve remeter ao serviço competente do ministério responsável pela área laboral cópia da mesma e da proposta negocial global referida no nº 1.

4 – Não se considera denúncia a mera proposta de revisão de convenção, não determinando a aplicação do regime de sobrevigência e caducidade.

(Redação dada pela Lei nº 13/2023, de 03-04)

ARTIGO 500º-A – Arbitragem para apreciação da denúncia de convenção coletiva

1 – Em caso de denúncia de convenção coletiva, a parte destinatária da denúncia pode requerer ao presidente do Conselho Económico e Social arbitragem para apreciação da fundamentação invocada pela parte autora da denúncia nos termos do nº 2 do artigo anterior.

2 – O requerimento de arbitragem deve ser apresentado no prazo de 10 dias a contar da data da receção, pela parte destinatária da comunicação prevista no nº 1 do artigo anterior.

3 – O requerimento de arbitragem suspende os efeitos da denúncia, impedindo a convenção de entrar em regime de sobrevigência, nos termos do nº 3 do artigo 501º.

4 – A declaração de improcedência da fundamentação da denúncia, pelo tribunal arbitral, determina que a mesma não produz efeitos.

5 – A parte destinatária da denúncia informa o serviço competente do ministério responsável pela área laboral do requerimento referido no nº 1 e o tribunal arbitral informa o mesmo serviço do teor da decisão arbitral na data da notificação às partes.

6 – A arbitragem rege-se pelo disposto nos artigos 512º e 513º e por legislação específica.

(Aditada pela Lei nº 13/2023, de 03-04)

ARTIGO 501º – Sobrevigência e caducidade de convenção colectiva*

1 – A cláusula de convenção que faça depender a cessação da vigência desta da substituição por outro instrumento de regulamentação coletiva de trabalho caduca decorridos três anos sobre a verificação de um dos seguintes factos:

a) Última publicação integral da convenção;

b) Denúncia da convenção;

c) Apresentação de proposta de revisão da convenção que inclua a revisão da referida cláusula.

2 – Após a caducidade da cláusula referida no número anterior, ou em caso de convenção que não regule a sua renovação, aplica-se o disposto nos números seguintes.

3 – Havendo denúncia, a convenção mantém-se em regime de sobrevigência durante o período em que decorra a negociação, incluindo conciliação, mediação ou arbitragem voluntária, ou no mínimo durante 12 meses.

4 – Sempre que se verifique uma interrupção da negociação, incluindo conciliação, mediação ou arbitragem voluntária, por um período superior a 30 dias, o prazo de sobrevigência suspende-se.

* Nos termos da Lei nº 11/2021, de 9 de março, ficam suspensos os prazos de sobrevigência das convenções coletivas de trabalho, previstos nos nºs 3 a 7 do artigo 501º, durante 24 meses, contados a partir da entrada em vigor da referida lei.

5 – Para efeitos dos nºs 3 e 4 o período de negociação, com suspensão, não pode exceder o prazo de 18 meses.

6 – Decorrido o período referido nos nºs 3 e 5, consoante o caso, a convenção mantém-se em vigor durante 45 dias após qualquer das partes comunicar ao ministério responsável pela área laboral e à outra parte que o processo de negociação terminou sem acordo, após o que caduca, produzindo a caducidade efeitos:

a) No dia seguinte à publicação referida no nº 9 do artigo 502º; ou

b) Decorridos 90 dias daquela comunicação, devendo, neste caso, a entidade empregadora publicitar o facto nos termos do nº 1 do artigo 480º e informar os serviços competentes do ministério responsável pela área laboral da data dessa publicitação.

7 – Na ausência de acordo anterior sobre os efeitos decorrentes da convenção em caso de caducidade, o ministro responsável pela área laboral notifica as partes, dentro do prazo referido no número anterior, para que, querendo, acordem esses efeitos, no prazo de 15 dias.

8 – Após a caducidade e até à entrada em vigor de outra convenção ou decisão arbitral, mantêm-se os efeitos acordados pelas partes ou, na sua falta, os já produzidos pela convenção nos contratos de trabalho no que respeita à retribuição do trabalhador, categoria e respetiva definição, duração do tempo de trabalho e regimes de proteção social cujos benefícios sejam substitutivos dos assegurados pelo regime geral de segurança social ou com protocolo de substituição do Serviço Nacional de Saúde, de parentalidade e de segurança e saúde no trabalho.

9 – Além dos efeitos referidos no número anterior, o trabalhador beneficia dos demais direitos e garantias decorrentes da legislação do trabalho.

10 – As partes podem acordar, durante o período de sobrevigência, a prorrogação da vigência da convenção por um período determinado, ficando o acordo sujeito a depósito e publicação.

11 – O acordo sobre os efeitos decorrentes da convenção em caso de caducidade está sujeito a depósito e publicação.

(Redação dada pela Lei nº 13/2023, de 03-04)

ARTIGO 501º-A – Arbitragem para a suspensão do período de sobrevigência e mediação

1 – Qualquer das partes pode requerer ao presidente do Conselho Económico e Social, no período entre 90 e 60 dias antes do decurso do período de sobrevigência referido nos nºs 3 ou 5 do artigo anterior, arbitragem para a suspensão do período de sobrevigência e mediação pelo árbitro presidente.

2 – A arbitragem referida no número anterior tem por objeto a verificação da existência de probabilidade séria de as partes chegarem a acordo para a revisão parcial ou total da convenção coletiva.

3 – A arbitragem rege-se pelo disposto no artigo 512º e pela legislação específica a que se refere o artigo 513º.

4 – O tribunal arbitral, caso entenda que existe probabilidade séria de as partes chegarem a acordo, determina a suspensão do período de sobrevigência por um prazo não superior a quatro meses, e remete a negociação para mediação, podendo fixar o seu objeto.

5 – Esta suspensão não conta para o cômputo do prazo previsto no nº 5 do artigo anterior.

6 – A mediação referida no nº 4 é assegurada pelo árbitro que presidiu ao tribunal arbitral.

7 – A parte informa o serviço competente do ministério responsável pela área laboral do pedido referido no nº 1 e o tribunal arbitral informa o mesmo serviço do teor da decisão arbitral na data de notificação das partes.

8 – O mediador elabora e remete às partes a sua proposta de revisão parcial ou total da convenção no prazo correspondente a metade do prazo fixado de acordo com o nº 4.

9 – É aplicável à mediação o disposto no artigo 527º, com as necessárias adaptações.

10 – É aplicável, ao local em que decorre a mediação e ao seu apoio administrativo, o disposto em legislação específica sobre o local de funcionamento e apoio administrativo do tribunal arbitral, com as necessárias adaptações.

11 – Qualquer das partes pode requerer imediatamente a arbitragem necessária prevista no artigo 510º:

a) Caso a negociação não seja remetida para mediação nos termos do disposto no nº 4;

b) Nas situações em que haja mediação, mas esta se conclua sem acordo quanto à revisão total ou parcial da convenção coletiva.

12 – No caso previsto no número anterior, suspende-se o período de sobrevigência até à decisão arbitral proferida em sede de arbitragem necessária.

(Redação dada pela Lei nº 13/2023, de 03-04)

ARTIGO 502º – Cessação e suspensão da vigência de convenção coletiva

1 – A convenção coletiva pode cessar, no todo ou em parte:

a) Mediante revogação por acordo das partes;

b) Por caducidade:

- *i*) Nos termos do artigo 501º;
- *ii*) Decorrente de extinção de associação sindical ou associação de empregadores outorgantes;
- *iii*) Determinada por decisão judicial, transitada em julgado;
- *iv*) Nos termos de cláusula convencional expressa sobre a cessação da respetiva vigência;
- *v*) Decorrente da verificação do termo do prazo previsto no nº 1 do artigo 498º;
- *vi*) Decorrente de ato ou facto que determine a extinção jurídica de empregador outorgante de acordo de empresa ou acordo coletivo.

2 – As situações previstas na alínea *b*) do número anterior devem ser comunicadas ao serviço competente do ministério responsável pela área laboral nos termos seguintes:

a) Pelo tribunal, nas situações previstas na subalínea *iii*);

b) Por qualquer das partes, nas situações previstas nas subalíneas *iv*) e *v*);

c) Mediante troca de informação relativamente a entidades sujeitas a registo comercial, nos termos a definir por protocolo a celebrar com o Instituto dos Registos e do Notariado, I.P., nas situações previstas na subalínea *vi*).

3 – A convenção coletiva ou parte dela pode ser suspensa temporariamente na sua aplicação, em situação de crise empresarial, por motivos de mercado, estruturais ou tecnológicos, catástrofes ou outras ocorrências que tenham afetado gravemente a atividade normal da empresa, desde que tal medida seja indispensável para assegurar a viabilidade da empresa e a manutenção dos postos de trabalho, por acordo escrito entre as associações de empregadores e as associações sindicais outorgantes sem prejuízo da possibilidade de delegação.

4 – O acordo previsto no número anterior deve ter menção expressa à fundamentação e determinar o prazo de aplicação da suspensão e os efeitos decorrentes da mesma.

5 – Aplicam-se à suspensão e à revogação as regras referentes ao depósito e à publicação de convenção coletiva.

6 – A suspensão e a revogação prejudicam os direitos decorrentes da convenção, salvo se na mesma forem expressamente ressalvados pelas partes.

7 – Em caso de extinção ou perda da qualidade de associação sindical ou de associação de empregadores outorgantes de convenção coletiva, é aplicável o disposto no nº 8 do artigo 501º.

8 – O disposto no número anterior não se aplica:

a) Havendo extinção ou perda da qualidade de associação de empregadores outorgante de contrato coletivo, promovida de forma voluntária com o objetivo de, por essa via, obter a caducidade da convenção, após apreciação do serviço competente do ministério responsável pela área laboral, e verificado o previsto nos nºs 4 a 7 do artigo 456º, com as devidas adaptações, a deliberação que tenha aquelas por objeto será nula e de nenhum efeito;

b) Havendo extinção ou perda da qualidade de união, federação ou confederação sindical ou de empregadores outorgantes, em nome próprio e nos termos dos respetivos estatutos, de convenção coletiva, promovida de forma voluntária com o objetivo de, por essa via, obter a caducidade da convenção, após apreciação do serviço competente do ministério responsável pela área laboral, e verificado o previsto nos nºs 4 a 7 do artigo 456º, com as devidas adaptações, a deliberação que tenha aquelas por objeto será nula e de nenhum efeito;

c) Nas hipóteses previstas nas alíneas anteriores, manter-se-á em vigor a convenção coletiva cuja caducidade se intentou promover.

9 – Sem prejuízo do previsto no nº 6 do artigo 501º, o serviço competente do ministério responsável pela área laboral promove a publicação no *Boletim do Trabalho e Emprego* de aviso sobre a data da suspensão e da cessação da vigência de convenção coletiva:

a) Nos termos do artigo 501º;

b) Após a comunicação da extinção de associação sindical ou associação de empregadores, nos termos previstos no nº 2 do artigo 456º;

c) Após a comunicação de qualquer dos factos previstos nas subalíneas *iii*) a *vi*) da alínea *b*) do nº 1.

10 – O disposto nas subalíneas *ii*) e *iv*) a *vi*) da alínea *b*) do nº 1 e nas alíneas *b*) e *c*) do número anterior é aplicável, com as necessárias adaptações, às decisões arbitrais.

(Redação dada pela Lei nº 13/2023, de 03-04)

ARTIGO 503º - Sucessão de convenções colectivas

1 - A convenção colectiva posterior revoga integralmente a convenção anterior, salvo nas matérias expressamente ressalvadas pelas partes.

2 - A mera sucessão de convenções colectivas não pode ser invocada para diminuir o nível de protecção global dos trabalhadores.

3 - Os direitos decorrentes de convenção só podem ser reduzidos por nova convenção de cujo texto conste, em termos expressos, o seu carácter globalmente mais favorável.

4 - No caso previsto no número anterior, a nova convenção prejudica os direitos decorrentes de convenção precedente, salvo se forem expressamente ressalvados pelas partes na nova convenção.

CAPÍTULO III - Acordo de adesão

ARTIGO 504º - Adesão a convenção colectiva ou a decisão arbitral

1 - A associação sindical, a associação de empregadores ou o empregador pode aderir a convenção colectiva ou a decisão arbitral em vigor.

2 - A adesão opera-se por acordo entre a entidade interessada e aquela ou aquelas que se lhe contraporiam na negociação da convenção, se nela tivesse participado.

3 - Da adesão não pode resultar modificação do conteúdo da convenção ou da decisão arbitral, ainda que destinada a aplicar-se somente no âmbito da entidade aderente.

4 - Ao acordo de adesão aplicam-se as regras referentes ao depósito e à publicação de convenção colectiva.

CAPÍTULO IV - Arbitragem

SECÇÃO I - Disposições comuns sobre arbitragem

ARTIGO 505º - Disposições comuns sobre arbitragem de conflitos colectivos de trabalho

1 - As regras sobre conteúdo obrigatório e depósito de convenção colectiva aplicam-se à decisão arbitral, com as necessárias adaptações.

2 - Os árbitros enviam o texto da decisão arbitral às partes e ao serviço competente do ministério responsável pela área laboral, para efeitos de depósito e publicação, no prazo de cinco dias a contar da decisão.

3 - A decisão arbitral produz os efeitos da convenção colectiva.

4 - O regime geral da arbitragem voluntária é subsidiariamente aplicável.

SECÇÃO II - Arbitragem voluntária

ARTIGO 506º - Admissibilidade da arbitragem voluntária

A todo o tempo, as partes podem acordar em submeter a arbitragem as questões laborais resultantes, nomeadamente, da interpretação, integração, celebração ou revisão de convenção colectiva.

ARTIGO 507º - Funcionamento da arbitragem voluntária

1 - A arbitragem voluntária rege-se por acordo das partes ou, na sua falta, pelo disposto nos números seguintes.

2 - A arbitragem é realizada por três árbitros, sendo dois nomeados, um por cada parte, e o terceiro escolhido por aqueles.

3 - As partes informam o serviço competente do ministério responsável pela área laboral do início e do termo do procedimento.

4 - Os árbitros podem ser assistidos por peritos e têm o direito de obter das partes, do ministério responsável pela área laboral e do ministério responsável pela área de actividade a informação disponível de que necessitem.

5 - Constitui contra-ordenação muito grave a não nomeação de árbitro nos termos do nº 2 e constitui contra-ordenação leve a violação do disposto no nº 3.

SECÇÃO III - Arbitragem obrigatória

ARTIGO 508º - Admissibilidade de arbitragem obrigatória

1 - O conflito resultante de celebração de convenção colectiva pode ser dirimido por arbitragem obrigatória:

a) Tratando-se de primeira convenção, a requerimento de qualquer das partes, desde que tenha havido negociações prolongadas e infrutíferas, conciliação ou mediação frustrada e não tenha sido possível dirimir o conflito por meio de arbitragem voluntária, em virtude de má-fé negocial da outra parte, ouvida a Comissão Permanente de Concertação Social;

b) Havendo recomendação nesse sentido da Comissão Permanente de Concertação Social, com voto favorável da maioria dos membros representantes dos trabalhadores e dos empregadores;

c) Por iniciativa do ministro responsável pela área laboral, ouvida a Comissão Permanente de Concertação Social, quando estejam em causa serviços essenciais destinados a proteger a vida, a saúde e a segurança das pessoas.

2 - O disposto nas alíneas *b*) e *c*) do número anterior é aplicável no caso de revisão de convenção colectiva.

ARTIGO 509º - Determinação de arbitragem obrigatória

1 - A arbitragem obrigatória pode ser determinada por despacho fundamentado do ministro responsável pela área laboral, atendendo:

a) Ao número de trabalhadores e empregadores afectados pelo conflito;

b) À relevância da protecção social dos trabalhadores abrangidos;

c) Aos efeitos sociais e económicos do conflito;

d) À posição das partes quanto ao objecto da arbitragem.

2 - O ministro responsável pela área laboral deve ouvir previamente as partes ou, no caso da alínea *a*) do nº 1 do artigo anterior, a contraparte requerida, bem como a entidade reguladora e de supervisão do sector de actividade em causa.

3 - A audiência da entidade reguladora e de supervisão deve ser efectuada pela Comissão Permanente de Concertação Social previamente à recomendação prevista

na alínea *b*) do nº 1 do artigo anterior, em caso de conflito entre partes representadas por associações de trabalhadores e de empregadores com assento na Comissão, se estas o requererem conjuntamente.

4 – O despacho que determina a arbitragem obrigatória é imediatamente notificado às partes e ao secretário-geral do Conselho Económico e Social.

5 – O Código do Procedimento Administrativo é subsidiariamente aplicável.

SECÇÃO IV – **Arbitragem necessária**

ARTIGO 510º – Admissibilidade da arbitragem necessária

1 – Caso, após a caducidade de uma ou mais convenções colectivas aplicáveis a uma empresa, grupo de empresas ou sector de actividade, não seja celebrada nova convenção nos 12 meses subsequentes, e não haja outra convenção aplicável a pelo menos 50% dos trabalhadores da mesma empresa, grupo de empresas ou sector de actividade, pode ser determinada uma arbitragem necessária.

2 – A arbitragem necessária é igualmente determinada nos casos previstos no nº 11 do artigo 501º-A, com dispensa dos requisitos previstos no nº 2 do artigo 511º.

(Redação dada pela Lei nº 13/2023, de 03-04)

ARTIGO 511º – Determinação de arbitragem necessária

1 – A arbitragem necessária é determinada por despacho fundamentado do ministro responsável pela área laboral, mediante requerimento de qualquer das partes:

a) Nos 12 meses subsequentes ao termo do prazo referido no nº 1 do artigo anterior; ou

b) Nos termos previstos no nº 2 do artigo anterior.

2 – Para efeitos de verificação do requisito de não existência de outra convenção aplicável a, pelo menos, 50% dos trabalhadores da mesma empresa, grupo de empresas ou sector de actividade, o ministro responsável pela área laboral promove a publicação imediata, no *Boletim do Trabalho e Emprego*, de aviso mencionando o requerimento referido no número anterior para que os interessados possam deduzir oposição fundamentada, por escrito, no prazo de 15 dias.

3 – A decisão sobre o requerimento referido no nº 1 é proferida no prazo de 60 dias a contar da recepção do mesmo.

4 – Nos casos previstos no nº 2 do artigo anterior, o ministro responsável pela área laboral determina o início da arbitragem necessária no prazo de 30 dias a contar da receção do requerimento previsto no nº 1.

5 – Ao despacho referido no nº 1 são aplicáveis os nºs 4 e 5 do artigo 509º

6 – O objecto da arbitragem é definido pelas partes ou, se estas o não fizerem, pelos árbitros, tendo em consideração as circunstâncias e as posições assumidas pelas partes sobre o mesmo.

(Redação dada pela Lei nº 13/2023, de 03-04)

SECÇÃO V – Disposições comuns à arbitragem obrigatória e à arbitragem necessária

ARTIGO 512º – Competência do Conselho Económico e Social

1 – Compete ao presidente do Conselho Económico e Social participar na constituição das listas de árbitros nos termos de lei específica.

2 – Compete ao Conselho Económico e Social proceder, em caso de necessidade, ao sorteio de árbitros para efeito de arbitragem para a apreciação dos fundamentos da denúncia de convenção coletiva, a suspensão do período de sobrevigência, a arbitragem obrigatória ou necessária, nos termos previstos, respetivamente, nos artigos 500º-A, 501º-A, 508º e 510º.

3 – O Conselho Económico e Social assegura:

a) O pagamento de honorários, despesas de deslocação e de estada de árbitros e peritos;

b) O apoio técnico e administrativo necessário ao funcionamento do tribunal arbitral.

(Redação dada pela Lei nº 13/2023, de 03-04)

ARTIGO 513º – Regulamentação da arbitragem

O regime da arbitragem para a apreciação dos fundamentos da denúncia de convenção coletiva, a suspensão do período de sobrevigência, a arbitragem obrigatória ou a arbitragem necessária, no que não é regulado nas secções precedentes, consta de legislação específica.

(Redação dada pela Lei nº 13/2023, de 03-04)

CAPÍTULO V – Portaria de extensão

ARTIGO 514º – Extensão de convenção colectiva ou decisão arbitral

1 – A convenção colectiva ou decisão arbitral em vigor pode ser aplicada, no todo ou em parte, por portaria de extensão a empregadores e a trabalhadores integrados no âmbito do sector de actividade e profissional definido naquele instrumento.

2 – A extensão é possível mediante ponderação de circunstâncias sociais e económicas que a justifiquem, nomeadamente a identidade ou semelhança económica e social das situações no âmbito da extensão e no do instrumento a que se refere.

ARTIGO 515º – Subsidiariedade

1 – A portaria de extensão só pode ser aplicada na falta de instrumento de regulamentação coletiva de trabalho negocial.

2 – O disposto no número anterior não obsta à emissão de portaria de extensão aplicável a trabalhador não filiado em associação sindical, que tenha escolhido um instrumento de regulamentação coletiva de trabalho negocial, quando já tenha decorrido o prazo referido no nº 3 do artigo 497º.

(Redação dada pela Lei nº 13/2023, de 03-04)

ARTIGO 515º-A - Efeitos da cessação de vigência de convenção ou decisão arbitral aplicada por portaria de extensão

Em caso de cessação de vigência de convenção coletiva ou decisão arbitral aplicada por portaria de extensão, é aplicável o disposto no nº 8 do artigo 501º.

(Aditado pela Lei nº 93/2019, de 04-09)

ARTIGO 516º - Competência e procedimento para emissão de portaria de extensão

1 – Compete ao ministro responsável pela área laboral a emissão de portaria de extensão, salvo havendo oposição a esta por motivos de ordem económica, caso em que a competência é conjunta com a do ministro responsável pelo sector de actividade.

2 – O ministro responsável pela área laboral manda publicar o projecto de portaria de extensão no *Boletim do Trabalho e Emprego.*

3 – Qualquer pessoa singular ou coletiva que possa ser, ainda que indiretamente, afetada pela extensão pode deduzir oposição fundamentada, por escrito, nos 10 dias seguintes à publicação do projeto.

4 – O Código do Procedimento Administrativo é subsidiariamente aplicável.

(Redação dada pela Lei nº 13/2023, de 03-04)

CAPÍTULO VI – Portaria de condições de trabalho

ARTIGO 517º - Admissibilidade de portaria de condições de trabalho

1 – Quando circunstâncias sociais e económicas o justifiquem, não exista associação sindical ou de empregadores nem seja possível a portaria de extensão, pode ser emitida portaria de condições de trabalho.

2 – A portaria de condições de trabalho só pode ser aplicada na falta de instrumento de regulamentação coletiva de trabalho negocial.

(Redação dada pela Lei nº 13/2023, de 03-04)

ARTIGO 518º - Competência e procedimento para emissão de portaria de condições de trabalho

1 – São competentes para a emissão de portaria de condições de trabalho o ministro responsável pela área laboral e o ministro responsável pelo sector de actividade.

2 – Os estudos preparatórios de portaria de condições de trabalho são assegurados por uma comissão técnica constituída por despacho do ministro responsável pela área laboral.

3 – A comissão técnica é formada por membros designados pelos ministros competentes para a emissão da portaria e inclui, sempre que possível, assessores designados pelos representantes dos trabalhadores e dos empregadores interessados, em número determinado pelo despacho constitutivo.

4 – A comissão técnica deve elaborar os estudos preparatórios no prazo de 60 dias a contar do despacho que a constitua.

5 – O ministro responsável pela área laboral pode, em situações excepcionais, prorrogar o prazo previsto no número anterior.

6 – O disposto nos nºs 2 a 4 do artigo 516º é aplicável à elaboração de portaria de condições de trabalho.

CAPÍTULO VII – Publicação, entrada em vigor e aplicação

ARTIGO 519º – Publicação e entrada em vigor de instrumento de regulamentação colectiva de trabalho

1 – O instrumento de regulamentação colectiva de trabalho é publicado no *Boletim do Trabalho e Emprego* e entra em vigor, após a publicação, nos termos da lei.

2 – O disposto no número anterior não prejudica a publicação de portaria de extensão e de portaria de condições de trabalho no *Diário da República*, da qual depende a respectiva entrada em vigor.

3 – O instrumento de regulamentação colectiva de trabalho que seja objecto de três revisões parciais consecutivas é integralmente republicado.

ARTIGO 520º – Aplicação de instrumento de regulamentação colectiva de trabalho

1 – Os destinatários de instrumento de regulamentação colectiva de trabalho devem proceder de boa fé no seu cumprimento.

2 – Na aplicação de convenção colectiva ou acordo de adesão, atende-se às circunstâncias em que as partes fundamentaram a decisão de contratar.

3 – Quem faltar culposamente ao cumprimento de obrigação emergente de instrumento de regulamentação colectiva de trabalho é responsável pelo prejuízo causado, nos termos gerais.

ARTIGO 521º – Violação de disposição de instrumento de regulamentação colectiva de trabalho

1 – A violação de disposição de instrumento de regulamentação colectiva de trabalho respeitante a uma generalidade de trabalhadores constitui contra-ordenação grave.

2 – A violação de disposição de instrumento de regulamentação colectiva de trabalho constitui, por cada trabalhador em relação ao qual se verifica a infracção, contra-ordenação leve.

3 – O disposto no nº 1 não se aplica se, com base no nº 2, forem aplicáveis ao empregador coimas em que o somatório dos valores mínimos seja igual ou superior ao quantitativo mínimo da coima aplicável de acordo com o nº 1.

SUBTÍTULO III – Conflitos colectivos de trabalho

CAPÍTULO I – Resolução de conflitos colectivos de trabalho

SECÇÃO I – Princípio de boa fé

ARTIGO 522º – Boa fé

Na pendência de um conflito colectivo de trabalho as partes devem agir de boa fé.

SECÇÃO II - Conciliação

ARTIGO 523º - Admissibilidade e regime da conciliação

1 - O conflito colectivo de trabalho, designadamente resultante da celebração ou revisão de convenção colectiva, pode ser resolvido por conciliação.

2 - Na falta de regulamentação convencional, a conciliação rege-se pelo disposto no número seguinte e no artigo seguinte.

3 - A conciliação pode ter lugar em qualquer altura:

a) Por acordo das partes;

b) Por iniciativa de uma das partes, em caso de falta de resposta à proposta de celebração ou de revisão de convenção colectiva, ou mediante aviso prévio de oito dias, por escrito, à outra parte.

ARTIGO 524º - Procedimento de conciliação

1 - A conciliação, caso seja requerida, é efectuada pelo serviço competente do ministério responsável pela área laboral, assessorado, sempre que necessário, pelo serviço competente do ministério responsável pelo sector de actividade.

2 - O requerimento de conciliação deve indicar a situação que a fundamenta e o objecto da mesma, juntando prova do aviso prévio no caso de ser subscrito por uma das partes.

3 - Nos 10 dias seguintes à apresentação do requerimento, o serviço competente verifica a regularidade daquele e convoca as partes para o início da conciliação, devendo, em caso de revisão de convenção colectiva, convidar para a conciliação a associação sindical ou de empregadores participantes no processo de negociação e não envolvida no requerimento.

4 - A associação sindical ou de empregadores referida na segunda parte do número anterior deve responder ao convite no prazo de cinco dias.

5 - As partes convocadas devem comparecer em reunião de conciliação.

6 - A conciliação inicia-se com a definição das matérias sobre as quais vai incidir.

7 - No caso de a conciliação ser efectuada por outra entidade, as partes devem informar do início e termo respectivos o serviço competente do ministério responsável pela área laboral.

8 - Comete contra-ordenação grave a associação sindical, a associação de empregadores ou o empregador que não se faça representar em reunião para que tenha sido convocado.

ARTIGO 525º - Transformação da conciliação em mediação

A conciliação pode ser transformada em mediação, nos termos dos artigos seguintes.

SECÇÃO III - Mediação

ARTIGO 526º - Admissibilidade e regime da mediação

1 - O conflito colectivo de trabalho, designadamente resultante da celebração ou revisão de uma convenção colectiva, pode ser resolvido por mediação.

2 - Na falta de regulamentação convencional, a mediação rege-se pelo disposto no número seguinte e nos artigos seguintes.

3 - A mediação pode ter lugar:

a) Por acordo das partes, em qualquer altura, nomeadamente no decurso da conciliação;

b) Por iniciativa de uma das partes, um mês após o início de conciliação, mediante comunicação, por escrito, à outra parte.

ARTIGO 527º - Procedimento de mediação

1 - A mediação, caso seja requerida, é efectuada por mediador nomeado pelo serviço competente do ministério responsável pela área laboral, assessorado, sempre que necessário, pelo serviço competente do ministério responsável pelo sector de actividade.

2 - O requerimento de mediação deve indicar a situação que a fundamenta e o objecto da mesma, juntando prova da comunicação à outra parte caso seja subscrito por uma das partes.

3 - Nos 10 dias seguintes à apresentação do requerimento, o serviço competente verifica a regularidade daquele e nomeia o mediador, dando do facto conhecimento às partes.

4 - Caso a mediação seja requerida por uma das partes, o mediador solicita à outra que se pronuncie sobre o objecto da mesma e, em caso de divergência, decide tendo em consideração a viabilidade da mediação.

5 - Para a elaboração da proposta, o mediador pode solicitar às partes e a qualquer departamento do Estado os dados e informações de que estes disponham e que aquele considere necessários.

6 - As partes devem comparecer em reuniões convocadas pelo mediador.

7 - O mediador deve remeter a proposta às partes no prazo de 30 dias a contar da sua nomeação e, no decurso do prazo referido no número seguinte, pode contactar qualquer das partes em separado, se o considerar conveniente para a obtenção do acordo.

8 - A aceitação da proposta por qualquer das partes deve ser comunicada ao mediador no prazo de 10 dias a contar da sua recepção.

9 - Recebidas as respostas ou decorrido o prazo estabelecido no número anterior, o mediador comunica em simultâneo a cada uma das partes a aceitação ou recusa da proposta, no prazo de dois dias.

10 - O mediador deve guardar sigilo sobre as informações recebidas no decurso do procedimento que não sejam conhecidas da outra parte.

11 - Comete contra-ordenação grave a associação sindical, a associação de empregadores ou o empregador que não se faça representar em reunião convocada pelo mediador.

ARTIGO 528º - Mediação por outra entidade

1 - As partes podem solicitar ao ministro responsável pela área laboral, mediante requerimento conjunto, o recurso a uma personalidade constante da lista de árbitros presidentes para desempenhar as funções de mediador.

2 – Caso o ministro concorde e a personalidade escolhida aceite ser mediador, os correspondentes encargos são suportados pelo ministério responsável pela área laboral.

3 – No caso de a mediação não ser efectuada pelo serviço competente do ministério responsável pela área laboral, este deve ser informado pelas partes dos respectivos início e termo.

SECÇÃO IV – Arbitragem

ARTIGO 529º – Arbitragem

Os conflitos colectivos de trabalho que não resultem da celebração ou revisão de convenção colectiva podem ser dirimidos por arbitragem, nos termos previstos nos artigos 506º e 507º

CAPÍTULO II – Greve e proibição de lock-out

SECÇÃO I – Greve

ARTIGO 530º – Direito à greve

1 – A greve constitui, nos termos da Constituição, um direito dos trabalhadores.

2 – Compete aos trabalhadores definir o âmbito de interesses a defender através da greve.

3 – O direito à greve é irrenunciável.

ARTIGO 531º – Competência para declarar a greve

1 – O recurso à greve é decidido por associações sindicais.

2 – Sem prejuízo do disposto no número anterior, a assembleia de trabalhadores da empresa pode deliberar o recurso à greve desde que a maioria dos trabalhadores não esteja representada por associações sindicais, a assembleia seja convocada para o efeito por 20% ou 200 trabalhadores, a maioria dos trabalhadores participe na votação e a deliberação seja aprovada por voto secreto pela maioria dos votantes.

ARTIGO 532º – Representação dos trabalhadores em greve

1 – Os trabalhadores em greve são representados pela associação ou associações sindicais que decidiram o recurso à greve ou, no caso referido no nº 2 do artigo anterior, por uma comissão de greve, eleita pela mesma assembleia.

2 – As entidades referidas no número anterior podem delegar os seus poderes de representação.

ARTIGO 533º – Piquete de greve

A associação sindical ou a comissão de greve pode organizar piquetes para desenvolverem actividades tendentes a persuadir, por meios pacíficos, os trabalhadores a aderirem à greve, sem prejuízo do respeito pela liberdade de trabalho de não aderentes.

ARTIGO 534º - Aviso prévio de greve

1 - A entidade que decida o recurso à greve deve dirigir ao empregador, ou à associação de empregadores, e ao ministério responsável pela área laboral um aviso com a antecedência mínima de cinco dias úteis ou, em situação referida o nº 1 do artigo 537º, 10 dias úteis.

2 - O aviso prévio de greve deve ser feito por meios idóneos, nomeadamente por escrito ou através dos meios de comunicação social.

3 - O aviso prévio deve conter uma proposta de definição de serviços necessários à segurança e manutenção de equipamento e instalações e, se a greve se realizar em empresa ou estabelecimento que se destine à satisfação de necessidades sociais impreteríveis, uma proposta de serviços mínimos.

4 - Caso os serviços a que se refere o número anterior estejam definidos em instrumento de regulamentação colectiva de trabalho, este pode determinar que o aviso prévio não necessita de conter proposta sobre os mesmos serviços, desde que seja devidamente identificado o respectivo instrumento.

ARTIGO 535º - Proibição de substituição de grevistas

1 - O empregador não pode, durante a greve, substituir os grevistas por pessoas que, à data do aviso prévio, não trabalhavam no respectivo estabelecimento ou serviço nem pode, desde essa data, admitir trabalhadores para aquele fim.

2 - A tarefa a cargo de trabalhador em greve não pode, durante esta, ser realizada por empresa contratada para esse fim, salvo em caso de incumprimento dos serviços mínimos necessários à satisfação das necessidades sociais impreteríveis ou à segurança e manutenção de equipamento e instalações e na estrita medida necessária à prestação desses serviços.

3 - Constitui contra-ordenação muito grave a violação do disposto nos números anteriores.

ARTIGO 536º - Efeitos da greve

1 - A greve suspende o contrato de trabalho de trabalhador aderente, incluindo o direito à retribuição e os deveres de subordinação e assiduidade.

2 - Durante a greve, mantêm-se, além dos direitos, deveres e garantias das partes que não pressuponham a efectiva prestação do trabalho, os direitos previstos em legislação de segurança social e as prestações devidas por acidente de trabalho ou doença profissional.

3 - O período de suspensão conta-se para efeitos de antiguidade e não prejudica os efeitos decorrentes desta.

ARTIGO 537º - Obrigação de prestação de serviços durante a greve

1 - Em empresa ou estabelecimento que se destine à satisfação de necessidades sociais impreteríveis, a associação sindical que declare a greve, ou a comissão de greve no caso referido no nº 2 do artigo 531º, e os trabalhadores aderentes devem assegu-

rar, durante a mesma, a prestação dos serviços mínimos indispensáveis à satisfação daquelas necessidades.

2 – Considera-se, nomeadamente, empresa ou estabelecimento que se destina à satisfação de necessidades sociais impreteríveis o que se integra em algum dos seguintes sectores:

a) Correios e telecomunicações;

b) Serviços médicos, hospitalares e medicamentosos;

c) Salubridade pública, incluindo a realização de funerais;

d) Serviços de energia e minas, incluindo o abastecimento de combustíveis;

e) Abastecimento de águas;

f) Bombeiros;

g) Serviços de atendimento ao público que assegurem a satisfação de necessidades essenciais cuja prestação incumba ao Estado;

h) Transportes, incluindo portos, aeroportos, estações de caminho-de-ferro e de camionagem, relativos a passageiros, animais e géneros alimentares deterioráveis e a bens essenciais à economia nacional, abrangendo as respectivas cargas e descargas;

i) Transporte e segurança de valores monetários.

3 – A associação sindical que declare a greve, ou a comissão de greve no caso referido no nº 2 do artigo 531º, e os trabalhadores aderentes devem prestar, durante a greve, os serviços necessários à segurança e manutenção de equipamentos e instalações.

4 – Os trabalhadores afectos à prestação de serviços referidos nos números anteriores mantêm-se, na estrita medida necessária a essa prestação, sob a autoridade e direcção do empregador, tendo nomeadamente direito a retribuição.

ARTIGO 538º – Definição de serviços a assegurar durante a greve

1 – Os serviços previstos nos nºs 1 e 3 do artigo anterior e os meios necessários para os assegurar devem ser definidos por instrumento de regulamentação colectiva de trabalho ou por acordo entre os representantes dos trabalhadores e os empregadores abrangidos pelo aviso prévio ou a respectiva associação de empregadores.

2 – Na ausência de previsão em instrumento de regulamentação colectiva de trabalho ou de acordo sobre a definição dos serviços mínimos previstos no nº 1 do artigo anterior, o serviço competente do ministério responsável pela área laboral, assessorado sempre que necessário pelo serviço competente do ministério responsável pelo sector de actividade, convoca as entidades referidas no número anterior para a negociação de um acordo sobre os serviços mínimos e os meios necessários para os assegurar.

3 – Na negociação de serviços mínimos relativos a greve substancialmente idêntica a, pelo menos, duas greves anteriores para as quais a definição de serviços mínimos por arbitragem tenha igual conteúdo, o serviço referido no número anterior propõe às partes que aceitem essa mesma definição, devendo, em caso de rejeição, a mesma constar da acta da negociação.

4 – No caso referido nos números anteriores, na falta de acordo nos três dias posteriores ao aviso prévio de greve, os serviços mínimos e os meios necessários para os assegurar são definidos:

a) Por despacho conjunto, devidamente fundamentado, do ministro responsável pela área laboral e do ministro responsável pelo sector de actividade;

b) Tratando-se de empresa do sector empresarial do Estado, por tribunal arbitral, constituído nos termos de lei específica sobre arbitragem obrigatória.

5 - A definição dos serviços mínimos deve respeitar os princípios da necessidade, da adequação e da proporcionalidade.

6 - O despacho e a decisão do tribunal arbitral previstos no número anterior produzem efeitos imediatamente após a sua notificação às entidades a que se refere o nº 1 e devem ser afixados nas instalações da empresa, estabelecimento ou serviço, em locais destinados à informação dos trabalhadores.

7 - Os representantes dos trabalhadores em greve devem designar os trabalhadores que ficam adstritos à prestação dos serviços mínimos definidos e informar do facto o empregador, até vinte e quatro horas antes do início do período de greve ou, se não o fizerem, deve o empregador proceder a essa designação.

(Redação dada pela Lei nº 105/2009, de 14-09)

ARTIGO 539º - Termo da greve

A greve termina por acordo entre as partes, por deliberação de entidade que a tenha declarado ou no final do período para o qual foi declarada.

ARTIGO 540º - Proibição de coacção, prejuízo ou discriminação de trabalhador

1 - É nulo o acto que implique coacção, prejuízo ou discriminação de trabalhador por motivo de adesão ou não a greve.

2 - Constitui contra-ordenação muito grave o acto do empregador que implique coacção do trabalhador no sentido de não aderir a greve, ou que o prejudique ou discrimine por aderir ou não a greve.

ARTIGO 541º - Efeitos de greve declarada ou executada de forma contrária à lei

1 - A ausência de trabalhador por motivo de adesão a greve declarada ou executada de forma contrária à lei considera-se falta injustificada.

2 - O disposto no número anterior não prejudica a aplicação dos princípios gerais em matéria de responsabilidade civil.

3 - Em caso de incumprimento da obrigação de prestação de serviços mínimos, o Governo pode determinar a requisição ou mobilização, nos termos previstos em legislação específica.

ARTIGO 542º - Regulamentação da greve por convenção colectiva

1 - A convenção colectiva pode regular, além das matérias referidas na alínea *g*) do nº 2 do artigo 492º, procedimentos de resolução de conflitos susceptíveis de determinar o recurso à greve, bem como limitar o recurso a greve por parte de associação sindical celebrante, durante a vigência daquela, com a finalidade de modificar o seu conteúdo.

2 - A limitação prevista na segunda parte do número anterior não prejudica, nomeadamente, a declaração de greve com fundamento:

a) Na alteração anormal de circunstâncias em que as partes fundamentaram a decisão de contratar;

b) No incumprimento da convenção colectiva.

3 – O trabalhador não pode ser responsabilizado pela adesão a greve declarada em incumprimento de limitação prevista no nº 1.

ARTIGO 543º – Responsabilidade penal em matéria de greve

A violação do disposto no nº 1 ou 2 do artigo 535º ou no nº 1 do artigo 540º é punida com pena de multa até 120 dias.

SECÇÃO II – Lock-out

ARTIGO 544º – Conceito e proibição de lock-out

1 – Considera-se *lock-out* qualquer paralisação total ou parcial da empresa ou a interdição do acesso a locais de trabalho a alguns ou à totalidade dos trabalhadores e, ainda, a recusa em fornecer trabalho, condições e instrumentos de trabalho que determine ou possa determinar a paralisação de todos ou alguns sectores da empresa, desde que, em qualquer caso, vise atingir finalidades alheias à normal actividade da empresa, por decisão unilateral do empregador.

2 – É proibido o *lock-out*.

3 – Constitui contra-ordenação muito grave a violação do disposto no número anterior.

ARTIGO 545º – Responsabilidade penal em matéria de lock-out

A violação do disposto no nº 2 do artigo 544º é punida com pena de prisão até 2 anos ou com pena de multa até 240 dias.

LIVRO II
RESPONSABILIDADES PENAL E CONTRA-ORDENACIONAL

CAPÍTULO I – Responsabilidade penal

ARTIGO 546º – Responsabilidade de pessoas colectivas e equiparadas

As pessoas colectivas e entidades equiparadas são responsáveis, nos termos gerais, pelos crimes previstos no presente Código.

ARTIGO 547º – Desobediência qualificada

Incorre no crime de desobediência qualificada o empregador que:

a) Não apresentar ao serviço com competência inspectiva do ministério responsável pela área laboral documento ou outro registo por este requisitado que interesse ao esclarecimento de qualquer situação laboral;

b) Ocultar, destruir ou danificar documento ou outro registo que tenha sido requisitado pelo serviço referido na alínea anterior.

CAPÍTULO II – Responsabilidade contra-ordenacional

ARTIGO 548º – Noção de contra-ordenação laboral

Constitui contra-ordenação laboral o facto típico, ilícito e censurável que consubstancie a violação de uma norma que consagre direitos ou imponha deveres a qualquer sujeito no âmbito de relação laboral e que seja punível com coima.

ARTIGO 549º – Regime das contra-ordenações laborais

As contra-ordenações laborais são reguladas pelo disposto neste Código e, subsidiariamente, pelo regime geral das contra-ordenações.

ARTIGO 550º – Punibilidade da negligência

A negligência nas contra-ordenações laborais é sempre punível.

ARTIGO 551º – Sujeito responsável por contra-ordenação laboral

1 – O empregador é o responsável pelas contra-ordenações laborais, ainda que

praticadas pelos seus trabalhadores no exercício das respectivas funções, sem prejuízo da responsabilidade cometida por lei a outros sujeitos.

2 – Quando um tipo contra-ordenacional tiver por agente o empregador abrange também a pessoa colectiva, a associação sem personalidade jurídica ou a comissão especial.

3 – Se o infractor for pessoa colectiva ou equiparada, respondem pelo pagamento da coima, solidariamente com aquela, os respectivos administradores, gerentes ou directores.

4 – O contratante e o dono da obra, empresa ou exploração agrícola, bem como os respetivos gerentes, administradores ou diretores, assim como as sociedades que com o contratante, dono da obra, empresa ou exploração agrícola se encontrem em relação de participações recíprocas, de domínio ou de grupo, são solidariamente responsáveis pelo cumprimento das disposições legais e por eventuais violações cometidas pelo subcontratante que executa todo ou parte do contrato nas instalações daquele ou sob responsabilidade do mesmo, assim como pelo pagamento das respetivas coimas.

(Redação dada pela Lei nº 28/2016, de 23-08)

ARTIGO 552º – Apresentação de documentos

1 – As pessoas singulares, colectivas e entidades equiparadas notificadas pelo serviço com competência inspectiva do ministério responsável pela área laboral para exibição, apresentação ou entrega de documentos ou outros registos ou de cópia dos mesmos devem apresentá-los no prazo e local identificados para o efeito.

2 – Constitui contra-ordenação leve a violação do disposto no número anterior.

ARTIGO 553º – Escalões de gravidade das contra-ordenações laborais

Para determinação da coima aplicável e tendo em conta a relevância dos interesses violados, as contra-ordenações laborais classificam-se em leves, graves e muito graves.

ARTIGO 554º – Valores das coimas

1 – A cada escalão de gravidade das contra-ordenações laborais corresponde uma coima variável em função do volume de negócios da empresa e do grau da culpa do infractor, salvo o disposto no artigo seguinte.

2 – Os limites mínimo e máximo das coimas correspondentes a contra-ordenação leve são os seguintes:

a) Se praticada por empresa com volume de negócios inferior a € 10 000 000, de 2 UC a 5 UC em caso de negligência e de 6 UC a 9 UC em caso de dolo;

b) Se praticada por empresa com volume de negócios igual ou superior a € 10 000 000, de 6 UC a 9 UC em caso de negligência e de 10 UC a 15 UC em caso de dolo.

3 – Os limites mínimo e máximo das coimas correspondentes a contra-ordenação grave são os seguintes:

a) Se praticada por empresa com volume de negócios inferior a € 500 000, de 6 UC a 12 UC em caso de negligência e de 13 UC a 26 UC em caso de dolo;

b) Se praticada por empresa com volume de negócios igual ou superior a € 500 000 e inferior a € 2 500 000, de 7 UC a 14 UC em caso de negligência e de 15 UC a 40 UC em caso de dolo;

c) Se praticada por empresa com volume de negócios igual ou superior a € 2 500 000 e inferior a € 5 000 000, de 10 UC a 20 UC em caso de negligência e de 21 UC a 45 UC em caso de dolo;

d) Se praticada por empresa com volume de negócios igual ou superior a € 5 000 000 e inferior a € 10 000 000, de 12 UC a 25 UC em caso de negligência e de 26 UC a 50 UC em caso de dolo;

e) Se praticada por empresa com volume de negócios igual ou superior a € 10 000 000, de 15 UC a 40 UC em caso de negligência e de 55 UC a 95 UC em caso de dolo.

4 – Os limites mínimo e máximo das coimas correspondentes a contra-ordenação muito grave são os seguintes:

a) Se praticada por empresa com volume de negócios inferior a € 500 000, de 20 UC a 40 UC em caso de negligência e de 45 UC a 95 UC em caso de dolo;

b) Se praticada por empresa com volume de negócios igual ou superior a € 500 000 e inferior a € 2 500 000, de 32 UC a 80 UC em caso de negligência e de 85 UC a 190 UC em caso de dolo;

c) Se praticada por empresa com volume de negócios igual ou superior a € 2 500 000 e inferior a € 5 000 000, de 42 UC a 120 UC em caso de negligência e de 120 UC a 280 UC em caso de dolo;

d) Se praticada por empresa com volume de negócios igual ou superior a € 5 000 000 e inferior a € 10 000 000, de 55 UC a 140 UC em caso de negligência e de 145 UC a 400 UC em caso de dolo;

e) Se praticada por empresa com volume de negócios igual ou superior a € 10 000 000, de 90 UC a 300 UC em caso de negligência e de 300 UC a 600 UC em caso de dolo.

5 – O volume de negócios reporta-se ao ano civil anterior ao da prática da infracção.

6 – Caso a empresa não tenha actividade no ano civil anterior ao da prática da infracção, considera-se o volume de negócios do ano mais recente.

7 – No ano de início de actividade são aplicáveis os limites previstos para empresa com volume de negócios inferior a € 500 000.

8 – Se o empregador não indicar o volume de negócios, aplicam-se os limites previstos para empresa com volume de negócios igual ou superior a € 10 000 000.

9 – A sigla UC corresponde à unidade de conta processual.

ARTIGO 555º – Outros valores de coimas

1 – A cada escalão de gravidade das contra-ordenações, em caso em que o agente não tenha trabalhadores ao serviço ou, sendo pessoa singular, não exerça uma actividade com fins lucrativos corresponde o valor de coimas previsto nos números seguintes.

2 – A contra-ordenação leve corresponde coima de 1 UC a 2 UC em caso de negligência ou de 2 UC a 3,5 UC em caso de dolo.

3 – A contra-ordenação grave corresponde coima de 3 UC a 7 UC em caso de negligência ou de 7 UC a 14 UC em caso de dolo.

4 – A contra-ordenação muito grave corresponde coima de 10 UC a 25 UC em caso de negligência ou de 25 UC a 50 UC em caso de dolo.

ARTIGO 556º - Critérios especiais de medida da coima

1 – Os valores máximos das coimas aplicáveis a contra-ordenações muito graves previstas no nº 4 do artigo 554º são elevados para o dobro em situação de violação de normas sobre trabalho de menores, segurança e saúde no trabalho, direitos de estruturas de representação colectiva dos trabalhadores e direito à greve.

2 – Em caso de pluralidade de agentes responsáveis pela mesma contra-ordenação é aplicável a coima correspondente à empresa com maior volume de negócios.

ARTIGO 557º - Dolo

O desrespeito de medidas recomendadas em auto de advertência é ponderado pela autoridade administrativa competente, ou pelo julgador em caso de impugnação judicial, designadamente para efeitos de aferição da existência de conduta dolosa.

ARTIGO 558º - Pluralidade de contra-ordenações

1 – Quando a violação da lei afectar uma pluralidade de trabalhadores individualmente considerados, o número de contra-ordenações corresponde ao número de trabalhadores concretamente afectados, nos termos dos números seguintes.

2 – Considera-se que a violação da lei afecta uma pluralidade de trabalhadores quando estes, no exercício da respectiva actividade, foram expostos a uma situação concreta de perigo ou sofreram dano resultante de conduta ilícita do infractor.

3 – A pluralidade de infracções dá origem a um processo e as infracções são sancionadas com uma coima única que não pode exceder o dobro da coima máxima aplicável em concreto.

4 – Se, com a infracção praticada, o agente obteve um benefício económico, este deve ser tido em conta na determinação da medida da coima nos termos do disposto no artigo 18º do regime geral das contra-ordenações, na redacção dada pelo Decreto-Lei nº 244/95, de 14 de Setembro.

ARTIGO 559º - Determinação da medida da coima

1 – Na determinação da medida da coima, além do disposto no regime geral das contra-ordenações, são ainda atendíveis a medida do incumprimento das recomendações constantes de auto de advertência, a coacção, falsificação, simulação ou outro meio fraudulento usado pelo agente.

2 – No caso de violação de normas de segurança e saúde no trabalho, são também atendíveis os princípios gerais de prevenção a que devem obedecer as medidas de protecção, bem como a permanência ou transitoriedade da infracção, o número de trabalhadores potencialmente afectados e as medidas e instruções adoptadas pelo empregador para prevenir os riscos.

3 – Cessando o contrato de trabalho, no caso de o arguido cumprir o disposto no artigo 245º e proceder ao pagamento voluntário da coima por violação do disposto no nº 1 ou 5 do artigo 238º, no nº 1, 4 ou 5 do artigo 239º ou no nº 1, 2 ou 3 do artigo 244º, esta é liquidada pelo valor correspondente à contra-ordenação leve.

ARTIGO 560º – Dispensa de coima

A coima prevista para as contraordenações referidas no nº 4 do artigo 353º, no nº 2 do artigo 355º, no nº 7 do artigo 356º, no nº 8 do artigo 357º, no nº 6 do artigo 358º, no nº 6 do artigo 360º, no nº 6 do artigo 361º, no nº 6 do artigo 363º, no nº 6 do artigo 368º, no nº 2 do artigo 369º, no nº 5 do artigo 371º, no nº 8 do artigo 375º, no nº 3 do artigo 376º, no nº 3 do artigo 378º e no nº 3 do artigo 380º, na parte em que se refere a violação do nº 1 do mesmo artigo, não se aplica caso o empregador assegure ao trabalhador os direitos a que se refere o artigo 389º

(Redação dada pela Lei nº 23/2012, de 25-06)

ARTIGO 561º – Reincidência

1 – É sancionado como reincidente quem comete uma contra-ordenação grave praticada com dolo ou uma contra-ordenação muito grave, depois de ter sido condenado por outra contra-ordenação grave praticada com dolo ou contra-ordenação muito grave, se entre as duas infracções tiver decorrido um prazo não superior ao da prescrição da primeira.

2 – Em caso de reincidência, os limites mínimo e máximo da coima são elevados em um terço do respectivo valor, não podendo esta ser inferior ao valor da coima aplicada pela contra-ordenação anterior desde que os limites mínimo e máximo desta não sejam superiores aos daquela.

ARTIGO 562º – Sanções acessórias

1 – No caso de contra-ordenação muito grave ou reincidência em contra-ordenação grave, praticada com dolo ou negligência grosseira, é aplicada ao agente a sanção acessória de publicidade.

2 – No caso de reincidência em contra-ordenação prevista no número anterior, tendo em conta os efeitos gravosos para o trabalhador ou o benefício económico retirado pelo empregador com o incumprimento, podem ainda ser aplicadas as seguintes sanções acessórias:

a) Interdição do exercício de actividade no estabelecimento, unidade fabril ou estaleiro onde se verificar a infracção, por um período até dois anos;

b) Privação do direito de participar em arrematações ou concursos públicos, por um período até dois anos.

3 – A publicidade da decisão condenatória consiste na inclusão em registo público, disponibilizado na página electrónica do serviço com competência inspectiva do ministério responsável pela área laboral, de um extracto com a caracterização da contra-ordenação, a norma violada, a identificação do infractor, o sector de actividade, o lugar da prática da infracção e a sanção aplicada.

4 – A publicidade referida no número anterior é promovida pelo tribunal competente, em relação a contra-ordenação objecto de decisão judicial, ou pelo serviço referido no mesmo número, nos restantes casos.

ARTIGO 563º - Dispensa e eliminação da publicidade

1 – A sanção acessória de publicidade pode ser dispensada, tendo em conta as circunstâncias da infracção, se o agente tiver pago imediatamente a coima a que foi condenado e se não tiver praticado qualquer contra-ordenação grave ou muito grave nos cinco anos anteriores.

2 – Decorrido um ano desde a publicidade da decisão condenatória sem que o agente tenha sido novamente condenado por contra-ordenação grave ou muito grave, é a mesma eliminada do registo referido no artigo anterior.

3 – O disposto no nº 1 não se aplica no caso de contraordenação a que se refere o nº 5 do artigo 29º

(Redação dada pela Lei nº 73/2017, de 16-08, cf. Declaração de Retificação nº 28/2017, de 02-10)

ARTIGO 564º - Cumprimento de dever omitido

1 – Sempre que a contra-ordenação laboral consista na omissão de um dever, o pagamento da coima não dispensa o infractor do seu cumprimento se este ainda for possível.

2 – A decisão que aplique a coima deve conter, sendo caso disso, a ordem de pagamento de quantitativos em dívida ao trabalhador, a efectuar dentro do prazo estabelecido para o pagamento da coima.

3 – Em caso de não pagamento, a decisão referida no número anterior serve de base à execução efectuada nos termos do artigo 89º do regime geral das contra-ordenações, na redacção dada pelo Decreto-Lei nº 244/95, de 14 de Setembro, aplicando-se as normas do processo comum de execução para pagamento de quantia certa.

ARTIGO 565º - Registo individual

1 – O serviço com competência inspectiva do ministério responsável pela área laboral organiza um registo individual dos sujeitos responsáveis pelas contra-ordenações laborais, de âmbito nacional, do qual constam as infracções praticadas, as datas em que foram cometidas, as coimas e as sanções acessórias aplicadas, assim como as datas em que as decisões condenatórias se tornaram irrecorríveis.

2 – Os tribunais e os departamentos das administrações regionais dos Açores e da Madeira com competência para a aplicação de coimas remetem ao serviço referido no número anterior os elementos neste indicados.

ARTIGO 566º - Destino das coimas

1 – Em processo cuja instrução esteja cometida ao serviço com competência inspectiva do ministério responsável pela área laboral, metade do produto da coima aplicada reverte para este, a título de compensação de custos de funcionamento e despesas processuais, tendo o remanescente o seguinte destino:

a) Fundo de Acidentes de Trabalho, no caso de coima aplicada em matéria de segurança e saúde no trabalho;

b) 35% para o serviço responsável pela gestão financeira do orçamento da segurança social e 15% para o Orçamento do Estado, relativamente a outra coima.

2 – O serviço referido no número anterior transfere trimestralmente para as entidades referidas no número anterior as importâncias a que têm direito.

LEI E PROCESSO

CÓDIGO DE PROCESSO DO TRABALHO

CÓDIGO DE PROCESSO DO TRABALHO

Decreto-Lei nº 480/99, de 9 de novembro

Texto base de acordo com a republicação da Lei nº 107/2019, de 9 de setembro.

DISPOSIÇÕES FUNDAMENTAIS

ARTIGO 1º - Âmbito e integração do diploma

1 - O processo do trabalho é regulado pelo presente Código.

2 - Nos casos omissos recorre-se sucessivamente:

a) À legislação processual comum, civil ou penal, que diretamente os previna;

b) À regulamentação dos casos análogos previstos neste Código;

c) À regulamentação dos casos análogos previstos na legislação processual comum, civil ou penal;

d) Aos princípios gerais do direito processual do trabalho;

e) Aos princípios gerais do direito processual comum.

3 - As normas subsidiárias não se aplicam quando forem incompatíveis com a índole do processo regulado neste Código.

LIVRO I
DO PROCESSO CIVIL

TÍTULO I – Da ação

CAPÍTULO I – Capacidade judiciária e legitimidade

ARTIGO 2º – Capacidade judiciária ativa dos menores

1 – Os menores com 16 anos podem estar por si em juízo como autores.

2 – Os menores que ainda não tenham completado 16 anos são representados pelo Ministério Público quando se verificar que o seu representante legal não acautela judicialmente os seus interesses.

3 – Se o menor perfizer os 16 anos na pendência da causa e requerer a sua intervenção direta na ação, cessa a representação.

ARTIGO 2º-A – Capacidade judiciária das estruturas de representação coletiva dos trabalhadores

As estruturas de representação coletiva dos trabalhadores, ainda que destituídas de personalidade jurídica, gozam de capacidade judiciária ativa e passiva.

ARTIGO 3º – Litisconsórcio

1 – Se o trabalho for prestado por um grupo de pessoas, pode qualquer delas fazer valer a sua quota-parte do interesse, embora este tenha sido coletivamente fixado.

2 – Para o efeito do número anterior, o autor deve identificar os demais interessados, que são notificados, antes de ordenada a citação do réu, para, no prazo de 10 dias, intervirem na ação.

3 – Os interessados de que não forem conhecidos a residência ou o local de trabalho são notificados editalmente, com dispensa de publicação de anúncios.

4 – Sendo a ação intentada por um ou alguns dos trabalhadores, cabe ao Ministério Público a defesa dos interesses dos trabalhadores que não intervierem por si.

ARTIGO 4º - Anulação e interpretação de cláusulas de convenções coletivas de trabalho

As associações sindicais e as associações de empregadores outorgantes de convenções coletivas de trabalho, bem como os trabalhadores e os empregadores diretamente interessados, são partes legítimas nas ações respeitantes à anulação e interpretação de cláusulas daquelas convenções.

ARTIGO 5º - Legitimidade de estruturas de representação coletiva dos trabalhadores e de associações de empregadores

1 - As associações sindicais e de empregadores são partes legítimas como autoras nas ações relativas a direitos respeitantes aos interesses coletivos que representam.

2 - As associações sindicais podem exercer, ainda, o direito de ação, em representação e substituição de trabalhadores que o autorizem:

a) Nas ações respeitantes a medidas tomadas pelo empregador contra trabalhadores que pertençam aos corpos gerentes da associação sindical ou nesta exerçam qualquer cargo;

b) Nas ações respeitantes a medidas tomadas pelo empregador contra os seus associados que sejam representantes eleitos dos trabalhadores;

c) Nas ações respeitantes à violação, com carácter de generalidade, de direitos individuais de idêntica natureza de trabalhadores seus associados.

3 - Para efeito do número anterior, presume-se a autorização do trabalhador a quem a associação sindical tenha comunicado por escrito a intenção de exercer o direito de ação em sua representação e substituição, com indicação do respetivo objeto, se o trabalhador nada declarar em contrário, por escrito, no prazo de 15 dias.

4 - Verificando-se o exercício do direito de ação nos termos do nº 2, o trabalhador só pode intervir no processo como assistente.

5 - Nas ações em que estejam em causa interesses individuais dos trabalhadores ou dos empregadores, as respetivas associações podem intervir como assistentes dos seus associados, desde que exista da parte dos interessados declaração escrita de aceitação da intervenção.

6 - As estruturas de representação coletiva dos trabalhadores são parte legítima como autor nas ações em que estejam em causa a qualificação de informações como confidenciais ou a recusa de prestação de informação ou de realização de consultas por parte do empregador.

ARTIGO 5º-A - Legitimidade do Ministério Público

O Ministério Público tem legitimidade ativa nas seguintes ações e procedimentos:

a) Ações relativas ao controlo da legalidade da constituição e dos estatutos de associações sindicais, associações de empregadores e comissões de trabalhadores;

b) Ações de anulação e interpretação de cláusulas de convenções coletivas de trabalho nos termos do Código do Trabalho;

c) Ações de reconhecimento da existência de contrato de trabalho e procedimentos cautelares de suspensão de despedimento regulados no artigo 186º-S.

CAPÍTULO II – Representação e patrocínio judiciário

ARTIGO 6º – Representação pelo Ministério Público

São representados pelo Ministério Público o Estado e as demais pessoas e entidades previstas na lei.

ARTIGO 7º – Patrocínio pelo Ministério Público

Sem prejuízo do regime do apoio judiciário, quando a lei o determine ou as partes o solicitem, o Ministério Público exerce o patrocínio:

a) Dos trabalhadores e seus familiares;

b) Dos hospitais e das instituições de assistência, nas ações referidas na alínea *d*) do nº 1 do artigo 126º da Lei nº 62/2013, de 26 de agosto, e nas correspondentes execuções, desde que estes não possuam serviços de contencioso;

c) Das pessoas que, por determinação do tribunal, houverem prestado os serviços ou efetuado os fornecimentos a que se refere a alínea *d*) do nº 1 do artigo 126º da Lei nº 62/2013, de 26 de agosto.

ARTIGO 8º – Recusa do patrocínio

1 – O Ministério Público deve recusar o patrocínio a pretensões que repute infundadas ou manifestamente injustas e pode recusá-lo quando verifique a possibilidade de o autor recorrer aos serviços do contencioso da associação sindical que o represente.

2 – Quando o Ministério Público recusar o patrocínio nos termos do número anterior, deve notificar imediatamente o interessado de que pode reclamar, dentro de 15 dias, para o imediato superior hierárquico.

3 – Os prazos de propositura da ação e de prescrição não correm entre a notificação a que se refere o número anterior e a notificação da decisão que vier a ser proferida sobre a reclamação.

ARTIGO 9º – Cessação da representação e do patrocínio oficioso

Constituído mandatário judicial, cessa a representação ou o patrocínio oficioso que estiver a ser exercido, sem prejuízo da intervenção acessória do Ministério Público.

TÍTULO II – Competência

CAPÍTULO I – Competência internacional

ARTIGO 10º – Competência internacional dos juízos do trabalho

1 – Na competência internacional dos juízos do trabalho estão incluídos os casos em que a ação pode ser proposta em Portugal, segundo as regras de competência territorial estabelecidas neste Código, ou em que os factos que integram a causa de pedir na ação tenham sido praticados, no todo ou em parte, em território português.

2 – Incluem-se, igualmente, na competência internacional dos juízos do trabalho:

a) Os casos de destacamento para outros Estados de trabalhadores contratados por empresas estabelecidas em Portugal;

b) As questões relativas a conselhos de empresas europeus e procedimentos de informação e consulta em que a administração do grupo esteja sediada em Portugal ou que respeita a empresa do grupo sediada em Portugal.

ARTIGO 11º - Pactos privativos de jurisdição

Não podem ser invocados perante tribunais portugueses os pactos ou cláusulas que lhes retirem competência internacional atribuída ou reconhecida pela lei portuguesa, salvo se outra for a solução estabelecida em convenções internacionais.

CAPÍTULO II - Competência interna

SECÇÃO I - Competência em razão da hierarquia

ARTIGO 12º - Competência dos juízos do trabalho como instância de recurso

Os juízos do trabalho funcionam como instância de recurso nos casos previstos na lei.

SECÇÃO II - Competência territorial

ARTIGO 13º - Regra geral

1 – As ações devem ser propostas no juízo do trabalho do domicílio do réu, sem prejuízo do disposto nos artigos seguintes.

2 – As entidades empregadoras ou seguradoras, bem como as instituições de previdência, consideram-se também domiciliadas no lugar onde tenham sucursal, agência, filial, delegação ou representação.

ARTIGO 14º - Ações emergentes de contrato de trabalho

1 – As ações emergentes de contrato de trabalho intentadas por trabalhador contra a entidade empregadora podem ser propostas no juízo do trabalho do lugar da prestação de trabalho ou do domicílio do autor.

2 – Em caso de coligação de autores é competente o juízo do trabalho do lugar da prestação de trabalho ou do domicílio de qualquer deles.

3 – Sendo o trabalho prestado em mais de um lugar, podem as ações referidas no nº 1 ser intentadas no juízo do trabalho de qualquer desses lugares.

ARTIGO 15º - Ações emergentes de acidentes de trabalho ou de doença profissional

1 – As ações emergentes de acidentes de trabalho e de doença profissional devem ser propostas no juízo do trabalho do lugar onde o acidente ocorreu ou onde o doente trabalhou pela última vez em serviço suscetível de originar a doença.

2 – Se o acidente ocorrer no estrangeiro, a ação deve ser proposta em Portugal, no juízo do trabalho do domicílio do sinistrado.

3 – As participações exigidas por lei devem ser dirigidas ao juízo do trabalho a que se referem os números anteriores.

4 – É também competente o juízo do trabalho do domicílio do sinistrado, doente ou beneficiário se ele o requerer até à fase contenciosa do processo ou se aí tiver apresentado a participação.

5 – No caso de uma pluralidade de beneficiários exercer a faculdade prevista no número anterior, é territorialmente competente o juízo do trabalho da área de residência do maior número deles ou, em caso de ser igual o número de requerentes, o juízo do trabalho da área de residência do primeiro a requerer.

6 – Se o sinistrado, doente ou beneficiário for inscrito marítimo ou tripulante de qualquer aeronave e o acidente ocorrer em viagem ou durante ela se verificar a doença, é ainda competente o juízo do trabalho da primeira localidade em território nacional a que chegar o barco ou aeronave ou o da sua matrícula.

ARTIGO 16º – Ações emergentes de despedimento coletivo

1 – Em caso de despedimento coletivo, os procedimentos cautelares de suspensão e as ações de impugnação devem ser propostos no juízo do trabalho do lugar onde se situa o estabelecimento da prestação de trabalho.

2 – No caso de o despedimento abranger trabalhadores de diversos estabelecimentos, é competente o juízo do trabalho do lugar onde se situa o estabelecimento com maior número de trabalhadores despedidos.

ARTIGO 17º – Processamento por apenso

As ações a que se referem as alíneas *d*) e *e*) do nº 1 do artigo 126º da Lei nº 62/2013, de 26 de agosto, são propostas no juízo do trabalho que for competente para a causa a que respeitarem e correm por apenso ao processo, se o houver.

ARTIGO 18º – Ações de liquidação e partilha de bens de instituições de previdência, de associações sindicais, de associações de empregadores ou de comissões de trabalhadores e outras em que sejam requeridas essas instituições, associações ou comissões

1 – Nas ações de liquidação e partilha de bens de instituições de previdência, de associações sindicais, de associações de empregadores ou de comissões de trabalhadores ou noutras em que seja requerida uma dessas instituições, associações ou comissões, é competente o juízo do trabalho da respetiva sede.

2 – Se a ação se destinar a declarar um direito ou a efetivar uma obrigação da instituição ou associação para com o beneficiário ou sócio, é também competente o juízo do trabalho do domicílio do autor.

ARTIGO 19º – Nulidade dos pactos de desaforamento e conhecimento oficioso da incompetência em razão do território

1 – São nulos os pactos ou cláusulas pelos quais se pretenda excluir a competência territorial atribuída pelos artigos anteriores.

2 - A incompetência em razão do território deve ser conhecida oficiosamente pelo tribunal, observando-se, quanto ao mais, o regime estabelecido nos artigos 102º a 108º do Código de Processo Civil, com as necessárias adaptações.

ARTIGO 19º-A - Competência na falta de juízo do trabalho

Sempre que as regras previstas no presente Código remetam para área não inserida no âmbito da competência territorial de qualquer juízo do trabalho, o juízo competente é determinado de acordo com o disposto na Lei nº 62/2013, de 26 de agosto, e no Decreto-lei nº 49/2014, de 27 de março, que procede à regulamentação desta.

CAPÍTULO III - Extensão da competência

ARTIGO 20º - Questões prejudiciais

O disposto no artigo 92º do Código de Processo Civil é aplicável às questões de natureza civil, comercial, criminal ou administrativa, excetuadas as questões sobre o estado das pessoas em que a sentença a proferir seja constitutiva.

TÍTULO III - Processo

CAPÍTULO I - Distribuição

ARTIGO 21º - Espécies

Na distribuição há as seguintes espécies:

1ª Ações de processo comum;

2ª Ações de impugnação judicial da regularidade e licitude do despedimento;

3ª Processos emergentes de acidentes de trabalho;

4ª Processos emergentes de doenças profissionais;

5ª Ações de impugnação de despedimento coletivo;

6ª Ações para cobrança de dívidas resultantes da prestação de serviços de saúde ou de quaisquer outros que sejam da competência dos juízos do trabalho;

7ª Procedimentos cautelares;

8ª Processos especiais do contencioso das instituições de previdência;

9ª Controvérsias de natureza sindical sem carácter penal;

10ª Execuções não fundadas em sentença;

11ª Outras cartas precatórias ou rogatórias que não sejam para simples notificação ou citação;

12ª Outros processos especiais previstos neste Código;

13ª Quaisquer outros papéis ou processos não classificados.

ARTIGO 22º - Apresentação de papéis ao Ministério Público

As participações e os demais papéis que se destinam a servir de base a processos das espécies 3ª e 4ª são apresentados obrigatoriamente ao Ministério Público, que, em caso de urgência, deve ordenar as diligências convenientes.

CAPÍTULO II – Citações e notificações

ARTIGO 23º - Regra geral

Às citações e notificações aplicam-se as regras estabelecidas no Código de Processo Civil, com as especialidades constantes dos artigos seguintes.

ARTIGO 24º - Notificação da decisão final

1 – A decisão final é notificada às partes e aos respetivos mandatários.

2 – Nos casos de representação ou patrocínio oficioso, a notificação é feita simultaneamente ao representado ou patrocinado e ao representante ou patrono oficioso, independentemente de despacho.

3 – (*Revogado*).

4 – Os prazos para apresentação de quaisquer requerimentos contam-se a partir da notificação ao mandatário, representante ou patrono oficioso.

ARTIGO 25º - Citações, notificações e outras diligências em juízo do trabalho alheio

1 – As citações e notificações que não devam ser feitas por via postal nem por mandatário judicial, bem como as diligências que, no critério do juiz da causa, não exijam conhecimentos especializados, são solicitadas:

a) Ao juízo do trabalho territorialmente competente na área em que tenham de ser efetuadas;

b) A qualquer juízo territorialmente competente, se a área em que tenham de ser efetuadas não for abrangida pela competência de um juízo do trabalho.

2 – As diligências que exijam conhecimentos especializados são solicitadas, salvo disposição em contrário:

a) Ao juízo do trabalho territorialmente competente na área em que tenham de ser efetuadas;

b) Ao juízo competente para conhecer de questões do foro laboral na área em que tenham de ser efetuadas, se a mesma não for abrangida pela competência de um juízo do trabalho.

3 – Quando exista mais de um juízo do trabalho na mesma comarca, a respetiva competência, para efeito do disposto no nº 1, determina-se de acordo com a área de jurisdição dentro dessa comarca.

CAPÍTULO III – Instância

ARTIGO 26º - Processos com natureza urgente e oficiosa

1 – Têm natureza urgente:

a) A ação de impugnação da regularidade e licitude do despedimento;

b) A ação em que esteja em causa o despedimento de membro de estrutura de representação coletiva dos trabalhadores;

c) A ação em que esteja em causa o despedimento de trabalhadora grávida, puérpera ou lactante ou trabalhador no gozo de licença parental;

d) A ação de impugnação de despedimento coletivo;

e) As ações emergentes de acidente de trabalho e de doença profissional;

f) A ação de impugnação da confidencialidade de informações ou da recusa da sua prestação ou da realização de consultas;

g) A ação de tutela da personalidade do trabalhador;

h) As ações relativas à igualdade e não discriminação em função do sexo;

i) A ação de reconhecimento da existência de contrato de trabalho.

2 – Sem prejuízo do disposto no nº 2 do artigo 137º do Código de Processo Civil, os atos a praticar nas ações referidas nas alíneas *f*), *g*) e *h*) do número anterior apenas têm lugar em férias judiciais quando, em despacho fundamentado, tal for determinado pelo juiz.

3 – As ações a que se refere a alínea *e*) do nº 1 correm oficiosamente.

4 – Na ação emergente de acidente de trabalho, a instância inicia-se com o recebimento da participação.

5 – Na ação de impugnação da regularidade e licitude do despedimento, a instância inicia-se com o recebimento do requerimento a que se refere o nº 2 do artigo 387º do Código do Trabalho.

6 – Na ação de reconhecimento da existência de contrato de trabalho, a instância inicia-se com o recebimento da participação.

ARTIGO 27º - Dever de gestão processual

1 – Cumpre ao juiz, sem prejuízo do ónus de impulso especialmente imposto pela lei às partes, dirigir ativamente o processo e providenciar pelo seu andamento célere, promovendo oficiosamente as diligências necessárias ao normal prosseguimento da ação, recusando o que for impertinente ou meramente dilatório e, ouvidas as partes, adotando mecanismos de simplificação e agilização processual que garantam a justa composição do litígio em prazo razoável.

2 – O juiz deve, até à audiência final:

a) Mandar intervir na ação qualquer pessoa e determinar a realização dos atos necessários ao suprimento da falta de pressupostos processuais suscetíveis de sanação;

b) Convidar as partes a completar e a corrigir os articulados, quando no decurso do processo reconheça que deixaram de ser articulados factos que podem interessar à decisão da causa, sem prejuízo de tais factos ficarem sujeitos às regras gerais sobre contraditoriedade e prova.

ARTIGO 27º-A - Mediação

Ao processo de trabalho aplicam-se, com as necessárias adaptações, os artigos relativos à mediação previstos no Código de Processo Civil.

ARTIGO 28º - Cumulação sucessiva de pedidos e de causas de pedir

1 – É permitido ao autor aditar novos pedidos e causas de pedir, nos termos dos números seguintes.

2 – Se, até à audiência final, ocorrerem factos que permitam ao autor deduzir contra o réu novos pedidos, pode ser aditada a petição inicial, desde que a todos os pedidos corresponda a mesma forma de processo.

3 – O autor pode ainda deduzir contra o réu novos pedidos, nos termos do número anterior, embora esses pedidos se reportem a factos ocorridos antes da propositura da ação, desde que justifique a sua não inclusão na petição inicial.

4 – Nos casos previstos nos números anteriores, o réu é notificado para contestar tanto a matéria do aditamento como a sua admissibilidade.

ARTIGO 29º – Modificações subjetivas da instância

1 – A instância não pode ser modificada por sucessão entre vivos da parte trabalhadora.

2 – Só é reconhecida no processo, quanto à transmissão entre vivos do direito litigioso contra o trabalhador, a substituição resultante de transmissão global do estabelecimento; a substituição não necessita de acordo da parte contrária.

ARTIGO 30º – Reconvenção

1 – Sem prejuízo do disposto no nº 3 do artigo 98º-L, a reconvenção é admissível quando o pedido do réu emerge do facto jurídico que serve de fundamento à ação e nos casos referidos na alínea *o*) do nº 1 do artigo 126º da Lei nº 62/2013, de 26 de agosto, desde que, em qualquer dos casos, o valor da causa exceda a alçada do tribunal.

2 – Não é admissível a reconvenção quando ao pedido do réu corresponda espécie de processo diferente da que corresponde ao pedido do autor.

ARTIGO 31º – Apensação de ações

1 – A apensação de ações nos termos do artigo 267º do Código de Processo Civil pode também ser ordenada oficiosamente ou requerida pelo Ministério Público, ainda que este não represente ou patrocine qualquer das partes.

2 – A apensação de ações emergentes de despedimento coletivo é obrigatória até ao despacho saneador, sendo ordenada oficiosamente logo que conhecida a sua existência.

3 – Para o efeito dos números anteriores, a secretaria deve informar os magistrados das ações que se encontrem em condições de ser apensadas.

CAPÍTULO IV – Dos procedimentos cautelares

SECÇÃO I – Procedimento cautelar comum

ARTIGO 32º – Procedimento

1 – Aos procedimentos cautelares aplica-se o regime estabelecido no Código de Processo Civil para o procedimento cautelar comum, incluindo no que respeita à inversão do contencioso prevista nesse diploma, com as seguintes especialidades:

a) Recebido o requerimento inicial, é designado dia para a audiência final;

b) Sempre que seja admissível oposição do requerido, esta é apresentada até ao início da audiência final;

c) A decisão é sucintamente fundamentada, regendo-se a sua gravação e transcrição para a ata pelo disposto no artigo 155º do Código de Processo Civil.

2 – Nos casos de admissibilidade de oposição, as partes são advertidas para comparecer pessoalmente ou, em caso de justificada impossibilidade de comparência, fazer-se representar por mandatário com poderes especiais para confessar, desistir ou transigir, na audiência final, na qual se procederá à tentativa de conciliação.

3 – Sempre que as partes se fizerem representar nos termos do número anterior, o mandatário deve informar-se previamente sobre os termos em que o mandante aceita a conciliação.

4 – A falta de comparência de qualquer das partes ou dos seus mandatários não é motivo de adiamento.

ARTIGO 33º - Aplicação subsidiária

1 – O disposto no artigo anterior é aplicável aos procedimentos cautelares previstos na secção seguinte em tudo quanto nesta se não encontre especialmente regulado.

2 – Sem prejuízo do disposto no número seguinte, o regime de inversão do contencioso estabelecido no Código de Processo Civil é aplicável, com as necessárias adaptações e com as especialidades previstas no presente Código, às providências cautelares reguladas na secção seguinte.

3 – O regime de inversão do contencioso não é aplicável à providência cautelar de suspensão do despedimento quando for requerida a impugnação da regularidade e licitude do despedimento, nos termos do nº 5 do artigo 34º e do artigo 98º-C.

(Redação dada pela Lei nº 13/2023, de 03-04)

SECÇÃO II - **Procedimentos cautelares especificados**

SUBSECÇÃO I - **Suspensão de despedimento**

ARTIGO 33º-A - Âmbito

O procedimento cautelar de suspensão de despedimento regulado na presente subsecção é aplicável a qualquer modalidade de despedimento por iniciativa do empregador, seja individual, seja coletivo, e independentemente do modo ou da forma da comunicação ao trabalhador da decisão de despedimento.

ARTIGO 33º-B - Intervenção do Ministério Público

1 – Após a receção da participação prevista no nº 4 do artigo 11º do Decreto-Lei nº 102/2000, de 2 de junho, que aprova o Estatuto da Inspecção-Geral do Trabalho, o Ministério Público dispõe de 20 dias para instaurar o procedimento cautelar de suspensão de despedimento.

2 – No requerimento inicial, o Ministério Público expõe sucintamente a pretensão e os respetivos fundamentos, devendo juntar todos os elementos de prova recolhidos até ao momento.

(Aditado pela Lei nº 13/2023, de 03-04)

ARTIGO 34º - Requerimento

1 – Apresentado o requerimento inicial no prazo previsto no artigo 386º do Código do Trabalho ou no artigo 33º-B, o juiz ordena a citação do requerido para se opor, querendo, e designa no mesmo ato data para a audiência final, que deve realizar-se no prazo de 15 dias.

2 – O duplicado da petição inicial é remetido ao trabalhador simultaneamente com a notificação da data da audiência final, com a expressa advertência de que pode, no prazo de cinco dias, aderir aos factos apresentados pelo Ministério Público, apresentar articulado próprio e constituir mandatário.

3 – Se for invocado despedimento precedido de procedimento disciplinar, o juiz, no despacho referido no número anterior, ordena a notificação do requerido para, no prazo da oposição, juntar o procedimento, que é apensado aos autos.

4 – Nos casos de despedimento coletivo, por extinção de posto de trabalho e por inadaptação, o juiz ordena a notificação do requerido para, no prazo da oposição, juntar aos autos os documentos comprovativos do cumprimento das formalidades exigidas.

5 – A impugnação judicial da regularidade e licitude do despedimento deve ser requerida no requerimento inicial, caso não tenha ainda sido apresentado o formulário referido no artigo 98º-C, sob pena de extinção do procedimento cautelar.

(Redação dada pela Lei nº 13/2023, de 03-04)

ARTIGO 35º - Meios de prova

1 – As partes podem apresentar qualquer meio de prova, sendo limitado a três o número de testemunhas por parte.

2 – O tribunal pode, oficiosamente ou a requerimento fundamentado das partes, determinar a produção de quaisquer provas que considere indispensáveis à decisão.

ARTIGO 36º - Audiência final

1 – As partes devem comparecer pessoalmente na audiência final ou, em caso de justificada impossibilidade de comparência, fazer-se representar por mandatário com poderes especiais para confessar, desistir ou transigir.

2 – Na audiência, o juiz tenta a conciliação e, se esta não resultar, ouve as partes e ordena a produção da prova a que houver lugar, proferindo, de seguida, a decisão.

3 – Se a complexidade da causa o justificar, a decisão pode ser proferida no prazo de 8 dias, se não tiverem decorrido mais de 30 dias a contar da entrada do requerimento inicial.

4 – Requerida a impugnação judicial da regularidade e licitude do despedimento, aplica-se o disposto no nº 3 do artigo 98º-F, sendo dispensada a tentativa de conciliação referida no nº 2 do presente artigo.

ARTIGO 36º-A - Articulação entre o procedimento cautelar e a ação de impugnação judicial da regularidade e licitude do despedimento

Sempre que a audiência final do procedimento cautelar ocorra em simultâneo com a audiência de partes prevista no artigo 98º-I:

a) É elaborada uma ata documentando, em sequência, os atos próprios da audiência de partes e da audiência final do procedimento cautelar;

b) Finda a audiência, é extraída certidão do requerimento inicial e da ata referida na alínea anterior e autuada como ação de impugnação judicial da regularidade e licitude do despedimento;

c) A ação referida na alínea anterior prossegue os ulteriores termos por dependência do procedimento cautelar em cujo requerimento inicial foi originariamente formulado o respetivo pedido, nos termos do nº 5 do artigo 34º.

(Redação dada pela Lei nº 13/2023, de 03-04)

ARTIGO 37º - Falta de comparência das partes

1 - Na falta de comparência injustificada do requerente, ou de ambas as partes, sem que se tenham feito representar por mandatário com poderes especiais, a providência é logo indeferida.

2 - Se o requerido não comparecer nem justificar a falta no próprio ato, ou não se fizer representar por mandatário com poderes especiais, a providência é julgada procedente, salvo se tiver havido cumprimento do disposto nos nºs 3 e 4 do artigo 34º, caso em que o juiz decide com base nos elementos constantes dos autos e na prova que oficiosamente determinar.

3 - Se alguma ou ambas as partes faltarem justificadamente e não se fizerem representar por mandatário com poderes especiais, o juiz decide nos termos da segunda parte do número anterior.

(Redação dada pela Lei nº 13/2023, de 03-04)

ARTIGO 38º - Falta de apresentação do procedimento disciplinar ou dos documentos comprovativos do cumprimento das formalidades exigidas

1 - Se o requerido não cumprir injustificadamente o disposto nos nºs 3 e 4 do artigo 34º, a providência é decretada.

2 - Se o não cumprimento for justificado até ao termo do prazo da oposição, o juiz decide com base nos elementos constantes dos autos e na prova que oficiosamente determinar.

(Redação dada pela Lei nº 13/2023, de 03-04)

ARTIGO 39º - Decisão final

1 - A suspensão é decretada se o tribunal, ponderadas todas as circunstâncias relevantes, concluir pela probabilidade séria de ilicitude do despedimento, designadamente quando o juiz conclua:

a) Pela provável inexistência de procedimento disciplinar ou pela sua provável invalidade;

b) Pela provável inexistência de justa causa; ou

c) Nos casos de despedimento coletivo, de despedimento por extinção de posto de trabalho ou de despedimento por inadaptação, pela provável verificação de qualquer dos fundamentos de ilicitude previstos no artigo 381º do Código do Trabalho ou, ainda, pela provável inobservância de qualquer formalidade prevista nas normas referidas, respetivamente, no artigo 383º, no artigo 384º ou no artigo 385º do Código do Trabalho.

2 – A decisão sobre a suspensão tem força executiva relativamente às retribuições em dívida, devendo o empregador, até ao último dia de cada mês subsequente à decisão, juntar documento comprovativo do seu pagamento.

3 – A execução, com trato sucessivo, segue os termos do artigo 90º, com as necessárias adaptações.

ARTIGO 40º – Recurso

1 – Da decisão final cabe sempre recurso de apelação para a Relação.

2 – A decisão que decretar a inversão do contencioso só é recorrível em conjunto com o recurso da decisão sobre a providência requerida; a decisão que indeferir a inversão do contencioso é irrecorrível.

3 – O recurso previsto nos números anteriores tem efeito meramente devolutivo, mas ao recurso da decisão que decretar a providência é atribuído efeito suspensivo se, no ato de interposição, o recorrente depositar no tribunal a quantia correspondente a seis meses de retribuição do recorrido, acrescida das correspondentes contribuições para a segurança social.

4 – Enquanto subsistir a situação de desemprego pode o trabalhador requerer ao tribunal, por força do depósito, o pagamento da retribuição a que normalmente teria direito.

ARTIGO 40º-A – Caducidade da providência

1 – Salvo se tiver sido decretada a inversão do contencioso, o procedimento cautelar extingue-se e, quando decretada, a providência caduca:

a) Se o trabalhador não propuser a ação de impugnação do despedimento individual ou coletivo da qual a providência depende dentro de 30 dias, contados da data em que lhe tiver sido notificado o trânsito em julgado da decisão que a haja ordenado;

b) Nos demais casos previstos no Código de Processo Civil que não sejam incompatíveis com a natureza do processo do trabalho.

2 – O disposto na alínea *a*) do número anterior não é aplicável quando for requerida a impugnação da regularidade e licitude do despedimento, nos termos do nº 5 do artigo 34º e do artigo 98º-C.

(Redação dada pela Lei nº 13/2023, de 03-04)

SUBSECÇÃO II – Suspensão de despedimento coletivo

ARTIGO 41º – Requerimento e resposta

(Revogado).

ARTIGO 42º – Decisão final

(Revogado).

ARTIGO 43º – Disposições aplicáveis

(Revogado).

SUBSECÇÃO III – Proteção da segurança e saúde no trabalho

ARTIGO 44º – Âmbito e legitimidade

1 – Sempre que as instalações, os locais ou os processos de trabalho se revelem suscetíveis de pôr em perigo, sério e iminente, a segurança ou a saúde dos trabalhadores, para além do risco inerente à perigosidade do trabalho a prestar, podem estes, individual ou coletivamente, bem como os seus representantes, requerer ao tribunal as providências que, em função da gravidade da situação e das demais circunstâncias do caso, se mostrem adequadas a prevenir ou a afastar aquele perigo.

2 – O requerimento das providências a que se refere o número anterior não prejudica o dever de atuação de quaisquer outras autoridades competentes.

ARTIGO 45º – Exame

1 – Apresentado o requerimento, o juiz pode determinar a realização, pela entidade com competência inspetiva em matéria laboral, de exame sumário às instalações, locais e processos de trabalho, com vista à deteção dos perigos alegados pelo requerente.

2 – O relatório do exame a que se refere o número anterior deve ser apresentado em prazo a fixar pelo juiz, não superior a 10 dias.

ARTIGO 46º – Deferimento das providências

1 – Produzidas as provas que forem julgadas necessárias, o juiz ordena as providências adequadas se adquirir a convicção de que, sem elas, o perigo invocado ocorrerá ou subsistirá.

2 – O decretamento das providências não prejudica a responsabilidade civil, criminal ou contraordenacional que ao caso couber, nos termos da lei.

SUBSECÇÃO IV – Disposição final

ARTIGO 47º – Regime especial

Os procedimentos cautelares especificados regulados no Código de Processo Civil que forem aplicáveis ao foro laboral seguem o regime estabelecido nesse Código.

CAPÍTULO V – Espécies e formas de processo

ARTIGO 48º – Espécies de processos

1 – O processo é declarativo ou executivo.

2 – O processo declarativo pode ser comum ou especial.

3 – O processo especial aplica-se nos casos expressamente previstos na lei; o processo comum é aplicável nos casos a que não corresponda processo especial.

ARTIGO 49º - Processo declarativo comum

1 - O processo declarativo comum segue a tramitação estabelecida nos artigos 54º e seguintes.

2 - Nos casos omissos, e sem prejuízo do disposto no artigo 1º, aplicam-se subsidiariamente as disposições do Código de Processo Civil sobre o processo comum de declaração.

3 - O juiz pode abster-se de proferir o despacho previsto no artigo 596º do Código de Processo Civil, sempre que a enunciação dos temas da prova se revestir de simplicidade.

ARTIGO 50º - Formas de processo executivo

O processo executivo tem as formas previstas no Código de Processo Civil.

TÍTULO IV - Processo comum de declaração

CAPÍTULO I - Tentativa de conciliação

ARTIGO 51º - Tentativa de conciliação

1 - A tentativa de conciliação realiza-se obrigatoriamente quando prescrita neste Código.

2 - A tentativa de conciliação é presidida pelo juiz e destina-se a pôr termo ao litígio mediante acordo equitativo, devendo o juiz empenhar-se ativamente na obtenção da solução mais adequada aos termos do litígio.

ARTIGO 52º - Desnecessidade de homologação

1 - A desistência, a confissão ou a transação efetuadas na audiência de conciliação não carecem de homologação para produzir efeitos de caso julgado.

2 - O juiz deve certificar-se da capacidade das partes e da legalidade do resultado da conciliação, que expressamente fará constar do auto.

ARTIGO 53º - Elementos do auto de tentativa de conciliação

1 - O auto de conciliação deve conter pormenorizadamente os termos do acordo no que diz respeito a prestações, respetivos prazos e lugares de cumprimento.

2 - Se houver cumulação de pedidos, o acordo discriminará os pedidos por ele abrangidos.

3 - Frustrando-se, total ou parcialmente, a conciliação, ficam consignados no respetivo auto os fundamentos que, no entendimento das partes, justificam a persistência do litígio.

CAPÍTULO II - Articulados

ARTIGO 54º - Despacho liminar

1 - Recebida a petição, se o juiz nela verificar deficiências ou obscuridades, deve convidar o autor a completá-la ou esclarecê-la, sem prejuízo do seu indeferimento nos termos do disposto no nº 1 do artigo 590º do Código de Processo Civil.

2 - Estando a ação em condições de prosseguir, o juiz designa uma audiência de partes, a realizar no prazo de 15 dias.

3 - O autor é notificado e o réu é citado para comparecerem pessoalmente ou, em caso de justificada impossibilidade de comparência, se fazerem representar por mandatário judicial com poderes especiais para confessar, desistir ou transigir.

4 - Com a citação é remetido ou entregue ao réu duplicado da petição inicial e cópia dos documentos que a acompanhem.

5 - Se a falta à audiência for julgada injustificada, o faltoso fica sujeito às sanções previstas no Código de Processo Civil para a litigância de má-fé.

ARTIGO 55º - Audiência de partes

1 - Declarada aberta a audiência, o autor expõe sucintamente os fundamentos de facto e de direito da sua pretensão.

2 - Após a resposta do réu, o juiz procurará conciliar as partes, nos termos e para os efeitos dos artigos 51º a 53º.

ARTIGO 56º - Outros atos da audiência

Frustrada a conciliação, a audiência prossegue, devendo o juiz:

a) Ordenar a notificação imediata do réu para contestar no prazo de 10 dias;

b) Determinar a prática dos atos que melhor se ajustem ao fim do processo, bem como as necessárias adaptações, depois de ouvidas as partes presentes;

c) Fixar a data da audiência final, com observância do disposto no artigo 151º do Código de Processo Civil.

ARTIGO 57º - Efeitos da revelia

1 - Se o réu não contestar, tendo sido ou devendo considerar-se regularmente citado na sua própria pessoa, ou tendo juntado procuração a mandatário judicial no prazo da contestação, consideram-se confessados os factos articulados pelo autor e é logo proferida sentença a julgar a causa conforme for de direito.

2 - Se a causa se revestir de manifesta simplicidade, a sentença pode limitar-se à parte decisória, precedida da identificação das partes e da fundamentação sumária do julgado; se os factos confessados conduzirem à procedência da ação, a fundamentação pode ser feita mediante simples adesão ao alegado pelo autor.

ARTIGO 58º - Prorrogação do prazo para contestar

1 - Quando o Ministério Público patrocine um trabalhador, réu na ação, deve, dentro do prazo inicial para oferecimento da contestação, declarar no processo que assumiu esse patrocínio, contando-se o prazo para contestar a partir dessa declaração.

2 – Verificado o circunstancialismo previsto nos nºs 4 e 5 do artigo 569º do Código de Processo Civil, pode ser prorrogado, até 10 dias, o prazo para apresentar a contestação.

ARTIGO 59º - Notificação do oferecimento da contestação

1 – A apresentação da contestação é notificada ao autor.

2 – Havendo lugar a várias contestações, a notificação tem lugar depois de apresentada a última ou de haver decorrido o prazo para o seu oferecimento.

ARTIGO 60º - Resposta à contestação e articulados supervenientes

1 – Se o valor da causa exceder a alçada do tribunal e tiver havido reconvenção, pode o autor responder à respetiva matéria no prazo de 15 dias.

2 – Independentemente do valor da causa, pode, igualmente, o autor responder à contestação, no prazo de 10 dias, se o réu tiver usado da faculdade prevista no nº 4 do artigo 398º do Código do Trabalho.

3 – Não havendo reconvenção, nem se verificando o disposto no número anterior, só são admitidos articulados supervenientes nos termos do artigo 588º do Código de Processo Civil ou para os efeitos do artigo 28º do presente Código.

4 – A falta de resposta à reconvenção tem o efeito previsto no artigo 574º do Código de Processo Civil.

5 – Às exceções deduzidas no último articulado admissível pode a parte contrária responder na audiência prévia ou, não havendo lugar a ela, no início da audiência final.

ARTIGO 60º-A - Oposição à reintegração do trabalhador

1 – A oposição à reintegração do trabalhador deve ser deduzida na contestação, salvo se o trabalhador tiver optado pela indemnização na petição inicial.

2 – Tendo havido oposição à reintegração, o autor pode sempre responder à contestação no prazo de 10 dias.

CAPÍTULO III - Gestão inicial do processo e audiência prévia

ARTIGO 61º - Suprimento de exceções dilatórias e convite ao aperfeiçoamento dos articulados

1 – Findos os articulados, o juiz profere, sendo caso disso, despacho pré-saneador nos termos e para os efeitos dos nºs 2 a 7 do artigo 590º do Código de Processo Civil, sem prejuízo do disposto no artigo 27º do presente Código.

2 – Se o processo já contiver os elementos necessários e a simplicidade da causa o permitir, pode o juiz, sem prejuízo do disposto nos nºs 3 e 4 do artigo 3º do Código de Processo Civil, julgar logo procedente alguma exceção dilatória ou nulidade que lhe cumpra conhecer, ou decidir do mérito da causa.

ARTIGO 62º - Audiência prévia

1 – Concluídas as diligências resultantes do preceituado no nº 1 do artigo anterior, se a elas houver lugar, é convocada uma audiência prévia quando a complexidade da causa o justifique.

2 – A audiência prévia deve realizar-se no prazo de 20 dias, sendo-lhe aplicável o disposto no artigo 591º do Código de Processo Civil, sem prejuízo do preceituado no nº 3 do artigo 49º do presente Código.

3 – Havendo lugar a audiência prévia, fica sem efeito a data anteriormente designada para a audiência final.

CAPÍTULO IV – Instrução

ARTIGO 63º – Indicação das provas

1 – Com os articulados, devem as partes juntar os documentos, apresentar o rol de testemunhas e requerer quaisquer outras provas.

2 – O rol de testemunhas pode ser alterado ou aditado até 20 dias antes da data em que se realize a audiência final, sendo a parte contrária notificada para usar, querendo, de igual faculdade no prazo de 5 dias.

ARTIGO 64º – Limite do número de testemunhas

1 – As partes não podem oferecer mais de 10 testemunhas para prova dos fundamentos da ação e da defesa; nas ações de valor não superior à alçada do tribunal de primeira instância o limite do número de testemunhas é reduzido para metade.

2 – No caso de reconvenção, as partes podem oferecer ainda 10 testemunhas para prova dos seus fundamentos e respetiva defesa.

ARTIGO 65º – Limite do número de testemunhas por cada facto

(*Revogado*).

ARTIGO 66º – Notificação das testemunhas

1 – As testemunhas são notificadas para comparecer na audiência final ou para serem inquiridas por meio de equipamento tecnológico que permita a comunicação, por meio visual e sonoro, em tempo real, salvo no caso previsto no nº 2 do artigo 63º ou se a parte se comprometer a apresentá-las.

2 – As testemunhas em processo judicial cuja causa de pedir seja a prática de assédio são notificadas pelo tribunal.

ARTIGO 67º – Inquirição de testemunhas

1 – As testemunhas residentes na área de competência territorial do juízo da causa depõem presencialmente na audiência final, salvo o disposto no número seguinte.

2 – São ouvidas por meio de equipamento tecnológico que permita a comunicação, por meio visual e sonoro, em tempo real, a partir de tribunal ou juízo da área da sua residência:

a) As testemunhas residentes fora do município onde se encontra sediado o juízo da causa, caso o juiz, a requerimento da própria testemunha ou de alguma das partes, o determine por despacho irrecorrível;

b) As testemunhas residentes em município não abrangido pela área de competência territorial do juízo da causa, salvo quando a parte deva apresentá-las nos termos do artigo anterior.

3 – Nos casos previstos no número anterior é aplicável, com as necessárias adaptações, o disposto nos nºs 2 a 4 do artigo 502º do Código de Processo Civil.

CAPÍTULO V – Audiência final

ARTIGO 68º – Instrução, discussão e julgamento da causa

1 – A instrução, a discussão e o julgamento da causa incumbem ao tribunal singular.

2 – A audiência é sempre gravada, nos termos previstos no artigo 155º do Código de Processo Civil.

3 – (*Revogado*).

4 – (*Revogado*).

5 – (*Revogado*).

ARTIGO 69º – Instrução, discussão e julgamento da causa por tribunal coletivo

(*Revogado*).

ARTIGO 70º – Tentativa obrigatória de conciliação e demais atos a praticar na audiência

1 – Verificada a presença das pessoas que tenham sido convocadas, realiza-se a audiência, salvo se houver impedimento do tribunal, faltar algum dos advogados sem que o juiz tenha providenciado pela marcação mediante acordo prévio ou ocorrer motivo que constitua justo impedimento.

2 – O juiz procura sempre conciliar as partes, aplicando-se o disposto nos artigos 52º e 53º.

3 – Frustrada a conciliação, o resultado da tentativa é registado na respetiva ata, prosseguindo a audiência os seus termos.

4 – (*Revogado*).

ARTIGO 71º – Consequências da não comparência das partes em julgamento

1 – O autor e o réu devem comparecer pessoalmente no dia marcado para o julgamento.

2 – Se alguma das partes faltar injustificadamente e não se fizer representar por mandatário judicial, consideram-se provados os factos alegados pela outra parte que forem pessoais do faltoso.

3 – Se ambas as partes faltarem injustificadamente e não se fizerem representar por mandatário judicial, consideram-se provados os factos alegados pelo autor que sejam pessoais do réu.

4 – Se alguma ou ambas as partes apenas se fizerem representar por mandatário judicial, o juiz ordenará a produção da prova que haja sido requerida e se revele possível e a demais que considere indispensável, julgando a causa conforme for de direito.

ARTIGO 72º - Discussão e julgamento da matéria de facto

1 - Sem prejuízo do disposto no nº 2 do artigo 5º do Código de Processo Civil, se no decurso da produção da prova surgirem factos essenciais que, embora não articulados, o tribunal considere relevantes para a boa decisão da causa, deve o juiz, na medida do necessário para o apuramento da verdade material, ampliar os temas da prova enunciados no despacho mencionado no artigo 596º do Código de Processo Civil ou, não o havendo, tomá-los em consideração na decisão, desde que sobre eles tenha incidido discussão.

2 - Se os temas da prova forem ampliados nos termos do número anterior, podem as partes indicar as respetivas provas, respeitando os limites estabelecidos para a prova testemunhal; as provas são requeridas imediatamente ou, em caso de reconhecida impossibilidade, no prazo de cinco dias.

3 - Abertos os debates, é dada a palavra, por uma só vez e por tempo não excedente a uma hora, primeiro ao advogado do autor e depois ao advogado do réu, para fazerem as suas alegações, tanto sobre a matéria de facto como sobre a matéria de direito.

4 - (*Revogado*).

5 - (*Revogado*).

6 - O tribunal pode, em qualquer altura, antes dos debates, durante eles ou depois de findos, ouvir o técnico designado nos termos do artigo 601º do Código de Processo Civil.

CAPÍTULO VI - Sentença

ARTIGO 73º - Sentença

1 - A sentença é proferida no prazo de 30 dias.

2 - Se a simplicidade das questões de facto e de direito o justificar, a sentença pode ser proferida de imediato, regendo-se a sua gravação e transcrição para a ata pelo disposto no artigo 155º do Código de Processo Civil.

3 - No caso do número anterior, a sentença pode limitar-se à parte decisória, precedida da identificação das partes e da sucinta fundamentação de facto e de direito do julgado.

ARTIGO 74º - Condenação *extra vel ultra petitum*

O juiz deve condenar em quantidade superior ao pedido ou em objeto diverso dele quando isso resulte da aplicação à matéria provada, ou aos factos de que possa servir-se, nos termos do artigo 412º do Código de Processo Civil, de preceitos inderrogáveis de leis ou instrumentos de regulamentação coletiva de trabalho.

ARTIGO 74º-A - Condenação na reintegração do trabalhador

1 - A reintegração deve ser comprovada no processo mediante a junção aos autos do documento que demonstre o reinício do pagamento da retribuição.

2 - Transitada em julgado a sentença, sem que se mostre efetuada a reintegração, pode o trabalhador requerer também a aplicação de sanção pecuniária compulsória

ao empregador, nos termos previstos no Código de Processo Civil para a execução de prestação de facto.

ARTIGO 75º - Condenação no caso de obrigação pecuniária

1 - Sempre que a ação tenha por objeto o cumprimento de obrigação pecuniária, o juiz deve orientá-la por forma que a sentença, quando for condenatória, possa fixar em quantia certa a importância devida.

2 - No caso em que tenha sido deduzido o montante do subsídio de desemprego nos termos da alínea *c*) do nº 2 do artigo 390º do Código do Trabalho, o tribunal deve comunicar a decisão ao serviço competente do ministério responsável pela área da segurança social.

ARTIGO 76º - Documento comprovativo da extinção da dívida

(*Revogado*).

ARTIGO 77º - Arguição de nulidades da sentença

À arguição de nulidades da sentença é aplicável o regime previsto nos artigos 615º e 617º do Código de Processo Civil.

ARTIGO 78º - Caso julgado em situações especiais

1 - Na hipótese prevista no artigo 3º, a sentença constitui caso julgado em relação a todos os trabalhadores.

2 - Nas hipóteses previstas no artigo 5º, a sentença constitui caso julgado em relação ao trabalhador que renunciou à intervenção no processo.

ARTIGO 78º-A - Comunicação da sentença em caso de assédio

Da sentença proferida nas ações de condenação por prática de assédio deve ser dado conhecimento ao Instituto da Segurança Social, I. P..

CAPÍTULO VII - Recursos

ARTIGO 79º - Decisões que admitem sempre recurso

Sem prejuízo do disposto no artigo 629º do Código de Processo Civil e independentemente do valor da causa e da sucumbência, é sempre admissível recurso para a Relação:

a) Nas ações em que esteja em causa a determinação da categoria profissional, o despedimento do trabalhador por iniciativa do empregador, independentemente da sua modalidade, a reintegração do trabalhador na empresa e a validade ou subsistência do contrato de trabalho;

b) Nos processos emergentes de acidente de trabalho ou de doença profissional;

c) Nos processos do contencioso das instituições de previdência e de abono de família, das associações sindicais, das associações de empregadores e das comissões de trabalhadores.

ARTIGO 79º-A - Recurso de apelação

1 - Cabe recurso de apelação:

a) Da decisão, proferida em 1ª instância, que ponha termo à causa ou a procedimento cautelar ou incidente processado autonomamente;

b) Do despacho saneador que, sem pôr termo ao processo, decida do mérito da causa ou absolva da instância o réu ou algum dos réus quanto a algum ou a alguns dos pedidos.

2 - Cabe ainda recurso de apelação das seguintes decisões do tribunal de 1ª instância:

a) Da decisão que aprecie o impedimento do juiz;

b) Da decisão que aprecie a competência absoluta do tribunal;

c) Da decisão que ordene a suspensão da instância;

d) Do despacho de admissão ou rejeição de algum articulado ou meio de prova;

e) Da decisão que condene em multa ou comine outra sanção processual;

f) Da decisão que ordene o cancelamento de qualquer registo;

g) Da decisão prevista na alínea *a*) do nº 3 do artigo 98º-J;

h) Do despacho que, nos termos do nº 2 do artigo 115º, recuse a homologação do acordo;

i) Da decisão prevista na alínea *a*) do nº 5 do artigo 156º;

j) De decisão proferida depois da decisão final;

k) Da decisão cuja impugnação com o recurso da decisão final seria absolutamente inútil;

l) Nos demais casos especialmente previstos na lei.

3 - As restantes decisões proferidas pelo tribunal de 1ª instância podem ser impugnadas no recurso que venha a ser interposto das decisões previstas no nº 1.

4 - No caso previsto no número anterior, o tribunal só dá provimento às decisões impugnadas conjuntamente com a decisão final quando a infração cometida possa modificar essa decisão ou quando, independentemente desta, o provimento tenha interesse para o recorrente.

5 - Se não houver recurso da decisão final, as decisões interlocutórias que tenham interesse para o apelante independentemente daquela decisão podem ser impugnadas num recurso único, a interpor após o trânsito da referida decisão.

ARTIGO 80º - Prazo de interposição

1 - O prazo de interposição do recurso de apelação ou de revista é de 30 dias.

2 - Nos processos com natureza urgente, bem como nos casos previstos nos nºs 2 e 5 do artigo 79º-A do presente Código e nos casos previstos nos nºs 2 e 4 do artigo 671º do Código de Processo Civil, o prazo para a interposição de recurso é de 15 dias.

3 - Se o recurso tiver por objeto a reapreciação da prova gravada, aos prazos referidos na parte final dos números anteriores acrescem 10 dias.

ARTIGO 81º - Modo de interposição dos recursos

1 - O requerimento de interposição de recurso contém, obrigatoriamente, a alegação do recorrente, devendo constar das respetivas conclusões o fundamento

específico da recorribilidade e a identificação da decisão recorrida, especificando, se for caso disso, a parte dela a que o recurso se restringe.

2 – Sempre que o fundamento específico de recorribilidade referido no número anterior se traduza na invocação de um conflito jurisprudencial que se pretende ver resolvido, o recorrente junta obrigatoriamente, sob pena de imediata rejeição, cópia, ainda que não certificada, do acórdão fundamento.

3 – Em prazo idêntico ao da interposição do recurso, pode o recorrido responder à alegação do recorrente.

4 – Na alegação pode o recorrido impugnar a admissibilidade ou a tempestividade do recurso, bem como a legitimidade do recorrente.

5 – Havendo recurso subordinado, deve ser interposto no mesmo prazo da alegação do recorrido, aplicando-se, com as necessárias adaptações, o disposto nos números anteriores.

6 – À interposição do recurso de revista aplica-se o regime estabelecido no Código de Processo Civil.

ARTIGO 82º – Admissão ou indeferimento de recurso

1 – O juiz manda subir o recurso desde que a decisão seja recorrível, o recurso tenha sido interposto tempestivamente, o recorrente tenha legitimidade e o requerimento contenha ou junte a alegação do recorrente, incluindo as conclusões.

2 – Se o juiz não mandar subir o recurso, o requerente pode reclamar nos termos previstos no artigo 643º do Código de Processo Civil.

3 – (*Revogado*).

4 – (*Revogado*).

5 – (*Revogado*).

ARTIGO 83º – Efeito dos recursos

1 – A apelação tem efeito meramente devolutivo, sem necessidade de declaração.

2 – O recorrente pode obter o efeito suspensivo se no requerimento de interposição de recurso requerer a prestação de caução da importância em que foi condenado.

3 – A apelação tem ainda efeito suspensivo da decisão nos casos previstos nas alíneas *b*) a *e*) do nº 3 do artigo 647º do Código de Processo Civil e nos demais casos previstos na lei.

4 – O juiz fixa prazo, não excedente a 10 dias, para a prestação de caução e se esta não for prestada no prazo fixado, a sentença pode ser desde logo executada.

5 – O incidente de prestação de caução referido no nº 2 é processado nos próprios autos.

ARTIGO 83º-A – Subida dos recursos

1 – Sobem nos próprios autos as apelações das decisões previstas no nº 1 do artigo 645º do Código de Processo Civil.

2 – Sobem em separado as apelações não compreendidas no número anterior.

ARTIGO 84º - Agravos que sobem imediatamente

(Revogado).

ARTIGO 85º - Agravos que sobem em separado

(Revogado).

ARTIGO 86º - Subida diferida

(Revogado).

ARTIGO 87º - Julgamento dos recursos

1 - O regime do julgamento dos recursos é o que resulta, com as necessárias adaptações, das disposições do Código de Processo Civil que regulamentam o julgamento do recurso de apelação e de revista.

2 - Sem prejuízo do disposto no número anterior, quando funcionar como tribunal de revista, o Supremo Tribunal de Justiça tem os poderes estabelecidos no Código de Processo Civil.

3 - Antes do julgamento dos recursos, o Ministério Público, não sendo patrono ou representante de qualquer das partes, tem vista no processo para, em 10 dias, emitir parecer sobre a decisão final a proferir, devendo observar-se, em igual prazo, o contraditório.

TÍTULO V - Processo de execução

CAPÍTULO I - Título executivo

ARTIGO 88º - Espécies de títulos executivos

Podem servir de base à execução:

a) Todos os títulos a que o Código de Processo Civil ou lei especial atribuam força executiva;

b) Os autos de conciliação;

c) Os acordos exarados em conciliação extrajudicial presidida pelo Ministério Público.

CAPÍTULO II - Execução baseada em sentença de condenação em quantia certa

ARTIGO 89º - Notificação para nomeação de bens à penhora

(Revogado).

ARTIGO 90º - Execução de direitos irrenunciáveis

1 - Tratando-se de direitos irrenunciáveis, o autor tem o prazo de 30 dias após o trânsito em julgado da sentença de condenação em quantia certa, prorrogável pelo juiz, para iniciar a execução do título executivo.

2 – Se o autor não iniciar a execução no prazo fixado, e não tiver sido junto ao processo documento comprovativo da extinção da dívida no prazo referido no número anterior, o tribunal, oficiosamente, ordena o início da execução, cujas diligências são realizadas por oficial de justiça.

3 – (*Revogado*).

4 – (*Revogado*).

5 – (*Revogado*).

6 – (*Revogado*).

7 – Para o efeito previsto no nº 2, o requerimento executivo é preenchido pelo Ministério Público, ao qual cabe ainda, na falta de resposta do exequente e sem prejuízo do disposto no artigo 9º, a representação deste na execução.

ARTIGO 91º – Termos a seguir em caso de oposição

(*Revogado*).

ARTIGO 92º – Pluralidade de execuções sobre os mesmos bens

(*Revogado*).

ARTIGO 93º – Comunicação ao tribunal da penhora

(*Revogado*).

ARTIGO 94º – Sustação da execução com penhora anterior

(*Revogado*).

ARTIGO 95º – Suspensão e extinção da execução

(*Revogado*).

ARTIGO 96º – Dispensa de publicação de anúncios

(*Revogado*).

CAPÍTULO III – Execução baseada em outros títulos

ARTIGO 97º – Execução baseada em título diverso de sentença condenatória em quantia certa

(*Revogado*).

CAPÍTULO IV – Disposições finais

ARTIGO 98º – Exclusão da reclamação de créditos

1 – Sem prejuízo do preceituado nos capítulos anteriores, nas execuções para pagamento de quantia certa, baseadas em qualquer título, em que o seu valor não exceda a alçada do tribunal de 1ª instância e a penhora recaia sobre bens móveis ou direitos que não tenham sido dados de penhor, com exceção do estabelecimento comercial, não é admitida a reclamação de créditos.

2 – Excetuam-se do disposto no número anterior:

a) Os créditos que gozem de direito de retenção sobre os bens penhorados, desde que o titular o invoque no ato da penhora;

b) Os créditos que sobre os mesmos bens gozem de garantia real, com registo anterior ou posterior ao registo da penhora.

3 – Os credores com garantia real com registo anterior ao da penhora são citados para reclamar os seus créditos.

4 – Os titulares dos créditos referidos na alínea *b*) do nº 2 que registem a garantia real depois do registo da penhora podem reclamá-los, independentemente de citação, no prazo de 15 dias, contado da junção aos autos da certidão dos direitos, ónus ou encargos inscritos.

ARTIGO 98º-A – Remissão

Em tudo o que não se encontre especialmente regulado no presente título aplicam-se as regras do Código de Processo Civil relativas ao processo de execução.

TÍTULO VI – Processos especiais

CAPÍTULO I – Ação de impugnação judicial da regularidade e licitude do despedimento

ARTIGO 98º-B – Constituição obrigatória de advogado

Só é obrigatória a constituição de advogado após a audiência de partes, com a apresentação dos articulados.

ARTIGO 98º-C – Início do processo

1 – Nos termos do artigo 387º do Código do Trabalho, no caso em que seja comunicada por escrito ao trabalhador a decisão de despedimento individual, seja por facto imputável ao trabalhador, seja por extinção do posto de trabalho, seja por inadaptação, a ação de impugnação judicial da regularidade e licitude do despedimento inicia-se com a entrega, pelo trabalhador ou por mandatário judicial por este constituído, junto do juízo do trabalho competente, de requerimento em formulário eletrónico ou em suporte de papel, do qual consta declaração do trabalhador de oposição ao despedimento, sem prejuízo do disposto no número seguinte.

2 – Caso tenha sido apresentada providência cautelar de suspensão preventiva do despedimento, nos termos previstos nos artigos 34º e seguintes, o requerimento inicial do procedimento cautelar do qual conste que o trabalhador requer a impugnação judicial da regularidade e licitude do despedimento dispensa a apresentação do formulário referido no número anterior.

ARTIGO 98º-D – Formulário

1 – A entrega em suporte de papel do formulário referido no artigo anterior é feita, num único exemplar, na secretaria judicial.

2 – O modelo do formulário é aprovado por portaria dos membros do Governo responsáveis pelas áreas da justiça e do trabalho.

ARTIGO 98º-E – Recusa do formulário pela secretaria

A secretaria recusa o recebimento do formulário indicando por escrito o fundamento da rejeição quando:

a) Não conste de modelo próprio;

b) Omita a identificação das partes;

c) Não tenha sido junta a decisão de despedimento;

d) Não esteja assinado.

ARTIGO 98º-F – Notificação para audiência de partes

1 – Recebido o requerimento, e sem prejuízo do seu indeferimento liminar nos termos e com os efeitos previstos no nº 1 do artigo 590º do Código de Processo Civil, o juiz designa data para a audiência de partes, a realizar no prazo de 15 dias.

2 – O trabalhador é notificado e o empregador citado para comparecerem pessoalmente ou, em caso de justificada impossibilidade de comparência, se fazerem representar por mandatário judicial com poderes especiais para confessar, transigir ou desistir.

3 – Tendo sido requerida a suspensão de despedimento, a audiência de partes referida no nº 1 antecede a audiência final do procedimento cautelar.

ARTIGO 98º-G – Efeitos da não comparência do empregador

1 – Se o empregador não comparecer na audiência de partes, nem se fizer representar nos termos do nº 2 do artigo anterior, nem justificar a sua falta nos 10 dias subsequentes à data marcada para a audiência, tendo sido ou devendo considerar-se regularmente citado, o juiz:

a) Ordena a notificação do empregador para, no prazo de 15 dias, apresentar articulado para motivar o despedimento, juntar o procedimento disciplinar ou os documentos comprovativos do cumprimento das formalidades exigidas, apresentar o rol de testemunhas e requerer quaisquer outras provas;

b) Fixa a data da audiência final.

2 – Se a falta à audiência de partes for julgada injustificada, o empregador fica sujeito às sanções previstas no Código de Processo Civil para a litigância de má-fé, sem prejuízo do disposto no número anterior.

3 – Caso a falta seja considerada justificada, procede-se à marcação de nova data para a realização da audiência de partes.

4 – Se o empregador, tendo sido ou devendo considerar-se regularmente notificado, não comparecer na data marcada nos termos do número anterior, nem se fizer representar nos termos do nº 2 do artigo anterior:

a) O juiz ordena a notificação do empregador e fixa a data da audiência final, nos termos das alíneas *a*) e *b*) do nº 1, caso a falta seja considerada justificada;

b) O juiz declara a ilicitude do despedimento do trabalhador, condenando o empregador e ordenando a notificação do trabalhador nos termos das alíneas *a*), *b*) e *c*) do nº 3 do artigo 98º-J, caso a falta seja considerada injustificada.

5 – No caso previsto na alínea *b*) do número anterior, é aplicável, com as necessárias adaptações, o disposto nos nºs 4 e 5 do artigo 98º-J.

ARTIGO 98º-H – Efeitos da não comparência do trabalhador ou de ambas as partes

1 – Se o trabalhador não comparecer na audiência de partes, nem se fizer representar nos termos do nº 2 do artigo 98º-F, nem justificar a sua falta nos 10 dias subsequentes à data marcada para a audiência, tendo sido ou devendo considerar-se regularmente notificado, o juiz ordena a notificação do empregador e fixa a data da audiência final, nos termos das alíneas *a*) e *b*) do nº 1 do artigo 98º-G.

2 – Caso a falta seja considerada justificada, procede-se à marcação de nova data para a realização da audiência de partes.

3 – Se o trabalhador, tendo sido ou devendo considerar-se regularmente notificado, não comparecer na data marcada nos termos do número anterior, nem se fizer representar nos termos do nº 2 do artigo 98º-F:

a) O juiz ordena a notificação do empregador e fixa a data da audiência final, nos termos das alíneas *a*) e *b*) do nº 1 do artigo 98º-G, caso a falta seja considerada justificada;

b) O juiz determina a absolvição do pedido, caso a falta seja considerada injustificada.

4 – O disposto no nº 2 e na alínea *b*) do número anterior é aplicável, com as necessárias adaptações, no caso de ambas as partes faltarem à audiência de partes.

ARTIGO 98º-I – Audiência de partes

1 – Declarada aberta a audiência pelo juiz, o empregador expõe sucintamente os fundamentos de facto que motivam o despedimento.

2 – Após a resposta do trabalhador, o juiz procurará conciliar as partes, nos termos e para os efeitos dos artigos 52º e 53º.

3 – Caso verifique que à pretensão do trabalhador é aplicável outra forma de processo, o juiz abstém-se de conhecer do pedido, absolve da instância o empregador, e informa o trabalhador do prazo de que dispõe para intentar ação com processo comum.

4 – Frustrada a tentativa de conciliação, na audiência de partes o juiz:

a) Procede à notificação imediata do empregador para, no prazo de 15 dias, apresentar articulado para motivar o despedimento, juntar o procedimento disciplinar ou os documentos comprovativos do cumprimento das formalidades exigidas, apresentar o rol de testemunhas e requerer quaisquer outras provas;

b) Fixa a data da audiência final.

ARTIGO 98º-J – Articulado de motivação do despedimento

1 – O empregador apenas pode invocar factos e fundamentos constantes da decisão de despedimento comunicada ao trabalhador.

2 – No caso de pretender que o tribunal exclua a reintegração do trabalhador nos termos previstos no artigo 392º do Código do Trabalho, o empregador deve requerê-lo desde logo no mesmo articulado, invocando os factos e circuns-

tâncias que fundamentam a sua pretensão, e apresentar os meios de prova para o efeito.

3 – Se o empregador não apresentar o articulado referido no número anterior, ou não juntar o procedimento disciplinar ou os documentos comprovativos do cumprimento das formalidades exigidas, o juiz declara a ilicitude do despedimento do trabalhador, e:

a) Condena o empregador a reintegrar o trabalhador no mesmo estabelecimento da empresa, sem prejuízo da sua categoria e antiguidade, ou, caso o trabalhador tenha optado por uma indemnização em substituição da reintegração, a pagar-lhe, no mínimo, uma indemnização correspondente a 30 dias de retribuição base e diuturnidades por cada ano completo ou fração de antiguidade, sem prejuízo do disposto nos nºs 2 e 3 do artigo 391º do Código do Trabalho;

b) Condena ainda o empregador no pagamento das retribuições que o trabalhador deixou de auferir desde a data do despedimento até ao trânsito em julgado da decisão judicial que declare a ilicitude do despedimento;

c) Ordena a notificação do trabalhador para, querendo, no prazo de 15 dias, apresentar articulado no qual peticione quaisquer outros créditos emergentes do contrato de trabalho, da sua violação ou da sua cessação, incluindo a indemnização prevista na alínea *a*) do nº 1 do artigo 389º do Código do Trabalho.

4 – Na mesma data, o empregador é notificado da sentença quanto ao referido nas alíneas *a*) e *b*) do número anterior.

5 – Se o trabalhador apresentar o articulado a que se refere a alínea *c*) do nº 3, o empregador é notificado para, no prazo de 15 dias, apresentar contestação, observando-se seguidamente os restantes termos do processo comum regulados nos artigos 57º e seguintes.

ARTIGO 98º-L – Contestação

1 – Apresentado o articulado de motivação do despedimento a que se referem os nºs 1 e 2 do artigo anterior, o trabalhador é notificado para, no prazo de 15 dias, contestar, querendo.

2 – Se o trabalhador não contestar, tendo sido ou devendo considerar-se regularmente notificado na sua própria pessoa, ou tendo juntado procuração a mandatário judicial no prazo da contestação, consideram-se confessados os factos articulados pelo empregador, sendo logo proferida sentença a julgar a causa conforme for de direito.

3 – Na contestação, o trabalhador pode deduzir reconvenção nos casos previstos no nº 2 do artigo 266º do Código de Processo Civil, bem como para peticionar créditos emergentes do contrato de trabalho, da sua violação ou da sua cessação, incluindo a indemnização prevista na alínea *a*) do nº 1 do artigo 389º do Código do Trabalho, independentemente do valor da ação.

4 – Se o trabalhador tiver deduzido reconvenção, nos termos do número anterior, pode o empregador responder à respetiva matéria no prazo de 15 dias.

5 – É correspondentemente aplicável o disposto nos nºs 3 a 5 do artigo 60º do presente Código e no nº 6 do artigo 266º do Código de Processo Civil.

6 – As partes devem apresentar ou requerer a produção de prova nos respetivos articulados ou no prazo destes.

ARTIGO 98º-M – Termos posteriores aos articulados

1 – Terminada a fase dos articulados, o processo segue os termos previstos nos artigos 61º e seguintes, devendo a prova a produzir em audiência de julgamento iniciar-se com a oferecida pelo empregador.

2 – Se for invocado despedimento precedido de procedimento disciplinar, é ainda aplicável o disposto no nº 4 do artigo 387º do Código do Trabalho.

ARTIGO 98º-N – Pagamento de retribuições intercalares pelo Estado

1 – Sem prejuízo do disposto no nº 2 do artigo 390º do Código do Trabalho, o tribunal determina, na decisão em 1ª instância que declare a ilicitude do despedimento, que o pagamento das retribuições devidas ao trabalhador após o decurso de 12 meses desde a apresentação do formulário referido no artigo 98º-C até à notificação da decisão de 1ª instância seja efetuado pela entidade competente da área da segurança social.

2 – A entidade competente da área da segurança social é sempre notificada da decisão referida no número anterior, da interposição de recurso da decisão que declare a ilicitude do despedimento, bem como da decisão proferida em sede de recurso.

3 – A entidade competente da área da segurança social efetua o pagamento ao trabalhador das retribuições referidas no nº 1 até 30 dias após o trânsito em julgado da decisão que declare a ilicitude do despedimento.

4 – A dotação orçamental para suportar os encargos financeiros da entidade competente da área da segurança social decorrentes do nº 1 é inscrita anualmente no Orçamento do Estado, em rubrica própria.

ARTIGO 98º-O – Deduções

1 – No período de 12 meses referido no artigo anterior não se incluem:

a) Os períodos de suspensão da instância, nos termos do artigo 269º do Código de Processo Civil;

b) O período correspondente à mediação, tentativa de conciliação e ao aperfeiçoamento dos articulados;

c) Os períodos correspondentes a férias judiciais;

d) Os períodos em que a causa esteve a aguardar o impulso processual das partes por razão que lhes seja imputável.

2 – Às retribuições referidas no artigo anterior deduzem-se as importâncias referidas no nº 2 do artigo 390º do Código do Trabalho.

ARTIGO 98º-P – Valor da causa

1 – Para efeitos de pagamento de custas, aplica-se à ação de impugnação judicial de regularidade e licitude do despedimento o disposto na alínea *e*) do nº 1 do artigo 12º do Regulamento das Custas Processuais.

2 – O valor da causa é sempre fixado a final pelo juiz tendo em conta a utilidade económica do pedido, designadamente o valor de indemnização, créditos e salários que tenham sido reconhecidos.

3 – Se for interposto recurso antes da fixação do valor da causa pelo juiz, deve este fixá-lo no despacho que admite o recurso.

CAPÍTULO II – Processos emergentes de acidente de trabalho e de doença profissional

SECÇÃO I – Processo para a efetivação de direitos resultantes de acidente de trabalho

SUBSECÇÃO I – Fase conciliatória

DIVISÃO I – Disposições preliminares

ARTIGO 99º – Início do processo

1 – O processo inicia-se por uma fase conciliatória dirigida pelo Ministério Público e tem por base a participação do acidente.

2 – Quando a participação seja feita por uma entidade seguradora, deve ser acompanhada de toda a documentação clínica e nosológica disponível, de cópia da apólice e seus adicionais em vigor, bem como da declaração de remunerações do mês anterior ao do acidente, e nota discriminativa das incapacidades e internamentos e de cópia dos documentos comprovativos das indemnizações pagas desde o acidente.

ARTIGO 100º – Processamento no caso de morte

1 – Recebida a participação, se for caso de morte, o Ministério Público, conforme as circunstâncias, determina a realização da autópsia ou a junção aos autos do respetivo relatório e ordena as diligências indispensáveis à determinação dos beneficiários legais dos sinistrados e à obtenção das provas de parentesco.

2 – Instruído o processo com a certidão de óbito, o relatório da autópsia e certidões comprovativas do parentesco dos beneficiários com a vítima, o Ministério Público designa data para a tentativa de conciliação, se não tiver sido junto o acordo extrajudicial previsto na lei.

3 – Tendo sido junto o acordo, o Ministério Público designa data para declarações dos beneficiários e, se estas confirmarem as bases do acordo, submete-o à homologação do juiz, sem prejuízo do disposto no artigo 114º.

4 – Não se conseguindo determinar quaisquer titulares de direitos, procede-se à citação edital; se nenhum comparecer, arquiva-se o processo.

5 – O arquivamento a que se refere o número anterior é provisório durante um ano, sendo o processo reaberto se, nesse prazo, comparecer algum titular.

6 – Expirado o prazo referido no número anterior e não tendo comparecido qualquer titular, o processo é reaberto para efetivação do direito previsto no artigo 63º da Lei nº 98/2009, de 4 de setembro.

ARTIGO 101º – Processamento nos restantes casos de incapacidade permanente

1 – No caso de ter resultado do acidente incapacidade permanente, o Ministério Público solicita aos serviços médico-legais a realização de perícia médica, seguida de tentativa de conciliação.

2 – Se com a participação for junto acordo ou se este for apresentado até à data designada, o Ministério Público dispensa a tentativa de conciliação; se, porém, a perícia médica, as declarações do sinistrado, que nessa ocasião deve tomar, e as diligências a que proceder não confirmarem as bases em que o mesmo acordo tenha sido elaborado, designa data para a tentativa de conciliação.

ARTIGO 102º – Processamento noutros casos

1 – Se o sinistrado ainda não estiver curado quando for recebida a participação e estiver sem tratamento adequado ou sem receber a indemnização devida por incapacidade temporária, o Ministério Público solicita perícia médica, seguida de tentativa de conciliação, nos termos do artigo 108º; o mesmo se observa no caso de o sinistrado se não conformar com a alta, a natureza da incapacidade ou o grau de desvalorização por incapacidade temporária que lhe tenha sido atribuído, ou ainda se esta se prolongar por mais de 12 meses.

2 – Se o sinistrado, quando vier a juízo, se declarar curado sem desvalorização e apenas reclamar a indemnização devida por incapacidade temporária, ou qualquer outra quantia a que acessoriamente tiver direito, pode ser dispensada a perícia médica.

ARTIGO 103º – Entrega de cópia da participação aos não participantes

Com a notificação para a tentativa de conciliação é entregue cópia da participação aos convocados que não forem participantes.

ARTIGO 104º – Instrução do processo

1 – O Ministério Público deve assegurar-se, pelos necessários meios de investigação, da veracidade dos elementos constantes do processo e das declarações das partes, para os efeitos dos artigos 109º e 114º

2 – Até ao início da fase contenciosa, o Ministério Público pode requisitar aos serviços da entidade com competência inspetiva em matéria laboral, sem prejuízo da competência legalmente atribuída a outras entidades, a realização de inquérito urgente e sumário sobre as circunstâncias em que ocorreu o acidente, quando:

a) Do acidente tenha resultado a morte ou incapacidade grave;

b) O sinistrado não estiver a ser tratado;

c) Houver motivos para presumir que o acidente ou as suas consequências resultaram da falta de observância das condições de segurança ou de saúde no trabalho;

d) Houver motivos para presumir que o acidente foi dolosamente ocasionado.

3 – Para efeitos do disposto nos números anteriores, quaisquer entidades públicas ou privadas têm o dever de prestar a sua colaboração ao Ministério Público, sob pena de condenação em multa.

4 – Sempre que, em resultado de um acidente, não seja de excluir a existência de responsabilidade criminal, o Ministério Público deve dar conhecimento do facto ao foro criminal competente, remetendo, nomeadamente, o inquérito elaborado pela entidade com competência inspetiva em matéria laboral.

DIVISÃO II – Exame médico

ARTIGO 105º - Perícia médica

1 - O local e a competência para a realização da perícia médica são definidos nos termos da lei que estabelece o regime jurídico da realização das perícias médico-legais e forenses.

2 - (*Revogado*).

3 - Sem prejuízo do disposto na lei que estabelece o regime jurídico da realização das perícias médico-legais e forenses, quando a perícia exigir elementos auxiliares de diagnóstico ou o conhecimento de alguma especialidade clínica não acessíveis a quem deva realizá-la, são requisitados tais elementos ou o parecer de especialistas aos serviços médico-sociais da respetiva área e, se estes não estiverem habilitados a fornecê-los em tempo oportuno, são requisitados a estabelecimentos ou serviços adequados ou a médicos especialistas; fora das áreas metropolitanas de Lisboa e do Porto, se os não houver na respetiva circunscrição, o Ministério Público pode solicitar a outro juízo com competência em matéria de trabalho a obtenção desses elementos ou pareceres, bem como a obtenção da perícia.

4 - A perícia é secreta, podendo o Ministério Público, em qualquer caso, propor questões sempre que o seu resultado lhe ofereça dúvidas; o resultado da perícia é notificado, sem necessidade de despacho, ao sinistrado e às pessoas convocadas para a tentativa de conciliação.

ARTIGO 106º - Formalismo

1 - No relatório pericial, o perito médico deve indicar o resultado da sua observação clínica, incluindo o relato do evento fornecido pelo sinistrado e a apreciação circunstanciada dos elementos constantes do processo, a natureza das lesões sofridas, a data de cura ou consolidação, as sequelas e as incapacidades correspondentes, ainda que sob reserva de confirmação ou alteração do seu parecer após obtenção de outros elementos clínicos ou auxiliares de diagnóstico.

2 - Sempre que o perito médico não se considerar habilitado a completar o relatório com as respetivas conclusões, fixa provisoriamente a natureza e grau de incapacidade do sinistrado com base em todos os elementos disponíveis nessa altura; se a perícia não se efetuar dentro de 20 dias, o Ministério Público tenta, com base nesse relatório, a conciliação para efeitos do artigo 114º.

3 - Se a perícia não for imediatamente seguida de tentativa de conciliação, o Ministério Público, finda aquela, toma declarações ao sinistrado sobre as circunstâncias em que o acidente ocorreu e mais elementos necessários à realização daquela tentativa ou à confirmação do acordo extrajudicial que tenha sido apresentado.

ARTIGO 107º - Perícia aos beneficiários legais

O disposto nos artigos anteriores é aplicável, com as necessárias adaptações, à apreciação da existência de doença física ou mental dos beneficiários legais suscetível de afetar sensivelmente a sua capacidade de trabalho, nos termos e para os efeitos do estabelecido no artigo 62º da Lei nº 98/2009, de 4 de setembro.

DIVISÃO III – Tentativa de conciliação

ARTIGO 108º – Intervenientes

1 – À tentativa de conciliação são chamadas, além do sinistrado ou dos seus beneficiários legais, as entidades empregadoras ou seguradoras, conforme os elementos constantes da participação.

2 – Se das declarações prestadas na tentativa de conciliação resultar a necessidade de convocação de outras entidades, o Ministério Público designa data para nova tentativa, a realizar num dos 15 dias seguintes.

3 – A presença do sinistrado ou beneficiário pode ser dispensada em casos justificados de manifesta dificuldade de comparência ou de ausência em parte incerta; a sua representação pertence, nesse caso, ao substituto legal de quem, no exercício de funções do Ministério Público, presidir à diligência.

4 – Não comparecendo a entidade responsável, tomam-se declarações ao sinistrado ou beneficiário sobre as circunstâncias em que ocorreu o acidente e mais elementos necessários à determinação do seu direito, designando-se logo data para nova tentativa de conciliação.

5 – Faltando de novo a entidade responsável ou não sendo conhecido o seu paradeiro, é dispensada a tentativa de conciliação, presumindo-se verdadeiros, até prova em contrário, os factos declarados nos termos do número anterior se a ausência for devida a falta injustificada e a entidade responsável residir ou tiver sede no continente ou na ilha onde se realiza a diligência.

6 – Nos tribunais sediados nas áreas metropolitanas de Lisboa e do Porto não há lugar à deprecada para exame médico e tentativa de conciliação.

ARTIGO 109º – Acordo

Na tentativa de conciliação, o Ministério Público promove o acordo de harmonia com os direitos consignados na lei, tomando por base os elementos fornecidos pelo processo, designadamente o resultado da perícia médica e as circunstâncias que possam influir na capacidade geral de ganho do sinistrado.

ARTIGO 110º – Acordo provisório ou temporário

1 – Quando o grau de incapacidade fixado tiver carácter provisório ou temporário, o acordo tem também, na parte que se lhe refere, validade provisória ou temporária e o Ministério Público retifica as pensões ou indemnizações segundo o resultado das perícias ulteriores, notificando dessas retificações as entidades responsáveis; as retificações consideram-se como fazendo parte do acordo.

2 – Se na última perícia médica vier a ser atribuída à incapacidade natureza permanente e fixado um grau de desvalorização não provisório ou se o sinistrado for dado como curado sem desvalorização, realiza-se nova tentativa de conciliação e seguem-se os demais termos do processo.

ARTIGO 111º – Conteúdo dos autos de acordo

Dos autos de acordo constam, além da identificação completa dos intervenientes, a indicação precisa dos direitos e obrigações que lhes são atribuídos e ainda a descrição pormenorizada do acidente e dos factos que servem de fundamento aos referidos direitos e obrigações.

ARTIGO 112º - Conteúdo dos autos na falta de acordo

1 - Se se frustrar a tentativa de conciliação, no respetivo auto são consignados os factos sobre os quais tenha havido acordo, referindo-se expressamente se houve ou não acordo acerca da existência e caracterização do acidente, do nexo causal entre a lesão e o acidente, da retribuição do sinistrado, da entidade responsável e da natureza e grau da incapacidade atribuída.

2 - O interessado que se recuse a tomar posição sobre cada um destes factos, estando já habilitado a fazê-lo, é, a final, condenado como litigante de má-fé.

ARTIGO 113º - Recolha de elementos para apresentação da petição inicial

Não se realizando acordo, o Ministério Público recolhe logo os elementos necessários à elaboração e apresentação da petição inicial.

DIVISÃO IV - Acordo acerca das prestações

ARTIGO 114º - Homologação do acordo

1 - Realizado o acordo, é imediatamente submetido ao juiz, que o homologa por simples despacho exarado no próprio auto e seus duplicados, se verificar a sua conformidade com os elementos fornecidos pelo processo e com as normas legais, regulamentares ou convencionais.

2 - Se tiver sido junto acordo extrajudicial e o Ministério Público o considerar em conformidade com o resultado das perícias médicas, com os restantes elementos fornecidos pelo processo e com as informações complementares que repute necessárias, submete-o, com o seu parecer, a homologação do juiz; se essa conformidade se não verificar, o Ministério Público promove tentativa de conciliação nos termos dos artigos anteriores.

3 - Tendo sido deprecada a realização da tentativa de conciliação, a homologação do acordo cabe ao juiz do tribunal deprecado.

ARTIGO 115º - Regime de eficácia do acordo

1 - O acordo produz efeitos desde a data da sua realização.

2 - O Ministério Público, se o acordo não for homologado e considerar possível a remoção dos obstáculos à sua homologação, tenta a celebração de novo acordo para substituir aquele cuja homologação foi recusada.

3 - A não homologação do acordo é notificada aos interessados, mas aquele continua a produzir efeitos até à homologação do que o vier substituir ou, na falta deste, até à decisão final.

ARTIGO 116º - Julgamento

Se as entidades responsáveis reconhecerem as obrigações legais correspondentes aos elementos de facto verificados através do processo e o sinistrado ou os respetivos beneficiários se limitarem à recusa do que lhes é devido, o Ministério Público promove que o juiz profira decisão sobre o mérito da causa e lhe fixe o respetivo valor, observando-se o disposto no nº 3 do artigo 73º

SUBSECÇÃO II - **Fase contenciosa**

DIVISÃO I - **Disposições gerais**

ARTIGO 117º - Início da fase contenciosa

1 - A fase contenciosa tem por base:

a) Petição inicial, em que o sinistrado, doente ou respetivos beneficiários formulam o pedido, expondo os seus fundamentos;

b) Requerimento, a que se refere o nº 2 do artigo 138º, do interessado que se não conformar com o resultado da perícia médica realizada na fase conciliatória do processo, para efeitos de fixação de incapacidade para o trabalho.

2 - O requerimento referido na alínea *b*) do número anterior deve ser fundamentado ou vir acompanhado de quesitos.

3 - A fase contenciosa corre nos autos em que se processou a fase conciliatória.

ARTIGO 118º - Desdobramento do processo

Nesta fase o processo desdobra-se, se for caso disso, em:

a) Processo principal;

b) Apenso para fixação da incapacidade para o trabalho.

ARTIGO 119º - Petição inicial

1 - Não se tendo realizado o acordo ou não tendo este sido homologado e não se verificando a hipótese prevista no artigo 116º, o Ministério Público, sem prejuízo do disposto no artigo 8º, quanto ao dever de recusa, e no artigo 9º, assume o patrocínio do sinistrado ou dos beneficiários legais, apresentando, no prazo de 20 dias, a petição inicial ou o requerimento a que se refere a alínea *b*) do nº 1 do artigo 117º

2 - Se se verificar insuficiência nos elementos de facto necessários à elaboração da petição inicial, o Ministério Público requer que o prazo seja prorrogado por igual período de tempo e diligencia pela obtenção desses elementos.

3 - Se o sinistrado ou os beneficiários legais se recusarem a fornecer os elementos a que se refere o número anterior e em diligências posteriores se verificar que a recusa derivou do facto de ter havido acordo particular sobre a reparação do acidente, o Ministério Público promove a condenação como litigante de má-fé da entidade com quem tenha sido feito o acordo.

4 - Findo o prazo referido no nº 1 ou a sua prorrogação nos termos do nº 2, o processo é concluso ao juiz, que declara suspensa a instância, sem prejuízo de o Ministério Público dever apresentar a petição logo que tenha reunido os elementos necessários.

ARTIGO 120º - Valor da causa

1 - Nos processos de acidentes de trabalho, tratando-se de pensões, o valor da causa é igual ao do resultado da multiplicação de cada pensão pela respetiva taxa constante das tabelas práticas aplicáveis ao cálculo do capital da remição, acrescido das demais prestações.

2 - Tratando-se de indemnizações por incapacidade temporária, o valor é igual a cinco vezes o valor anual da indemnização; tratando-se de indemnizações vencidas, o valor da causa é igual ao da soma de todas as prestações.

3 - Em qualquer altura o juiz pode alterar o valor fixado em conformidade com os elementos que o processo fornecer.

DIVISÃO II - Fixação de pensão ou de indemnização provisória

ARTIGO 121º - Pensão ou indemnização provisória em caso de acordo

1 - Se houver acordo acerca da existência e caracterização do acidente como acidente de trabalho, o juiz, se o autor o requerer ou se assim resultar diretamente da lei aplicável, fixa provisoriamente a pensão ou indemnização que for devida pela morte ou pela incapacidade atribuída pelo exame médico, com base na última remuneração auferida pelo sinistrado, se outra não tiver sido reconhecida na tentativa de conciliação.

2 - Se o grau de incapacidade fixado tiver carácter provisório ou temporário, o juiz retifica a pensão ou indemnização logo que seja conhecido o resultado final do exame médico que define a incapacidade ou lhe reconhece natureza permanente.

3 - Se houver desacordo sobre a transferência da responsabilidade, a pensão ou indemnização fica a cargo do segurador cuja apólice abranja a data do acidente; se não tiver sido junta a apólice, a pensão ou indemnização é paga pela entidade empregadora, salvo se esta ainda não estiver determinada ou se encontrar em qualquer das situações previstas no nº 1 do artigo 82º da Lei nº 98/2009, de 4 de setembro, caso em que se aplica o disposto nos nºs 2 e 3 do artigo seguinte.

4 - Se não for possível determinar a última remuneração do sinistrado, o juiz toma por base uma remuneração que não ultrapasse o mínimo que presumivelmente deva ser reconhecido como base para o cálculo da pensão ou indemnização.

5 - Se o sinistrado ainda necessitar de tratamento, o juiz determina que este seja custeado pela entidade a cargo de quem ficar a pensão ou indemnização provisória.

ARTIGO 122º - Pensão ou indemnização provisória em caso de falta de acordo

1 - Quando houver desacordo sobre a existência ou a caracterização do acidente como acidente de trabalho, o juiz, a requerimento da parte interessada ou se assim resultar diretamente da lei aplicável, fixa, com base nos elementos fornecidos pelo processo, pensão ou indemnização provisória nos termos do artigo anterior, se considerar tais prestações necessárias ao sinistrado, ou aos beneficiários, se do acidente tiver resultado a morte ou uma incapacidade grave ou se se verificar a situação prevista na primeira parte do nº 1 do artigo 102º.

2 – A pensão ou indemnização provisória e os encargos com o tratamento do sinistrado são adiantados ou garantidos pelo fundo a que se refere o nº 1 do artigo 82º da Lei nº 98/2009, de 4 de setembro, se não forem suportados por outra entidade.

3 – Pode o juiz condenar imediatamente na pensão ou indemnização provisória a entidade que considerar responsável, se os autos fornecerem elementos bastantes para se convencer de que a falta de acordo na tentativa de conciliação teve por fim eximir-se à condenação provisória; se no julgamento se confirmar essa convicção, o juiz condena o réu como litigante de má-fé.

4 – Na sentença final, se for condenatória, o juiz transfere para a entidade responsável o pagamento da pensão ou indemnização e demais encargos e condena-a a reembolsar todas as importâncias adiantadas.

ARTIGO 123º - Fixação da pensão ou indemnização provisória depois de apurada a entidade responsável

1 – Julgadas as questões suscitadas no processo principal, se ainda não for possível a condenação definitiva da entidade responsável, o juiz fixa a pensão ou indemnização provisória a pagar por aquela.

2 – Se a pensão ou indemnização provisória já fixada estiver a cargo de outra entidade, o juiz determina que a entidade responsável indemnize aquela que até aí suportou as pensões, indemnizações e demais encargos, com juros de mora.

ARTIGO 124º - Irrecorribilidade e imediata exequibilidade da decisão que fixar a pensão ou indemnização provisória

1 – Da decisão que fixar a pensão ou indemnização provisória não há recurso, mas o responsável pode reclamar com o fundamento de se não verificarem as condições da sua atribuição.

2 – Da pensão ou indemnização fixada nos termos do artigo 122º pode, igualmente, o fundo a que se refere o seu nº 2 reclamar com fundamento em o sinistrado ou os beneficiários não terem dela necessidade.

3 – A decisão que fixe pensão ou indemnização provisória é imediatamente exequível, dispensando-se a prestação de caução.

ARTIGO 125º - Encargo com o tratamento

1 – O juiz pode determinar, em qualquer altura do processo, que a entidade que anteriormente tiver custeado o tratamento do sinistrado continue a suportar esse encargo, quando este o pedir em requerimento fundamentado e for de entender que o pedido é fundado à face dos exames, perícias e outros elementos constantes do processo e diligências que repute necessárias, sem prejuízo do disposto no nº 5 do artigo 121º.

2 – A decisão não prejudica as questões por decidir.

DIVISÃO III – Processo principal

ARTIGO 126º – Questões a decidir no processo principal

1 – No processo principal decidem-se todas as questões, salvo a da fixação de incapacidade para o trabalho, quando esta deva correr por apenso.

2 – No mesmo processo é fixada a pensão ou indemnização provisória, se tiver sido requerida ou assim resultar diretamente da lei.

ARTIGO 127º – Pluralidade de entidades responsáveis

1 – Quando estiver em discussão a determinação da entidade responsável, o juiz pode, até ao encerramento da audiência, mandar intervir na ação qualquer entidade que julgue ser eventual responsável, para o que é citada, sendo-lhe entregue cópia dos articulados já oferecidos.

2 – Os atos processuais praticados por uma das entidades rés aproveitam às outras; na medida em que derem origem a quaisquer obrigações ou as reconhecerem, tais atos são, no entanto, próprios da parte que os praticou.

3 – São lícitos os acordos pelos quais a entidade empregadora e a entidade seguradora atribuam a uma delas a intervenção no processo a partir da citação da última, sem prejuízo da questão da transferência da responsabilidade; o acordo é eficaz tanto no que beneficie como no que prejudique as partes.

4 – As sentenças e despachos proferidos constituem caso julgado contra todos os réus, independentemente da falta de intervenção de algum deles.

ARTIGO 128º – Citação

O réu é citado para contestar no prazo de 15 dias a contar da citação, ou da última citação, havendo vários réus, sendo-lhe entregue duplicado da petição inicial.

ARTIGO 129º – Contestação

1 – Na contestação, além de invocar os fundamentos da sua defesa, pode o réu:

a) Requerer a fixação de incapacidade nos mesmos termos que o autor;

b) Indicar outra entidade como eventual responsável, que é citada para contestar nos termos do artigo anterior.

2 – A contestação de algum dos réus aproveita a todos.

3 – Se estiver em discussão a determinação da entidade responsável, ao autor e a cada um dos réus é entregue cópia da contestação dos outros réus, podendo cada um responder no prazo de cinco dias, mas apenas sobre aquela questão.

ARTIGO 130º – Falta de contestação

Na falta de contestação de todos os réus, seguem-se, com as necessárias adaptações, os termos previstos no artigo 57º, sem prejuízo do disposto no artigo 74º.

ARTIGO 131º – Despacho saneador

1 – Findos os articulados, o juiz profere, no prazo de 15 dias, despacho saneador destinado a:

a) Conhecer das exceções dilatórias e nulidades processuais que hajam sido suscitadas pelas partes, ou que, face aos elementos constantes dos autos, deva apreciar oficiosamente;

b) Conhecer imediatamente do mérito da causa, sempre que o estado do processo permitir, sem necessidade de mais provas, a apreciação, total ou parcial, do ou dos pedidos deduzidos ou de alguma exceção perentória;

c) Considerar assentes os factos sobre que tenha havido acordo na tentativa de conciliação e nos articulados;

d) (*Revogada*).

e) Ordenar o desdobramento do processo, se for caso disso.

2 – Proferido despacho saneador, quando a ação houver de prosseguir, o juiz profere despacho destinado a identificar o objeto do litígio e a enunciar os temas da prova nos termos previstos no artigo 596º do Código de Processo Civil.

3 – Seguidamente observam-se os termos do processo comum regulados nos artigos 63º e seguintes, salvo o disposto nos artigos subsequentes.

ARTIGO 132º – Processo principal e apenso

1 – A fixação da incapacidade para o trabalho corre por apenso, se houver outras questões a decidir no processo principal.

2 – O juiz pode também ordenar que corra em separado, se o entender conveniente, qualquer incidente; se o não fizer, este corre nos autos a que respeitar.

3 – Sempre que a simultaneidade na movimentação do processo principal e seu apenso seja incompatível com a sua apensação, o juiz pode determinar a desapensação.

ARTIGO 133º – Indicação das testemunhas

O rol de testemunhas pode ser apresentado no prazo de 10 dias a contar da notificação do despacho saneador.

ARTIGO 134º – Comparência de peritos na audiência final

Os peritos médicos comparecem na audiência final quando o juiz o determinar, sempre que a sua audição não possa ou não deva ter lugar através dos meios técnicos processualmente previstos.

ARTIGO 135º – Sentença final

Na sentença final o juiz considera definitivamente assentes as questões que não tenham sido discutidas na fase contenciosa, integra as decisões proferidas no processo principal e no apenso, cuja parte decisória deve reproduzir, e fixa também, se forem devidos, juros de mora pelas prestações pecuniárias em atraso.

ARTIGO 136º – Falta de comparência e incumprimento

A não comparência de qualquer pessoa a diligências para que tenha sido convocada e a falta de cumprimento de qualquer determinação do tribunal são punidas com multa, salvo se à infração corresponder outra sanção.

ARTIGO 137º - Documentos a enviar à Autoridade de Supervisão de Seguros e Fundos de Pensões

1 - Quando deva ser prestada caução ou constituída reserva matemática, envia-se à Autoridade de Supervisão de Seguros e Fundos de Pensões um exemplar do acordo com o despacho de homologação, se o houver, ou certidão da decisão que condenar no pagamento da pensão, de que conste o teor da sua parte dispositiva, e, em todos os casos, as certidões necessárias aos respetivos cálculos.

2 - Se a obrigação de pagamento de pensão vier a cessar ou for modificada, envia-se à entidade referida no número anterior certidão da decisão que declarar prescrito ou extinto o direito à pensão ou que conceder a sua revisão, ou certidão do termo de pagamento do capital, ou um exemplar do acordo extrajudicial de remição, com nota de ter sido homologado.

DIVISÃO IV - Fixação de incapacidade para o trabalho

ARTIGO 138º - Requerimento de junta médica

1 - Quando não se conformar com o resultado da perícia realizada na fase conciliatória do processo, a parte requer, na petição inicial ou na contestação, perícia por junta médica.

2 - Se na tentativa de conciliação apenas tiver havido discordância quanto à questão da incapacidade, o pedido de junta médica é deduzido em requerimento a apresentar no prazo a que se refere o nº 1 do artigo 119º; se não for apresentado, o juiz profere decisão sobre o mérito, fixando a natureza e grau de incapacidade e o valor da causa, observando-se o disposto no nº 3 do artigo 73º.

ARTIGO 139º - Perícias

1 - A perícia por junta médica, constituída por três peritos, tem carácter urgente, é secreta e presidida pelo juiz.

2 - Se na fase conciliatória a perícia tiver exigido pareceres especializados, intervêm na junta médica, pelo menos, dois médicos das mesmas especialidades.

3 - Fora das áreas metropolitanas de Lisboa e do Porto, se não for possível constituir a junta nos termos dos números anteriores, a perícia é deprecada ao juízo com competência em matéria de trabalho mais próximo da residência da parte, onde a junta possa constituir-se.

4 - Sempre que possível, intervêm na perícia peritos dos serviços médico-legais que não tenham intervindo na fase conciliatória.

5 - Os peritos das partes devem ser apresentados até ao início da diligência; se o não forem, o tribunal nomeia-os oficiosamente.

6 - É facultativa a formulação de quesitos para perícias médicas, mas o juiz deve formulá-los, ainda que as partes o não tenham feito, sempre que a dificuldade ou a complexidade da perícia o justificarem.

7 - O juiz, se o considerar necessário, pode determinar a realização de exames e pareceres complementares ou requisitar pareceres técnicos.

8 - É aplicável, com as necessárias adaptações, o disposto no nº 1 do artigo 105º.

ARTIGO 140º - Decisão

1 – Se a fixação da incapacidade tiver lugar no processo principal, o juiz profere decisão sobre o mérito, realizadas as perícias referidas no artigo anterior, fixando a natureza e grau de incapacidade e o valor da causa, observando-se o disposto no nº 3 do artigo 73º.

2 – Se a fixação da incapacidade tiver lugar no apenso, o juiz, realizadas as perícias referidas no número anterior, profere decisão, fixando a natureza e grau de incapacidade; a decisão só pode ser impugnada no recurso a interpor da sentença final.

3 – A fixação da incapacidade não obsta à sua modificação nos termos do que se dispõe para o incidente de revisão.

DIVISÃO V – Reforma do pedido em caso de falecimento do autor

ARTIGO 141º - Suspensão da instância e habilitação

Se na pendência da causa o autor falecer, suspende-se a instância e citam-se por éditos, com dispensa de anúncios, os herdeiros do sinistrado para, querendo, deduzirem habilitação.

ARTIGO 142º - Investigação das causas da morte e tentativa de conciliação

1 – Logo que haja conhecimento da morte do sinistrado, o Ministério Público deve averiguar se ela resultou direta ou indiretamente do acidente.

2 – Se houver elementos para presumir a relação de causalidade referida no número anterior, o Ministério Público organiza o processo regulado no artigo 100º por apenso ao processo principal.

3 – Frustrando-se a tentativa de conciliação ou não sendo homologado o acordo, o Ministério Público deduz, nos termos do nº 1 do artigo 119º e sem necessidade de habilitação, o pedido que corresponder aos direitos dos beneficiários legais do sinistrado.

4 – Apresentada a respetiva petição inicial e retificado o valor da causa, o réu é notificado para responder no prazo de 10 dias, seguindo-se os demais termos do processo.

5 – As novas partes têm de aceitar os articulados das partes que substituem, mantendo-se os atos e termos já processados, salvo se em manifesta oposição com as novas circunstâncias.

ARTIGO 143º - Interrupção da instância

(Revogado).

ARTIGO 144º - Renovação da instância

Se o falecimento do autor ocorrer depois do julgamento da causa ou da extinção da instância por outro motivo, esta renova-se nos mesmos autos para os efeitos dos artigos anteriores.

SUBSECÇÃO III – Revisão da incapacidade ou da pensão

ARTIGO 145º - Revisão da incapacidade em juízo

1 - Quando for requerida a revisão da incapacidade, o juiz manda submeter o sinistrado a perícia médica.

2 - O pedido de revisão é deduzido em simples requerimento e deve ser fundamentado ou vir acompanhado de quesitos.

3 - O local de realização da perícia médica é definido nos termos da lei que estabelece o regime jurídico da realização das perícias médico-legais e forenses.

4 - Finda a perícia, o seu resultado é notificado ao sinistrado e à entidade responsável pela reparação dos danos resultantes do acidente.

5 - Se alguma das partes não se conformar com o resultado da perícia, pode requerer, no prazo de 10 dias, perícia por junta médica nos termos previstos no nº 2; se nenhuma das partes o requerer, pode a perícia ser ordenada pelo juiz, se a considerar indispensável para a boa decisão do incidente.

6 - Se não for realizada perícia por junta médica, ou feita esta, e efetuadas quaisquer diligências que se mostrem necessárias, o juiz decide por despacho, mantendo, aumentando ou reduzindo a pensão ou declarando extinta a obrigação de a pagar.

7 - O incidente corre no apenso previsto na alínea b) do artigo 118º, quando o houver.

8 - O disposto nos números anteriores é aplicável, com as necessárias adaptações, aos casos em que, sendo responsável uma seguradora, o acidente não tenha sido participado ao tribunal por o sinistrado ter sido considerado curado sem incapacidade.

ARTIGO 146º - Discussão da responsabilidade do agravamento

1 - Se a entidade responsável pretender discutir a responsabilidade total ou parcial do agravamento e a questão só puder ser decidida com a produção de outros meios de prova, assim o declara no prazo fixado para requerer perícia por junta médica e apresentará dentro de 10 dias a sua alegação e meios de prova; se for requerida perícia, o prazo conta-se a partir da realização deste.

2 - Notificado o sinistrado, este pode responder, com indicação dos respetivos meios de prova, no prazo de 10 dias.

3 - A partir da resposta, seguem-se, com as necessárias adaptações, os termos do processo comum regulados a partir do nº 2 do artigo 63º, com salvaguarda do disposto no artigo 134º e no número seguinte.

4 - (*Revogado*).

ARTIGO 147º - Revisão da pensão dos beneficiários legais

1 - Quando o beneficiário legal requeira a revisão da respetiva pensão com fundamento em agravamento ou superveniência de doença física ou mental que afete a sua capacidade de ganho, o incidente corre por apenso ao processo a que disser respeito, observando-se o disposto no artigo 145º.

2 - Se o aumento da pensão depender de facto que só possa ser provado documentalmente, o juiz, feita a prova e ouvidos a parte contrária e o Ministério Público, se não for o requerente, decide sem mais formalidades.

SUBSECÇÃO IV - Remição de pensões

ARTIGO 148º - Remição facultativa

1 - Requerida a remição, o juiz, ouvidos o Ministério Público e a parte não requerente e efetuadas, se necessário, diligências sumárias, decide por despacho fundamentado, admitindo ou recusando a remição.

2 - A remição, depois de recusada, só pode ser pedida de novo passado um ano e só é concedida quando se provar não subsistir o motivo que fundamentou a recusa.

3 - Quando a remição for admitida, a secretaria procede ao cálculo do capital que o pensionista tenha direito a receber.

4 - Em seguida, o processo vai ao Ministério Público, que, após verificar o cálculo, ordena as diligências necessárias à entrega do capital.

5 - Nos juízos do trabalho das áreas metropolitanas de Lisboa e do Porto não há lugar à deprecada para a entrega do capital da remição.

ARTIGO 149º - Remição obrigatória

Fixada a pensão, se esta for obrigatoriamente remível, observar-se-á o disposto nos nºs 3 e 4 do artigo anterior.

ARTIGO 150º - Entrega do capital

A entrega ao pensionista do capital da remição ou de parte dele é feita preferencialmente por meio de transferência bancária para o IBAN do respetivo destinatário ou, não sendo possível, por termo nos autos.

SECÇÃO II - Processo para declaração de extinção de direitos resultantes de acidente de trabalho

ARTIGO 151º - Processo aplicável

1 - As ações para declaração de prescrição ou de suspensão de direito a pensões e para declaração de perda de direito a indemnizações seguem, com as necessárias adaptações, os termos do processo comum, com exceção dos artigos 61º e 62º, mas o juiz pode oficiosamente ordenar exames ou outras diligências que considere necessárias.

2 - (*Revogado*).

ARTIGO 152º - Caducidade do direito a pensões

1 - Quando o direito a pensão caducar em razão da idade, morte, segundas núpcias ou união de facto, a entidade responsável deve requerer que seja declarada a caducidade, apresentando os respetivos meios de prova.

2 - Em caso de morte do sinistrado, o processo vai com vista ao Ministério Público para os efeitos do disposto nos artigos 142º e 144º; nos demais casos, o juiz ouve a parte contrária e o Ministério Público.

3 - Produzida a prova requerida e realizadas as diligências oficiosamente ordenadas, se verificar que não há pensões, indemnizações ou quaisquer outras prestações a satisfazer, o juiz decide o incidente.

ARTIGO 153º - Processamento por apenso

A ação prevista no artigo 151º e o incidente a que se refere o artigo 152º correm por apenso ao processo a que disserem respeito, se o houver.

SECÇÃO III - Processo para efetivação de direitos de terceiros conexos com acidente de trabalho

ARTIGO 154º - Processo

1 - O processo destinado à efetivação de direitos conexos com acidente de trabalho sofrido por outrem segue os termos do processo comum, por apenso ao processo resultante do acidente, se o houver.

2 - As decisões transitadas em julgado que tenham por objeto a qualificação do sinistro como acidente de trabalho ou a determinação da entidade responsável têm valor de caso julgado para estes processos.

SECÇÃO IV - Processo para efetivação de direitos resultantes de doença profissional

ARTIGO 155º - Doença profissional

1 - O disposto nos artigos 117º e seguintes aplica-se, com as necessárias adaptações, aos casos de doença profissional em que o doente discorde da decisão do Instituto da Segurança Social, I. P., em matéria de doenças emergentes de riscos profissionais.

2 - Nesses casos, o tribunal requisita o processo organizado naquela instituição, que é apensado ao processo judicial e devolvido a final.

CAPÍTULO III - Processo de impugnação de despedimento coletivo

ARTIGO 156º - Contestação

1 - Nas ações de impugnação de despedimento coletivo, apresentada a petição, o réu é citado para, no prazo de 15 dias, contestar.

2 - Com a contestação deve o réu juntar os documentos comprovativos do cumprimento das formalidades previstas nas normas reguladoras do despedimento coletivo.

3 - No prazo referido no nº 1, deve ainda o réu requerer o chamamento para intervenção dos trabalhadores que, não sendo autores, tenham sido abrangidos pelo despedimento.

4 - A admissão do chamamento referido no número anterior é decidida sem audição da parte contrária.

5 - Se o réu não apresentar contestação ou não juntar os documentos comprovativos do cumprimento das formalidades previstas nas normas reguladoras do despedimento coletivo, nos termos dos nºs 1 e 2, o juiz declara a ilicitude do despedimento e, com referência a cada trabalhador:

a) Condena o réu a reintegrar o trabalhador no mesmo estabelecimento da empresa, sem prejuízo da sua categoria e antiguidade, ou, caso o trabalhador tenha optado por uma indemnização em substituição da reintegração, a pagar-lhe, no mínimo, uma indemnização correspondente a 30 dias de retribuição base e diuturnidades por cada ano completo ou fração de antiguidade, sem prejuízo do disposto nos nºs 2 e 3 do artigo 391º do Código do Trabalho;

b) Condena, ainda, o réu no pagamento das retribuições que o trabalhador deixou de auferir desde a data do despedimento até ao trânsito em julgado da decisão judicial que declare a ilicitude do despedimento;

c) Ordena a notificação do trabalhador para, querendo, no prazo de 15 dias, apresentar articulado no qual peticione quaisquer outros créditos emergentes do contrato de trabalho, da sua violação ou da sua cessação, incluindo a indemnização prevista na alínea *a*) do nº 1 do artigo 389º do Código do Trabalho.

6 – Na mesma data, o réu é notificado da sentença quanto ao referido nas alíneas *a*) e *b*) do número anterior.

7 – Se o trabalhador apresentar o articulado a que se refere a alínea *c*) do nº 5, o réu é notificado para, no prazo de 15 dias, apresentar contestação, observando-se, seguidamente, os restantes termos do processo comum regulados nos artigos 57º e seguintes.

ARTIGO 157º - Assessoria técnica

1 – Terminados os articulados, se tiver sido formulado pedido de declaração de improcedência dos fundamentos invocados para o despedimento, o juiz nomeia um assessor qualificado na matéria.

2 – A requerimento de qualquer das partes, no prazo de 10 dias contados da notificação da nomeação do assessor a que se refere o número anterior, o juiz nomeia mais dois assessores qualificados na matéria.

3 – Após a notificação das partes da nomeação do assessor a que se refere o nº 1, podem aquelas, no prazo de 10 dias, designar um técnico cada uma para assistir o assessor ou assessores no desempenho das suas funções.

4 – Se da parte dos trabalhadores não houver acordo na designação do técnico, considera-se o que for designado pela maioria, prevalecendo, em caso de empate, a designação apresentada em primeiro lugar.

5 – Aos assessores é aplicável o regime de impedimentos, suspeições, escusa e dispensa legal previsto no Código de Processo Civil para os peritos.

ARTIGO 158º - Relatório

1 – Os assessores nomeados juntarão aos autos relatório de que constem as verificações materiais realizadas, as informações recolhidas e sua origem e, bem assim, parecer sobre os factos que fundamentaram o despedimento coletivo e sobre se este encontra ou não justificação.

2 – O relatório referido no número anterior é junto nos 30 dias posteriores ao termo do prazo para a designação dos técnicos ou, no caso referido no nº 2 do artigo anterior, da nomeação dos assessores aí previstos.

3 – Os técnicos de parte, se não se conformarem com as conclusões do relatório, podem apresentar nos cinco dias seguintes declaração fundamentada das razões da sua discordância.

4 – Por proposta do assessor, o prazo referido no nº 1 pode ser prorrogado por uma vez, pelo tempo que o juiz fixar.

ARTIGO 159º – Diligências auxiliares

1 – Para a elaboração do relatório a que se refere o artigo anterior os assessores podem solicitar às partes os documentos e demais elementos que considerem pertinentes e averiguar, se necessário nas instalações do próprio réu, os factos invocados para o despedimento.

2 – Os assessores informarão os técnicos de parte das diligências que pretendam promover, podendo estes acompanhá-los.

ARTIGO 160º – Audiência prévia

1 – Juntos o relatório e os documentos a que se referem os artigos anteriores, é convocada audiência prévia nos termos e para os efeitos do disposto no artigo 591º do Código de Processo Civil.

2 – Sendo proferido despacho saneador, este destina-se também a decidir:

a) Se foram cumpridas as formalidades legais do despedimento coletivo;

b) Se procedem os fundamentos invocados para o despedimento coletivo.

3 – Não pode ser relegada para momento posterior ao despacho saneador a decisão sobre as questões referidas nas alíneas *a*) e *b*) do número anterior, bem como sobre quaisquer exceções que obstem ao respetivo conhecimento, exceto se, no que se refere à alínea *b*) do número anterior, o processo não contiver, nessa fase, todos os elementos necessários para a prolação de decisão.

4 – A decisão proferida sobre as questões referidas nas alíneas *a*) e *b*) do nº 2 tem, para todos os efeitos, o valor de sentença.

ARTIGO 161º – Termos subsequentes

Se o processo houver de prosseguir, a audiência final pode ser marcada separadamente com referência a cada um dos trabalhadores, observando-se, quanto ao mais, as regras do processo comum.

CAPÍTULO IV – Processo do contencioso de instituições de previdência, abono de família, associações sindicais, associações de empregadores ou comissões de trabalhadores

SECÇÃO I – Disposição geral

ARTIGO 162º – Forma dos processos

1 – Os processos do contencioso de instituições de previdência, abono de família, associações sindicais, associações de empregadores ou comissões de trabalhadores

seguem os termos do processo comum previsto neste Código, salvo o disposto nos artigos seguintes.

2 – Nos processos referidos no número anterior não há lugar a audiência prévia.

SECÇÃO II – Convocação de assembleias gerais

ARTIGO 163º - Convocação

1 – O requerimento de convocação de assembleia geral ou órgão equivalente de instituição de previdência ou de associação sindical deve ser acompanhado dos documentos necessários para prova da legitimidade dos requerentes e da verificação das condições legais ou estatutárias do requerimento.

2 – Se pela documentação apresentada reconhecer fundamento ao pedido, o juiz ordena que a entidade competente, segundo a lei e os estatutos, convoque a assembleia ou justifique, no prazo de 10 dias, a recusa da convocação.

3 – Não sendo convocada a assembleia nem apresentada justificação que seja admitida pelo juiz, este determina que a assembleia se realize, procedendo-se através do tribunal, mas à custa da instituição ou associação, às formalidades da convocação.

4 – O juiz fixa a data e o local da reunião, podendo determinar que o local seja diferente do designado nos estatutos; pode ainda nomear a pessoa que presidirá à assembleia.

SECÇÃO III – Impugnação de estatutos, deliberações de assembleias gerais ou atos eleitorais

ARTIGO 164º - Ação de declaração de nulidade

1 – As deliberações e outros atos de órgãos de instituições de previdência, associações sindicais, associações de empregadores ou comissões de trabalhadores viciados por violação da lei, quer de fundo quer de forma, ou violação dos estatutos podem ser declarados inválidos em ação intentada por quem tenha interesse legítimo, salvo se dos mesmos couber recurso.

2 – A ação deve ser intentada no prazo de 20 dias, a contar da data em que o interessado teve conhecimento da deliberação, mas antes de passados 5 anos sobre esta; se, porém, a ação tiver por fim a impugnação de deliberações relativas à eleição dos corpos gerentes, o prazo é de 15 dias e conta-se sempre a partir da data da sessão em que tenham sido tomadas essas deliberações.

3 – A petição inicial da ação deve ser acompanhada de documento comprovativo do teor da deliberação ou, não sendo possível, do oferecimento da prova que o requerente possuir a esse respeito.

ARTIGO 164º-A - Impugnação de estatutos

1 – Os estatutos das entidades referidas no artigo anterior podem ser impugna-

dos pelo Ministério Público, por iniciativa própria ou a requerimento de qualquer interessado.

2 – A petição inicial deve ser acompanhada de cópia dos referidos estatutos.

ARTIGO 164º-B – Impugnação de atos eleitorais

Os atos eleitorais para os órgãos das entidades referidas nesta secção podem ser impugnados com fundamento na sua ilegalidade por quem tenha ficado vencido na respetiva eleição, no prazo de 10 dias a contar dessa eleição ou do conhecimento da irregularidade, se posterior.

ARTIGO 165º – Citação e contestação

1 – O juiz manda citar o réu e ordena que este apresente os documentos relativos à situação objeto de impugnação que ainda não tenham sido juntos aos autos.

2 – O réu pode contestar no prazo de 10 dias e, ainda que não conteste, deve enviar ao tribunal os documentos referidos no número anterior.

ARTIGO 166º – Proposição da prova

Com os articulados são requeridas quaisquer diligências de prova.

ARTIGO 167º – Recurso

O recurso da sentença tem efeito suspensivo.

ARTIGO 168º – Suspensão de eficácia

Se na petição inicial o autor requerer a suspensão de eficácia dos atos ou disposições impugnados, demonstrando que da sua execução pode resultar dano apreciável, o juiz pode decretar a suspensão nesse momento ou após a contestação.

ARTIGO 169º – Declaração de invalidade de atos de outros órgãos

Nos casos em que de ato de qualquer outro órgão gerente ou diretivo de instituição de previdência ou associação sindical não possa ser interposto recurso para outro órgão, a declaração de invalidade é pedida através de processo regulado nesta secção.

SECÇÃO IV – Impugnação judicial de decisão disciplinar

ARTIGO 170º – Impugnação

1 – O arguido em processo disciplinar que pretenda impugnar a respetiva decisão deve apresentar no juízo do trabalho competente o seu requerimento no prazo de 15 dias, contados da notificação da decisão.

2 – O requerimento é instruído com a notificação da decisão e os documentos que o requerente entenda dever juntar; no requerimento são requeridas todas as diligências de prova.

ARTIGO 171º - Citação e diligências subsequentes

1 - A entidade é citada para responder no prazo de 10 dias, devendo juntar o processo disciplinar e podendo requerer diligências de prova.

2 - O envio do processo disciplinar ao tribunal é obrigatório, ainda que não seja apresentada resposta.

ARTIGO 172º - Decisão

1 - O juiz declara nulo o processo disciplinar quando o arguido não tenha sido ouvido ou não tenham sido efetuadas no processo diligências requeridas pelo arguido que repute essenciais.

2 - Se o juiz verificar que houve erro de direito ou de facto, anula a decisão.

3 - Da sentença apenas cabe recurso para o tribunal da Relação.

SECÇÃO V - Liquidação e partilha dos bens de instituições de previdência, de associações sindicais, de associações de empregadores ou de comissões de trabalhadores

ARTIGO 173º - Processo

(Revogado).

ARTIGO 174º - Início do processo

(Revogado).

ARTIGO 175º - Nomeação, exoneração e substituição de liquidatários

(Revogado).

ARTIGO 176º - Competência dos liquidatários

(Revogado).

ARTIGO 177º - Contas de liquidação e projeto de partilha

(Revogado).

ARTIGO 178º - Julgamento

(Revogado).

ARTIGO 179º - Contas da partilha

(Revogado).

ARTIGO 180º - Prolongamento das funções de liquidatário

(Revogado).

ARTIGO 181º - Desconhecimento dos interessados com direito ao saldo

(Revogado).

ARTIGO 182º - Regime supletivo

(*Revogado*).

SECÇÃO VI – Ação de anulação e interpretação de cláusulas de convenções coletivas de trabalho

ARTIGO 183º - Requisitos da petição

1 – Nas ações respeitantes à anulação e interpretação de cláusulas de convenções coletivas de trabalho, deve o autor, na petição, identificar todas as entidades outorgantes e expor os fundamentos da sua pretensão.

2 – Com a petição é junta cópia do *Boletim do Trabalho e Emprego* onde esteja publicada a convenção coletiva e oferecida a prova pertinente.

ARTIGO 184º - Alegações

1 – Os outorgantes são citados para, no prazo de 20 dias, apresentarem as suas alegações por escrito.

2 – Com as alegações é oferecida toda a prova.

3 – A falta de alegações não tem efeitos cominatórios.

ARTIGO 185º - Forma, valor do processo e efeitos do recurso

1 – As ações a que se referem os artigos anteriores seguem, depois dos articulados, os termos do processo comum, com exclusão da audiência prévia e da tentativa de conciliação.

2 – Da decisão final cabe sempre recurso de revista até ao Supremo Tribunal de Justiça.

3 – O recurso da decisão de mérito tem efeito suspensivo.

ARTIGO 186º - Valor do acórdão do Supremo Tribunal de Justiça

O acórdão do Supremo Tribunal de Justiça sobre as questões a que se refere o artigo 183º tem o valor ampliado da revista em processo civil e é publicado na 1ª série-A do jornal oficial e no *Boletim do Trabalho e Emprego.*

CAPÍTULO V – Impugnação da confidencialidade de informações ou da recusa da sua prestação ou da realização de consultas

ARTIGO 186º-A - Requerimento

1 – No caso de se pretender a impugnação da confidencialidade de informações ou da recusa da sua prestação ou da realização de consultas, o autor alega os fundamentos do pedido, indica os pontos de facto que interessa averiguar e requer as providências que repute convenientes.

2 – O réu é citado para contestar no prazo de 15 dias.

ARTIGO 186º-B – Termos posteriores

1 – Findos os articulados, o juiz conhece imediatamente do pedido, salvo se entender que se justifica proceder a diligências complementares de prova, caso em que ordena aquelas que repute convenientes.

2 – O processo tem natureza urgente.

ARTIGO 186º-C – Decisão

1 – A decisão de condenação determina as informações que devem ser prestadas e o prazo para a sua prestação.

2 – A requerimento do autor pode ser fixada uma sanção pecuniária compulsória.

3 – A decisão é apenas suscetível de recurso para o Tribunal da Relação, com efeito suspensivo.

CAPÍTULO VI – Tutela da personalidade do trabalhador

ARTIGO 186º-D – Requerimento

O pedido de providências destinadas a evitar a consumação de qualquer violação dos direitos de personalidade do trabalhador ou atenuar os efeitos da ofensa já praticada é formulado contra o autor da ameaça ou ofensa e, igualmente, contra o empregador.

ARTIGO 186º-E – Termos posteriores

1 – Apresentado o requerimento com o oferecimento das provas, se não houver motivo para o seu indeferimento liminar, o tribunal designa imediatamente dia e hora para a audiência, a realizar num dos 20 dias subsequentes.

2 – A contestação é apresentada na própria audiência, na qual, se tal se mostrar compatível com o objeto do litígio, o tribunal procura conciliar as partes.

3 – Na falta de alguma das partes ou se a tentativa de conciliação se frustrar, e independentemente de haver ou não contestação, o tribunal ordena a produção de prova e, de seguida, decide por sentença sucintamente fundamentada.

4 – Se o pedido for julgado procedente, o tribunal determina o comportamento concreto a que o requerido fica sujeito e, sendo caso disso, o prazo para o cumprimento, bem como a sanção pecuniária compulsória por cada dia de atraso no cumprimento ou por cada infração, conforme for mais conveniente às circunstâncias do caso.

5 – Pode ser proferida uma decisão provisória, irrecorrível e sujeita a posterior alteração ou confirmação no próprio processo, quando o exame das provas oferecidas pelo requerente permitir reconhecer a possibilidade de lesão iminente e irreversível da personalidade física ou moral e se, em alternativa:

a) O tribunal não puder formar uma convicção segura sobre a existência, extensão ou intensidade da ameaça ou da consumação da ofensa;

b) Razões justificativas de especial urgência impuserem o decretamento da providência sem prévia audição da parte contrária.

6 – Quando não tiver sido ouvido antes da decisão provisória, o réu pode contestar, no prazo de 20 dias, a contar da notificação da decisão, aplicando-se, com as necessárias adaptações, o disposto nos nºs 1 a 4.

ARTIGO 186º-F – Regras especiais

1 – O processo, incluindo a fase de recurso, tem natureza urgente.

2 – Os recursos interpostos pelas partes devem ser processados como urgentes.

3 – A execução é efetuada oficiosamente e nos próprios autos, sempre que a medida executiva integre a realização da providência decretada, e é acompanhada de imediata liquidação da sanção pecuniária compulsória.

CAPÍTULO VII – Igualdade e não discriminação em função do sexo

ARTIGO 186º-G – Remissão

1 – Nas ações relativas à igualdade e não discriminação em função do sexo aplicam-se as disposições correspondentes do processo comum, com as especificações dos artigos seguintes, sem prejuízo do disposto no nº 2.

2 – A declaração judicial de nulidade de disposição de convenção coletiva em matéria de igualdade e não discriminação nos termos do artigo 479º do Código do Trabalho segue os trâmites da ação prevista nos artigos 183º e seguintes.

ARTIGO 186º-H – Informação sobre decisões judiciais registadas

Até à audiência final, o juiz solicita oficiosamente à entidade que tenha competência na área da igualdade e não discriminação entre homens e mulheres no trabalho, no emprego e na formação profissional informação sobre o registo de qualquer decisão judicial relevante para a causa.

ARTIGO 186º-I – Comunicação da decisão

O juiz deve comunicar a decisão à entidade competente na área da igualdade e não discriminação entre homens e mulheres no trabalho, no emprego e na formação profissional, para efeitos de registo.

ARTIGO 186º-J – Remissão

(Revogado.)

CAPÍTULO VIII – Ação de reconhecimento da existência de contrato de trabalho

ARTIGO 186º-K – Início do processo

1 – Após a receção da participação prevista no nº 3 do artigo 15º-A da Lei nº 107/2009, de 14 de setembro, o Ministério Público dispõe de 20 dias para propor ação de reconhecimento da existência de contrato de trabalho.

2 – Caso o Ministério Público tenha conhecimento, por qualquer meio, da existência de uma situação análoga à referida no nº 3 do artigo 2º da Lei nº 107/2009, de 14 de

setembro, comunica-a à Autoridade para as Condições do Trabalho (ACT), no prazo de 20 dias, para instauração do procedimento previsto no artigo 15º-A daquela lei.

ARTIGO 186º-L - Petição inicial e contestação

1 - Na petição inicial, o Ministério Público expõe sucintamente a pretensão e os respetivos fundamentos, devendo juntar todos os elementos de prova recolhidos até ao momento.

2 - O empregador é citado para contestar no prazo de 10 dias.

3 - A petição inicial e a contestação não carecem de forma articulada, devendo ser apresentadas em duplicado, nos termos do nº 1 do artigo 148º do Código de Processo Civil.

4 - Os duplicados da petição inicial e da contestação são remetidos ao trabalhador simultaneamente com a notificação da data da audiência final, com a expressa advertência de que pode, no prazo de 10 dias, aderir aos factos apresentados pelo Ministério Público, apresentar articulado próprio e constituir mandatário.

ARTIGO 186º-M - Falta de contestação

Se o empregador não contestar, o juiz profere, no prazo de 10 dias, decisão condenatória, a não ser que ocorram, de forma evidente, exceções dilatórias ou que o pedido seja manifestamente improcedente.

ARTIGO 186º-N - Termos posteriores aos articulados

1 - Se a ação tiver de prosseguir, pode o juiz julgar logo procedente alguma exceção dilatória ou nulidade que lhe cumpra conhecer ou decidir do mérito da causa.

2 - A audiência final realiza-se dentro de 30 dias, não sendo aplicável o disposto nos nºs 1 a 3 do artigo 151º do Código de Processo Civil.

3 - As provas são oferecidas na audiência, podendo cada parte indicar até três testemunhas a notificar nos termos do artigo 66º.

(Redação dada pela Lei nº 13/2023, de 03-04)

ARTIGO 186º-O - Julgamento

1 - O julgamento inicia-se com a produção das provas que ao caso couberem.

2 - (*Revogado*).

3 - Não é motivo de adiamento a falta, ainda que justificada, de qualquer das partes ou dos seus mandatários.

4 - Quando as partes não tenham constituído mandatário judicial ou este não comparecer, a inquirição das testemunhas é efetuada pelo juiz.

5 - Se ao juiz parecer indispensável, para boa decisão da causa, que se proceda a alguma diligência, suspende a audiência na altura que reputar mais conveniente e marca logo dia para a sua continuação, devendo o julgamento concluir-se dentro de 30 dias.

6 - Finda a produção de prova, pode cada um dos mandatários fazer uma breve alegação oral.

7 – A sentença é sucintamente fundamentada, regendo-se a sua gravação e transcrição para a ata pelo disposto no artigo 155º do Código de Processo Civil.

8 – A sentença que reconheça a existência de um contrato de trabalho fixa a data do início da relação laboral.

9 – A decisão proferida é comunicada oficiosamente pelo tribunal ao trabalhador, à ACT e ao Instituto da Segurança Social, I. P., com vista à regularização das contribuições desde a data de início da relação laboral fixada nos termos do número anterior.

ARTIGO 186º-P – Recurso

Da decisão proferida nos termos do presente capítulo é sempre admissível recurso de apelação para a Relação, com efeito meramente devolutivo.

ARTIGO 186º-Q – Valor da causa e responsabilidade pelo pagamento das custas

1 – Para efeitos de pagamento de custas, aplica-se à ação de reconhecimento da existência de contrato de trabalho o disposto na alínea *e*) do nº 1 do artigo 12º do Regulamento das Custas Processuais, aprovado pelo Decreto-Lei nº 34/2008, de 26 de fevereiro.

2 – O valor da causa é sempre fixado a final pelo juiz tendo em conta a utilidade económica do pedido.

3 – Se for interposto recurso antes da fixação do valor da causa pelo juiz, deve este fixá-lo no despacho que admita o recurso.

4 – O trabalhador só pode ser responsabilizado pelo pagamento de qualquer quantia a título de custas se, nos termos do disposto no nº 4 do artigo 186º-L, tiver apresentado articulado próprio e se houver decaimento.

ARTIGO 186º-R – Prazos

Os prazos previstos no nº 1 do artigo 337º e no nº 2 do artigo 387º do Código do Trabalho, aprovado pela Lei nº 7/2009, de 12 de fevereiro, contam-se a partir da decisão final transitada em julgado.

ARTIGO 186º-S – Procedimento cautelar de suspensão de despedimento subsequente a auto de inspeção previsto no artigo 15º-A da Lei nº 107/2009, de 14 de setembro

1 – Sempre que o trabalhador tenha sido despedido entre a data de notificação do empregador do auto de inspeção a que se refere o nº 1 do artigo 15º-A da Lei nº 107/2009, de 14 de setembro, que presume a existência de contrato de trabalho e o trânsito em julgado da decisão judicial da ação de reconhecimento da existência de contrato de trabalho, o Ministério Público intenta procedimento cautelar de suspensão de despedimento, nos termos da alínea *c*) do artigo 5º-A deste Código.

2 – O Ministério Público, caso tenha conhecimento, por qualquer meio, da existência de despedimento na situação a que se refere o nº 1 do artigo 15º-A da Lei nº 107/2009, de 14 de setembro, interpõe oficiosamente o procedimento cautelar.

3 – O disposto no número anterior é aplicável sempre que a pessoa ou pessoas a quem a atividade é prestada aleguem que o contrato que titula a referida atividade cessou, a qualquer título, durante o período referido no nº 1.

4 - Caso o despedimento ocorra antes da receção da participação dos factos prevista no nº 3 do artigo 15º-A da Lei nº 107/2009, de 14 de setembro, o Ministério Público, até dois dias após o conhecimento da existência do despedimento, requer à ACT para, no prazo de cinco dias, remeter a referida participação, acompanhada de todos os elementos de prova recolhidos.

5 - Em tudo o que não seja regulado no presente artigo, é aplicável o regime previsto nos artigos 33º-A a 40º-A, com as necessárias adaptações.

TÍTULO VII - Processo de contraordenação

ARTIGO 187º - Natureza e exercício da ação penal

(Revogado).

ARTIGO 188º - Intervenção do Ministério Público

(Revogado).

ARTIGO 189º - Notificação dos interessados

(Revogado).

ARTIGO 190º - Prescrição

(Revogado).

ARTIGO 191º - Pessoa coletiva e sociedade

(Revogado).

ARTIGO 192º - Ação

(Revogado).

ARTIGO 193º - Interrupção e suspensão da prescrição de obrigações pecuniárias

(Revogado).

ARTIGO 194º - Prazo de cumprimento de obrigações pecuniárias

(Revogado).

ARTIGO 195º - Espécies

(Revogado).

ARTIGO 196º - Pagamento voluntário

(Revogado).

ARTIGO 197º - Inquirição por carta

(Revogado).

ARTIGO 198º - Oralidade da audiência

(Revogado).

ARTIGO 199º - Recurso

(Revogado).

ARTIGO 200º - Regime supletivo

(Revogado).

LIVRO II
DO PROCESSO DE CONTRAORDENAÇÃO

ARTIGO 201º - Remissão

A impugnação judicial de decisão de autoridade administrativa que aplique coimas e sanções acessórias em processo laboral segue os termos previstos na Lei nº 107/2009, de 14 de setembro, que estabelece o regime processual aplicável às contraordenações laborais e de segurança social.

ÍNDICE ANALÍTICO DO CÓDIGO DO TRABALHO

ÍNDICE ANALÍTICO DO CÓDIGO DE PROCESSO DO TRABALHO

ÍNDICE-SUMÁRIO

CÓDIGO DO TRABALHO

CÓDIGO DE PROCESSO DO TRABALHO